***ACCESO GRATIS* a la Lectura en la Nube**

Para visualizar el libro electrónico en la nube de lectura envíe junto a su nombre y apellidos una fotografía del código de barras situado en la contraportada del libro y otra del ticket de compra a la dirección:

ebooktirant@tirant.com

En un máximo de 72 horas laborales le enviaremos el código de acceso con sus instrucciones.

La visualización del libro en **NUBE DE LECTURA** excluye los usos bibliotecarios y públicos que puedan poner el archivo electrónico a disposición de una comunidad de lectores. Se permite tan solo un uso individual y privado

EL REGLAMENTO EUROPEO DE DEFORESTACIÓN.
ANÁLISIS JURÍDICO-PRÁCTICO PARA SU APLICACIÓN

COMITÉ CIENTÍFICO DE LA EDITORIAL TIRANT LO BLANCH

María José Añón Roig
Catedrática de Filosofía del Derecho de la Universidad de Valencia

Ana Cañizares Laso
Catedrática de Derecho Civil de la Universidad de Málaga

Jorge A. Cerdio Herrán
Catedrático de Teoría y Filosofía de Derecho Instituto Tecnológico Autónomo de México

José Ramón Cossío Díaz
Ministro en retiro de la Suprema Corte de Justicia de la Nación y miembro de El Colegio Nacional

María Luisa Cuerda Arnau
Catedrática de Derecho Penal de la Universidad Jaume I de Castellón

Manuel Díaz Martínez
Catedrático de Derecho Procesal de la UNED

Carmen Domínguez Hidalgo
Catedrática de Derecho Civil de la Pontificia Universidad Católica de Chile

Eduardo Ferrer Mac-Gregor Poisot
Juez de la Corte Interamericana de Derechos Humanos Investigador del Instituto de Investigaciones Jurídicas de la UNAM

Owen Fiss
Catedrático emérito de Teoría del Derecho de la Universidad de Yale (EEUU)

José Antonio García-Cruces González
Catedrático de Derecho Mercantil de la UNED

José Luis González Cussac
Catedrático de Derecho Penal de la Universidad de Valencia

Luis López Guerra
Catedrático de Derecho Constitucional de la Universidad Carlos III de Madrid

Ángel M. López y López
Catedrático de Derecho Civil de la Universidad de Sevilla

Marta Lorente Sariñena
Catedrática de Historia del Derecho de la Universidad Autónoma de Madrid

Javier de Lucas Martín
Catedrático de Filosofía del Derecho y Filosofía Política de la Universidad de Valencia

Víctor Moreno Catena
Catedrático de Derecho Procesal de la Universidad Carlos III de Madrid

Francisco Muñoz Conde
Catedrático de Derecho Penal de la Universidad Pablo de Olavide de Sevilla

Angelika Nussberger
Catedrática de Derecho Constitucional e Internacional en la Universidad de Colonia (Alemania). Miembro de la Comisión de Venecia

Héctor Olasolo Alonso
Catedrático de Derecho Internacional de la Universidad del Rosario (Colombia) y Presidente del Instituto Ibero-Americano de La Haya (Holanda)

Luciano Parejo Alfonso
Catedrático de Derecho Administrativo de la Universidad Carlos III de Madrid

Consuelo Ramón Chornet
Catedrática de Derecho Internacional Público y Relaciones Internacionales de la Universidad de Valencia

Tomás Sala Franco
Catedrático de Derecho del Trabajo y de la Seguridad Social de la Universidad de Valencia

Ignacio Sancho Gargallo
Magistrado de la Sala Primera (Civil) del Tribunal Supremo de España

Elisa Speckman Guerra
Directora del Instituto de Investigaciones Históricas de la UNAM

Ruth Zimmerling
Catedrática de Ciencia Política de la Universidad de Mainz (Alemania)

Fueron miembros de este Comité:
Emilio Beltrán Sánchez, Rosario Valpuesta Fernández y **Tomás S. Vives Antón**

Procedimiento de selección de originales, ver página web:
www.tirant.net/index.php/editorial/procedimiento-de-seleccion-de-originales

EL REGLAMENTO EUROPEO DE DEFORESTACIÓN. ANÁLISIS JURÍDICO-PRÁCTICO PARA SU APLICACIÓN

Directora:
María Esther Muñiz Espada

Coordinador:
Juan Manuel López Torres

tirant lo blanch
Valencia, 2025

Copyright ® 2025

Todos los derechos reservados. Ni la totalidad ni parte de este libro puede reproducirse o transmitirse por ningún procedimiento electrónico o mecánico, incluyendo fotocopia, grabación magnética, o cualquier almacenamiento de información y sistema de recuperación sin permiso escrito de los autores y del editor.

En caso de erratas y actualizaciones, la Editorial Tirant lo Blanch publicará la pertinente corrección en la página web www.tirant.com.

© María Esther Muñiz Espada
Juan Manuel López Torres

© TIRANT LO BLANCH
EDITA: TIRANT LO BLANCH
C/ Artes Gráficas, 14 - 46010 - Valencia
TELFS.: 96/361 00 48 - 50
FAX: 96/369 41 51
Email: tlb@tirant.com
www.tirant.com
Librería virtual: www.tirant.es
DEPÓSITO LEGAL: V-4498-2025
ISBN: 979-13-7021-515-6

Si tiene alguna queja o sugerencia, envíenos un mail a: *atencioncliente@tirant.com*. En caso de no ser atendida su sugerencia, por favor, lea en *www.tirant.net/index.php/empresa/politicas-de-empresa* nuestro procedimiento de quejas.

Responsabilidad Social Corporativa: http://www.tirant.net/Docs/RSCTirant.pdf

ÍNDICE

Prólogo

NICOLA LUCIFERO[1]

La conciencia de que los bosques representan una fuente insustituible de numerosos beneficios ambientales, económicos y sociales, entre ellos la producción de madera y de productos forestales no madereros y la prestación de servicios ambientales esenciales para la colectividad —al albergar la mayor parte de la biodiversidad terrestre del planeta— constituye la base de la iniciativa legislativa del Reglamento (UE) 2023/1115 relativo a la deforestación y la degradación forestal, publicado el 9 de junio de 2023 ("Reglamento EUDR"). En efecto, los bosques conservan funciones ecosistémicas, contribuyen a la protección del sistema climático, proporcionan aire limpio y desempeñan un papel fundamental en la depuración del agua y del suelo, así como en la retención hídrica y la recarga de los acuíferos. Las grandes áreas forestales actúan como fuentes de humedad y ayudan a prevenir la desertificación de las regiones continentales. Además, los bosques sostienen y proporcionan ingresos alrededor de un tercio de la población mundial y su destrucción tiene consecuencias dramáticas sobre los medios de subsistencia de las personas más vulnerables, incluidos los pueblos indígenas y las comunidades locales que dependen en gran medida de los ecosistemas forestales.

Sobre tales bases, que se destacan ya desde los primeros considerandos del Reglamento EUDR, se construye una nueva normativa contra la deforestación, que se inserta en el *Plan de Acción* de la Unión Europea y constituye un pilar central dentro del marco normativo europeo destinado a integrar los principios de sostenibilidad en la gobernanza económica y ambiental. De hecho, el Reglamento se vincula a la línea normativa sobre los sistemas de certificación, a través de los cuales se busca combinar instrumentos voluntarios y obligatorios para hacer frente a un problema global que requiere respuestas multinivel: las certificaciones, confiadas a la voluntad de los particulares, ofrecen flexibilidad e incentivan la innovación, pero no pueden garantizar una cobertura universal; las fuentes normativas

---

[1] Profesor Asociado de Derecho Agrario, Universidad de Florencia (Italia).

vinculantes, en cambio, regulan la actividad empresarial e imponen obligaciones que aseguran el respeto de normas mínimas, evitando fenómenos como el *ecoblanqueo* o el *dumping* ambiental.

Este Reglamento, cuya entrada en vigor ha sido aplazada hasta el 30 de diciembre de 2025 para las grandes empresas y hasta el 30 de junio de 2026 para las microempresas y pequeñas empresas, se caracteriza por su amplio alcance, ya que introduce medidas cuyos destinatarios no son únicamente los operadores forestales, sino todos los sectores de la economía en función de la pertinente materia prima, con el objetivo de combatir la deforestación y la degradación forestal asociadas a los productos comercializados en el mercado europeo. Se refuerza así el marco normativo para una gestión sostenible de los recursos naturales, en línea con la creación de sistemas alimentarios sostenibles mediante la regulación de las cadenas de suministro. En este sentido, se pretende prohibir la comercialización o la puesta a disposición en el mercado interno, así como la exportación desde la Unión Europea, de determinadas materias primas y productos asociados a la deforestación; reducir la contribución de la Unión a las emisiones de gases de efecto invernadero y a la pérdida de biodiversidad a escala mundial; y proteger los derechos humanos y los derechos de los pueblos indígenas. De esta manera, el Reglamento EUDR debe insertarse en el contexto más amplio de las recientes iniciativas legislativas destinadas a crear un marco de *compliance* empresarial que involucra a los diferentes sectores de la economía —incluido el agroalimentario— mediante la definición de objetivos precisos vinculados a la protección del medio ambiente y de la biodiversidad y la definición de instrumentos normativos vinculantes. Desde esta perspectiva, el marco normativo tiende a situar en el mismo nivel dos dimensiones: la del modelo de desarrollo económico y la de los modelos de gestión y responsabilidad empresarial, conforme a una jerarquía de valores revisada, que coloca en la cúspide la conciliación del beneficio con intereses de carácter público impuestos por la ley. La elección del instrumento vinculante elimina el margen de diferenciación entre los Estados miembros y reduce la fragmentación regulatoria, en beneficio de las explotaciones agrícolas que operan en varios mercados. Al mismo tiempo, el Reglamento adquiere una relevancia extraterritorial, ya que condiciona inevitablemente la continuidad de las relaciones entre proveedores no europeos y operadores de la Unión al cumplimiento de las disposiciones contenidas en el EUDR. Además, a diferencia de anteriores intervenciones normativas, el Reglamento EUDR no se limita a verificar que la madera y los productos derivados de ella sean legales, sino que se convierte en el instrumento para combatir la deforestación a través del mercado de los productos de base maderera mediante la gestión de su cadena de suministro. En particular, partiendo de la conciencia de que, además del cambio climático, entre los principales factores de deforestación y degradación forestal figura el cambio de uso del suelo para la producción de determinados productos (entre ellos el aceite de palma), el Reglamento se propone garantizar que los productos importados o exportados sean libres de deforestación ("deforestación cero"), es decir, sin materias primas procedentes de tierras deforestadas después del 31 de diciembre de 2020.

Desde un punto de vista sistémico, el Reglamento se inserta en el marco legislativo más amplio del Pacto Verde Europeo (*Green Deal*) y de sus estrategias de aplicación, dado que la protección de los bosques es esencial para preservar la biodiversidad global y el clima, pero también en el *Plan de Acción para la Economía Circular y en la Directiva sobre informes de sostenibilidad corporativa (CSRD)*, por cuanto resulta funcional a la protección de una serie de intereses colectivos. En su base se encuentra el *Plan de Acción*, que presupone una relación necesaria entre desarrollo sostenible y empresa, en particular con los modelos de administración y control, los cuales revisten gran importancia debido a sus decisiones y al impacto ambiental y social que los productos comercializados pueden tener. A tal fin, el Reglamento EUDR amplía las obligaciones de diligencia debida —en parte ya previstas por el Reglamento (UE) 995/2010 (EUTR) para quienes comercializan madera y productos derivados— a las empresas que operan, en diversos títulos, con madera, soja, ganado bovino, palma aceitera, café, cacao, caucho natural, así como con los productos pertinentes que contengan o hayan sido alimentados o fabricados con dichas materias primas pertinentes. Para incentivar el uso de materias primas y productos reciclados, se establece que el Reglamento no se aplicará a los supuestos de materias primas secundarias (MPS) producidas íntegramente a partir de un material que ha llegado al final de su ciclo de vida y que, de otro modo, habría sido desechado como residuo. Por el contrario, sí se aplica a los subproductos de procesos manufactureros, así como en el caso de productos de desecho indicados en el Reglamento EUDR.

El Reglamento EUDR impone requisitos particularmente estrictos a las empresas que introducen en el mercado, importan, producen, transforman, distribuyen o exportan estas categorías de productos. En particular, a los operadores y comerciantes se les prohíbe introducir en el mercado, publicitar o exportar las materias primas y los productos enumerados en el Anexo I, a menos que cumplan los siguientes requisitos: que no contribuyan a la deforestación ni a la degradación forestal; que hayan sido producidos de conformidad con la legislación pertinente del país de producción (incluidas las disposiciones relativas a los derechos de uso de la tierra, la gestión forestal, el derecho laboral, la fiscalidad y/o los derechos humanos); y que estén amparados por una declaración de diligencia debida, conforme al Anexo II del Reglamento EUDR. Para demostrar que los productos destinados a la importación, exportación o comercialización en el mercado europeo cumplen con los requisitos impuestos por el EUDR y no proceden de actividades que hayan contribuido a la deforestación o a la degradación forestal, es necesario seguir un proceso complejo de diligencia debida, estructurado en tres fases, al término del cual se presenta la declaración correspondiente por parte de los operadores o comerciantes, o, en su defecto, por parte de un representante autorizado. La primera fase consiste en la recopilación de toda la información necesaria sobre los productos implicados. El operador debe disponer de una descripción detallada de los productos pertinentes, especificando el país de producción y la cantidad producida. Es fundamental también la geolocalización precisa de las tierras de las que proceden las materias primas utilizadas, a fin de verificar que no hayan sido objeto de deforestación. Asimismo, deben proporcionarse los datos de identificación y contacto de proveedores y clientes, junto con pruebas concretas que acrediten la conformidad de los productos con la normativa vigente en el país de origen y el respeto de las disposiciones ambientales. Una vez recopilados estos elementos, se lleva a cabo una evaluación del riesgo de no conformidad respecto de las prescripciones del Reglamento. En este contexto, se consideran diversos factores, entre ellos las características del país de origen, en particular la presencia de bosques y pueblos indígenas, el nivel de corrupción, la fiabilidad de la documentación y el respeto de los derechos humanos. Otro aspecto crítico es la complejidad de la cadena de suministro, que puede dificultar la trazabilidad y la transparencia. A ello se suman las posibles advertencias de riesgo proporcionadas por expertos de la Comisión Europea, que pueden influir en la evaluación global.

En el caso de que surjan elementos de riesgo, el operador está obligado a adoptar medidas específicas para reducirlo a un nivel nulo o despreciable. Esto puede traducirse en la solicitud de información adicional a los proveedores, en la realización de verificaciones independientes o en la organización de auditorías específicas. En algunos casos, se puede intervenir directamente con acciones de apoyo a los propietarios de tierras, financiando iniciativas orientadas al desarrollo de prácticas sostenibles o a la mejora de las competencias en la gestión de los recursos. El incumplimiento de estas obligaciones conlleva consecuencias significativas para las empresas, que pueden enfrentarse a sanciones económicas, la confiscación de bienes e incluso la exclusión de contratos públicos. Además, el incumplimiento de las disposiciones del Reglamento puede impedir el acceso a financiación, subvenciones o concesiones, con un impacto considerable en la competitividad de las empresas afectadas. A ello se añade el riesgo reputacional, ya que las infracciones pueden hacerse públicas, influyendo negativamente en la percepción de la empresa por parte de consumidores e inversores.

El Reglamento exige, además, a los destinatarios preparar anualmente un informe relativo a su sistema de diligencia debida, junto con la obligación de conservar la documentación correspondiente. De esta forma, la gestión del riesgo se convierte en un elemento central, trasladado a las empresas y, en particular, a los órganos de decisión, que deben proceder siguiendo un itinerario de diligencia debida consistente en recopilar la información necesaria, evaluar los riesgos vinculados al uso de productos y la incidencia que estos puedan tener en materia de deforestación y, en caso de que persista el riesgo, adoptar medidas de mitigación. Finalmente, una vez que dicho riesgo se haya reducido o resulte despreciable, podrá emitirse la declaración de diligencia debida.

La técnica legislativa es clara y precisa, consistente en la introducción de normas imperativas que imponen a los operadores una serie de obligaciones de cumplimiento respecto a los riesgos identificados, en virtud de controles internos, que luego se trasladan a los procesos de *compliance* de la empresa, junto con mecanismos de control y eventuales sanciones. De este modo, se pretende recalibrar la cadena de suministro en sus relaciones con las instituciones, pero también en relación con los inversores y con las entidades de crédito, que desde hace tiempo apuestan e invierten en aquellas empresas capaces de presentarse como fiables en materia de sostenibilidad ambiental. En este sentido, se insertan los criterios ESG, que permiten generar evaluaciones utilizadas por empleados, proveedores, ciudadanos, instituciones, inversores, bancos y aseguradoras para conocer el compromiso y los resultados de una empresa en sostenibilidad y su exposición a riesgos. Se hace referencia en particular a tres aspectos que conciernen al contexto del *Green Deal*: el factor ambiental, relativo a los riesgos del cambio climático y a la reducción de emisiones de CO2; el factor social, que incluye políticas de igualdad y de no discriminación, así como condiciones de trabajo seguras y respetuosas de los derechos humanos, en consonancia con los requisitos del Reglamento EUDR; y finalmente el factor de gobernanza, que debe situarse en primer plano, pues todos los aspectos ESG parten de la premisa de que es la alta dirección y la gobernanza empresarial la que asume estos objetivos para cumplir con los plazos fijados por la Unión Europea de aquí a 2035 y 2050.

Para el empresario agrícola europeo, el Reglamento EUDR, aun incrementando la carga de *compliance*, puede interpretarse como una palanca estratégica para diferenciar la oferta y consolidar las relaciones de cadena. A la luz de las medidas de acompañamiento previstas por la PAC, el cumplimiento de las obligaciones de diligencia debida puede convertirse en una ventaja competitiva, reforzando la reputación de las producciones de la UE en los mercados globales y garantizando una remuneración justa a los agricultores que adopten prácticas realmente libres de deforestación. Al mismo tiempo, el Reglamento EUDR, al imponer a los operadores un proceso de diligencia debida que combina protección forestal, respeto de derechos colectivos y trazabilidad de la cadena, ha desplazado de hecho el centro de gravedad de la *compliance* del producto individual a la gobernanza empresarial. En efecto, la responsabilidad de cadena no se agota en la obligación de evitar materias primas con riesgo de deforestación, sino que se vincula con un deber más amplio —ya reconocido normativamente— de integrar los factores ESG en las decisiones estratégicas de la empresa. Esto introduce directamente la cuestión de la Responsabilidad Social Corporativa (RSC) como dimensión esencial —y ya no meramente voluntaria— de la actividad económica.

En este contexto se sitúa la presente obra, dirigida por la Profesora Esther Muñiz Espada, que, a través de las contribuciones de expertos procedentes de distintas universidades europeas, ofrece un análisis detallado de la disciplina contenida en el Reglamento EUDR. Los distintos estudios proporcionan, en clave crítica, una representación precisa y lúcida de las disposiciones que emanan del Reglamento EUDR, ofreciendo una visión orgánica del conjunto de la normativa y destacando tanto los instrumentos de aplicación pública como los mecanismos de tutela privada. De este modo se confirma la constante actualidad del Derecho agrario europeo frente a los nuevos desafíos que el legislador plantea al académico y a los operadores del mercado de referencia, proponiendo cuestiones interpretativas que se presentan en formas diversas y con soluciones nada evidentes.

Florencia, 1 de septiembre de 2025.

Capítulo I.

Dimensión económica del reglamento de deforestación y sus efectos sobre la competitividad de las empresas agroforestales

FERNANDO ADOLFO TEJERINA GAITE[2]

1. INTRODUCCIÓN

Los sistemas agroforestales son medios complejos en los que interactúan cultivos, árboles, la fauna y el hombre. La conciencia sobre su protección y explotación sostenible contempla medidas conducentes a la protección del suelo, a regular los efectos sobre el medioambiente en general y a actuar racionalmente sobre la cadena de reciclaje de nutrientes aumentando la diversificación de la producción y protegiendo los recursos naturales estratégicos. Además de la producción de alimentos, el sector agroforestal es generador de materias primas para la construcción y la producción de energía a través de biocombustibles.

El equilibrio y la sostenibilidad, también como fuente de creación de valor a largo plazo, de los sistemas agroforestales descansa en gran medida sobre la conservación y desarrollo de la masa forestal, cuya pérdida tiene importantes consecuencias tanto a nivel económico, como a nivel social y medioambiental —en términos de biodiversidad y consecuencias sobre el clima y la salud humana—. La Unión Europea, consciente de esta problemática, viene adoptando en los últimos años un conjunto de iniciativas encaminadas a paliar la deforestación y la degradación forestal[3], que culminan en el Reglamento (UE) 2023/1115 de 31 de mayo de 2023[4], cuyas

2 Profesor Titular de Economía Financiera y Contabilidad, Universidad de Valladolid.

3 Sobre esta materia véase Muñiz Espada, Esther (2025), Derecho Forestal Y Montes de Socios: por otro Modelo de Ordenación de La Propiedad, Editorial REUS, págs. 23 y ss.

4 TOL9.702.507. En adelante también nos referiremos a él como Reglamento de Deforestación o EUDR.

fechas de aplicación se vieron posteriormente modificadas a través del Reglamento (UE) 2024/3234 de 19 de diciembre de 2024.

En su sentido más amplio, la deforestación se refiere a la eliminación de los bosques o la conversión de áreas forestales en tierras destinadas a diferentes usos. Algunas definiciones se refieren específicamente a la deforestación impulsada principalmente por actividades humanas, mientras que otras incluyen causas no inducidas por el ser humano para rastrear la magnitud total de la pérdida de bosques[5]. La deforestación causada por actividades humanas puede realizarse para recolectar madera y productos derivados. También puede ocurrir con el propósito de cambiar el uso del suelo, despejando bosques para otros fines como la agricultura, la minería, la construcción de infraestructuras, el desarrollo urbano o el levantamiento de plantas hidroeléctricas o embalses.

El fenómeno de la deforestación provoca la pérdida de recursos valiosos y de importantes servicios ecosistémicos que proporcionan los bosques, los cuales abarcan una gran variedad de funciones reguladoras que sustentan la vida y promueven la estabilidad económica y social. Los bosques desempeñan roles fundamentales en la filtración del agua, la protección frente a fenómenos naturales, como tormentas e inundaciones, la regulación del ciclo hidrológico y de las temperaturas globales, así como en la captura de dióxido de carbono, contribuyendo de esta forma a mitigar el cambio climático. Además, los bosques regulan la calidad del aire. En definitiva, la biodiversidad presente en los bosques garantiza la resiliencia de los ecosistemas, favorece la diversidad de especies y previene la propagación de enfermedades.

A nivel global la deforestación representa un problema estructural.[6] Desde 2001 hasta 2024, se perdieron un total de 517 millones de hectáreas de cobertura arbórea a nivel mundial, lo que equivale al 13% del total existente en el año 2000 (Gráfico 1). Actualmente, los bosques cubren aproximadamente cuatro mil millones de hectáreas, lo que representa el 31% de la superficie terrestre total del planeta. Al analizar la distribución de los

---

5 Entre las primeras, podemos citar las proporcionadas por el World Resources Institute (WRI, 2024) y el Intergovernmental Science-Policy Platform on Biodiversity and Ecosystem Services (IPBES, 2018), mientras que la propuesta por la Food and Agriculture Organization (FAO, 2025) es un ejemplo de las segundas.

6 Los datos proporcionados en los dos siguientes párrafos se han obtenido de los siguientes informes: Global Forest Resources Assessment realizado por la FAO en 2020 y Global Forest Review elaborado por el World Resources Institute en 2024.

bosques en todo el mundo observamos que el 25% se encuentra en Europa (incluida la Federación Rusa, que alberga el 20% de la superficie boscosa mundial), el 21% en América del Sur, el 19% en América del Norte y Central, el 16% en África, el 15% en Asia y el 5% en Oceanía. Más de la mitad de los bosques del mundo se localizan en solo cinco países: Rusia, Brasil, Canadá, Estados Unidos y China.

Gráfico 1. Pérdida de cobertura arbórea mundial por tipo de bosque (Millones de hectáreas).

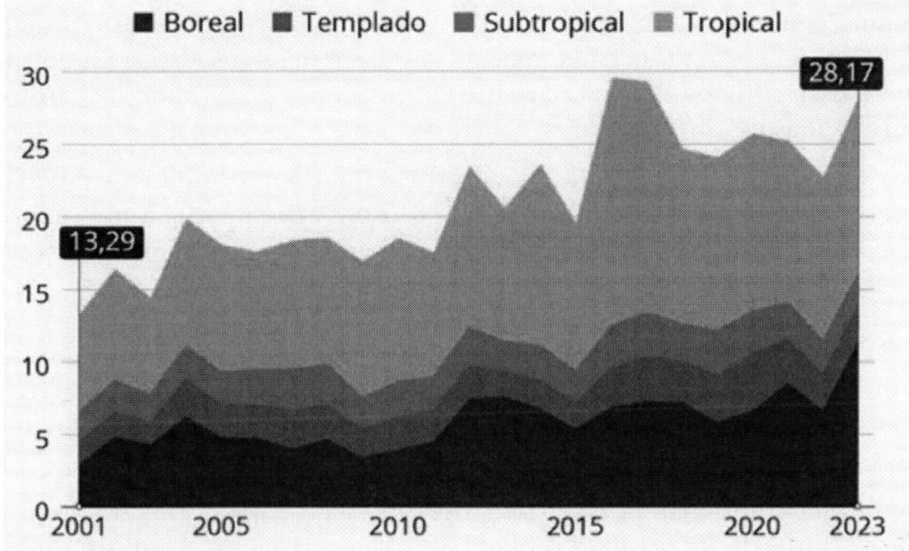

Fuente: World Resources Institute (WRI).

En 2020 se estimaba que solo el 34% de los bosques del planeta se calificaban como bosques primarios, es decir, aquellos que no presentan indicios visibles de actividad humana y cuyos procesos ecológicos no están significativamente alterados[7]. En los últimos 20 años, la pérdida global de bosques primarios ha sido de un promedio de 3,5 millones de hectáreas por año. El porcentaje de superficie habitable del mundo cubierta por bosques disminuyó del 48% en 1900 al 44% en 1950 y hasta el 38% en 2018.

---

[7] FAO (2020). Cit.

Sin embargo, al contrario de lo acontecido en las últimas décadas en gran parte del planeta, en Europa la superficie forestal ha aumentado de manera considerable, cifrándose en un 9% en los últimos 30 años, de acuerdo con el informe sobre el estado de los bosques de Europa de 2020[8]. Con 227 millones de hectáreas de bosques, más de un tercio de la superficie terrestre de Europa está cubierta por masa forestal. El volumen de madera ha aumentado, alcanzando los 550 millones de metros cúbicos, lo que representa un 40% más que en 1990, mientras que el peso del carbono almacenado en la biomasa de los bosques europeos ha crecido un 50% en las últimas tres décadas, ya que la superficie forestal se ha expandido y aproximadamente se talan tres cuartas partes del incremento neto anual de madera. Se estima que cada año los bosques europeos absorben en su biomasa cerca de una décima parte de las emisiones de dióxido de carbono producidas en otros sectores.

Por su parte, en España, desde la aprobación de la primera Estrategia Forestal Española en 1999, la superficie forestal arbolada ha aumentado en casi 1,5 millones de hectáreas. Entre las causas de este incremento se encuentran: las repoblaciones forestales, en torno a 4 millones de hectáreas entre 1940 y 1999 y cerca de 0,5 millones en el periodo 2000-2020; la forestación de tierras agrarias favorecida por la Política Agraria Común (PAC) de la UE, 300.000 hectáreas entre 2000 y 2020; y la regeneración natural de arbolado y matorral a costa de cultivos y pastos o eriales marginales abandonados al compás de la despoblación rural[9].

El Gráfico 2 muestra la superficie de cultivo en España por tipología. Destaca la superficie forestal arbolada, que se acerca a los 20 millones de hectáreas, cifra que se ampliaría hasta más de 28 millones de hectáreas si añadimos el resto de espacios que responden a la condición legal de montes, básicamente superficie forestal desarbolada[10]. De hecho, España ocupa el segundo lugar en la UE en cuanto a superficie forestal general (solo precedida por Suecia) y el tercero en cuanto a extensión arbolada (tras Suecia y Finlandia). En cuanto al número de explotaciones forestales, nuestro país es el cuarto país europeo con aproximadamente 1.100.000[11], generando algo menos del 10% del PIB español. Su tamaño

---

[8] FOREST EUROPE (2020). State of Europe's Forests.

[9] Ministerio para la Transición Ecológica y el Reto Demográfico (MITECO) (2022). Estrategia Forestal Española. Horizonte 2050.

[10] MITECO (2022). Cit.

[11] Dato obtenido del Instituto Nacional de Estadística (INE) referido a 2017.

es reducido (el 52% de las explotaciones tiene menos de 5 hectáreas de superficie agraria útil) lo que dificulta su competitividad en los mercados exteriores. Además, el 36% de las explotaciones con superficies comprendidas entre 50 y 100 hectáreas son arrendadas, desincentivando su modernización y dañando en consecuencia su productividad.

Gráfico 2. Superficie de cultivo en España por tipología (miles de hectáreas). Año 2023.

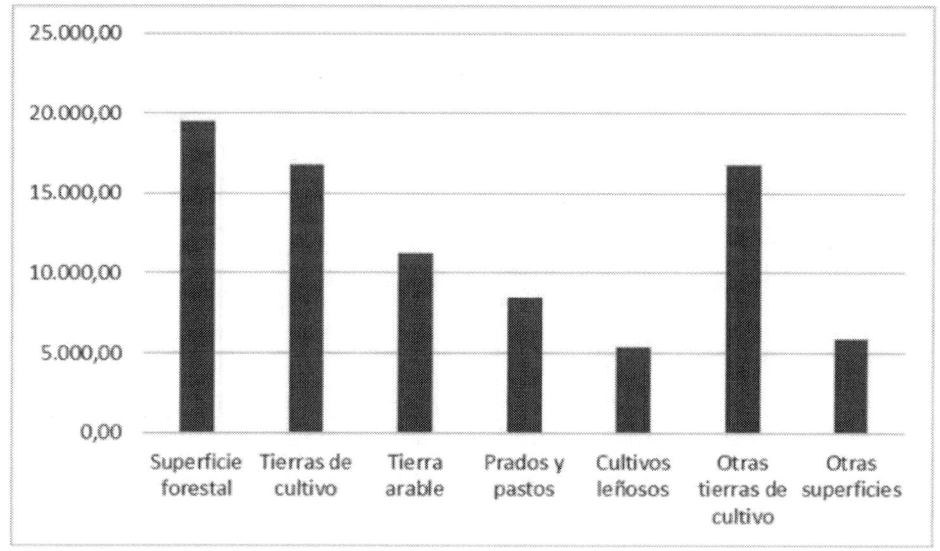

Fuente: MAPA. Encuesta sobre superficies y rendimientos 2023.

El presente capítulo tiene como objetivos realizar una aproximación desde una perspectiva económica al Reglamento (UE) 2023/1115 y al fenómeno de la deforestación, así como analizar la situación competitiva de las empresas del sector agroforestal en España, en concreto de los subsectores en mayor medida afectados por la aplicación del Reglamento, para su posterior comparación con la de las empresas de Castilla y León. Igualmente, se analizarán las consecuencias de dicha aplicación en términos económicos para las empresas.

Tras profundizar, en el segundo apartado, en las causas y consecuencias económicas de la deforestación, en el tercer epígrafe trataremos de valorar el alcance del EUDR en nuestro país, aproximándonos a la importancia que tienen las materias primas catalogadas como pertinentes en el mismo y los principales productos asociados a dichas materias primas en la economía nacional. El cuarto apartado adopta un enfoque microeconómico para llevar a cabo un análisis empírico de la situación competitiva de una muestra de empresas pertenecientes a los sectores afectados por la implementación del EUDR, para, a continuación, estudiar las consecuencias de dicha implantación en términos económicos, valorando el esfuerzo que deben realizar las empresas para adaptarse a la normativa, así como la oportunidad, en términos competitivos, que puede suponer dicha adaptación. En el último epígrafe se presentan las principales conclusiones.

2. CAUSAS Y CONSECUENCIAS ECONÓMICAS DE LA DEFORESTACIÓN

Como paso previo al análisis del alcance y las consecuencias económicas sobre las empresas de los sectores afectados por la aplicación del EUDR, en el presente epígrafe nos aproximaremos al fenómeno de la deforestación desde una perspectiva económica, presentando de manera sucinta sus principales causas y consecuencias[12].

Por lo general, la deforestación siempre tiene una motivación económica, ligada al cambio de uso del suelo, para su explotación agrícola, ganadera o extractiva, o a la propia explotación de los productos derivados de los bosques de manera no sostenible. Se han desarrollado algunos intentos de calcular el valor del mantenimiento de los bosques mediante el uso de herramientas financieras de valoración, tales como el valor actual neto. En un trabajo centrado en la Amazonia brasileña[13], el autor concluye que a partir de un 10% de superficie deforestada, los costes superan a los beneficios, básicamente representados por el valor de la tierra agrícola obtenida. Por regla general, este tipo de estudios minusvaloran los beneficios del mantenimiento de los bosques, dado que muchos de ellos son intangibles y difícilmente medibles, como aquellos relacionados con la conservación del medioambiente y la biodiversidad.

---

12 Al objeto de profundizar en los principales factores económicos que favorecen la deforestación y las consecuencias de la degradación de los bosques, pueden consultarse ALMEIDA. et. al. (2024) y COMISIÓN EUROPEA (2021). Minimizing the risk of deforestation and forest degradation associated with products placed on the EU market.

13 ANDERSEN (2015).

I. Fuerzas que favorecen la deforestación

La tasa de deforestación se ha incrementado significativamente desde la década de los setenta del siglo pasado, como consecuencia, en gran medida, del desarrollo económico. Las tendencias internacionales de producción y consumo han impulsado una economía global extractiva, con un considerable aumento de prácticas que amenazan los bosques, como la expansión agrícola, la urbanización, la extracción de minerales o la generación de energía. Un estudio[14] con datos de 46 países tropicales y subtropicales concluye que la agricultura por sí sola causa el 73% del total de la deforestación, siendo la agricultura comercial responsable del 40%, seguida por la agricultura local o de subsistencia, que está relacionada con el 33% de la deforestación. El desarrollo de infraestructuras representa el 10%, la expansión urbana otro 10% y la minería el 7%.

Se estima que gran parte de la deforestación es "incorporada" en productos importados. Efectivamente, la creciente demanda global de alimentos, combustible y productos de consumo es un motor fundamental de la deforestación. Entre 2005 y 2013, aproximadamente el 62% de la pérdida de bosques tropicales y subtropicales fue consecuencia de la expansión agrícola y la explotación de productos forestales. La cuarta parte se atribuye a productos básicos exportados (como aceite de palma o soja), con un 80% vinculado a la demanda de las economías desarrolladas[15]. En este sentido, se observa que un número limitado de productos agrícolas es responsable de la mayor parte de la deforestación y la degradación forestal a nivel mundial, y la Unión Europea se encuentra entre los principales consumidores globales de algunos de ellos. La Tabla 1 muestra las hectáreas de deforestación vinculadas al consumo en la UE de las materias primas identificadas como las principales causantes de la degradación forestal —las denominadas materias primas pertinentes en el EUDR—.

---

[14] HOSONUMA et al. (2012).

[15] PENDRILL et al. (2019).

Tabla 1. Deforestación asociada al consumo en la UE de las materias primas pertinentes (2008-2017).

Materia Prima	Hectáreas deforestadas
Palma aceitera	67.661,71
Soja	65.427,68
Madera	17.179,66
Cacao	15.031,63
Café	13.967,76
Bovino	9.975,77
Caucho	6.830,55
Total	196.074,76

Fuente: Comisión Europea (2021)

Observamos que la palma aceitera y la soja son, con mucho, las materias primas más perjudiciales para la conservación de los bosques, seguidas por la madera, el cacao y el café. Cierran esta clasificación el ganado bovino y el caucho.

Por otra parte, los países con grandes áreas boscosas se enfrentan a decisiones complejas que deben equilibrar el crecimiento económico con la cada vez mayor exigencia de proteger los recursos naturales. De esta forma, surgen una serie de presiones internas que aceleran la deforestación. En primer lugar, la expansión de la producción agrícola, que trae consigo la tala de áreas boscosas para dar paso a tierras de cultivo o pastizales. Por ejemplo, en Suramérica, el crecimiento de la ganadería y el cultivo de soja son los principales causantes de la deforestación, mientras que en sudeste asiático lo son las plantaciones de madera y el aceite de palma. En segundo término, la demanda de biocombustibles y la minería industrial también contribuye a la pérdida de bosques, especialmente a medida que la transición hacia una economía baja en carbono aumenta la presión por la extracción de minerales en los países en vías de desarrollo. Por último, la expansión de infraestructuras, como la construcción de carreteras, no deja de ser un elemento que contribuye a incrementar la presión sobre las áreas forestales.

Unido a todo lo anterior, el sistema financiero internacional exacerba esta situación. Las economías en desarrollo ricas en masa forestal a menudo se enfrentan a fuertes restricciones para obtener financiación, lo que las empuja a adoptar estrategias de crecimiento a corto plazo, impulsadas por las exportaciones, que en no pocas ocasiones resultan en pérdidas de masa forestal. La necesidad de competir por el capital exterior conduce a estas economías a implantar políticas que conllevan la laxitud en la regulación medioambiental o la desprotección de áreas arbóreas.

II. El papel del mercado e importancia de la legislación

En las economías de mercado, la intervención del Estado en la actividad económica se justifica en la medida que el mercado no sea capaz de asignar recursos o establecer precios de manera eficiente. En este sentido, aunque el consumo de las materias primas anteriormente mencionadas o de los productos derivados de las mismas impulsa el problema de la deforestación, el mercado no tiene en cuenta correctamente los costes derivados de la misma. Por lo tanto, no ofrece incentivos suficientes para cambiar el patrón de consumo hacia productos con cadenas de suministro menos perjudiciales, ni fomenta el consumo de mercancías y productos libres de deforestación.

La deforestación genera externalidades negativas, tales como el aumento de emisiones de carbono, la pérdida de biodiversidad o el incremento del riesgo de pandemias y desastres naturales. Estas externalidades no se reflejan en el precio de los productos causantes de la deforestación, lo cual se considera un fallo del mercado, ya que el precio del producto o servicio no refleja su verdadero coste social o medioambiental, lo que conduce a un uso ineficiente de los recursos. Es en este contexto en el que cobra importancia y se justifica la intervención del Estado.

Por otra parte, un informe reciente, centrado en 500 empresas e instituciones financieras relevantes, concluyó que el 43% de ellas no contaba con compromisos contra la deforestación. Esto significa que las empresas que implementan estrategias y procesos sostenibles se ven obligadas a competir en el mercado de la UE con compañías que no aplican criterios de sostenibilidad en sus cadenas de suministro, teniendo que soportar los mayores costes asociados a la implementación de políticas sostenibles[16]. De esta forma, no es de extrañar que la mayoría

16 COMISIÓN EUROPEA (2021). Cit.

de las asociaciones industriales y empresas aboguen por normas vinculantes de la UE que igualen las condiciones, estableciendo los mismos requisitos para todos los competidores. En este sentido, el EUDR es un paso adelante en el objetivo de establecer un instrumento jurídicamente vinculante para la protección de los bosques frente a la deforestación y la degradación.

III. Consecuencias económicas y financieras de la deforestación

La deforestación y el cambio de uso del suelo tienen un significativo impacto económico. La pérdida forestal puede desestabilizar la economía y el sistema financiero, provocando vulnerabilidad económica, reducción de la productividad e inestabilidad financiera. A continuación, analizaremos los efectos de la deforestación sobre los hogares, las empresas y el entorno macroeconómico[17].

a) Efecto sobre los hogares.

La deforestación compromete el bienestar económico de los hogares de diversas maneras. Aumenta la frecuencia de brotes de enfermedades, al alterar el equilibrio de los ecosistemas y la exposición humana a la fauna salvaje, como se constata en el incremento de la malaria en la Amazonía brasileña, lo que conlleva mortalidad prematura y elevados costes sanitarios. Asimismo, la reducción de la cubierta forestal merma la resiliencia frente a desastres naturales, como inundaciones y deslizamientos, con las consiguientes pérdidas materiales y humanas. En particular, la pérdida de bosques eleva el riesgo de incendios forestales, los cuales, además de los devastadores efectos directos, son una fuente considerable de contaminación atmosférica. Por ejemplo, se calcula que los incendios forestales de California de 2018 causaron 4,5 billones de dólares en daños materiales, además de las 104 víctimas directas y 3.652 muertes debidas a la contaminación atmosférica[18]. Los costes de dichos incendios se estimaron en 32,2 billones de dólares, incluyendo costes sanitarios y tiempo de trabajo perdido. En este sentido, la deforestación afecta a la productividad laboral, dado que se elimina la regulación térmica de los bosques, incrementándose la exposición a olas de calor, que disminuyen la productividad especialmente en áreas tropicales.

17 Para un mayor desarrollo de este apartado, se puede consultar ALMEIDA et al. (2024).

18 WANG et al. (2021).

b) Efecto en las empresas

Las empresas soportan una serie de riesgos físicos como consecuencia de la deforestación. Por una parte, afecta directamente a los recursos hídricos: mayores niveles de sedimentos que obstruyen sistemas de riego y reducen la eficiencia de la energía hidroeléctrica, así como contaminantes que incrementan el coste del tratamiento del agua. Se trata de factores que presionan al alza el precio de un recurso fundamental para el sector. Igualmente, la mayor frecuencia e intensidad de incendios forestales, previamente mencionada, también impacta directamente en las empresas, que además de ver reducir el valor económico de las tierras, soportan gran parte de los costes derivados de tales desastres, como el descenso en la productividad del trabajo. Por último, los cambios en el uso del suelo y la deforestación en general, acelera la propagación de especies invasoras, lo que incrementa los costes de gestión y reduce la productividad de las actividades agroforestales.

Sin embargo, las empresas no solo se enfrentan a riesgos físicos. La creciente conciencia sobre los impactos de la deforestación impulsa cambios regulatorios que exponen a las empresas al denominado riesgo de transición, ligado a los desajustes entre su actividad económica y las acciones relacionadas con la restauración o conservación de la naturaleza. Normativas como el Reglamento de Deforestación de la UE o la Directiva de Energías Renovables (RED III) buscan asegurar cadenas de valor libres de deforestación, limitando las actividades que contribuyen a la pérdida forestal o degradación de la naturaleza. Adicionalmente, los cambios en las preferencias de consumidores e inversores representan un riesgo financiero considerable, ya que la demanda se inclina hacia productos y empresas sostenibles. Las empresas que no se adapten se enfrentarán a mayores costes financieros o incluso podrían perder el acceso a determinadas fuentes de financiación.

c) Impacto macroeconómico.

A nivel macroeconómico, las repercusiones de la deforestación y la consecuente degradación de los ecosistemas son lo suficientemente sustanciales como para afectar a la producción agregada y a los niveles de precios. Así, la disminución de polinizadores, directamente relacionada con la destrucción de hábitats, ha generado un impacto negativo considerable en la producción global. De igual forma, el cambio de uso del suelo y la merma de masa forestal se relacionan con las pérdidas económicas derivadas de los incendios y otros desastres naturales, con efectos cuantificables en el Producto Interior Bruto (PIB) regional y nacional. Diferentes estudios revelan que el valor acumulado de los bosques intactos a largo plazo supera el de las tierras agrícolas convertidas y que detener la deforestación genera beneficios netos significativos. Además de los efectos directos en la producción, la pérdida forestal puede manifestarse en incrementos en los niveles de precios —por ejemplo, en el incremento del precio de determinados alimentos tras un desastre natural— y afectar a las relaciones económicas internacionales.

3. MATERIAS PRIMAS PERTINENTES: IMPORTANCIA EN ESPAÑA

El Reglamento (UE) 2023/1115, en su anexo I, enumera los productos pertinentes cuya introducción o comercialización en la Unión Europea están sujetos a los procedimientos descritos en el mismo, siempre que se hayan elaborado, alimentado o contengan alguna de las materias primas pertinentes que también se recogen en dicho texto y cuya producción se considera responsable de la mayor parte de la deforestación a nivel mundial. En el presente apartado, daremos una visión general de la importancia en nuestro país de las materias primas pertinentes y los principales productos asociados a las mismas. El objetivo es proporcionar una visión general del alcance del EUDR en la economía y empresas españolas.

I. Bovinos domésticos

El sector vacuno de carne se estima que generó en 2023 un valor económico cercano a los 3.838 millones de euros, lo que supone alrededor del 6% del valor de la Producción Final Agraria de España o el 14% de su Producción Final Ganadera[19]. Se trata de un sector que ocupa el tercer puesto en importancia económica ganadera a nivel nacional, tras la carne de porcino y el conjunto del sector lácteo (vaca, oveja y cabra). Por su parte, en la UE, el conjunto del sector generó en total unos 35.478 millones de euros, de los cuales España aportó el 11%, el tercer estado miembro tras Francia y Alemania.

Es, sin duda, el sector más afectado por el Reglamento (UE) 2023/1115 en la economía española. Como muestra de la magnitud de su impacto, baste con indicar que el número de explotaciones de ganado bovino en

[19] Los datos de este apartado han sido obtenidos de: Ministerio de Agricultura Pesca y Alimentación (MAPA) (2024) y de la base de datos SITRAN.

España en 2023 ascendía a 114.729 —73.7% destinadas a la producción de carne, 9.3% a la producción de leche y el resto repartidas entre cebadero, producción mixta o recría—. Su distribución entre las diferentes CCAA se recoge en el Gráfico 3. Podemos observar que Galicia es la comunidad autónoma más afectada, seguida de Castilla y León, Extremadura y Asturias.

Gráfico 3: Distribución de las explotaciones de ganado bovino por CCAA.

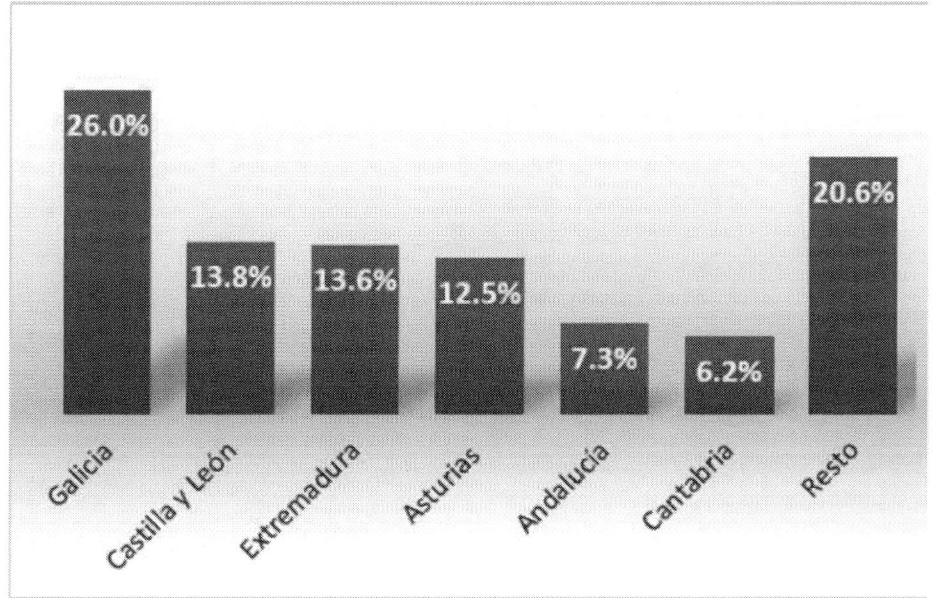

Fuente: SITRAN

II. Cacao

Aunque la producción mundial de cacao como materia prima se concentra en África (71,5%), América (22,3%) y Asia y Oceanía (6,2%), la producción en España de productos derivados (pasta, manteca y, principalmente, cacao en polvo) alcanzó los 711,7 millones de euros en 2023[20].

En España hay más de un centenar de empresas fabricantes y comercializadoras de cacao y chocolate, la mayoría de pequeño tamaño. Sin embargo, el sector se caracteriza por la alta concentración, que se manifiesta en

[20] Datos procedentes de MERCASA (2024). Alimentación en España 2024.

el hecho de que más del 60% de las ventas totales se concentra en las cinco mayores empresas, siendo varias de ellas filiales de multinacionales con amplia trayectoria en el sector (Gráfico 4). Como señalaremos más adelante, semejante disparidad en cuanto al tamaño tendrá importantes consecuencias a la hora de cumplir con los requisitos exigidos por el EUDR, dada la mayor dificultad que tienen las empresas medianas y pequeñas para adoptar los procesos indicados en dicha normativa.

Gráfico 4: Facturación (millones de euros) de las principales empresas de derivados del cacao. España, 2023

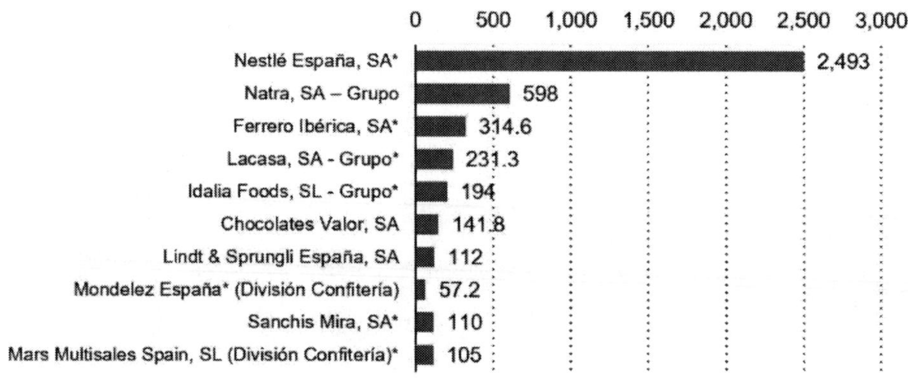

(*) Los datos incluyen otras líneas de negocio

Fuente: Statista

Uno de los rasgos que caracteriza al sector en los últimos años es la innovación constante en la oferta, especialmente en el sector de las tabletas, hacia productos más saludables, reduciendo de forma muy significativa su contenido en azúcar, incorporando nuevos elementos en sus composiciones e incrementando los porcentajes de cacao. De la misma manera, el sector cada vez está más concienciado con los graves problemas de sostenibilidad que conlleva el cultivo de cacao. Por ejemplo, se estima que en Costa de Marfil (principal productor mundial de cacao) se han llegado a perder 5 millones de hectáreas de bosque por la deforestación encaminada a sembrar dicha materia prima. Por lo tanto, la evolución del sector es acorde con las tendencias en materia de sostenibilidad que se plasman en los recientes desarrollos legislativos de la Unión Europea.

III. Café

El café se incluye como materia prima pertinente y al igual que en el caso del cacao, el Reglamento UE 2023/1115 afecta a nuestro país en cuanto que España es el segundo productor europeo de café soluble, el tercero en café tostado descafeinado y el cuarto mayor productor de café tostado con cafeína[21].

El sector muestra una estructura empresarial muy concentrada en pocos y grandes productores, principalmente multinacionales con negocios también en otros sectores agroalimentarios, por lo que, una vez más, la aplicación del Reglamento afectará de manera desigual a las empresas del sector (Gráfico 5).

Gráfico 5: Facturación (millones de euros) de las principales empresas productoras de café. España, 2023

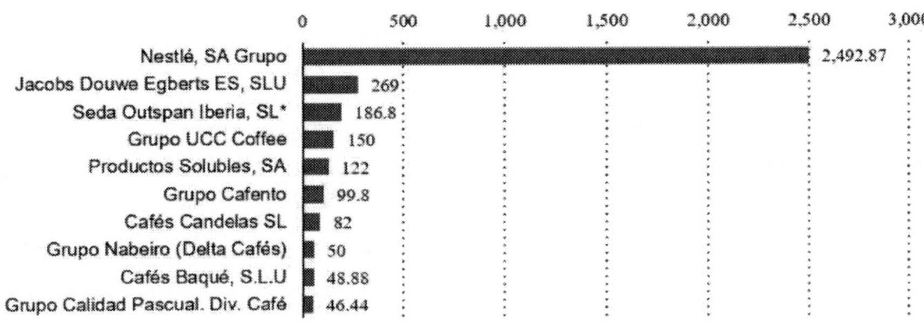

Fuente: Statista

IV Palma aceitera y soja

En este apartado analizamos conjuntamente otras dos materias primas pertinentes, por pertenecer ambas al ámbito de las oleaginosas. Se trata de plantas de cuya semilla se puede obtener aceite para consumo humano, aceites para uso industrial y piensos destinados a la alimentación animal. A nivel mundial, la planta oleaginosa más cultivada es la soja, que representa más de la mitad de toda la producción de este tipo de cultivo, siendo originaria de Asia (Gráfico 6). El principal uso de la soja es la fabricación de piensos destinados a la alimentación animal. Sus principales productores son Brasil y Argentina.

---

21 MERCASA (2024). Cit.

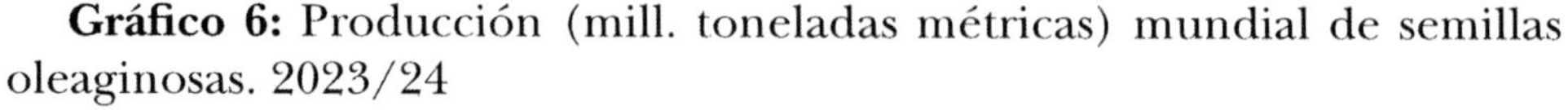

Gráfico 6: Producción (mill. toneladas métricas) mundial de semillas oleaginosas. 2023/24

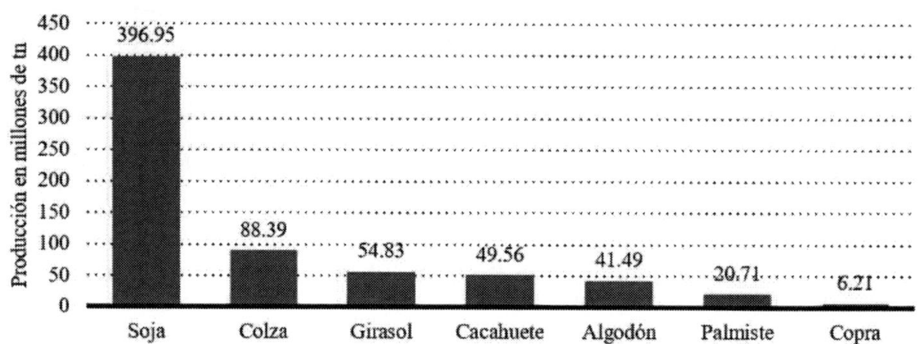

Fuente: Statista

Le siguen en importancia, aunque a gran distancia, la colza y el girasol. Más allá de estos tres grandes cultivos, la palma también se considera planta oleaginosa. De ella se obtiene principalmente aceite y su importancia a nivel global es más residual.

Por su parte, las principales semillas oleaginosas cultivadas en España (4% de la cosecha de la UE) son el girasol y la colza, ocupando la soja el tercer lugar. En la campaña 2023/24 se produjeron en España 1,06 millones de toneladas de estos cultivos (de las cuales un 82% corresponde a la producción de girasol, 17,5% a la de colza y tan solo un 0,6% a planta de soja). Además de la producción de semillas, también hay en España una pequeña producción de harinas y tortas de semillas oleaginosas. En concreto, en la campaña 2023/24 la producción ascendió a 3,02 millones de toneladas, siendo en esta ocasión más del 75% derivados de la soja[22].

Sin embargo, más allá de las cifras de producción internas, España destaca por ser un importante importador de soja, más de tres millones de toneladas en 2022, la mayoría procedente de fuera de la Unión Europea, lo que supone un significativo riesgo de degradación forestal en los países de origen.

---

22 MERCASA (2024). Cit.

V Caucho

El caucho es un material elástico cuya aplicación más frecuente y conocida es la producción de neumáticos, aunque su uso se extiende a gran variedad de productos industriales y de consumo. Su origen puede ser natural o sintético, siendo principalmente el primero el asociado a la desforestación, ya que se obtiene a partir de la extracción de látex del denominado árbol del caucho. Como se puede observar en el Gráfico 7, la producción de caucho natural no ha dejado de crecer desde principios de siglo.

Gráfico 7: Producción anual de caucho natural. Millones de toneladas métricas

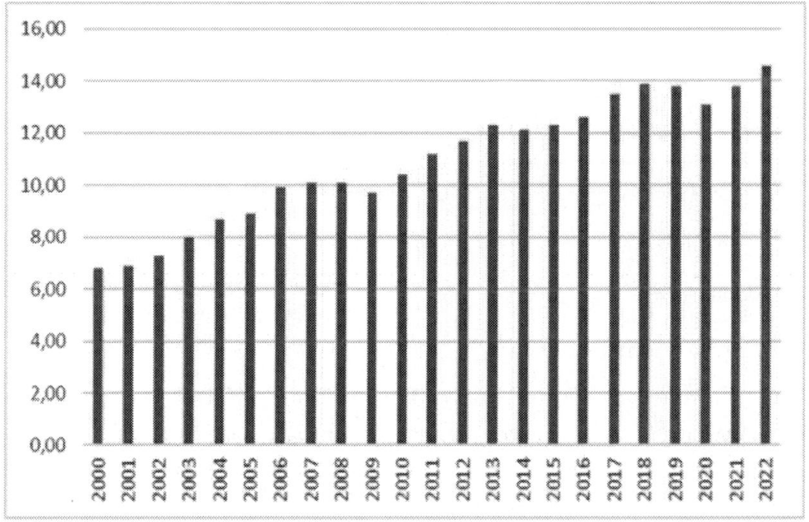

Fuente: Statista

En España, la fabricación de productos de caucho se engloba dentro del sector "Caucho y materias plásticas" en función de la clasificación CNAE-2009. Dicho sector alcanzó un VAB en 2022 de 7.351 millones de euros (3,79% del VAB del total de la industria), con un valor de producción de 26.984 millones de euros. En el año 2020 había en España más de 4.000 empresas dedicadas a la fabricación de productos de caucho y plástico, a las que afectará directamente la aplicación del EUDR.

VI. Madera

Una de las principales producciones de los montes, en ocasiones la única con valor de mercado, es la producción maderera. Este producto abastece a un sector industrial importante que va desde el papelero al mueble, pasando por la madera de construcción, tableros y bioenergía.

El sector de la madera abarca un amplio conjunto de ramas de actividad, desde la extracción y explotación de la madera hasta la fabricación de muebles o papel. Con el fin de mostrar la dimensión de las principales actividades relacionadas con dicha materia prima en España, en la tabla siguiente (Tabla 2) se indica su importancia en términos de producción, VAB y empleo.

Tabla 2: Agregados por sector (actividad maderera). España, 2022.

Código CNAE-2009	Sector	Producción (Millones de euros)	VAB (Millones de euros)	Empleo (Miles de personas)	Producción por empleado (Millones de euros)
02	Silvicultura y explotación forestal	2.503	1.054	14,1	177,5
16	Industria de la madera y el corcho, excepto muebles	10.538	2.887	54,9	191,9
17	Industria del papel	19.927	4.135	55,4	359,7
31	Fabricación de muebles	14.711	5.896	117,2	125,5

Fuente: elaboración propia a partir de los datos del INE

Como podemos observar, la industria del papel es la de mayor tamaño por valor de producción, aunque la fabricación de muebles presenta un mayor valor añadido bruto, además de ser la que más puestos de trabajo genera. La última columna nos aporta una pista acerca de la intensidad en el uso de los diferentes recursos productivos de cada rama de actividad. Se aprecia que la industria del mueble, con la productividad por empleado más alta, es por tanto la más intensiva en capital productivo. El Gráfico 8 muestra las exportaciones, importaciones y saldo comercial (exportaciones menos importaciones) de los tres subsectores principales, siendo la industria del papel la que presenta mayores importes y el subsector del mueble el que arroja un saldo comercial más desfavorable. En el contexto que nos ocupa resulta de especial relevancia el volumen de las importaciones, especialmente significativas en el subsector del papel, cuyo origen y trazabilidad están sometidas a los requerimientos del EUDR.

Gráfico 8: Comercio exterior sectores de Madera y Corcho (izquierda), Papel (derecha) y Mueble (inferior). Millones de euros. España, 2022.

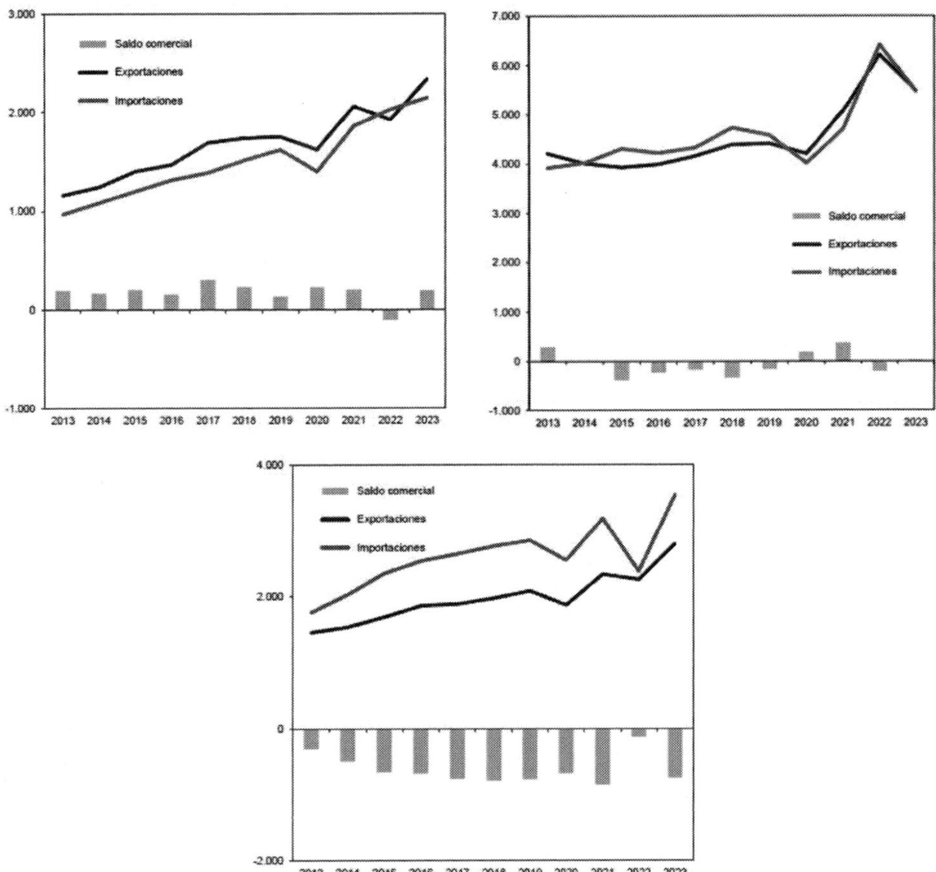

Fuente: Secretaría de Estado de Comercio (MINECO)

4. COMPETITIVIDAD DE LAS EMPRESAS DEL SECTOR AGROFORESTAL: PRINCIPALES MAGNITUDES ECONÓMICO-FINANCIERAS

A nivel macroeconómico, el sector agroalimentario generó en España un valor añadido bruto (VAB) de 121.857 millones de € en 2022. Esta cifra representa el 9,7% del VAB total de la economía española o el 8,9% en términos de Producto Interior Bruto (PIB)[23]. Por su parte, el sector forestal (incluyendo explotación forestal, industria del papel, industria de la madera y el corcho y fabricación de muebles) aportó a la economía nacional casi 12 mil millones de euros, lo que supone algo más del 1% de la economía española. Este valor es un 40% mayor que el registrado a principios de siglo; no obstante, la evolución de los cuatro componentes citados no ha sido similar, pues, frente a un incremento del 62% de la industria de fabricación de muebles, del 37% de la industria del papel y del 29% de la industria de la madera y el corcho, la silvicultura y explotación forestal ha experimentado una disminución del 9%[24].

En el presente apartado, llevaremos a cabo un análisis de las principales magnitudes económico-financieras de una muestra de empresas de cada una de las ramas de actividad del sector agroforestal más directamente afectadas por la aplicación de la nueva normativa. Para ello tomamos una amplia muestra de empresas españolas de la base de datos SABI[25], pertenecientes a los principales sectores relacionados con la actividad agroforestal (Tabla 3). El número de empresas varía en función de la población empresarial de cada subsector. El objetivo es mostrar qué ramas de actividad presentan una mejor posición competitiva y a la vez resultan más productivas. Posteriormente, haremos una mención especial a las empresas del sector en Castilla y León, comparando sus magnitudes con las del resto de empresas españolas. Conviene advertir que todos los datos obtenidos se refieren al año 2023 —último año disponible al completo en la base de datos—, por lo que los resultados pueden estar condicionados por factores coyunturales.

---

23 MAPA (2025). Contribución del sistema agroalimentario a la economía española en 2022.

24 GAMAZO (2024).

25 SABI (Sistema de Análisis de Balances Ibéricos) es una base de datos que contiene información económica y financiera de más de 4,4 millones de empresas españolas y más de 1 millón de empresas portuguesas.

Tabla 3. Principales sectores vinculados a la actividad agroforestal

Código CNAE 2009	Sector/Subsector
01	Agricultura, ganadería, caza y servicios relacionados con las mismas
011	Cultivos no perennes
012	Cultivos perennes
014	Producción ganadera
02	Silvicultura y explotación forestal
021	Silvicultura y otras actividades forestales
022	Explotación de la madera
10	Industria de la alimentación
101	Procesado y conservación de carne y elaboración de productos cárnicos
104	Fabricación de aceites y grasas vegetales y animales
105	Fabricación de productos lácteos
16	Industria de la madera y del corcho, excepto muebles; cestería y espartería
162	Fabricación de productos de madera, corcho, cestería y espartería
17	Industria del papel
171	Fabricación de pasta papelera, papel y cartón
172	Fabricación de artículos de papel y cartón
22	Fabricación de productos de caucho y plásticos
221	Fabricación de productos de caucho
31	Fabricación de muebles
310	Fabricación de muebles

Fuente: Clasificación CNAE.

I. Análisis de las empresas españolas de los principales sectores agroforestales

En la Tabla 4 se especifican los valores obtenidos para cada uno de los subsectores considerados en siete variables financieras, representativas de la rentabilidad, la solvencia, la liquidez y la productividad de cada uno. A efectos comparativos, la tabla también muestra los valores medios de las empresas pertenecientes al sector industrial. Los principales resultados son los siguientes:

- Rentabilidad económica (ROA): muestra la rentabilidad del negocio o de las inversiones realizadas por la empresa, sin tener en cuenta cómo se han financiado. Los valores oscilan entre el 4,09% del subsector "Explotación de la madera" (022), hasta el 13,89% de "Producción ganadera" (014), que es, por lo tanto, el que obtiene un mayor beneficio económico por cada euro invertido.
- Rentabilidad financiera (ROE): en este caso hace referencia a la rentabilidad de los propietarios, en cuyo cálculo influye la rentabilidad económica y el grado de endeudamiento de la empresa. Si la empresa se endeuda a un tipo de interés inferior a su ROA, la rentabilidad financiera se ve favorecida. En nuestro caso, el valor mínimo lo muestra de nuevo el subsector "Explotación maderera" (022), con un ROE de 4,37%, mientras que la "Fabricación de productos de caucho" (221) presenta la mayor rentabilidad financiera, un 26,67%.
- Margen de beneficio: indica el porcentaje de los ingresos que se transforma en beneficios, oscilando en nuestro caso desde un escaso 1,69% en el subsector "Procesado y conservación de carne y elaboración de productos cárnicos" (101) hasta el 10,29% que presentan los "Cultivos perennes" (012).
- Ratio de liquidez: expresa si la empresa posee suficientes recursos a corto plazo para afrontar sus deudas más inmediatas. En general, esta ratio se considera apropiada cuando está entre 1,5 y 2, siendo importante que al menos esté por encima de la unidad. Todos los sectores considerados presentan una liquidez adecuada, no habiendo diferencias significativas entre los diferentes subsectores.
- Ratio de endeudamiento: en este caso nos indica el porcentaje de deuda que posee la empresa en relación con su financiación total. Un mayor endeudamiento suele dar lugar a una mayor rentabilidad, siempre que consigamos un retorno superior al coste de la financiación. Sin embargo, la mayor deuda también incrementa el

riesgo financiero de la empresa, dado que esta asume una mayor cantidad de compromisos de pago. Una ratio superior al 60% debe ser vigilado, como es el caso de los subsectores "Silvicultura y otras actividades forestales" (021) y "Fabricación de aceites y grasas vegetales y animales" (104). Por el contrario, el subsector "Explotación de la madera" (022) presenta una ratio muy baja, que incrementa su solvencia, pero a la vez le resta rentabilidad.

- Valor agregado medio: se refiere a la diferencia entre el valor de la producción y el coste de los bienes utilizados para producir. Se presenta el valor medio del conjunto de empresas de cada subsector. Esta variable está muy condicionada por el tamaño de las empresas y el nivel de automatización y tecnológico de la actividad. Se observan importantes diferencias siendo el subsector "Fabricación de pasta de papelera, papel y cartón" (171) el que arroja un mayor valor, mientras que una vez más, el de "Explotación de la madera" (022) muestra el valor más modesto.
- Beneficio por empleado: indica el beneficio generado por cada empleado, siendo una medida de la productividad de la empresa. Tres sectores destacan por encima del resto: "Producción ganadera" (014), capaz de generar 53 mil euros por empleado, "Fabricación de aceites y grasas vegetales y animales" (104), con 46 miles de euros por empleado y "Fabricación de pasta papelera, papel y cartón" (171), que alcanza los 43 miles de euros. Por su parte, "Silvicultura y otras actividades forestales" (021) tan solo genera 4 mil euros por empleado. Se trata de una rama de actividad intensiva en mano de obra y de escasa automatización.

En suma, nos encontramos con una serie de subsectores con notables diferencias en términos de rentabilidad y valor agregado, pero más homogéneos en cuanto a los niveles de solvencia y liquidez. Así, podemos destacar la fortaleza de las ramas de actividad "Producción ganadera" (014) y "Fabricación de productos de caucho" (221) en términos de rentabilidad, mientras que la "Explotación de la madera" (022) se erige como la actividad menos rentable. Por su parte, los subsectores "Fabricación de pasta papelera, papel y cartón" (171), "Fabricación de aceites y grasas vegetales y animales" (104) y, una vez más, "Producción ganadera" (014), muestran la mejor posición competitiva en términos de valor generado y productividad, en detrimento de actividades como la "Explotación de la madera" (022) y la "Silvicultura y otras actividades forestales" (021), de escaso valor añadido.

Tabla 4. Variables económico-financieras de empresas de los principales sectores agroforestales. España, 2023.

Sectores (CNAE-2009)	ROA (%)	ROE (%)	Margen B° (%)	Ratio Liquidez	Ratio Endeudamiento (%)	Valor agregado medio (mil. €)	B° por empleado (mil. €)
011	6,95	12,29	7,78	1,24	52,03	2.174	7
012	6,02	8,72	10,29	1,52	41,90	1.956	8
014	13,89	25,44	9,33	1,57	50,03	6.331	53
021	5,58	12,95	4,32	1,47	64,95	1.860	4
022	4,09	4,37	5,58	1,51	27,5	974	15
101	4,59	6,32	1,69	1,39	56,04	6.535	7
104	7,07	13,61	3,32	1,18	62,55	3.696	46
105	7,06	12,5	3,42	1,53	52,12	3.990	18
162	8,76	14,57	7,61	1,98	49,48	3.980	18
171	6,95	7,9	7,36	1,46	45,04	9.653	43
172	10,41	15,61	7,8	1,71	40,52	5.582	25
221	12,46	26,67	7,65	1,49	58,36	6.460	23
310	9,37	14,92	7,53	1,89	45,21	3.508	13
Industria	8,14	14,17	5,79	1,22	59,59	114.803	39

Fuente: Elaboración propia a partir de datos de SABI

II. Comparación España vs. Castilla y León

Nos preguntamos a continuación por la situación de las empresas del sector agroforestal en Castilla y León[26], en comparación con sus homólogas de todo el territorio nacional. Al objeto de identificar las diferencias más significativas, analizaremos los valores de las empresas de las diferentes localizacio-

[26] Castilla y León es una de las comunidades autónomas de nuestro país con un mayor peso del sector primario. La agricultura, ganadería, silvicultura y pesca representan el 5,8% del valor añadido bruto total, mientras que en España en su conjunto se reduce al 2,5% (Datos de 2024, en el caso de CyL se trata de una estimación).

nes para las principales variables anteriormente consideradas. En cada uno de los gráficos que se muestran a continuación, la raya horizontal muestra el valor medio de la variable en cuestión para las empresas del sector industrial.

Los gráficos 9 y 10 comparan la rentabilidad de las empresas españolas y las castellanoleonesas para cada subsector ligado a la actividad agroforestal. Hay dos subsectores en los que destacan las empresas de Castilla y León, superando además los valores medios para el total del sector industrial. Nos referimos a "Silvicultura y otras actividades forestales" (021) y "Fabricación de productos de caucho" (221), industrias en las que las empresas de la comunidad parecen tener cierta ventaja competitiva[27]. Por el contrario, en subsectores tales como "Fabricación de aceites y grasas vegetales y animales" (104) y "Fabricación de productos de madera, corcho, cestería y espartería" (162) la rentabilidad de las empresas castellanoleonesas es significativamente inferior a la de sus homónimas del resto de territorio nacional, llegando incluso a valores negativos en el caso de la rentabilidad financiera (ROE). El subsector "Fabricación de muebles" (310), a pesar de contar con cierta tradición en la comunidad, presenta también valores de rentabilidad por debajo de los nacionales.

Gráfico 9. ROA (%) de las empresas españolas vs. castellanoleonesas. Año 2023.

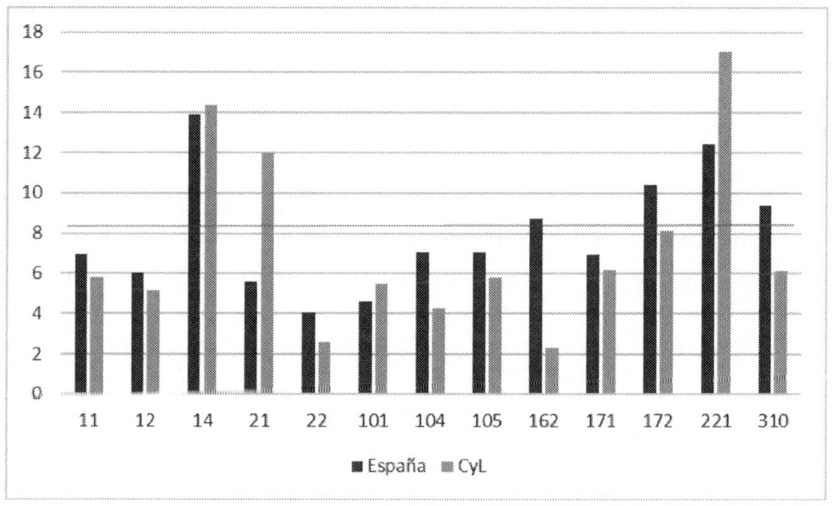

Fuente: Elaboración propia a partir de los datos de SABI

---

27 Sin duda, la presencia de la empresa Michelín en Castilla y León (tanto en Valladolid como en Aranda de Duero) determina en gran medida el resultado anterior.

Gráfico 10. ROE (%) de las empresas españolas vs. castellanoleonesas. Año 2023.

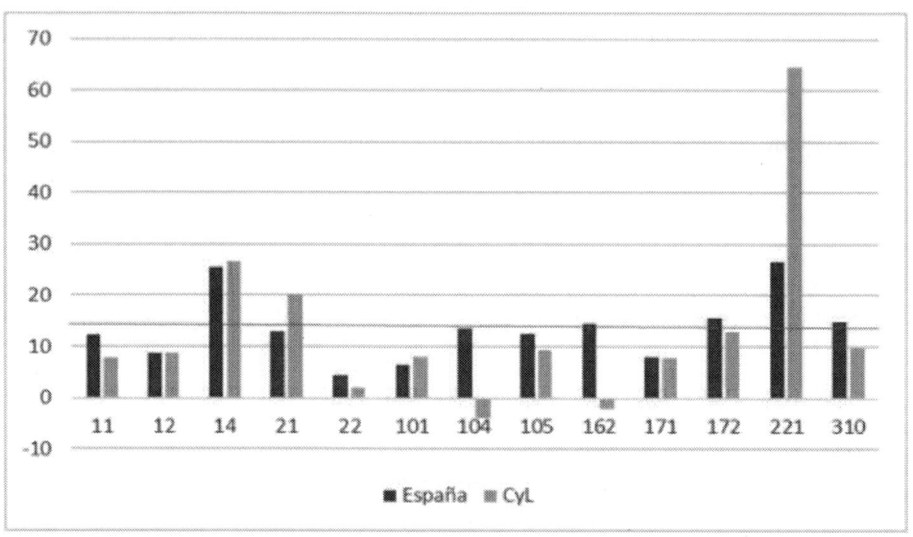

Fuente: Elaboración propia a partir de los datos de SABI

Con respecto a la forma de financiar las diferentes inversiones, medida a través de la ratio de endeudamiento, también se observan ciertas diferencias (Gráfico 11). Las empresas castellanoleonesas de los subsectores "Fabricación de productos de madera, corcho, cestería y espartería" (162) y "Fabricación de productos de caucho" (221) presentan una estructura financiera arriesgada con niveles de endeudamiento entre el 70 y el 80 por ciento. Es importante resaltar que, mientras en el segundo ese exceso de endeudamiento se traduce en una mayor rentabilidad, en el primero de ellos está dañando severamente dichos indicadores. En otros subsectores, sin embargo, el endeudamiento de las empresas españolas es significativamente mayor: "Cultivos no perennes" (011), "Fabricación de pasta papelera, papel y cartón" (171) y aquellos que tienen que ver con la silvicultura y la explotación de la madera (subsectores 021 y 022).

Gráfico 11. Ratio de endeudamiento (%) de las empresas españolas vs. castellanoleonesas. Año 2023.

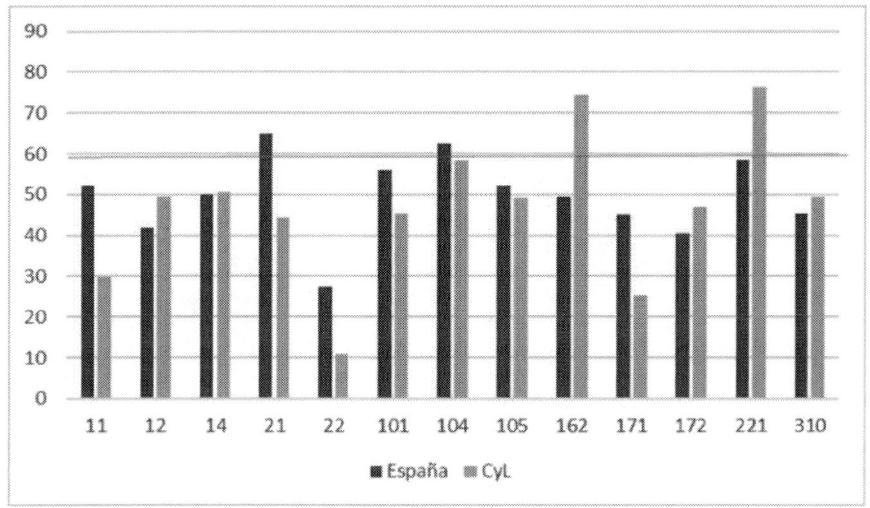

Fuente: Elaboración propia a partir de los datos de SABI

Por último, nos referiremos a la productividad, medida como el beneficio por empleado (Gráfico 12). Aunque este indicador está muy condicionado por el grado de mecanización y automatización de las diferentes ramas de actividad, se observan diferencias relevantes entre las empresas analizadas. De esta forma, las empresas de Castilla y León destacan por su alta productividad en términos de empleo en los subsectores "Explotación de la madera" (022) y "Fabricación de pasta papelera, papel y cartón" (171), si bien dicha superioridad no se refleja en la rentabilidad (ROA, ROE). Posiblemente, el efecto tamaño esté influyendo en este resultado. Por el contrario, en subsectores tales como "Fabricación de aceites y grasas vegetales y animales" (104) y "Fabricación de productos de madera, corcho, cestería y espartería" (162), como ya sucedía en términos de rentabilidad, las empresas del resto del país parecen ser más productivas, al menos en el uso del factor trabajo.

Gráfico 12. Beneficio por empleado (miles de euros) de las empresas españolas vs. castellanoleonesas. Año 2023.

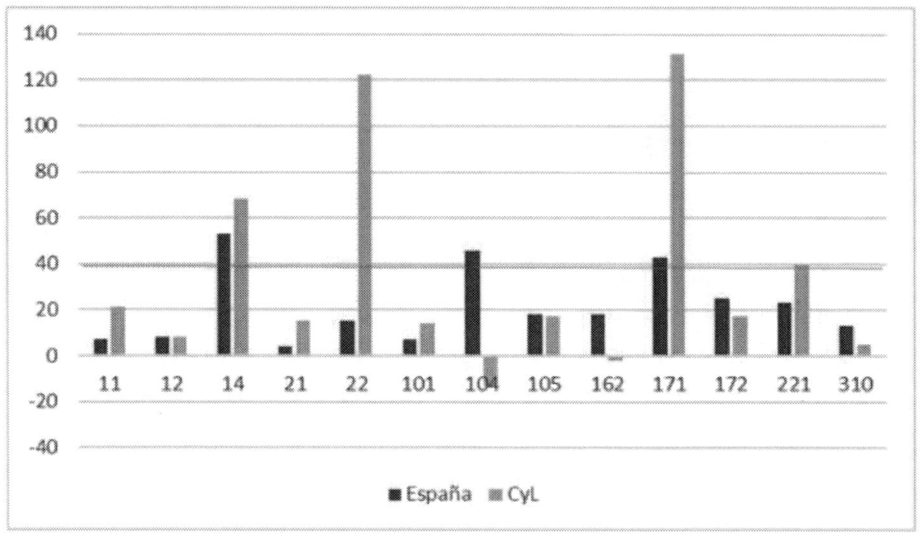

Fuente: Elaboración propia a partir de los datos de SABI

5. APLICACIÓN DE LA NORMATIVA: COSTES Y BENEFICIOS PARA LAS EMPRESAS

El Reglamento (UE) 2023/1115 establece que los denominados productos pertinentes, los derivados de las materias primas pertinentes, solo se podrán introducir, comercializar o exportar si se cumplen tres requisitos: que estén libres de deforestación, que hayan sido producidos de conformidad con la legislación del país de producción y que estén amparados por una declaración de diligencia debida de acuerdo con el modelo previsto en el propio Reglamento y a través del sistema de información especificado en el mismo y gestionado por la Comisión Europea, denominado TRACES-NT.

De esta forma, antes de introducir productos en el mercado o de exportarlos, los operadores deberán ejercer la diligencia debida en relación con las materias primas y los productos pertinentes correspondientes mediante el establecimiento de un sistema de diligencia debida y, cuando lleguen a la conclusión de que los productos cumplen los requisitos del Reglamento, presentarán una declaración de diligencia debida a través del sistema de información que habilitará la Comisión. En este sentido, la diligencia debida incluirá tres aspectos: i) recopilación de la información, datos y documentos, tales como el tipo de producto, el país de producción, la geolocalización de las parcelas agrícolas o forestales, el proveedor y los documentos aduaneros; ii) medidas de evaluación del riesgo, que debe tener en cuenta el nivel de riesgo del país de origen —bajo, estándar o alto—, los antecedentes de los proveedores, así como la complejidad de la cadena logística; y iii) medidas de reducción del riesgo, salvo si la evaluación previa revelase que no existe ningún riesgo o que solo existe un riesgo despreciable. Dichas medidas pueden incluir el cambio de proveedor, la solicitud de auditorías o certificaciones[28] adicionales o la propia suspensión de la comercialización de la materia prima o producto.

Esta normativa es un paso más en aras de reducir al mínimo la contribución de la Unión Europea a la deforestación y la degradación forestal en todo el mundo, así como su contribución a las emisiones de gases de efecto invernadero y a la pérdida de biodiversidad mundial. Sin embargo, también resulta evidente que su implementación conlleva una serie de costes para las empresas. En este apartado trataremos de estimar, o al menos describir, dichos costes, pero también analizaremos los beneficios, tanto financieros como de otra índole, que la aplicación de la normativa puede generar en las propias empresas.

I. Costes de la aplicación del Reglamento

Al encontrarse actualmente en proceso de implementación, no tenemos datos reales del coste que supone para las empresas el cumplimiento de las disposiciones establecidas en el EUDR. Sin embargo, su similitud con otras prácticas de reporte de información sobre sostenibilidad facilita la posibilidad de estimar tales gastos. En términos generales, podemos clasificar los costes en directos, asociados a la preparación de la información exigida, e indirectos, los derivados de la implementación de nuevas

---

[28] Entre ellas, podemos citar a modo de ejemplo las siguientes certificaciones: FSC (Forest Stewardship Council), promovida por Greenpeace y World Wilde Fund for Nature y PEFC (Programme for the Endorsement of Forest Certification), promovida por el sector forestal privado, en el sector maderero; RSPO (Roundtable on Sustainable Palm Oil), referente al aceite de palma; y Rainforest Alliance, en relación con el cacao y el café.

políticas o procesos dentro de la empresa acordes con los requerimientos regulatorios.

a) Costes directos.

Los costes directos incluyen aquellos relacionados con la preparación, certificación y publicación o divulgación de la información exigida. Pueden variar en gran medida en función de varios factores, tales como el tamaño de la empresa, el sector al que pertenece, el nivel de certificación requerido —por ejemplo, a través de auditores externos—, la calidad y facilidad para obtener la información, la posibilidad de usar herramientas digitales y su facilidad de uso, entre otros[29]. Es ciertamente difícil estimar dichos costes, dado que no aparecen expresamente en la Cuenta de Resultados de las empresas. No obstante, algunos trabajos proporcionan cifras concretas (Tabla 5).

Tabla 5. Coste de realizar y verificar la información sobre sostenibilidad

Tamaño (nº empleados)	Coste de realizar el informe (€)		Coste de verificar el informe (€)	
	Estimación razonable	Estimación al alza	Estimación razonable	Estimación al alza
500 a 999	17.000	33.300	7.200	11.000
1000 a 4999	30.300	61.600	11.000	18.000
Más de 5000	197.000	357.000	30.000	100.000

Fuente: Rudzioniené y Brazdzius (2023)

Como se desprende de los datos, el coste no es nada desdeñable, aunque hay que tener en cuenta que están basados en la realización y verificación de la información no financiera de las empresas —sobre aspectos sociales y medioambientales—, que tiene una dimensión más amplia que la contemplada en el Reglamento de deforestación, el cual se ciñe a un aspecto medioambiental concreto. Lo que sí se pone de manifiesto es la estrecha relación entre el tamaño de la empresa y el coste de elaborar y presentar la información.

29 CHRISTENSEN et al. (2021).

Un estudio sobre grandes empresas europeas señalaba que los costes de preparar y difundir la información sobre sostenibilidad alcanzaban una media de 57.532 euros[30]. Además, apuntaba una gran diferencia entre los diferentes sectores, siendo el financiero el que soportaba mayores costes y el sector tecnológico y de telecomunicaciones el que presentaba los costes más reducidos.

b) Costes indirectos.

Con el fin de obtener la información relevante necesaria para cumplir con los requerimientos de información, las empresas deben implantar diversas estrategias y procedimientos. En el caso que nos ocupa, las empresas deberán establecer y mantener actualizado un sistema de diligencia debida consistente en un marco de procedimientos y medidas para garantizar que los productos pertinentes que se introducen o exportan cumplen lo dispuesto en el Reglamento de deforestación. Este sistema deberá ser actualizado al menos con carácter anual, pero también se actualizará cuando tengan conocimiento de novedades que puedan influir en el sistema de diligencia debida, aunque haya transcurrido un periodo menor. Todo ello conlleva gastos relacionados con el tiempo de trabajo y esfuerzo de los recursos humanos implicados, gastos de aprendizaje y, en ocasiones, los derivados de la contratación de servicios de consultoría y gestoría externos.

Además, podemos citar otros costes asociados a las actividades relacionadas con la sostenibilidad. Por ejemplo, adaptarse a las exigencias normativas en materia de sostenibilidad puede suponer la necesidad de realizar inversiones que mejoren la eficiencia energética, también podría suponer cambiar de proveedores o un encarecimiento de la materia prima utilizada, siendo este un factor de especial relevancia en el contexto del Reglamento (UE) 2023/1115. Las empresas se verán obligadas a intensificar su relación con los diferentes grupos de interesados, especialmente con los proveedores, que se verán también avocados a realizar un considerable esfuerzo de adaptación, y con los clientes o el mercado en general, cada vez más demandante de productos y servicios que no sean perjudiciales para el medio ambiente.

30 LOZANO et al. (2016).

II. Beneficios derivados de los informes sobre sostenibilidad

Además de los costes descritos en el apartado anterior, los requerimientos de la normativa sobre sostenibilidad en general también pueden generar una serie de beneficios u oportunidades que la empresa deberá tratar de aprovechar para compensar los costes incurridos en el proceso de generación y divulgación de la información. Podemos dividirlos en financieros y no financieros.

Beneficios financieros.

Un número considerable de estudios analizan el vínculo entre los informes sobre sostenibilidad y los resultados o rentabilidad de la empresa. Se trata de averiguar si la divulgación de dicha información afecta a los resultados de la empresa. La tendencia general en dichos estudios muestra una relación positiva o en forma de U —disminución inicial de los resultados, para posteriormente incrementarse, una vez que la empresa ha asumido y se ha familiarizado con los procesos correspondientes—. Los indicadores de rentabilidad más utilizados en la literatura son la rentabilidad económica (ROA) y financiera (ROE), como medidas contables, y el valor de mercado de la empresa, en el caso de que esta cotice en un mercado organizado.

Entre los factores conducentes a un incremento en los resultados podemos incluir las mejoras en la eficiencia de los procesos y la reducción de costes a través de una más estrecha y productiva relación con los proveedores. Además, las empresas cotizadas más comprometidas con la transparencia en términos de sostenibilidad obtienen mayores incrementos en el valor de sus acciones[31].

Finalmente, es también muy significativo el efecto de una mayor y mejor divulgación sobre el coste de capital o coste de la financiación de la empresa. Efectivamente, en mercados competitivos, una mayor transparencia en la comunicación de las prácticas de sostenibilidad puede atraer nuevos inversores y disminuir el coste medio de la financiación, lo que repercute positivamente en la rentabilidad financiera de la empresa[32].

Beneficios no financieros.

---

[31] KHAN, 2022; LOZANO et al., 2016.

[32] PETRESCU et al., 2020; CROUS et al., 2022.

Entendemos por beneficios no financieros aquellos que no repercuten directamente en la Cuenta de Resultados de las empresas, pero que pueden tener una influencia significativa a medio y largo plazo en la misma. Entre ellos podemos citar la mejora en la imagen de la empresa, así como en su reputación, el fortalecimiento de la posición competitiva, el incremento del atractivo de la empresa para posibles trabajadores y su mayor lealtad y motivación. Igualmente, la empresa obtendrá una mayor aceptación en el mercado entre los potenciales clientes y mejorará su prestigio y el de sus propietarios. De la misma manera, puede incentivar la inversión en innovación y desarrollo de nuevos productos y procesos, así como mejorar la relación con los demás partícipes y anticipar posibles riesgos medioambientales, preparando a la empresa para afrontarlos.

Tanto un tipo como otro de beneficio está condicionado a la calidad de la información suministrada. En este sentido, la calidad de los informes realizados por las empresas de menor dimensión suele ser inferior que el de sus homólogas de mayor tamaño, lo que puede incidir en una mayor dificultad para beneficiarse de la generación de dicha información. Esto se debe principalmente a que las empresas pequeñas tienen menos recursos disponibles y gozan de menor experiencia, lo que puede dar lugar una información más incompleta o inconsistente. Sin embargo, también son las que pueden obtener una mayor ventaja si la divulgación de la información resulta clara y convincente, siendo una vía de acceso a fuentes de financiación que de otra manera resultarían inaccesibles para las pequeñas y medianas empresas. Además, otorga mayor visibilidad a la empresa y demuestra su compromiso con la sostenibilidad, mejorando de esta forma su relación con los partícipes en la misma, tales como proveedores, clientes, trabajadores y la sociedad en general[33].

6. CONCLUSIÓN

El Reglamento de la Unión Europea sobre la Deforestación (EUDR) tiene como objetivo evitar que materias primas y productos vinculados a la deforestación sean comercializados en el mercado de la UE. Su aplicación tiene efectos muy significativos sobre las empresas de los segmentos afectados ubicadas en la UE. Sin embargo, su capacidad para paliar el fenómeno de la deforestación a nivel global es actualmente objeto de debate. Como

---

33 RUDZIONIENĖ y BRAZDZIUS (2023).

se ha observado en regulaciones unilaterales anteriores, como el Reglamento de la Unión Europea sobre la Madera (EUTR) y la Lacey Act de EE. UU., la búsqueda de mercados más laxos podría socavar la efectividad general del EUDR. Efectivamente, los productores en países de alto riesgo podrían redirigir sus exportaciones hacia mercados menos regulados, lo que limitaría la reducción global de la deforestación[34]. La magnitud de este desplazamiento dependerá de la disposición de los mercados no pertenecientes a la UE para aceptar productos provenientes de la deforestación y de si pueden desarrollarse mercados alternativos más sostenibles.

En cuanto a las consecuencias del Reglamento de deforestación sobre las empresas, mientras las grandes corporaciones lograrán adaptarse con agilidad y, en muchos casos, capitalizar las oportunidades que ofrece este nuevo entorno regulatorio, las pequeñas y medianas empresas se enfrentarán con obstáculos significativos, como la escasez de personal cualificado, la limitada disponibilidad de datos, los elevados costes de implementación y la complejidad técnica de los marcos normativos. Este escenario puede dar lugar a una creciente desigualdad estructural que, si no se aborda mediante políticas de apoyo institucional, asistencia técnica especializada y una simplificación normativa orientada a este tipo de empresas, podría comprometer seriamente la competitividad de una parte sustancial del tejido empresarial europeo y, en particular, del español. En este sentido, resulta de gran importancia tener en cuenta la posición competitiva de los diferentes sectores afectados, identificar los que parten de una situación más comprometida, como hemos apuntado en el presente capítulo, para estar más atentos a su evolución y a su mayor necesidad de apoyo en la aplicación de los requisitos regulatorios.

En suma, el Reglamento (UE) 2023/1115 marca un cambio importante en la lucha contra la deforestación importada. La declaración de diligencia debida se convierte en una herramienta central de la política ambiental europea, comprometiendo a las empresas a actuar de manera concreta

---

34 Así lo reflejan JONSSON et al. (2015) al constatar que el Reglamento de la UE sobre la madera provocó una disminución del 22% en las importaciones de madera de alto riesgo por parte de los países miembros, pero tuvo efectos muy limitados en la reducción de la deforestación global, debido al desvío del comercio. Por su parte, JOHNSTON et al. (2025) estiman, para el año 2040, una disminución de entre el 25 y el 38 por ciento de las importaciones de la UE desde países con alta deforestación como consecuencia de la entrada en vigor del EUDR. Sin embargo, constatan el efecto de fuga de mercado al estimar una disminución global de producción productos pertinentes de tan solo entre el 5 y el 8 por ciento.

para la sostenibilidad de los bosques. En este sentido, los agentes económicos deben adaptarse cuanto antes a estas nuevas obligaciones para evitar sanciones y rupturas en el mercado. Preparar su sistema de información, formar equipos y establecer relaciones duraderas con proveedores responsables serán las claves para cumplir con la normativa y, al mismo tiempo, dotar a la empresa de una herramienta que, a pesar de acarrear ciertos costes, bien gestionada puede suponer una ventaja competitiva significativa.

7. REFERENCIAS BIBLIOGRÁFICAS

Almeida, E.; Lagoa, D. y Vasudhevan, T. (2024). *Hidden harms: the economic and financial consequences of deforestation and its underlying drivers.* CETEX.

Andersen, L. (2015). "A cost-benefit analysis of deforestation in Brazilian Amazon". *Discussion Paper nº* 65. IPEA.

Christensen, H.; Hail, L. y Leuz, C. (2021): "Mandatory CSR and Sustainability Reporting: Economic Analysis and Literature Review". *Finance Working Paper Series, nº* 623. European Corporate Governance Institute.

Comisión Europea (2021). *Impact Assessment. Minimising the risk of deforestation and forest degradation associated with products placed on the EU market.* https://surl.li/ibtxal. Recuperado el 3 de septiembre de 2025.

Crous, C.; Battisti, E. y Leonidou, E. (2022). "Non-financial reporting and company financial performance: A systematic literature review and integrated framework". *EuroMed Journal of Business,* (17-4), 652-676.

Food and Agriculture Organization (FAO) (2020). *Global Forest Resources Assessment.*

https://www.fao.org/interactive/forest-resources-assessment/2020/en/. Recuperado el 4 de septiembre de 2025.

Food and Agriculture Organization (FAO) (2023). *Forest Resources Assessment* https://openknowledge.fao.org/server/api/core/bitstreams/a6e225da-4a31-4e06-818d-ca3aeadfd635/content. Recuperado el 4 de septiembre de 2025.

Forest Europe (2020). *State of Europe's Forests.* https://foresteurope.org/wp-content/uploads/2016/08/SoEF_2020.pdf. Recuperado el 4 de septiembre de 2025.

Gamazo, J.C. (2024). "Importancia del sector forestal y su (posible) valoración económica". *Revista Española de Estudios Agrosociales y Pesqueros,* (263), 122-174.

Hosonuma, N.; Herold, M.; De Sy, V.; De Fries, R.; Brockhaus, M.; Verchot, L.; Angelsen, A. y Romijn, E. (2012). "An assessment of deforestation and forest degradation drivers in developing countries". *Environmental Research Letters,* (7), 1-12.

Intergovernmental Science-Policy Platform on Biodiversity and Ecosystem Services (IPBES) (2018). *The IPBES assessment report on land degradation and restoration.* https://doi.org/10.5281/zenodo.3237392. Recuperado el 4 de septiembre de 2025.

Johnston, C.; Jinggang, G. y Prestemon, J.P. (2025). "Ther European Union deforestation regulation: Implications for the global forest sector". *Forest Policy and Economics,* (173), 2-13.

Jonsson, R.; Giurca, A.; Masiero, M.; Pepke, E.; Pettenella, D.; Prestemon, J. y Winkel, G. (2015). "Assessment of the EU timber regulation and FLEGT action plan". *From Science to Policy 1.* European Forest Institute.

Khan, M. A. (2022). "ESG disclosure and firm performance: A bibliometric and meta-analysis". *Research in International Business and Finance,* (61), 1-19.

Lozano, R.; Nummert, B. y Ceulemans, K. (2016). "Elucidating the relationship between sutainability reporting and organisational change management for sustainability". *Journal of Cleaner Production,* (125), 168-188.

MAPA (2024). *El sector de la carne de vacuno en cifras: principales indicadores económicos.* Subdirección General de Producciones Ganaderas y Cinegéticas, Dirección General de Producciones y Mercados Agrarios.

MAPA (2025). "Contribución del sistema agroalimentario a la economía española en 2022". *Agrinfo,* (40), 1-8.

MERCASA (2024). *Alimentación en España 2024.* https://www.mercasa.es/wp-content/uploads/2024/11/AEE_2024_web_v3.pdf. Recuperado el 4 de septiembre de 2025.

MITECO (2022). *Estrategia Forestal Española. Horizonte 2050.* https://www.miteco.gob.es/content/dam/miteco/es/biodiversidad/temas/politica-forestal/EFE%20Web.pdf. Recuperado el 4 de septiembre de 2025.

MITECO (2024): Anuario de Estadística Forestal 2022.

Muñiz Espada, Esther (2025), Derecho Forestal y Montes de Socios: por otro Modelo de Ordenación de La Propiedad, Editorial REUS.

Pendrill, F., Persson, U. M., Godar, J., Kastner, T., Moran, D., Schmidt, S., y Wood, R. (2019). "Agricultural and forestry trade drives large share of tropical deforestation emissions". *Global Environmental Change,* (56), 1-10.

Petrescu, A.; Bilcan, F.; Petrescu, M.; Oncioiu, I.; Türkes, M. y Capusneanu, S. (2020). "Assessing the benefits of the sustainability reporting practices in the top Romanian companies". *Sustainability,* (12-8), 3470.

Rudzioniené, K. y Brazdzius, S. (2023): "Cost and Benefits of Sutainability Reporting: Literature Review". *Sustainable Performance in Business Organisations and Institutions: Measurement, Reporting and Management.* Publishing House of Wroclaw University.

Wang, D.; Guan, D.; Zhu, S. et al. (2021). "Economic footprint of California wildfires in 2018". *Nature Sustainability,* (4), 252–260.

World Resources Institute (WRI) (2024). *Global Forest Review.* https://research.wri.org/gfr/global-forest-review. Recuperado el 4 de septiembre de 2025.

Capítulo II.

Concepto de deforestación

CARLOS GREGORIO HERNÁNDEZ DÍAZ-AMBRONA[35]

El término "deforestación" tiene distintos alcances según el contexto en el que se utilice. En el ámbito jurídico y ambiental, el Reglamento (UE) 2023/1115 (UEDR) lo define como la conversión de terrenos forestales en tierras destinadas a usos agrarios. Esta transformación puede tener origen antrópico o no, pero en todos los casos implica que el terreno deja de cumplir con las características que lo identifican como bosque. Esta definición está orientada a establecer criterios legales que permitan determinar si ciertos productos pueden ser comercializados o exportados en el mercado de la Unión Europea[36]. El foco está en el cambio de uso del suelo, especialmente cuando se destina a actividades agrícolas como cultivos o ganadería.

El Reglamento UEDR establece normas para la comercialización en el mercado de la Unión Europea y la exportación desde la Unión de determinadas materias primas y productos. Su finalidad es evitar que estos productos estén vinculados a la deforestación o a la degradación forestal. En este contexto, el Reglamento define la deforestación como la conversión de terrenos forestales en tierras destinadas a usos agrarios. Esta conversión puede tener origen humano o no, pero en todos los casos implica que el terreno deja de cumplir con las características que lo identifican como bosque. El Reglamento también especifica qué se entiende por bosque. Se considera bosque a todo terreno que tenga una superficie superior a 0,5 hectáreas, con árboles que superen los 5 metros de altura y una cobertura de copa superior al 10%, o que tengan el potencial de alcanzar esas características. No se incluyen los terrenos que estén destinados principalmente a usos agrícolas o urbanos. Considera como

---

[35] Dr. Ingeniero Agrónomo, Profesor de Agricultura Sostenible en la ETSIAAB de la Universidad Politécnica de Madrid, Centro de Estudios e Investigación para la Gestión de Riesgos Agrarios y Medioambientales (CEIGRAM) y Centro de Innovación en Tecnología para el Desarrollo Humano (itdUPM).

[36] Sobre esta materia véase Muñiz Espada, Esther (2025), *Derecho Forestal Y Montes de Socios: por otro Modelo de Ordenación de La Propiedad*, Editorial REUS.

uso agrario —y por tanto vinculado a la deforestación cuando implica conversión de bosque— cualquier transformación de terreno forestal en tierra destinada a actividades agrícolas. Aunque el texto no ofrece una lista cerrada de lo que se entiende por "usos agrícolas", se deduce del contexto y de los productos regulados que incluye: Cultivo de materias primas soja, cacao, café, palma aceitera, caucho, ganado bovino vivo y carne, y madera y sus derivados.

La definición de deforestación dada es relevante porque el Reglamento prohíbe la comercialización y exportación de productos que hayan sido producidos en terrenos deforestados después del 31 de diciembre de 2020. Además, exige que los operadores y comerciantes presenten una declaración de diligencia debida que demuestre que los productos no están vinculados a la deforestación ni a la degradación forestal, y que cumplen con la legislación aplicable en el país de origen.

La Real Academia Española, a través del Diccionario de la Lengua Española (RAE[37]), define el término deforestación de la siguiente forma: "Deforestación (sustantivo femenino): Acción y efecto de deforestar". Esta definición remite al verbo deforestar, que implica eliminar o reducir la cobertura vegetal de un terreno forestal, especialmente árboles. Aunque la entrada no amplía el concepto con ejemplos o causas, se entiende que la deforestación se refiere al proceso mediante el cual se pierde la vegetación arbórea de un área determinada. Lo relevante es que se entiendo por terreno forestal. El diccionario indica que "deforestación" tiene como sinónimo "desforestación", y como antónimos "reforestación" y "forestación", lo que ayuda a ubicar el término dentro de un campo semántico relacionado con el manejo de ecosistemas forestales.

El Diccionario de la Lengua Española, elaborado por la Real Academia Española, define la deforestación como la acción y efecto de deforestar. El verbo "deforestar" se refiere a eliminar o reducir la vegetación forestal de un terreno. Esta definición es más general y se limita a describir el proceso de pérdida de cobertura vegetal, sin especificar el destino del terreno ni el contexto en el que ocurre. No establece criterios técnicos ni legales, sino que se centra en el uso común del término en el idioma español. Mientras que el Reglamento europeo utiliza el término con una finalidad normativa y lo vincula directamente a la transformación del uso del suelo, la RAE lo presenta como un concepto lingüístico que describe una

---

[37] Disponible en la página web del Diccionario de la Lengua Española, dentro de la Real Academia Española, https://dle.rae.es/. Recuperado 14 de septiembre de 2025.

acción sin entrar en detalles técnicos ni jurídicos. Por otra parte, según la RAE, la palabra "forestal" se define como un adjetivo "perteneciente o relativo a los bosques y a los aprovechamientos de leñas, pastos, etc.," y también se le asocia con el término "selvático" o "boscoso". En el uso común, se refiere al conjunto de cosas relacionadas con los montes y sus recursos. Los montes en su primera acepción es un accidente geográfico "Gran elevación natural del terreno" y en la segunda es "Tierra inculta cubierta de árboles, arbustos, matas o hierba" es decir lo contrario a la tierra cultivada y cubierta con cualquier tipo de vegetación. En nuestra tradición forestal se habla además de monte alto y monte bajo. El monte alto cuando está poblado de árboles grandes y monte bajo es cuando está poblado de arbustos, matas o hierbas. Por estas definiciones el Reglamento se refiere solo a montes altos.

La Real Academia de Ingeniería de España (RAIE) proporciona dos entradas una de carácter ambiental y otra forestal:

Para la marca técnica medioambiental la definición que recoge es: "Acción provocada por el hombre o por efectos adversos de contaminación y fenómenos naturales adversos que producen la pérdida masiva de árboles y la destrucción de grandes dimensiones de bosques" (palabra equivalente en inglés: deforestation)[38].

Para la marca selvicultura la definición que recoge es: "Eliminación o pérdida de superficie arbolada forestal" (palabra equivalente en inglés: *deforestation*)[39]. Para la RAIE lo forestal es lo relativo a los montes o a la selvicultura. La selvicultura es la "teoría y práctica sobre el establecimiento, desarrollo, composición, sanidad, calidad, aprovechamiento y regeneración de las masas forestales, para satisfacer las diversas necesidades de la sociedad, de forma continua o sostenible".

La Organización de las Naciones Unidas para la Alimentación y la Agricultura (FAO) utiliza una definición similar, realmente el Reglamento UEDR ha tomado la definición de la FAO. En sus evaluaciones globales de recursos forestales, la FAO considera deforestación como la conversión de bosques a otros usos de la tierra, también sin importar si el cambio es

---

38 Disponible en la página web del Diccionario Español de Ingeniería, dentro de la Real Academia de Ingeniería, en: https://diccionario.raing.es/es/lema/deforestaci%C3%B3n . Recuperado 14 de septiembre de 2025.

39 Disponible en la página web del Diccionario Español de Ingeniería, dentro de la Real Academia de Ingeniería, en: https://diccionario.raing.es/es/lema/deforestaci%C3%B3n-0 . Recuperado 14 de septiembre de 2025.

inducido por el hombre o no. Esta definición incluye no solo la agricultura, sino también la minería, la expansión urbana y otros usos no forestales (FAO, 2023). Según la definición dada por la FAO para la realización del *Forest Resources Assessment (FRA)* 2025 la deforestación incluye una reducción permanente de la cubierta arbórea por debajo del 10%. Incluye las áreas forestales que han cambiado el uso del suelo a agricultura, pastos, embalses, minería y zonas urbanas. El término excluye específicamente las áreas donde los árboles han sido eliminados como resultado de la cosecha o la tala, y donde se espera que el bosque se regenere de forma natural o con la ayuda de medidas silvícolas. El término también incluye áreas donde, por ejemplo, el impacto de perturbaciones, sobreexplotación o cambios en las condiciones ambientales afecta al bosque hasta tal punto que no puede mantener una cobertura de dosel superior al umbral del 10 por ciento. Fenómenos adversos como inundaciones, incendios forestales u otros eventos excepcionales que suponga la no recuperación del dosel arbóreo por encima de ese 10 por ciento serían causa de deforestación.

En sentido contrario la FAO también habla de la «expansión forestal» como la expansión del bosque en terrenos que, hasta entonces, tenían un uso diferente, este cambio implica una transformación del uso del suelo de no forestal a forestal. Por tanto, define el conceto de cambio neto. El «cambio neto de la superficie forestal» es la diferencia en la superficie forestal entre dos años de referencia de la FRA. El cambio neto puede ser positivo (ganancia), negativo (pérdida) o cero (sin cambios). Considerando que los inventarios de las masas forestales se realizan cada 5 o 10 años, se entiende que los cambios se consolidan en esos periodos (Figura 1). Por eso la definición de bosque incluye áreas con árboles jóvenes que aún no han alcanzado, pero se espera que alcancen, una cobertura de copa del 10% y una altura de 5 metros. También incluye áreas temporalmente desprovistas de árboles debido a la tala rasa como parte de una práctica de manejo forestal o a desastres naturales, y que se espera que se regeneren en un plazo de 5 años. En casos excepcionales, indica la FAO, las condiciones locales pueden justificar el uso de un plazo más largo.

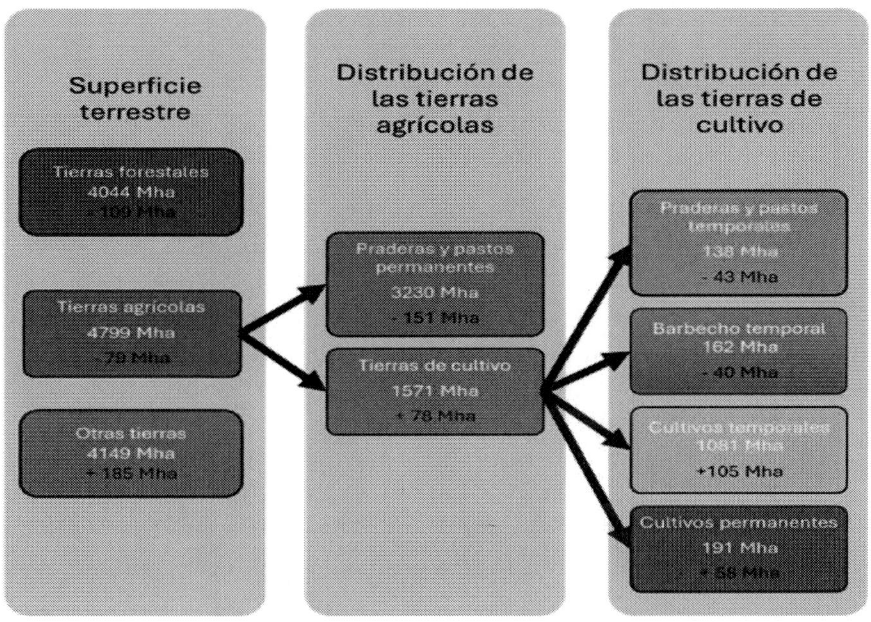

Figura 1. Distribución de la superficie terrestre en función de las principales categorías de usos del suelo en 2023 y cambio en el uso del suelo entre 2001 y 2023 expresado como positivo si hay un aumento o negativo si hay disminución (FAO, 2025).

El Grupo Intergubernamental de Expertos sobre el Cambio Climático (IPCC) aborda la deforestación desde una perspectiva climática. En sus informes, la deforestación se entiende como un proceso que contribuye significativamente a las emisiones de gases de efecto invernadero, especialmente dióxido de carbono. Aunque no siempre ofrece una definición única, el IPCC la vincula directamente con la pérdida de cobertura forestal y el cambio de uso del suelo, destacando su impacto en el almacenamiento de carbono y en el calentamiento global.

Desde el punto de vista de la ecología forestal, la deforestación se describe como la destrucción o agotamiento de la superficie forestal, generalmente causada por actividades humanas como la tala, la quema o la conversión del bosque en tierras para agricultura o ganadería. También se reconocen causas naturales como incendios o plagas, aunque se considera que la mayoría de los casos son resultado de la acción humana (Putz y Redford, 2010).

En conjunto, todas estas definiciones coinciden en que la deforestación implica la pérdida de la condición de bosque de un terreno, pero difieren en el enfoque: el Reglamento europeo lo usa como criterio legal, la FAO como indicador de cambio de uso del suelo, el IPCC como factor climático, y la ecología forestal como fenómeno ambiental.

1. CAMBIO EN EL USO DEL SUELO

El cambio de uso y cobertura del suelo (LULC, por sus siglas en inglés) es uno de los procesos más significativos que afectan los ecosistemas del planeta. El cambio en el uso del suelo para la agricultura es uno de los factores que se tienen en cuenta en la atribución de emisiones. Este cambio puede estar vinculado a la deforestación, por eso lo consideramos aquí. El estudio realizado por Heredia-R et al. (2021) en la Amazonía Ecuatoriana, se centra en el avance de la frontera agraria y en un buen ejemplo de lo que ocurre en la cuenca del río Amazonas. Esta región, conocida en Ecuador como "Zona de Diversidad y Vida" (DLZ), es una franja territorial creada en 2015 con el objetivo de proteger a los pueblos indígenas no contactados, los colonos migrantes y las nacionalidades indígenas que habitan en esta región. A través del análisis multitemporal de imágenes satelitales Landsat entre 1999 y 2018, los autores identificaron patrones de transformación del paisaje que revelan una tendencia alarmante hacia la conversión de bosques primarios en pastos y áreas agrícolas. Los factores impulsores del cambio son de tipo social, económico y político, y tiene una compleja interacción entre ellos. Entre los principales actores se encuentran (Heredia-R et al., 2021 y Heredia-R et al., 2022):

- Colonos migrantes, provenientes principalmente de las zonas rurales de la sierra ecuatoriana, que buscan nuevas oportunidades económicas en la Amazonía.
- Pueblos indígenas, como los Waorani y Kichwa, que han comenzado a transitar hacia economías de mercado, abandonando en parte sus sistemas tradicionales de subsistencia.
- Empresas petroleras y mineras, cuya infraestructura (carreteras, oleoductos) ha facilitado el acceso a zonas antes remotas, acelerando la deforestación.
- Gobiernos y organizaciones del tercer sector (ONGs), que intentan implementar políticas de conservación, aunque muchas veces con recursos limitados o sin coordinación efectiva.

Estas dinámicas han generado una expansión de la frontera agrícola, conflictos territoriales, contaminación ambiental y una creciente presión sobre los recursos naturales. En particular, la apertura de nuevas vías de comunicación y sus ramales ha sido un catalizador clave del cambio de uso del suelo, al facilitar el ingreso de nuevos pobladores y actividades extractivas. Estás vías son derivadas de la extracción de recursos minerales en este caso del petróleo.

La transformación del paisaje que supone el cambio del uso del suelo a partir del bosque primario tiene consecuencias ambientales y en este caso sociales debido a la afección a los pueblos originarios. Desde el punto de vista ecológico, se ha producido una pérdida significativa de cobertura forestal, lo que afecta la biodiversidad, altera los ciclos hidrológicos y contribuye a las emisiones de gases de efecto invernadero. Socialmente, el avance de la colonización ha generado tensiones entre los distintos grupos humanos que coexisten en el territorio, incluyendo incidentes violentos entre pueblos no contactados y colonos (Heredia-R y Díaz-Ambrona, 2019).

Además, el estudio (Heredia-R et al., 2021) destaca que los sistemas productivos tradicionales están siendo reemplazados por modelos más intensivos y menos sostenibles, lo que pone en riesgo la resiliencia ecológica y cultural de la región. Los autores subrayan la necesidad urgente de fortalecer la planificación territorial participativa, que integre las voces de todos los actores involucrados y respete los derechos de los pueblos indígenas. También se propone mejorar los sistemas de monitoreo del uso del suelo mediante tecnologías de teledetección y promover políticas públicas que incentiven prácticas agrícolas sostenibles. En última instancia, el caso de la DLZ en la Yasuní pone de relieve la tensión entre desarrollo económico, conservación ambiental y derechos humanos. El cambio de uso del suelo no es solo un fenómeno físico, sino también un reflejo de decisiones políticas, modelos de desarrollo y relaciones de poder que deben ser abordadas de manera integral.

El fenómeno del cambio de uso del suelo en la Amazonía no es exclusivo de la Reserva de Biósfera Yasuní, aunque este territorio representa uno de los casos más emblemáticos por su riqueza biológica y la presencia de pueblos indígenas en aislamiento voluntario. Diversos estudios científicos han abordado problemáticas similares en otras regiones de la Amazonía, llegando a conclusiones que refuerzan y complementan las del artículo publicado por Heredia-R et al. (2021) sobre la Zona de Diversidad y Vida (DLZ). Uno de estos estudios es el realizado por Mejía, Orellana y Cabrera-Barona (2021), quienes analizaron el cambio de uso del suelo en la Amazonía norte del Ecuador. A través de imágenes satelitales, identificaron un crecimiento acelerado de áreas transformadas por actividades agrícolas y urbanas, lo que ha provocado un aumento de la temperatura superficial y una pérdida significativa de vegetación. Este proceso, al igual que en la Yasuní, está estrechamente vinculado a la migración de colonos, la expansión de la frontera agrícola y la falta de planificación territorial. Los autores advierten que estas transformaciones no solo afectan al medio ambiente, sino que también alteran profundamente las dinámicas de cambio de uso de suelo en la Amazonía norte del Ecuador.

Otro estudio similar es el de Heras-Heras y colaboradores (2024), quienes documentaron la pérdida de cobertura vegetal en la provincia de Orellana, también en la Amazonía ecuatoriana. Su análisis multitemporal revela que la deforestación avanza principalmente para dar paso a actividades agropecuarias, y que esta tendencia continuará si no se implementan políticas públicas eficaces. Al igual que en el caso de la DLZ, los autores destacan la ausencia de una gobernanza ambiental sólida y la necesidad de integrar a las comunidades locales en los procesos de toma de decisiones.

En la Amazonía peruana, Palacios-Vega et al. (2022) estudiaron el impacto del cambio de uso del suelo en comunidades indígenas Yagua, en la cuenca del río Atacuari. Utilizando modelos geoespaciales, proyectaron una pérdida de miles de hectáreas de bosque y una disminución significativa en la calidad del hábitat. Este deterioro ambiental pone en riesgo las prácticas tradicionales de subsistencia de los pueblos indígenas, un patrón que también se observa en la Yasuní, donde las comunidades Waorani y Kichwa enfrentan presiones similares.

En conjunto, estos estudios coinciden en varios puntos clave: la expansión de actividades humanas está transformando aceleradamente el paisaje amazónico; los pueblos indígenas son particularmente vulnerables a estos cambios; y las políticas de conservación, aunque presentes, suelen ser insuficientes o mal implementadas. Además, todos los trabajos subrayan la importancia de utilizar herramientas de teledetección y análisis espacial para monitorear estos procesos y anticipar sus consecuencias.

Así, el caso de la Yasuní no es un hecho aislado, sino parte de un complejo cambio en el uso del suelo que afecta a toda la cuenca amazónica y otras zonas de bosques tropicales como la cuenca del río Congo en África central. La convergencia de estos estudios refuerza la urgencia de adoptar enfoques integrales que combinen conservación ambiental, justicia social y desarrollo sostenible. En otras regiones tropicales del planeta, como el Sudeste asiático y África central, se observan patrones similares de cambio en el uso del suelo, relacionada con nuevos asentamientos o la apertura de vías de comunicación, normalmente por actividades de tipo minero, seguidos por la necesidad de la producción local de alimentos en esas mismas zonas.

En Indonesia, por ejemplo, la deforestación afectó en 2024 a 260.000 hectáreas de bosques primarios y secundarios, principalmente debido a la expansión de plantaciones de palma aceitera, la industria maderera y la minería. En África central, el cambio de uso del suelo también representa una amenaza crítica, la agricultura nómada en busca de fertilidad del suelo sigue siendo un sistema agrario muy extendido.

En todos estos contextos, el cambio de uso del suelo no solo implica una transformación física del paisaje, sino también una reconfiguración de las relaciones sociales, económicas y culturales. Las comunidades locales, muchas veces marginadas de los procesos de toma de decisiones, son las más afectadas por la pérdida de recursos naturales y la degradación ambiental. Además, la falta de políticas públicas integrales y la débil gobernanza ambiental agravan la situación.

En conclusión, los estudios realizados en la Amazonía, el Sudeste Asiático y África central coinciden en que el cambio de uso del suelo es una amenaza global que requiere respuestas coordinadas, basadas en la ciencia, la justicia ambiental y el respeto a los derechos de los pueblos originarios. La experiencia de la Yasuní puede servir como un caso emblemático para ilustrar los desafíos y las oportunidades que enfrentan las regiones tropicales del mundo ante la creciente presión sobre sus territorios.

2. BOSQUE PRIMARIO Y BOSQUE SECUNDARIO

Un bosque primario, también llamado bosque virgen o bosque antiguo, es un ecosistema forestal que nunca ha sido alterado por la actividad humana y que ha evolucionado de forma natural durante largos períodos de tiempo, es en general una representación de la situación climática de la zona, esto es la interacción del suelo, el clima y las especies vegetales que se han ido adaptado a esas condiciones. Estos bosques conservan su estructura, biodiversidad y procesos ecológicos originales.

A nivel mundial, según el informe de FAO (2025a, 2025b) Evaluación de los recursos forestales mundiales 2020 (Figura 1), los bosques cubren aproximadamente 4.060 millones de hectáreas, lo que representa cerca del 31% de la superficie terrestre del planeta, frente a los 1.500 millones de hectáreas de tierras cultivadas y algo más de 3.000 millones de hectáreas de praderas y pastizales. Sin embargo, poco más de la mitad de los bosques del mundo se encuentran en solo cinco países (54 por ciento): la Federación de Rusia, Brasil, Canadá, los Estados Unidos de América y China. Según las biorregiones el 45% de la superficie de bosques está en la zona tropical, 27% en la región boreal, 16% en la región templada y 11% en zonas subtropicales.

La FAO distingue dos categorías de bosques: Bosque regenerado de forma natural y Bosque plantado. El bosque regenerado de forma natural se divide en bosque primario y bosque secundario. El bosque primario ocupa alrededor de 1.110 millones de hectáreas, lo que equivale a aproximadamente el 27% del total de superficie forestal mundial. Este ecosistema se caracteriza por no haber sido significativamente modificados por el hombre y por conservar su estructura ecológica original, siendo fundamentales para la conservación de la biodiversidad y el equilibrio climático global. Por otro lado, el bosque secundario, representa el 63% de la superficie de la superficie forestal mundial. Estos bosques han surgido por degradación de los bosques primarios o por que han sido afectados por actividades humanas en el pasado, como la extracción de madera, la agricultura o las actividades mineras.

La superficie de bosques de regeneración natural ha disminuido desde 1990 a una tasa de pérdida decreciente (FAO 2020). En contraste, los bosques plantados, es decir, aquellos establecidos mediante actividades humanas con fines productivos o de restauración, representan aproximadamente 290 millones de hectáreas, lo que equivale al 7% del total forestal. Dentro de esta categoría, se encuentran las plantaciones forestales, que ocupan unos 131 millones de hectáreas y suelen estar compuestas por especies homogéneas y de rápido crecimiento. Otra subcategoría es la de "otro bosque plantado", es decir no está clasificado como plantación forestal, incluye el bosque establecido mediante plantación o siembra para el cual se espera que en su madurez se asemeja al bosque regenerado de forma natural, podría decirse que se incluye bosques plantados sin objetivos comerciales o bosques plantados para la recuperación del bosque originario.

Desde 1990, se ha observado una pérdida significativa de bosques regenerados de forma natural, estimada en 300 millones de hectáreas, aunque la tasa de deforestación ha disminuido en la última década (8 millones de hectáreas por año). En contraste, en el periodo 1990-2020, la superficie de bosques plantados ha aumentado en 123 millones de hectáreas casi un 74%, reflejando un cambio en las estrategias de manejo forestal a nivel global (FAO, 2020). Geográficamente, los países que concentran la mayor parte de los bosques primarios son Brasil, Canadá y Rusia, que en conjunto albergan cerca del 61% de estos ecosistemas. Hay que destacar que la menor proporción de plantación forestal se encuentra en Europa, donde representa el 6 por ciento de la superficie forestal plantada y el 0,4 por ciento de la superficie forestal total (FAO 2020).

El bosque primario presenta un conjunto de características ambientales que muestran su complejidad ecológica. En primer lugar, posee una estructura ecológica diversa, con árboles de distintas edades y tamaños, en general por encima de los cinco metros de altura, así como la presencia de árboles jóvenes y también pies muertos y troncos caídos que contribuyen al reciclaje de nutrientes y a la biodiversidad del suelo y la fauna. Esta estructura incluye estratos bien definidos, como el dosel o cubierta, el sotobosque y el suelo, que permiten una distribución vertical de especies y funciones ecológicas. Además, estos bosques albergan una biodiversidad elevada en todos los órdenes, con una gran variedad de especies vegetales, animales, hongos y microorganismos. Muchas de estas especies son endémicas o raras, lo que convierte a los bosques primarios en reservorios genéticos de gran valor para la ciencia y la conservación. Otro rasgo distintivo es que mantienen procesos ecológicos intactos, como los ciclos de nutrientes y del agua, sin intervención. Aun que son muy vulnerables a su alteración. La regeneración del bosque ocurre de forma natural, y las interacciones ecológicas —como la depredación, la polinización y la dispersión de semillas— se desarrollan en equilibrio, lo que garantiza la estabilidad del ecosistema.

Desde el punto de vista climático, los bosques primarios actúan como sumideros de carbono altamente eficientes, desempeñando un papel crucial en la mitigación del cambio climático al absorber grandes cantidades de dióxido de carbono de la atmósfera, como es el caso de muchos de los bosques presente en la cuenca del Amazonas o del Congo. Estos ecosistemas muestran una notable resiliencia ecológica frente eventos naturales, es decir, una mayor capacidad para resistir perturbaciones como incendios, plagas o sequías, gracias a su diversidad estructural y funcional. Por esas razones los bosques primarios desempeñan un papel fundamental en la estabilidad ecológica del planeta, es por ello que el Reglamento (UE) 2023/1115 haya establecido las bases para su protección y conservación al asegurase que determinados productos y sus derivados comercializados en la Unión Europea no procedan de la deforestación de estos bosques. El Reglamento UEDR es un instrumento para la conservación de su riqueza biológica, y también para la protección de los servicios y funciones que proveen a escala local y global. Desde una perspectiva científica, su relevancia se manifiesta en tres grandes dimensiones: la conservación genética, el valor como referencia ecológica y la provisión de servicios ecosistémicos esenciales (como agua, oxígeno o secuestro de carbono).

Estos bosques actúan como reservorios genéticos únicos, incluido potenciales remedios para combatir algunas enfermedades, al albergar especies que han evolucionado en condiciones naturales durante milenios. Esta diversidad genética es clave para la adaptación de muchas especies frente a los desafíos del cambio climático, ya que proporciona una base evolutiva para la resiliencia y la innovación biológica.

Además, los bosques primarios constituyen una referencia ecológica. Al mantenerse prácticamente intactos, ofrecen un modelo natural para el estudio de procesos ecológicos, dinámicas de sucesión vegetal y relaciones entre especies. Su comparación con bosques secundarios o degradados permite evaluar el impacto de las actividades humanas y orientar estrategias de restauración ecológica. Por último, estos ecosistemas proveen servicios ecosistémicos esenciales para el bienestar humano y la sostenibilidad ambiental. Entre ellos destacan la regulación del clima local, la protección del suelo frente a la erosión, y la provisión de agua limpia mediante la filtración natural y el mantenimiento de los ciclos hidrológicos. Estos servicios no solo benefician a las comunidades locales, sino que también tienen implicaciones globales en términos de salud ambiental y seguridad climática.

Tabla 1. Diferencias entre los tipos de bosques

Tipo de bosque	Grado de intervención	Biodiversidad	Estructura
Bosque primario	Nula o mínima	Muy alta	Compleja
Bosque secundario	Alta (reforestación o regeneración tras uso humano)	Moderada	Menos compleja
Bosque plantado	Cultivo forestal monoespecífico o poli especifico	Baja	Uniforme

3. PÉRDIDAS DE BOSQUES

El último informe publicado por FAO se corresponde al inventario de 2020, el próximo inventario de 2025 aún no se había publicado al redactar este capítulo. En esa fecha y para el periodo 2010-2020 África representó la mayor tasa anual de pérdida de bosque, con 3,9 millones de hectáreas por año. El incremento demográfico, la presión agrícola con sistemas poco intensivos de bajos rendimientos y la minería se manifiestan como las principales causas internas. Le sigue América del sur con una pérdida de 2,6 millones de hectáreas, aunque con una reducción casi de la mitad respecto al periodo inventariado anterior 2000-2010. Mientras Asia ha tenido la mayor ganancia neta de bosques entre 2010 y 2020, seguida de Europa.

Desde el año 1990, la FAO (2020) calcula que el mundo ha perdido aproximadamente 420 millones de hectáreas de cobertura forestal como consecuencia directa de la deforestación. No obstante, esta tendencia ha mostrado una desaceleración significativa en los últimos años. Durante el período comprendido entre 2015 y 2020, la tasa anual de pérdida forestal se estimó en 10 millones de hectáreas, lo que representa una mejora respecto al quinquenio anterior (2010–2015), en el que la cifra alcanzaba los 12 millones de hectáreas por año.

Según FAOSTAT (FAO, 2025b) la superficie de tierras de cultivo se incrementó en 86 millones de hectáreas entre 1990 y 2020. En 1990 sumaban 1484 millones de hectáreas y en 2020 sumaban 1570 millones, esto es poco más del 20 por ciento de la deforestación total. Esto podría interpretarse como que el 80 por ciento de la deforestación tiene otras causas no relacionadas directamente con la agricultura, seguramente la propia provisión de madera, bien para construcción o bien como fuente de combustible primario, como sucede en extensas zonas de África y algunos lugares de América Latina, la extracción minera y otros cambios en el uso del suelo (construcción de embalses, zonas urbanas) estaría explicando este otro porcentaje.

Por otro lado, cabe señalar que por otra parte la superficie de praderas y pastizales, que albergan gran parte de la cabaña herbívora global (principalmente vacas, cebús, búfalos, llamas, ovejas y cabras), se ha reducido en 59 millones de hectáreas en el periodo 1990-2020. La superficie de praderas y pastizales permanentes ha pasado de 3294 millones de hectáreas en 1990 a una superficie de 3235 millones de hectáreas 2020, y con una tendencia a disminuir llegando a perder otros 6 millones de hectáreas en 2023 (FAOSTAT, 2025). Sabemos que parte de las nuevas tierras de cultivo, principalmente en América Latina, se han hecho a costa de la reducción de la superficie praderas y pastizales permanentes, y no sobre los bosques. El trabajo clásico del antropólogo Stanley Heckadon-Moreno en su libro "De selvas a potreros" documenta muy bien el proceso de colonización de bosques primarios en Panamá, entre 1850 y 1980, y los cambios socio-ambientales derivados de la transformación de selvas en tierras de pastoreo para la ganadería. El título alude a la transformación del paisaje de una selva densa y biodiversa a un terreno abierto de potreros, una consecuencia de la movilización y asentamiento de agricultores en la región. A través de un enfoque que combina historia social, geografía, ecología y política, Heckadon-Moreno analiza cómo la migración santeña transformó vastas áreas de selva tropical en terrenos dedicados a la ganadería y agricultura extensiva, a través de un complejo cambio en el uso del suelo. Heckadon sitúa el fenómeno de la deforestación en un contexto migratorio, por la falta de suelos agrícolas, explicando cómo las características del suelo, el clima y la vegetación influyeron en las decisiones de asentamiento y uso del nuevo territorio. El estudio evidencia las consecuencias ecológicas de la expansión agropecuaria, particularmente la pérdida de cobertura forestal, la degradación del suelo y la alteración de los ciclos hidrológicos. En este sentido, "De selvas a potreros" no solo documenta un proceso histórico, sino que también ofrece una lectura crítica sobre las políticas de desarrollo rural y sus impactos ambientales. Destaca el coste que supone la tala del bosque primario, que es sufragado en parte por el valor de la madera, y el uso agrario intensivo del suelo por pequeños agricultores minifundistas, para valorizarlo rápidamente, pero con un coste ambiental elevado, el frágil suelo se pierde rápidamente y entonces los agricultores venden el minifundio a ganaderos que agregan la división fundiaria para constituir grandes latifundios, pasando a un sistema de pradera y pastos que no permite la regeneración natural del bosque. Con el tiempo, esto sistemas de ganadería extensiva darán paso a la agricultura extensiva con cultivos de maíz y soja como ha sucedido en el cerrado brasileño y en otras partes del mundo.

En este mismo periodo de tiempo 1990 a 2020 la población mundial ha pasado de 5328 millones de personas a 7887 millones de personas, es decir se ha incrementado en 2559 millones de personas un 48% más, con más presión en la producción de alimentos y de otras materias primas. Ese incremento en la producción de alimentos se ha conseguido con una intensificación de la producción en la superficie cultivada y con un incremento de tan solo 336 metros cuadrados de tierra cultivable adicional por cada nuevo habitante.

La deforestación tal como la define el Reglamento se refiere a la conversión de áreas boscosas en terrenos con una cubierta arbórea inferior al 10%, considerando los árboles de más de 5 metros. Actualmente, los bosques cubren cerca del 31% de la superficie terrestre mundial. Esta cobertura se divide en tres grandes categorías: Bosques primarios que son ecosistemas intactos y no modificados por el hombre, que representan el 27%; bosques secundarios que son ecosistemas que han sufrido alguna perturbación o han sido modificados parcialmente por el hombre, representan el 63% de la de la superficie forestal, y los bosques plantados que son establecidos y gestionados según técnicas de silvicultura representan tan solo el 7% del total forestal unos 290 millones de hectáreas.

Desde 1990 y hasta el inventario de 2020, se han perdido aproximadamente 420 millones de hectáreas de bosque en todo el mundo. Sin embargo, la tasa de pérdida global ha disminuido en las últimas décadas: entre 2015 y 2020, la deforestación se redujo a 10 millones de hectáreas por año, frente a los 12 millones anuales registrados entre 2010 y 2015. En este mismo periodo de tiempo entre 1990 y 2020 la tierra arable, es decir aquella dedicada al cultivo herbáceo o leñoso, ha aumentado ligeramente en 86 millones de hectáreas, pasando del 9,4% de la superficie terrestre mundial al 11%.

El panorama global muestra que la deforestación ha disminuido en ritmo, pero sigue siendo una amenaza significativa en algunas regiones del mundo. Al mismo tiempo, el ligero aumento de la tierra arable no explica las tasas de deforestación de bosques primarios o secundarios por si sola, mientras el desafío demográfico sigue siendo enorme, no solo responde a la necesidad de alimentar a una población mundial creciente si al suministro de otros recursos, como madera o leña que inciden también en la deforestación, lo que plantea desafíos en términos de sostenibilidad y uso responsable del suelo.

4. REFERENCIAS BIBLIOGRÁFICAS

FAO (2020). Global Forest Resources Assessment 2020: Main report. Roma. https://doi.org/10.4060/ca9825en. Recuperado 14 de septiembre de 2025.

FAO (2023). FRA 2025 Terms and Definitions Disponible en: https://openknowledge.fao.org/server/api/core/bitstreams/a6e225da-4a31-4e06-818d-ca3aeadfd635/content. Recuperado 14 de septiembre de 2025.

FAO (2025a). FAOSTAT: Datos sobre alimentación y agricultura. Consultada el 10 de septiembre de 2025, https://www.fao.org/faostat Licencia: CC-BY-4.0.

FAO (2025b). "Land statistics 2001–2023 – Global, regional and country trends". FAOSTAT Analytical Briefs, No.107. Rome. https://doi.org/10.4060/cd5765en Licencia: CC-BY-4.0.

Heckadon-Moreno, S. (2009). De selvas a potreros: la colonización santeña en Panamá, 1850-1980. Exedra Books. Panamá, 300 p.

Heras-Heras, M. C., Moreno-López, J. A., Quevedo-Amay, D. V., Cuichan-Paucar, S. H. (2024). Pérdida de cobertura vegetal y los cambios de uso del suelo en la Amazonia ecuatoriana. Agroecología Global. Revista Electrónica de Ciencias del Agro y Mar, 6(10), 89-104. https://doi.org/10.35381/a.g.v6i10.3579.

Heredia-R M., Torres B., Cabrera-Torres F., Vasco E., Díaz-Ambrona C.G.H., Toulkeridis T. (2022) Free Data Processing Applied to Detect Changes in Land Use Coverage at Biodiversity Hotspots of the Amazon. In: Berrezueta S., Abad K. (eds) Doctoral Symposium on Information and Communication Technologies–DSICT. Lecture Notes in Electrical Engineering, vol 846. Springer, Cham. Pages 104-115. https://doi.org/10.1007/978-3-030-93718-8_9.

Heredia-R, M. G., Díaz-Ambrona, C. G. H. (2019). "Comportamiento Demográfico: Dinámico – Probabilístico de los Pueblos Indígenas en Aislamiento de la Amazonía Ecuatoriana". Revista Científica Axioma, [S.l.], n. 20, p. 25-34, https://doi.org/10.26621/XV20.2019.06.A04.PUCESI.2550.6684.

Heredia-R, M.; Torres, B.; Cabrera-Torres, F.; Torres, E.; Díaz-Ambrona, C.G.H.; Pappalardo, S.E. 2021. Land Use and Land Cover Changes in the Diversity and Life Zone for Uncontacted Indigenous People: Deforestation Hotspots in the Yasuní Biosphere Reserve, Ecuadorian Amazon. Forests, 12 (11), 1539. https://doi.org/10.3390/f12111539.

Mejía, V., Orellana, D., Cabrera-Barona, P. (2021). Cambio de uso de suelo en la Amazonía norte del Ecuador: un análisis a través de imágenes satelitales nocturnas VIIRS e imágenes LANDSAT. Universidad-Verdad, 1(78), 10-29. https://doi.org/10.33324/uv.v1i78.355.

Muñiz Espada, Esther (2025), Derecho Forestal y Montes de Socios: por otro Modelo de Ordenación de La Propiedad, Editorial REUS.

Palacios-Vega, J. J., Zárate-Gómez, R., & Martín-Brañas, M. (2022). Impacto futuro del cambio de cobertura y uso de la tierra en comunidades indígenas yagua de la Amazonía Peruana. Folia Amazónica, 31(2), 163-183. http://dx.doi.org/10.24841/fa.v31i2.607.

Putz, F. E., & Redford, K. H. (2010). The importance of defining 'forest': Tropical forest degradation, deforestation, long-term phase shifts, and further transitions. Biotropica, 42(1), 10-20. https://doi.org/10.1111/j.1744-7429.2009.00567.x.

Capítulo III.

Metodologías para la determinación de la deforestación

CARLOS GREGORIO HERNÁNDEZ DÍAZ-AMBRONA[40]

El Reglamento (UE) 2023/1115 (EUDR) del Parlamento Europeo y del Consejo, relativo a la comercialización y exportación de productos libres de deforestación, establece un marco normativo para garantizar que determinadas materias primas y sus derivados no estén vinculados a procesos de deforestación o degradación forestal. El Reglamento establece que la deforestación es la desaparición de masas boscosas por debajo del 10% de cobertura arbórea y con árboles de más de 5 metros de altura, o con árboles capaces de alcanzar esa altura in situ. Esta norma forma parte de la estrategia europea para reducir la huella ecológica del consumo de productos de origen vegetal y mitigar el cambio climático, debido principalmente a los cambios en los usos del suelo (van der Laat, 2024).

Desde una perspectiva técnica y legal, el Reglamento define la deforestación como la conversión de bosques en terrenos de uso agrario, independientemente de si dicha transformación es de origen antrópico o natural. Esta definición amplia permite abarcar múltiples formas de pérdida de cobertura de bosques, incluyendo aquellas que no implican tala directa pero sí alteración del uso del suelo. Sin embargo, excluye aquella pérdida de masa forestal que puede ocurrir en bosque de baja talla, matorral o de pastos herbáceos naturales.

El Congreso Internacional de Pastos Naturales celebrado en junio de 2025 en Adelaida (Australia) ha destacado que la deforestación en ecosistemas de praderas o pastos, con o sin árboles, no puede abordarse únicamente desde una perspectiva técnica o normativa. Se requiere una visión integradora que reconozca la diversidad de conocimientos, valores

40 Dr. Ingeniero Agrónomo, Profesor de Agricultura Sostenible en la ETSIAAB de la Universidad Politécnica de Madrid, Centro de Estudios e Investigación para la Gestión de Riesgos Agrarios y Medioambientales (CEIGRAM) y Centro de Innovación en Tecnología para el Desarrollo Humano (itdUPM).

y contextos locales. Las contribuciones a este Congreso evidencian que la restauración efectiva depende de la co-creación de soluciones, la participación comunitaria y el uso estratégico de herramientas científicas y tecnológicas. En este sentido, la deforestación no es solo un problema ambiental, sino también social, político y epistemológico. Vemos una limitación del Reglamento al ceñirse exclusivamente a la deforestación de bosques, con unos determinados requisitos, y a la consideración de unas determinadas materias primas.

Tabla 1. Materias primas pertinentes y ejemplos de sus productos derivados conforme al Reglamento (UE) 2023/1115 relativo a la comercialización en el mercado de la Unión y a la exportación desde la Unión de determinadas materias primas y productos asociados a la deforestación y la degradación forestal.

Materia prima pertinente	Ejemplos de productos pertinentes o de productos derivados*
Cacao	Cacao en polvo, chocolate, manteca, aceite
Café	Café tostado o descafeinado, cáscara y cascarilla de café, sucedáneos del café
Caucho	Caucho natural, caucho mezclado, hilos y cuerdas, neumáticos, prendas de vestir
Ganado bovino doméstico	Animales vivos, carne de bovino, despojos, cueros, pieles
Madera	Madera aserrada, leña, carbón vegetal, muebles, barriles, herramientas, pasta de madera y papel, construcciones prefabricadas de madera
Palma aceitera	Aceite de palma, aceite de palmiste, nueces y almendras de palma, glicerol
Soja	Habas de soja, aceite de soja

*El listado completo aparece en el Anexo I: Materias primas pertinentes y productos pertinentes a que se refiere el artículo 1 del Reglamento (UE) 2023/1115.

Es difícilmente explicable que el Reglamento incluya el cultivo de soja y no el de maíz, cultivo con el que se suele configurar la rotación, ni de otros cultivos herbáceos, que se extienden en las mismas zonas de cultivo. Por ejemplo, en Brasil en 2023 se cosecharon 44,5 millones de hectáreas de soja y 22,3 millones de hectáreas de maíz (FAOSTAT, 2025). En un posterior trabajo Pendrill et al. (2022) señalan otros cultivos como el maíz, el arroz o la mandioca vinculados a la deforestación junto con la soja. Esta exclusión puede dar lugar a que el área deforestada se utilice para los cultivos que no aparecen en el Reglamento.

1. METODOLOGÍA PARA LA ATRIBUCIÓN DE LA DEFORESTACIÓN

El Reglamento (UE) 2023/1115 del Parlamento Europeo y del Consejo se fundamenta en uno de los estudios firmado por Pendrill, Persson y Kastner (2020). En su estudio, Pendrill, Persson y Kastner (2020) desarrollan una metodología de la atribución para asignar el riesgo de deforestación asociados a la producción, exportación, importación y consumo de ciertas materias primas agrícolas y forestales entre 2005 y 2017. En su trabajo lo aplican a la deforestación tropical y la asignan a unas cadenas de suministro internacionales, revelando patrones de responsabilidad compartida entre países productores y consumidores. El análisis se basa en modelos de contabilidad ambiental que vinculan datos de comercio internacional con mapas de deforestación tropical. Se consideran múltiples productos, incluyendo soja, aceite de palma, carne bovina, madera y café, entre otros. La versión 1.0 del conjunto de datos publicado en la base de datos Zenodo incluye estimaciones por país, año y tipo de producto, lo que permite inferir el impacto de las decisiones de consumo en la pérdida de cobertura forestal. La metodología se basa en modelos de atribución espacial y contabilidad ambiental a una escala de país. El trabajo atribuye aproximadamente que el consumo de estos productos en la Unión Europea supone el 14% de las emisiones globales atribuidas de gases efecto invernadero por la deforestación (Pendrill et al., 2020).

El estudio de Pendrill, Persson y Kastner (Pendrill et al., 2020) propone una metodología integral para cuantificar el riesgo de deforestación vinculado a la producción. Esta metodología se basa en un enfoque de contabilidad ambiental espacialmente explícito, que permite atribuir la pérdida de cobertura forestal tropical a distintos usos del suelo y, posteriormente, a los productos derivados de dichos usos. En primer lugar, los autores emplean un modelo de balance de tierras (*land-balance model*) que identifica la proporción de deforestación tropical atribuible a la expansión de cultivos agrícolas, pastos y plantaciones forestales. Este modelo se aplica a 135 países tropicales, utilizando datos satelitales de deforestación y estadísticas nacionales de uso del suelo. A partir de esta asignación inicial, se calcula la intensidad de deforestación por producto, es decir, cuántas hectáreas deforestadas están asociadas a cada tonelada de producto generado en tierras recientemente deforestadas. Una vez estimada la deforestación por producto y país de origen, el estudio rastrea el destino de dichos productos a través de dos enfoques complementarios. El primero es un modelo de comercio físico, que sigue los flujos directos de productos entre países, permitiendo una atribución sencilla de la deforestación a los países importadores. El segundo es un modelo multirregional de insumo-producto (Eora Global MRIO), que incorpora datos económicos y comerciales para rastrear el consumo intermedio y final de los productos, incluyendo aquellos que han sido transformados o reexportados. Este enfoque permite una atribución más precisa de la deforestación al consumo final, especialmente en cadenas de suministro complejas.

Ambos modelos se integran para estimar la deforestación incorporada en el consumo nacional, regional y global de productos como soja, carne bovina, aceite de palma, madera y café. La resolución temporal del análisis permite observar tendencias entre 2005 y 2017, mientras que la desagregación por país y tipo de producto facilita comparaciones geográficas y sectoriales. Las fuentes de datos utilizadas incluyen mapas satelitales de deforestación tropical (por ejemplo, Global Forest Watch), estadísticas de producción agrícola y forestal de FAO (FAOSTAT), bases de datos de comercio internacional (UN Comtrade[41]) y tablas de insumo-producto multirregionales como EXIOBASE[42] y Eora Global MRIO[43].

En conjunto, la metodología desarrollada por Pendrill et al. (2020) ofrece una herramienta para vincular el consumo internacional con la pérdida de bosques tropicales, proporcionando evidencia empírica para el diseño de políticas de trazabilidad, certificación y regulación ambiental, como el Reglamento (UE) 2023/1115 sobre productos libres de deforestación.

La metodología desarrollada por Pendrill, Persson y Kastner (2020) para estimar el riesgo de deforestación asociado al consumo de productos agrarios y forestales ha sido ampliamente reconocida por su capacidad para ligar dinámicas globales de comercio con la pérdida de cobertura forestal en países tropicales. Sin embargo, este enfoque presenta

41 Disponible en la Base de Datos Comtrade https://comtradeplus.un.org/. (Recuperado 14 de septiembre de 2025).

42 Disponible en la Base de Datos Exiobase https://www.exiobase.eu/. (Recuperado 14 de septiembre de 2025).

43 Disponible en la Base de Datos de la cadena de suministro global de Eora https://worldmrio.com/. (Recuperado 14 de septiembre de 2025).

limitaciones importantes cuando se compara con estudios que analizan la deforestación a nivel de parcela o con alta resolución espacial. En este sentido el propio Reglamento desciende al detalle de parcela y obliga a certificar la ausencia de deforestación, para evitar llevar a la totalidad de los productos comercializados establece un nivel de riesgo de país para la deforestación.

El modelo de balance de tierras utilizado por Pendrill et al. (2020) se basa en datos agregados nacionales y en modelos de comercio físico y multirregional de insumo-producto, lo que permite imputar la deforestación embebida en los flujos comerciales. Aunque útil para análisis macroeconómicos y de gobernanza global, este enfoque tiende a simplificar excesivamente las dinámicas locales de cambio de uso del suelo. Las variaciones en los usos del suelo que muestra la FAO (2025) no permiten aplicar directamente la variación de las tierras de cultivo a la deforestación, ya que antes la reducción de las tierras de barbecho o las dedicadas a praderas y pastizales tienen un mayor interés agropecuario que las forestales. No obstante, hay producciones como el caucho, la palma aceitera y las maderas tropicales que su zonificación agroecológica coincide en gran medida con la del bosque tropical (FAO e IIASA, 2025).

La deforestación es un suceso multifactorial, y como recogen los trabajos antropológicos de Heckadon-Moreno (2009) de como los campesinos se ganan la vida y los efectos que sus sistemas de producción, basados en la agricultura de roza y la ganadería extensiva, tienen sobre la naturaleza tropical, mientras la superficie cultivada actual no pueda aumentar su producción y seguir alimentando a la población en crecimiento, la superficie cultivada seguirá su expansión a costa de espacios naturales o simplemente no colonizados. Pone de manifiesto primero el elevado costo que tiene la deforestación de bosques primarios o secundarios para los agricultores, por lo que se establece una jerarquía de usos antes de los agropecuarios, el valor de la tala es pues asumido sobre todo por el valor de la madera, en otras ocasiones es por la provisión de madera como fuente de combustible la que va degradando poco a poco el bosque hasta que lo hace viable para acoger prácticas agropecuarias. El Reglamento se ha centrado en la deforestación de bosques y ha dejado sin protección otros biomas naturales de similar valor. Otros procesos de deforestación que pueden suceder en el Cerrado, la Catinga o el Pantanal, biomas que en muchos casos no llegan a la consideración de bosques que hace el Reglamento, por lo que no se puede imputar la expansión de determinados cultivos a la deforestación en esas regiones. El análisis macro a nivel de país y con bases de datos como la FAO utilizadas en el trabajo de Pendrill et al. (2020) no pueden justificar la totalidad de la imputación de un problema ciertamente complejo.

Por ejemplo, no distingue entre tipos de deforestación, legal vs. ilegal, planificada vs. espontánea, ni entre prácticas agrícolas específicas que pueden tener impactos diferenciados sobre el ecosistema (Pendrill et al., 2019). Sin embargo, el Reglamento si acepta la existencia de deforestación legal en las parcelas de cultivo o de producción. En contraste, estudios como el de Jiménez y Lombana (2016), en el departamento del Chocó en Colombia, aplican análisis espacial a escala municipal utilizando datos georreferenciados, imágenes satelitales y modelos de regresión espacial. Este tipo de investigación permite identificar con precisión los factores ambientales y socioeconómicos que impulsan la deforestación, como la pendiente del terreno, la cercanía a vías de acceso, la presión demográfica o la pobreza. Otro ejemplo es el estudio de Osorio et al. (2015), en la cuenca del río Coyuquilla en México, que emplea imágenes Landsat y modelos probabilísticos basados en pesos de evidencia para identificar las áreas más propensas a la deforestación. Este enfoque permite generar mapas de probabilidad de cambio de cobertura vegetal y evaluar la influencia de variables como la altitud, la distancia a carreteras y la presión ganadera sobre la dinámica forestal. Estas metodologías de alta resolución ofrecen ventajas significativas frente al enfoque de Pendrill et al. (2020), especialmente en términos de precisión espacial, capacidad de monitoreo y utilidad para la planificación territorial. Además, permiten validar empíricamente los modelos mediante observación directa y análisis estadístico, lo que reduce el riesgo de errores de atribución o de simplificación excesiva.

En síntesis, aunque el modelo de contabilidad ambiental de Pendrill et al. (2020) es valioso para entender las conexiones entre consumo global y deforestación tropical, su utilidad para la gestión local, la formulación de políticas específicas o la evaluación de impactos diferenciados es limitada. La complementariedad entre enfoques macro y micro es esencial para avanzar hacia una comprensión más completa y eficaz del fenómeno de la deforestación. El Reglamento hace una aplicación a escala local, microescala, nivel de parcela a raíz de un trabajo macro, por lo que creemos no ha valorado de forma precisa la complejidad de la aplicación. El estudio de Von Greyerz et al. (2023) incorpora mejoras en la resolución espacial y temporal, así como en la atribución de la deforestación a productos específicos. Utiliza datos más actualizados y modelos más precisos para rastrear el vínculo entre el consumo final y la deforestación, incluyendo mejoras en el tratamiento de productos transformados y reexportados. Además, se introducen escenarios de política para evaluar cómo diferentes estrategias de consumo responsable, trazabilidad y regulación podrían reducir la deforestación importada. Esto representa una evolución respecto al enfoque más descriptivo de Pendrill et al. (2020).

2. FECHA DE REFERENCIA PARA LA EVALUACIÓN FORESTAL

Para determinar si un producto está vinculado a la deforestación, se establece como fecha de referencia el 31 de diciembre de 2020. Es decir, la imagen fija es el estado del bosque antes de dicha fecha. Las materias primas deben haber sido producidas en tierras que no hayan sufrido deforestación ni degradación forestal desde esa fecha. Aunque si la masa boscosa se está regenerando y en los próximos cinco años alcanzar los valores de consideración de bosques deben quedar excluidos de la atribución de deforestación, siguiendo además los propios criterios de la FAO.

Entre 2021 y 2025, la comunidad internacional ha intensificado sus esfuerzos para abordar la deforestación, con avances notables en regiones clave y una creciente integración de políticas ambientales, tecnológicas y sociales. Aunque persisten desafíos significativos, especialmente en zonas tropicales, se observan tendencias alentadoras en la gobernanza forestal, la cooperación internacional y la innovación en monitoreo ambiental, como la Declaración de Glasgow sobre los Bosques (resultado de la COP26) que ha impulsado la cooperación entre más de 140 países para detener la pérdida forestal antes de 2030. Durante este periodo, se ha registrado una pérdida de aproximadamente 30 millones de hectáreas de cobertura arbórea anual (FAOSTAT, 2025), con variaciones regionales significativas. A pesar de este dato, hay zonas de recuperación y estabilización, especialmente en el sudeste asiático. En Indonesia y Malasia se han logrado reducir sus tasas de deforestación en un 11% y 13% respectivamente, gracias a políticas de conservación, moratorias sobre nuevas concesiones y colaboración con comunidades indígenas. En América Latina, aunque la extensa cuenca del Amazonas sigue siendo una zona crítica, se han implementado sistemas de monitoreo satelital y alertas tempranas que han mejorado la respuesta ante incendios y actividades ilegales. El uso de inteligencia artificial, imágenes satelitales y plataformas abiertas ha permitido una vigilancia más precisa y accesible de los bosques. Los incendios forestales, intensificados por el aumento de las temperaturas, continúan siendo una causa importante de pérdida de bosques primarios en lo zona tropical y en los bosques boreales. La próxima publicación de la "Evaluación de Recursos Forestales Mundiales 2025" (FRA 2025) por la FAO será indicativa para medir el estado de los bosques y dar seguimiento al Objetivo de Desarrollo Sostenible número 15 sobre conservación de los ecosistemas terrestres (ODS 15). Se espera que esta evaluación proporcione datos más precisos y recomendaciones para fortalecer las políticas forestales en los próximos años.

3. GEOLOCALIZACIÓN DE LAS PARCELAS DE PRODUCCIÓN

Uno de los pilares metodológicos del Reglamento UEDR es la geolocalización precisa de las parcelas donde se originan las materias primas. Los operadores deben proporcionar coordenadas de latitud y longitud con al menos seis decimales. En el caso de parcelas mayores a cuatro hectáreas, se exige la delimitación mediante polígonos georreferenciados que definan el perímetro exacto del terreno.

Actualmente las técnicas LiDAR, que es el acrónimo *Light Detection and Ranging* (Detección y Medición por Luz), aplicada a la medición de la altura de la vegetación, es una herramienta que permite obtener información tridimensional del paisaje de forma precisa y detallada. Su funcionamiento se basa en el uso de pulsos láser que se emiten desde un sensor instalado en un satélite, avión o dron. Estos pulsos viajan hacia la superficie terrestre y, al encontrarse con obstáculos como las copas de los árboles, ramas, troncos o el suelo mismo, se reflejan y regresan al sensor. Lo interesante de esta técnica es que el sensor mide el tiempo que tarda cada pulso en ir y volver. Como la velocidad de la luz es constante, ese tiempo se traduce directamente en una distancia. Al recibir múltiples reflejos de un mismo pulso —por ejemplo, uno desde la copa del árbol y otro desde el suelo— es posible calcular con gran precisión la altura de la vegetación. Este método permite generar mapas tridimensionales del dosel forestal, es decir, de la parte superior de los árboles, lo que resulta fundamental para estimar la altura, pero también la biomasa, el carbono almacenado, y para estudiar la estructura y salud de los ecosistemas. Además, al ser una técnica remota, puede aplicarse a grandes extensiones de terreno, incluso en zonas de difícil acceso.

Esta técnica la han utilizado Lang et al. (2023) para desarrollan el primer modelo continuo de altura del dosel vegetal a escala planetaria con una resolución de 10 metros, correspondiente al año 2020. El enfoque metodológico del estudio se basa en la integración de datos provenientes de dos fuentes satelitales complementarias: GEDI (*Global Ecosystem Dynamics Investigation Lidar* de la NASA), que ofrece mediciones precisas de altura mediante tecnología LiDAR pero con cobertura limitada, y Sentinel-2 (costelación de satélites de la Unión Europea), que proporciona imágenes ópticas de alta resolución con cobertura global, aunque sin capacidad directa para medir estructuras verticales. Mediante el uso de técnicas avanzadas de aprendizaje profundo e inteligencia artificial, los autores logran fusionar ambas fuentes de información en un modelo probabilístico que estima la altura de la vegetación en todo el planeta e incorpora una cuantificación explícita de la incertidumbre asociada a cada predicción. Los resultados del estudio son reveladores. Se estima que solo el 5% de la superficie terrestre está cubierta por árboles que superan los 30 metros de altura, y de estos, apenas un 34% se encuentra dentro de áreas protegidas. Este hallazgo pone de manifiesto una importante brecha en los esfuerzos de conservación, al evidenciar que muchos de los bosques más altos y potencialmente más ricos en carbono no están adecuadamente resguardados por políticas de protección ambiental. Además, el modelo desarrollado tiene aplicaciones prácticas de gran alcance. Puede ser utilizado para la medición de la deforestación con aplicaciones anuales sucesivas, mejorar los inventarios de biomasa forestal, apoyar el monitoreo de hábitats críticos para la biodiversidad, y fortalecer las políticas de conservación mediante la identificación de zonas prioritarias. El carácter probabilístico del modelo también permite una toma de decisiones más informada, al considerar explícitamente la incertidumbre en contextos de planificación ambiental. Este estudio muestra que tres biomas mundiales, a saber: el bosque tropical caducifolio, los pastos templados y los pastos inundados presentar alturas medias del dosel por debajo de los cinco metros que es la referencia que toma el Reglamento para la definición de bosque, además de una cabida cubierta superior al 10% del suelo. En términos críticos, aunque el modelo depende de la calidad y disponibilidad de datos satelitales, y podría enfrentar limitaciones en regiones con cobertura nubosa persistente, su diseno modular y escalable ofrece oportunidades para futuras mejoras y adaptaciones.

4. SISTEMA DE DILIGENCIA DEBIDA, DECLARACIÓN OFICIAL Y TRAZABILIDAD

El Reglamento establece un sistema de diligencia debida obligatorio para todos los operadores y comerciantes[44]. Este sistema consta de tres fases:

Fase 1. Recopilación de información: Incluye datos sobre el tipo y cantidad de producto, código aduanero, país de producción y geolocalización de las parcelas (con el detalle que antes se ha indicado).

Fase 2. Evaluación del riesgo: Se analiza el riesgo de que las materias primas provengan de tierras deforestadas o hayan sido producidas ilegalmente.

Fase 3. Reducción del riesgo: En caso de detectar riesgos, se deben aplicar medidas correctivas antes de introducir el producto en el mercado.

Antes de comercializar o exportar productos, los operadores deben presentar la declaración de diligencia debida a través del Sistema de Información de la UE. Esta declaración certifica que se ha cumplido con el proceso de verificación y que el producto está libre de deforestación. Además, se exige conservar esta información durante cinco años y compartirla con otros actores de la cadena de suministro. Corresponde a la Comisión Europea elaborar la lista de riesgo de deforestación de cada país[45], este listado incluye tres categorías. La lista agrupa a los países en tres categorías:

Riesgo bajo: Países con baja probabilidad de producir materias primas vinculadas a la deforestación. Ejemplo: España, Canadá, Japón, Costa Rica.

Riesgo estándar (normal): Países no incluidos en las listas de riesgo bajo o alto.

Riesgo alto: Países con alta probabilidad de producir productos asociados a la deforestación. En 2025 ha incluido a: Bielorrusia, Corea del Norte, Myanmar y Rusia.

---

[44] Implementación del Reglamento EUDR disponible en: https://green-forum.ec.europa.eu/nature-and-biodiversity/deforestation-regulation-implementation_en. Recuperado 14 de septiembre de 2025.

[45] Disponible en: https://green-forum.ec.europa.eu/nature-and-biodiversity/deforestation-regulation-implementation/eudr-cooperation-and-partnerships/country-classification-list_en. Recuperado 14 de septiembre de 2025.

El nivel de riesgo determina el nivel de controles y obligaciones de diligencia debida que deben aplicar los operadores y comerciantes europeos al importar productos desde cada país de tal forma que los controles afectarán al 1% de verificación para países de bajo riesgo, 3% para riesgo estándar y 9% para riesgo alto.

5. CONCLUSIONES

La deforestación constituye una de las principales amenazas para la integridad ecológica de los ecosistemas naturales del Mundo. Dada la fragilidad para recuperar estos ecosistemas es necesario su protección efectiva y eficaz. Yan et al. (2024) advierten que los modelos de restauración suelen sobreestimar la capacidad de recuperación de los ecosistemas, ignorando las limitaciones biofísicas y socioeconómicas. La conversión de selvas tropicales en sabanas o tierras agrícolas ha generado pérdida de fertilidad, erosión y alteración de los ciclos hidrológicos, exacerbando la vulnerabilidad de las comunidades locales. Herrera Calvo et al. (2025) estiman que detener la deforestación podría evitar hasta 3,6 $GtCO_2e$ anuales, contribuyendo significativamente a los objetivos del Acuerdo de París. La pérdida de cobertura forestal afecta más del 50% de la biodiversidad terrestre, comprometiendo servicios ecosistémicos esenciales como el secuestro de carbono, la regulación hídrica y la conservación de hábitats. Vetter (2024) y Davis y Robbins (2018) cuestionan las narrativas coloniales que atribuyen la desertificación a prácticas pastoriles tradicionales. Estas narrativas han justificado políticas de reforestación y estabilización que, en muchos casos, han agravado la degradación mediante la introducción de especies exóticas y la alteración de dinámicas ecológicas locales. Los estudios de caso en Mongolia (Ulambayar y Fernández-Giménez, 2019; Ulambayar et al., 2025) y Libia (Saaed et al., 2024) muestran que la restauración de áreas deforestadas requiere enfoques participativos y adaptativos. En Mongolia, la creación de organizaciones comunitarias ha permitido reducir la tala ilegal y mejorar la salud forestal, mientras que en Libia se promueven prácticas agroforestales y silvopastoriles como alternativas sostenibles. La participación de mujeres en la gobernanza local ha sido clave para el éxito de estas iniciativas. La aplicación de buenas prácticas en agricultura permite reducir la deforestación y mejorar la calidad de vida de las comunidades rurales (Díaz-Ambrona et al., 2021).

El enfoque metodológico del Reglamento combina criterios científicos, tecnológicos y legales para garantizar la trazabilidad y sostenibilidad de los productos comercializados en la Unión Europea. Al exigir geolocalización, verificación documental y evaluación de riesgos, el Reglamento (UE) 2023/1115 representa un avance significativo en la lucha contra la deforestación global. La deforestación es un factor clave de degradación ambiental en múltiples contextos: ecológico, climático, económico y social. Se destaca la necesidad de metodologías de medición directa de la deforestación o restauración forestal; la participación de los pequeños productores, las comunidades locales y el uso de conocimiento tradicional son recurrentemente mencionados en la literatura como elementos esenciales para el éxito de las estrategias de conservación forestal.

6. REFERENCIAS BIBLIOGRÁFICAS

Davis, D.K., Robbins, P. (2018). "Ecologies of the colonial present: Pathological forestry from the taux de boisement to civilized plantations". Environmental Planning E: Natural and Space 1(4): 447–469 https://doi.org/10.1177/2514848618812029.

Díaz-Ambrona, C.G.H., Ruiz-Ramos, M., Rodríguez, L., Urquijo, J., Puigdueta, I., Postigo, J.L., Sánchez, E., Juárez, L., Moreno, J., Minelli, M., Llauger, R.E., López, D., Vanni, B. (2021). Análisis de buenas prácticas en la agricultura. Sistemas productivos familiares del Corredor Seco Centroamericano. Ciudad de Panamá, FAO y UPM, 94 pp. https://doi.org/10.4060/cb4486es.

FAO e IIASA (2025). Global Agro-ecological Zoning version 5 (GAEZ v5) Model Documentation. https://github.com/un-fao/gaezv5/wiki Licencia: CC-BY-4.0.

FAO (2025a). FAOSTAT: Datos sobre alimentación y agricultura. Consultada el 10 de septiembre de 2025, https://www.fao.org/faostat Licencia: CC-BY-4.0.

FAO (2025b). "Land statistics 2001–2023 – Global, regional and country trends". FAOSTAT Analytical Briefs, No.107. Rome. https://doi.org/10.4060/cd5765en Licencia: CC-BY-4.0.

Heckadon-Moreno, S (2009). De selvas a potreros: la colonización santeña en Panamá, 1850-1980. Exedra Books. Panamá, 300 p.

Herrera Calvo, P.M., Haddad, F., Gerbaldo, L., Valenzi, V., Hofer, T. (2025). "Grazing with Trees: upscaling silvopastoralism for improved dryland management". En Mcdonald, S., Hacker, R., Pressland, T., Silcock, J., Reseigh J., Beutel T (Eds) Actas del 12th International Rangeland Congress, Adelaida Australia, 2-6 junio. Disponible en https://irc2025.rangelandcongress.org/abstracts/. Recuperado 14 de septiembre de 2025, pp 1923-1927.

Jiménez, L., Lombana, P. A. (2016). Análisis Espacial de la Deforestación a Escala Municipal, Estudio de Caso: Departamento del Chocó 2005-2010. Universidad Distrital Francisco José de Caldas, Bogotá. Disponible en: https://repository.udistrital.edu.co/items/7a91c127-55e0-4c97-9ed2-60b9b898485f. Recuperado 14 de septiembre de 2025.

Lang, N., Jetz, W., Schindler, K., Wegner, J. D. (2023). "A high-resolution canopy height model of the Earth". Nature Ecology & Evolution, 7(11), 1778-1789. https://doi.org/10.48550/arXiv.2204.08322.

Osorio, L. P., Mas, J. F., Guerra, F., Maass, M. (2015). "Análisis y modelación de los procesos de deforestación: un caso de estudio en la cuenca del río Coyuquilla, Guerrero, México". Investigaciones geográficas, (88), 60-74. https://doi.org/10.14350/rig.43853.

Pendril, F., Gardner T. A., Meyfroidt, P., Persson, M.U., Tasso Azevedo J. A., Bastos Lima, M. G., Baumann, M., Curtis, P.G., De Sy, V., Garrett, R., Godar, J., Goldman, E. D., Hansen, M. C., Heilmayr, R., Herold, M., Kuemmerle, T., Lathuillière, M. J., Ribeiro, V., Tyukavina, A., Weisse, M. J., West C. (2022). "Disentangling the numbers behind agriculture-driven tropical deforestation". Science, 377, eabm9267 (2022). https://www.science.org/doi/10.1126/science.abm9267.

Pendrill, F., Persson, M., Godar, J., Kastner, T. (2019). "Deforestation displaced: Trade in forest-risk commodities and the prospects for a global forest transition". Environmental Research Letters. https://doi.org/10.1088/1748-9326/ab0d41.

Pendrill, F., Persson, U. M., Kastner T. (2020). "Deforestation Risk Embodied in Production and Consumption of Agricultural and Forestry Commodities 2005-2017 (Versión 1.0)". Zenodo, 2020. https://doi.org/10.5281/zenodo.4250531.

Pendrill, F., Persson, U.M., Godar, J., Kastner, T., Moran, D., Schmidt, S., Wood, R. (2019). "Agricultural and forestry trade drives large share of tropical deforestation emissions". Global Environmental Change, 56: 1-10. https://doi.org/10.1016/j.gloenvcha.2019.03.002.

Reglamento (UE) 2023/1115 del Parlamento Europeo y del Consejo, de 31 de mayo de 2023, relativo a la comercialización en el mercado de la Unión y a la exportación desde la Unión de determinadas materias primas y productos asociados a la deforestación y la degradación forestal, y por el que se deroga el Reglamento (UE) nº 995/2010. https://eur-lex.europa.eu/legal-content/ES/TXT/PDF/?uri=CELEX:32023R1115.

Saaed, M. W. B. (2025). "Understanding the challenges in Libyan rangeland conservation: exploring pathways to sustainable rehabilitation". En Mcdonald, S., Hacker, R., Pressland, T., Silcock, J., Reseigh J., Beutel T (Eds) Actas del 12th International Rangeland Congress, Adelaida Australia, 2-6 junio. Disponible en https://irc2025.rangelandcongress.org/abstracts/. Recuperado 14 de septiembre de 2025.

Ulambayar, T., Fernández-Giménez, M.E. (2019). "How Community-Based Rangeland Management Achieves Positive Social Outcomes In Mongolia: A Moderated Mediation Analysis". Land Use Policy, 82, 93–104. https://doi.org/10.1016/j.landusepol.2018.11.008.

Ulambayar, T., Nergui, M., Batkhuyag, B., Davaasuren, O. (2025). "Stewards of the steppe: Khoid Mogoin Gol-Teel pastoral community institutions and their role in rangeland ecosystem conservation". En Mcdonald, S., Hacker, R., Pressland, T., Silcock, J., Reseigh J., Beutel T (Eds) Actas del 12th International Rangeland Congress, Adelaida Australia, 2-6 junio. Disponible en https://irc2025.rangelandcongress.org/abstracts/. Recuperado 14 de septiembre de 2025, pp 2-6.

Van der Laat, S. (2024). "Reglamento de la Unión Europea sobre deforestación". Serie de Documentos de Análisis sobre el Pacto Verde Europeo. Ministerio de Comercio Exterior, Costa Rica, 13 págs. https://www.comex.go.cr/media/10363/1-reglamento-deforestaci%C3%B3n.pdf. Recuperado 14 de septiembre de 2025.

Vetter, S. (2024). "Mind the gap: Integrating rangeland ecology into management requires more than just knowledge dissemination". En Mcdonald, S., Hacker, R., Pressland, T., Silcock, J., Reseigh J., Beutel T (Eds) Actas del 12th International Rangeland Congress, Adelaida Australia, 2-6 Junio. Disponible en https://irc2025.rangelandcongress.org/abstracts/. Recuperado 14 de septiembre de 2025, pp 24-28.

Von Greyerz, K., Tidåker, P., Karlsson, J. O., Röös, E. (2023). "A large share of climate impacts of beef and dairy can be attributed to ecosystem services other than food production". Journal of Environmental Management, 325, 116400. https://doi.org/10.1016/j.jenvman.2022.116400.

Yan, Z., Guo, Y., Sun, B., Gao, Z., Qin, P., Li, Y., Yue, W., Cui, H., 2024. "Combating land degradation through human efforts: Ongoing challenges for sustainable development of global drylands". Journal Environmental Management 354, 120254. https://doi.org/10.1016/J.JENVMAN.2024.120254.

Capítulo IV.

¿Es "inteligente" el reglamento europeo de deforestación? Necesidad, legalidad y eficacia del EUDR

IGNACIO PÉREZ-SOBA DIEZ DEL CORRAL[46]

1. INTRODUCCIÓN

La normativa de la UE ha sido y es criticada frecuentemente por ser superabundante, poco inteligible, de escasa calidad técnica, referida a asuntos alejados de los problemas reales de las sociedades y de los ciudadanos, y poco oportuna. En su momento, y en una paradoja bastante propia de las instituciones europeas, la respuesta a dichas críticas fue declarar en el Consejo Europeo de diciembre de 1992 que la simplificación y la mejora del marco regulador era una de las principales prioridades de la Comunidad, y a continuación producir multitud de documentos oficiales, con cientos de páginas[47], para estudiar cómo hacerlo. Esas reflexiones cristalizaron en

---

46 Doctor Ingeniero de Montes. Director del Servicio Provincial de Medio Ambiente y Turismo de Zaragoza del Gobierno de Aragón y Decano del Colegio Oficial de Ingenieros de Montes en Aragón.

47 Sin ánimo de ser exhaustivos para no apartarnos del objetivo de esta obra, pueden citarse el Acuerdo interinstitucional de 20 de diciembre de 1994, sobre un método de trabajo acelerado con vistas a la codificación oficial de los textos legislativos; el Acuerdo interinstitucional de 22 de diciembre de 1998, relativo a las directrices comunes sobre la calidad de la redacción de la legislación comunitaria; el Acuerdo interinstitucional de 28 de noviembre de 2001, para un recurso más estructurado a la técnica de la refundición de los actos jurídicos; el Plan de Acción de la Comisión de 5 de junio de 2002, "Simplificar y mejorar el marco regulador" [COM(2002) 0278]; la Comunicación de la Comisión al Consejo y al Parlamento Europeo, de 16 de marzo de 2005, "Legislar mejor para potenciar el crecimiento y el empleo de la Unión Europea" [COM(2005) 97]; la Comunicación de la Comisión de 8 de octubre de 2010, al Parlamento Europeo, al Consejo, al Comité Económico y Social Europeo y al Comité de las Regiones, "Normativa inteligente en la Unión Europea" [COM(2010) 0543]; el Paquete de Mejora Normativa ("Better regulation package") aprobado por la Comisión Europea el 19 de mayo de

la adopción para la normativa europea del lema "Regulación mejor e inteligente" ("Better and smart regulation"), que había sido propuesto por organizaciones internacionales como la OCDE (Brown y Scott, 2011). El aspecto "inteligente" de la regulación alude a que exista un marco jurídico de calidad que permita que se alcancen los objetivos del legislador, con una especial atención a su influencia sobre la economía[48], la simplificación de los procedimientos y la reducción de las cargas administrativas.

El Acuerdo interinstitucional de 13 de abril de 2016 contiene en su segundo Considerando la constatación conjunta del Parlamento Europeo, del Consejo de la Unión Europea y de la Comisión Europea de que son conscientes de su responsabilidad *"de adoptar legislación de alta calidad y de velar por que la legislación de la Unión se centre en aquellos ámbitos en los que tenga mayor valor añadido para los ciudadanos europeos, sea lo más eficiente y eficaz posible para la consecución de los objetivos comunes de las políticas de la Unión, sea lo más sencilla y clara posible, evite un exceso de regulación y de cargas administrativas para los ciudadanos, las administraciones y las empresas, especialmente para las pequeñas y medianas empresas (pymes), y esté concebida para facilitar su transposición y su aplicación práctica y para fortalecer la competitividad y la sostenibilidad de la economía de la Unión"*. Esta declaración, más que un recordatorio de un permanente deber, es en realidad una confesión del escaso éxito que han logrado, en ese sentido, las instituciones europeas.

Dedicaremos, pues, este capítulo a hacer un análisis general del Reglamento (UE) 2023/1115 del Parlamento Europeo y del Consejo, de 31 de mayo de 2023, relativo a la comercialización en el mercado de la Unión y a la exportación desde la Unión de determinadas materias primas y productos asociados a la deforestación y la degradación forestal (en adelante, EUDR, por las siglas en inglés de su nombre simplificado[49]), centrado en comprobar si cumple –desde un punto de vista meramente técnico– los principios fundamentales de esa regulación "mejor e inteligente", como pueden ser los de necesidad, eficacia, proporcionalidad, seguridad jurídi-

---

2015; o el Acuerdo interinstitucional entre el Parlamento Europeo, el Consejo de la Unión Europea y la Comisión Europea de 13 de abril de 2016 sobre la mejora de la legislación.

48 Como señala Míguez (2019), aunque "regulation", en su sentido genérico, significa en inglés regulación o normación, es también el término técnico específico que, en el lenguaje jurídico de influencia anglosajona, alude a lo que en español jurídico se denomina intervención pública en la economía.

49 "European Union Deforestation Regulation", es decir, Reglamento de la Unión Europea sobre Deforestación (TOL9.702.507).

ca, transparencia y eficiencia. Todo ello, sin perjuicio de lo que exponen con más detalle los demás capítulos de este libro.

2. EL CAMBIO DE RUMBO QUE SUPONE EL EUDR CON RESPECTO A LA PREVIA NORMATIVA EUROPEA CONTRA LA DEFORESTACIÓN

I. ¿Por qué Europa legisla sobre una deforestación que no se da en su territorio?

Las dos finalidades del EUDR están claramente expresadas en su artículo 1.1: a) reducir al mínimo la contribución de la Unión a la deforestación y la degradación forestal en todo el mundo y así contribuir a reducir la deforestación mundial; y b) reducir la contribución de la Unión a las emisiones de gases de efecto invernadero y a la pérdida de biodiversidad mundial.

Ahora bien, basta leer su parte expositiva para constatar que el regulador es plenamente consciente de que la Unión Europea no sólo no sufre desforestación, sino que en el conjunto del continente la vegetación forestal se expande. El Considerando 9º recuerda que, según el informe sobre el estado de los bosques de Europa de 2020 (Forest Europe, 2020), entre 1990 y dicho año la superficie forestal aumentó en Europa un 9 %, y el carbono almacenado en la biomasa creció un 50 %, todo ello a la vez que el suministro de madera crecía un 40 %. Cierto es que el Considerando menciona también la supuesta incidencia sobre los bosques europeos de otro tipo de problemas, como el muy escaso porcentaje (menos del 5 %) de los bosques europeos que se considera actualmente "bosque virgen o natural", o la porción relativamente elevada (10 %) de los bosques europeos que ha sido clasificada como de gestión intensiva. Pero cabe incluso discrepar de que ambos datos sean en realidad representativos de problema alguno. En unos países de tan dilatada historia como los europeos, con miles de años de intensa (y no siempre negativa) acción humana sobre los montes, a nadie puede sorprender que no haya apenas bosques "vírgenes" (en realidad, no hay ninguno); y que haya bosques de gestión intensiva no es, en sí, nada malo si no hay otros indicadores que muestren que dicha gestión supone un daño medioambiental.

No queremos dejar de mencionar que, si nos referimos a los datos de España, los resultados son aún mejores: al contrario de lo que cree una relevante parte de la población, nuestra nación no sufre deforestación, en su conjunto. En 1965-2008, según los tres primeros Inventarios Forestales Nacionales (IFN-1, 2 y 3) la superficie forestal arbolada en España creció un 57,6 %: de 11,8 a 18,6 millones de hectáreas, cifra esta última a la que hay que sumar otros 8,9 millones de hectáreas que, aunque no arboladas, están pobladas por matorrales o herbazales. Los resultados provisionales del IFN-4, cuyos trabajos de campo concluyeron en diciembre de 2024, confirman esta tendencia marcadamente positiva (Pasalodos et al., 2025). Las frondosas autóctonas (robles, castaño, haya, quejigo) han crecido considerablemente en superficie y en biomasa, la cantidad de árboles de grandes dimensiones se ha incrementado mucho y prácticamente todos los indicadores de desarrollo sostenible muestran una evolución positiva de los montes españoles (Alberdi et al., 2016). Todo ello, a pesar de los problemas que les aquejan, de los cuales el más llamativo es el de los incendios forestales, y que pueden causar retrocesos en algunos casos locales.

De hecho, la expansión de la vegetación forestal es un rasgo muy frecuente de los países desarrollados. Desde hace décadas, varios autores (Rudel, 1998; Persson, 2003: 16-18) han propuesto la hipótesis de que hay una "curva Kuznets ambiental"[50] según la cual, tras la deforestación causada por la industrialización y el desarrollo económico intenso, se alcanza un punto crítico, después del cual se invierte el proceso y se expanden los bosques y el resto de formaciones forestales. Ello se debería a que los mayores niveles de desarrollo conllevan un cambio en los procesos de producción, que pasan a basarse en tecnologías más eficientes y respetuosas con los recursos naturales (Grossman y Krueger, 1995). Por ejemplo, en el caso de los países mediterráneos, la generalización de las mejoras agrícolas y de la ganadería intensiva han llevado al abandono de la agricultura y la ganadería que se hacían en terrenos marginales y poco productivos, lo que ha producido en éstos una recolonización por la vegetación forestal. Aunque la hipótesis de la curva Kuznets ambiental no puede afirmarse como demostrada, lo cierto es que los fenómenos de deforestación se concentran en los países pobres.

---

50 Simon Kuznets, economista estadounidense de origen ruso, propuso en 1955 una hipótesis según la cual la relación entre el crecimiento económico y la desigualdad de ingresos en la población se expresa gráficamente mediante una curva con forma de U invertida: la desigualdad crece durante la etapa de economía emergente, hasta que, alcanzada una economía ya desarrollada, disminuye (Kuznets, 1955).

Así pues, en absoluto es casual la inclusión en la definición de los fines del EUDR, en tres ocasiones, de una referencia "al mundo". Aun cuando una parte notable de la opinión pública –confundida por el engañoso nombre abreviado del Reglamento, que simplemente alude a la "deforestación"– no es consciente de ello, el objetivo del EUDR no es solucionar un problema que suceda en Europa, sino en terceros países, y especialmente en países tropicales. ¿Por qué, por tanto, la UE legisla, y de manera rigurosa, sobre una deforestación que no sufre en su territorio?

II. Los antecedentes del EUDR: FLEGT y EUTR

a) Forest Law Enforcement, Governance and Trade (FLEGT)

A la hora de responder esta pregunta, lo primero que hay que recordar son los antecedentes referidos a las iniciativas internacionales, y en particular las de la UE, para la lucha global contra las prácticas potencialmente deforestadoras. Desde la década de 1990, la política forestal ha adquirido un papel en el derecho internacional, que comenzó en la Cumbre de la Tierra de Río (1992), donde se aprobó el documento "Principios sobre bosques. Declaración de Principios para la Gestión Sostenible de Bosques", que, aunque contiene unos principios para un consenso mundial respecto de la ordenación, la conservación y el desarrollo sostenible de los bosques, es una mera declaración de intenciones. Desde entonces, a pesar de que se han creado distintos foros multilaterales forestales, apenas se ha avanzado nada en la posibilidad de redactar un tratado vinculante de carácter universal, o al menos muy amplio, sobre los bosques (Sotirov et al., 2020).

Ante esta situación de bloqueo, se comenzaron a explorar otras vías del derecho internacional. Por ejemplo, a finales de la década de 1990, tanto el Banco Mundial como el Fondo Monetario Internacional impusieron a países receptores de sus préstamos algunas medidas específicas para la mejora de la gobernanza del sector forestal, con resultados francamente decepcionantes (Ross, 2001; Seymour y Dubash, 2000). Más exitosa fue la iniciativa FLEGT, siglas en inglés de "Forest Law Enforcement, Governance and Trade", que se traduce al español como "Aplicación de leyes, gobernanza y comercio forestales", y cuyo desarrollo resumimos siguiendo a Brown et al. (2008). Propuesta por el Programa de Acción en Bosques del G8 para combatir la tala ilegal, FLEGT fue adoptada conjuntamente en 2001 por el Banco Mundial y los Gobiernos de los Estados Unidos y del Reino Unido. Nuevamente, se trataba de resolver un problema inexistente en los países desarrollados, que cuentan con legislaciones que (en algunos casos desde hace más de siglo y medio[51]) exigen un aprovechamiento sostenible de la madera y demás productos forestales, y con Administraciones Forestales garantes del cumplimiento de la legislación. Por tanto, aun siendo propuesta por los países desarrollados, lo que pretendía la iniciativa FLEGT era combatir la tala ilegal en países pobres.

FLEGT tenía un enfoque innovador, puesto que (a diferencia de lo que habían intentado el Banco Mundial y el FMI) combinaba la promoción de la buena gobernanza forestal en los países productores con la regulación de los mercados internos de los países desarrollados, para asegurar que únicamente la madera legal llegara a éstos, mediante un sistema de licencias. De este modo se buscaba promover la colaboración del sector privado de los países productores, mediante la capacidad de influencia de sus clientes, es decir, los mercados consumidores de los países desarrollados. Conviene subrayar que por "madera legal" se entendía la producida de manera respetuosa con la legislación de los países de origen.

Tras la primera Cumbre Ministerial FLEGT realizada en Bali (Indonesia) en septiembre de 2001, la Comisión Europea empezó a trabajar sobre un Plan de Acción de la UE para secundar la iniciativa, plan que fue finalmente aprobado por el Consejo de la UE en octubre de 2003. En aplicación de éste, se estableció el sistema de licencias FLEGT para la importación de productos de la madera procedentes de países socios de la UE que hubieran firmado un Acuerdo Voluntario de Asociación con la UE, sistema regulado por el Reglamento (CE) 2173/2005 del Consejo, de 20 de diciembre de 2005 (Reglamento FLEGT), desarrollado por el Reglamento (CE) 1024/2008 de la Comisión, de 17 de octubre de 2008. Estos reglamentos fijaron una serie de requisitos para las importaciones a la UE, pero sólo de aquellos países que hubieran firmado y ratificado un Acuerdo Voluntario

---

51 Por referirnos nuevamente al caso español, ya la Ley de Montes de 24 de mayo de 1863 establecía en su artículo 10 que no se permitiría en los montes públicos, por razón alguna, "*corta, poda ni aprovechamiento de ninguna clase sino dentro de los límites que al consumo de sus productos señalan los intereses de su conservación y repoblado*", y en 1859 fueron creados en todo el territorio nacional los Distritos Forestales que, a cargo del Cuerpo de Ingenieros de Montes creado en 1853, se encargaron, con una dedicación y un celo dignos de todo encomio, de implantar y asegurar la sostenibilidad de la gestión forestal bajo criterios científicos. La actual regulación que asegura la sostenibilidad ambiental de los aprovechamientos maderables o leñosos en el derecho forestal español se resume en García-Moreno (2022: 151 y ss.).

de Asociación (AVA) con la Unión, en el que se detallaran los productos de madera que quedaran cubiertos por las licencias, el sistema usado para asegurar su legalidad en el país productor y los requisitos aplicables para la emisión de licencias FLEGT asociadas a los productos. El sistema FLEGT de la UE, si bien no ha tenido un éxito espectacular, ha producido entre 2010 y 2024 un total de diez AVA[52]. Por otra parte, no ha sido la UE la única en desarrollar iniciativas FLEGT, ya que han aprobado normas similares EEUU, Australia, Japón o Corea del Sur.

b) European Union Timber Regulation (EUTR)

El Reglamento FLEGT fue complementado por el Reglamento (UE) 995/2010 del Parlamento Europeo y del Consejo, de 20 de octubre de 2010, por el que se establecen las obligaciones de los agentes que comercializan madera y productos de la madera, más conocido como EUTR, nuevamente por las siglas en inglés de su nombre simplificado (European Union Timber Regulation), cuya aplicación ha conllevado en los últimos años importantes adaptaciones administrativas y normativas en los Estados miembros[53]. El objetivo del EUTR era asegurar, mediante un sistema de diligencia debida[54], que toda la madera comercializada en la UE, tanto producida en los Estados miembros como importada desde fuera de la Unión, tenía un origen legal según la legislación del Estado en que se ha-

52 Con Camerún, Costa de Marfil, Congo, Ghana, Guyana, Honduras, Indonesia, Liberia, República Centroafricana y Vietnam.

53 En el caso de España, las disposiciones necesarias para la aplicación en España del Reglamento EUTR fueron aprobadas por el Real Decreto 1088/2015, de 4 de diciembre, para asegurar la legalidad de la comercialización de madera y productos de la madera. Adicionalmente, la Ley 21/2015, de 20 de julio (TOL5.206.100), al modificar la Ley 43/2003, de 21 de noviembre, de Montes (TOL319.216), incluyó en ella, entre otros muchos aspectos, el régimen sancionador relativo a la violación del EUTR y sus normas de aplicación y desarrollo. Por último, el 20 de junio de 2022 se aprobó en la Conferencia Sectorial de Medio Ambiente el Plan Nacional de Control de la Legalidad de la Madera Comercializada, mediante el cual se coordina en toda España el cumplimiento de las obligaciones normativas por parte de los agentes EUTR que introduzcan madera en el mercado interior. El Sistema estatal de información del comercio de madera en España se denomina LIGNUM, y coordina la información existente de los agentes y comerciantes que aprovechen, importen o realicen compraventa de madera y productos de la madera en España.

54 La "diligencia debida" o "debida diligencia" es el proceso mediante el cual las empresas pueden identificar, prevenir, mitigar y explicar cómo abordan sus efectos adversos reales y potenciales (OCDE, 2023: 14-15).

bía producido. No obstante, el Considerando Segundo del EUTR dejaba nítidamente claro que, aunque el ámbito de aplicación del Reglamento incluía la madera producida en la UE, la finalidad de la norma era remediar *"las deficiencias institucionales y de gobernanza del sector forestal en algunos países productores de madera"*.

El EUTR supuso una novedad relevante con respecto al Reglamento FLEGT: mientras que este último se basaba, como se ha dicho, en acuerdos voluntarios bilaterales, el EUTR venía –en lo que refiere a la madera procedente de terceros países– a establecer una regulación del mercado interior y del sistema aduanero europeos para asegurar que toda la madera importada por la Unión se había obtenido cumpliendo la legislación forestal del Estado desde donde se exportaba, aunque no se hubiera acogido a una iniciativa FLEGT. Los productos cubiertos por una licencia FLEGT, al contar ya con certificado de legalidad en origen, apenas se vieron afectados por el EUTR: bastaba demostrar inequívocamente dicha circunstancia y consignarla en la declaración responsable exigida por el nuevo Reglamento.

Aun cuando el sistema EUTR supusiera una ampliación del planteamiento FLEGT, en lo esencial ambos se basaban en el respeto a la soberanía de los terceros países, sobre todo en dos aspectos: 1°) quien debía decidir la legalidad del aprovechamiento de la madera era el tercer país[55]; y 2°) la regulación europea se limitaba a establecer obligaciones para sus propios ciudadanos (los "agentes" y "comerciantes"[56], y los Estados miembros) y en su propio territorio. Aun cuando el sistema de licencias tenía evidentes repercusiones en el exterior de la Unión, actuaba mediante

---

55 Según el artículo 2.h) EUTR, por "legislación aplicable" debía entenderse la legislación vigente en el país de aprovechamiento, abarcando todos los aspectos siguientes: los derechos de aprovechamiento de madera dentro de los límites publicados oficialmente; los pagos por derechos de aprovechamiento y madera, incluidas las tasas; el aprovechamiento de madera, incluida la legislación medioambiental y forestal que abarque la gestión forestal y la conservación de la biodiversidad, cuando esté directamente relacionada con el aprovechamiento de la madera; los derechos legales de terceros en relación con el uso y posesión afectados por el aprovechamiento de madera; y el comercio y las aduanas en la medida en que afecte al sector forestal.

56 "Agente" es cualquier persona física o jurídica que comercialice madera o productos de la madera (es decir, el primer eslabón en la cadena de suministro); y "comerciante", cualquier persona física o jurídica que, en el transcurso de una actividad comercial, venda o adquiera en el mercado interior madera o productos de la madera ya comercializados (arts. 2.c) y 2.d) EUTR).

una influencia indirecta, de modo que todo cambio político en los terceros países dependía de un acuerdo voluntario. La UE actuaba como mera economía consumidora.

III. El cambio de orientación que conduce hasta el EUDR

Sin embargo, a partir de 2019, la UE abandona este planteamiento. El cambio de discurso comienza, a nuestro entender, en la Comunicación de la Comisión de 23 de julio de 2019, sobre la intensificación de la acción de la UE para proteger y restaurar los bosques del mundo [COM(2019) 352]. Este documento estaba estrechamente ligado con los trabajos, ya entonces muy avanzados, del Pacto Verde Europeo (PVE; EGD en inglés), aprobado por la Comisión el 11 de diciembre de 2019 [COM(2019) 640], dentro de cuyo esquema se hallan la política europea contra la deforestación mundial, y el objetivo de reducir la huella ecológica de consumo de la UE.

En su Comunicación de 23-7-2019, la Comisión insistía en el papel de la Unión ya no como economía consumidora, sino como *"gran potencia comercial e inversora"* y como *"pionera mundial"*. A la vista de lo que luego ha sido el EUDR, quizá lo más relevante de esta Comunicación no fuera lo que decía, sino lo que insinuaba: la idea de imponer a terceros países la normativa de la Unión. Por mucho que la Comunicación afirmara que proponía *"una estrecha cooperación con los países productores y consumidores"*, las reglas de esa cooperación las iba a poner la "gran potencia".

En ese sentido, la Comunicación considera insuficientes las acciones FLEGT y EUTR: *"a pesar de todos los esfuerzos realizados hasta la fecha, los objetivos de conservación y uso sostenible de los bosques no pueden alcanzarse con las políticas vigentes"* y *"es improbable que se cumpla el objetivo de la UE de reducir la deforestación tropical bruta en un 50 % para 2020*[57]*, por lo que debemos redoblar esfuerzos y asumir un papel de liderazgo aún más destacado en la protección y restauración de los bosques de todo el mundo"*. En particular, critica al Plan de Acción FLEGT por no ocuparse de la deforestación causada por la expansión de la agricultura, y reiteradamente propone fomentar –mediante *"medidas reglamentarias y no reglamentarias, según proceda"*– *"cadenas de suministro libres de*

---

57 Dicho objetivo se había expresado en la Comunicación de la Comisión de 17 de octubre de 2008, titulada "Afrontar los desafíos de la deforestación y la degradación forestal para luchar contra el cambio climático y la pérdida de biodiversidad" [COM(2008) 645 final].

deforestación", y en concreto las vinculadas a siete materias primas agrícolas que considera *"asociadas a la deforestación"*: aceite de palma, carne, soja, cacao, maíz, madera y caucho, si bien menciona también con frecuencia el café. Más adelante analizaremos si esta elección está justificada.

Las posteriores contestaciones a la Comunicación por parte del Consejo[58] y del Parlamento Europeo[59] dejaron claro que ambas instituciones apostaban por medidas reglamentarias, concretadas en la obligatoria imposición de sistemas de diligencia debida en las cadenas de suministro de los mismos productos "asociados a la deforestación" que habían sido indicados por la Comisión. Pero esos sistemas, a diferencia del EUTR, ya no se limitarían a comprobar la legalidad de la producción según las normas del país de origen: *"ese marco jurídico de la Unión no solo debería garantizar la legalidad de la explotación, producción, extracción y transformación de los productos básicos y derivados que entrañen riesgos para los bosques y los ecosistemas en el país de origen, sino también su sostenibilidad"*[60]. Esta afirmación conlleva un evidente corolario: la UE considera que la legislación de los países de origen no garantiza la sostenibilidad, y por tanto será ella quien imponga *"criterios de sostenibilidad jurídicamente vinculantes para los derechos humanos, así como la protección de los bosques naturales y los ecosistemas naturales frente a su reconversión y degradación"*[61]. Y esos criterios podían basarse, según el Consejo, en la *"norma de deforestación cero"*[62]. Por tanto, las numerosas apelaciones del Consejo y del PE a la importancia de la colaboración o asociación con los terceros países están lastradas por la previa imposición del criterio de la Unión.

IV. La visión del EUDR: ¿una extraterritorialidad de la norma europea?

Este punto de vista fue plenamente aceptado por el EUDR: en su artículo 3, a las dos condiciones ya establecidas en el EUTR para introducir en el

---

58 Conclusiones del Consejo y los Gobiernos de los Estados miembros, reunidos en el seno del Consejo, de 16 de diciembre de 2019, sobre la Comunicación "Intensificar la actuación de la UE para proteger y restaurar los bosques del mundo".

59 Resoluciones del Parlamento Europeo de 15 de enero de 2020, sobre el Pacto Verde Europeo, y de 22 de octubre de 2020, con recomendaciones destinadas a la Comisión sobre un marco jurídico de la Unión para detener e invertir la deforestación mundial impulsada por la Unión.

60 N.º 27 de la Resolución del PE de 22-10-2020.

61 N.º 1 del anexo a la Resolución del PE de 22-10-2020.

62 N.º 12 de las Conclusiones del Consejo de 16-12-2019.

mercado, comercializar o exportar materias primas –que hayan sido producidas de conformidad con la legislación pertinente del país de producción, y que estén amparadas por una declaración de diligencia debida– se añade, como nueva primera condición, la de "*que estén libres de deforestación*". De este modo, el nuevo Reglamento sustituye y deroga al EUTR, si bien permite un período transitorio para la madera y los productos derivados de la madera producidos antes del 29 de junio de 2023, siempre que se comercialicen en el mercado de la UE hasta el 30 de diciembre de 2028. A partir del 31 de diciembre de 2028, también estos productos quedarán dentro del ámbito de aplicación del EUDR, independientemente de su fecha de producción. Y, si bien es cierto que formalmente el EUDR no deroga el Reglamento FLEGT, ni deja sin efecto sus acuerdos voluntarios de asociación, limita su eficacia a que una licencia FLEGT válida de un sistema operativo acredita la legalidad en origen del aprovechamiento (art. 10.3 EUDR); y aun eso, atendiendo sólo a la obligación de "*respetar los compromisos bilaterales en curso y preservar los progresos realizados con los países socios que disponen de un sistema operativo*" (Considerando n.º 81). Esto supone un duro golpe al FLEGT: como sus licencias no garantizan que los productos estén libres de deforestación, el EUDR suprime casi por completo el estímulo a los países terceros para suscribir acuerdos voluntarios (Hoare, 2023; Köthke et al., 2023).

Es el propio EUDR, en su artículo 2, el que define lo que debe entenderse como "libre de deforestación" (apartado 13), concepto vinculado con el "deforestación" (apartado 3) y "degradación forestal" (apartado 7), y a su vez el de deforestación vinculado con los de "bosque", "uso agrario" y "plantación agrícola" (apartados 4, 5 y 6), y la degradación forestal con los de "bosque primario", "bosque de regeneración natural", "bosque de repoblación", "plantación forestal" y "otras superficies boscosas" (apartados 8 al 12). Conviene que subrayemos que, de acuerdo con lo sugerido por el Consejo Europeo, la definición de "libre de deforestación" se basa en el enfoque de "deforestación cero" como foto fija: no podrán entrar en la UE los productos que contengan determinadas materias primas agrícolas, pecuarias y forestales (que el Reglamento llama "pertinentes"), o hayan sido alimentados o elaborados con ellas, si se han producido en tierras deforestadas después del 31 de diciembre de 2020. Es decir, la Unión exige que no se deforeste nada por su consumo a partir de esa fecha, constatación fáctica que desplaza a cualquier otra consideración jurídica, y en particular a que esa deforestación sea perfectamente legal en el Estado donde se ha producido. El EUDR, por tanto, prescinde por completo de lo que puedan decir las legislaciones nacionales; no sólo de terceros países, sino también de los Estados miembros, asunto este último sobre el que volveremos más adelante.

Igualmente, dentro de las condiciones ineludibles del sistema de diligencia debida establecida en el Reglamento, el artículo 8.2 exige la recopilación de la información, los datos y los documentos necesarios para cumplir los requisitos del artículo 9, entre los que se halla (art. 9.1.d) el de una trazabilidad de los productos desde el origen con exigencia de la geolocalización de todas las parcelas de terreno en las que se produjeron las materias primas, o (en el caso de productos que contengan o hayan sido elaborados a partir de ganado bovino o que hayan sido alimentados con productos pertinentes), la geolocalización de la totalidad de establecimientos de cría del ganado. Esta obligación necesariamente ha de cumplirse en el Estado productor: aunque las imágenes satelitales son una herramienta fundamental para verificar las condiciones forestales y detectar cambios recientes, así como para georreferenciar terrenos, no pueden satisfacer por sí solas los requisitos del EUDR, ya que se requiere aportar los demás documentos y cumplir los demás requisitos del artículo 9 del Reglamento.

Por último, el EUDR (art. 29) crea un sistema para la evaluación comparativa de países, que categorizará a los Estados productores entre los que tienen "riesgo alto", "riesgo estándar" o "riesgo bajo" de producir materias primas pertinentes con efectos deforestadores, con el fin de que los Estados puedan imponer diferentes controles según el nivel de riesgo. Esa clasificación la hará la propia UE, que la considera también (Considerando n.º 68) *"un incentivo para que los países productores aumenten la sostenibilidad de sus sistemas de producción agraria y reduzcan su impacto en la deforestación"*.

A la vista de todo lo anterior, no nos parece una exageración afirmar que, en virtud del EUDR, parte de los territorios de terceros países –en el caso de que quieran exportar a la Unión– pasan a regirse por la normativa europea, que desplaza e invalida la legislación local, e impone obligaciones a ciudadanos de dichos países.

3. ¿ES COMPETENTE LA UE PARA EMITIR UNA NORMA DE INTERVENCIÓN INTERNACIONAL UNILATERAL?

I. La tensión entre soberanía nacional y protección ambiental global y la tendencia a la intervención unilateral internacional

La tensión –por no decir el conflicto– entre soberanía nacional y protección mundial forestal es objeto de debate jurídico desde hace tiempo. Los ecosistemas forestales, y en particular los bosques, prestan muy importantes servicios ecosistémicos globales: entre otros, albergan la mayor parte de la biodiversidad terrestre mundial, sirven como importantes sumideros de carbono y tienen un papel principal en la regulación del ciclo hidrológico. Han adquirido por ello una gran relevancia en los medios internacionales de comunicación y en los debates ambientales multilaterales, y es lógico sostener que exigen una responsabilidad compartida mundial (Kok et al., 2011). Pero al mismo tiempo, esos ecosistemas son recursos soberanos –no sólo ecológicos, sino también económicos y sociales, y a menudo estratégicos– del Estado en el que se encuentran, y constituyen la base del sustento de millones de personas. Ambos aspectos se corresponden con distintos bienes jurídicos a proteger, que se hallan por tanto en tensión siempre que el debate forestal se encuentra en un marco internacional.

Ya a finales del siglo XX, Liftin (1997: 194) señaló que los esfuerzos para hacer frente a los problemas ambientales internacionales y la degradación suponían un desafío a la soberanía estatal, ya que el carácter global e interconectado de no pocos problemas ambientales tendería a *"socavar cualquier noción de control absoluto, toma de decisiones independiente o exclusiva autoridad"* del Estado sobre su territorio en temas ambientales globales. Por su parte, Conca (1994) señalaba que la presión ambientalista de los Estados fuertes sobre los débiles, e incluso la acción de ONG ecologistas transnacionales, podían debilitar y erosionar la soberanía nacional. Desde entonces, se ha desarrollado en algunos sectores un discurso ambiental manifiestamente intervencionista, que en casos extremos ha llegado incluso a defender el uso de la fuerza para imponer medidas ambientales a Estados supuestamente "ecocidas" (Eckersley, 2007: 297). Y hay que subrayar que ese discurso justifica la intervención incluso cuando los Estados "transgresores" no están incumpliendo ningún tratado vinculante al que libremente se hubieran unido; es decir, que basta para ella la consideración unilateral del "interventor ambiental", que sería también un "interventor moral".

El EUDR es, sin duda, una clara expresión de esta tendencia a una intervención ambiental unilateral de los países desarrollados sobre aquellos que no lo están. Y no es una elección causal, ni aislada, sino que a nuestro juicio se integra dentro del concepto de "Autonomía Estratégica Abierta" (AEA), que en los últimos años ha sido adoptada por la UE. El Consejo ya utilizó ese término en noviembre de 2013, en relación con la industria de defensa, y su definición más clara se encuentra en las Conclusiones del Consejo de noviembre de 2016: *"capacidad para actuar de manera autónoma cuando y donde sea necesario y, en la medida de lo posible, con los países asociados"*. Es verdad que se ha hecho más hincapié en los casos en que la actuación autónoma responde a la previa coerción económica y comercial de terceros países (Bilbao, 2024), pero la AEA también tiene entre sus objetivos fortalecer la posición de la UE en las cadenas de valor internacionales reduciendo su dependencia de las importaciones de productos clave (Raza et al., 2021). Eso da sustento teórico a la actuación extraterritorial por parte de la UE para obtener lo que considera intereses legítimos globales, ya que los regímenes de gobernanza de las cadenas de valor buscan expandir el marco normativo más allá de las leyes nacionales, extendiendo las responsabilidades a todos los agentes dentro de las cadenas (Eller, 2017). De hecho, esta visión no se limita al EUDR, sino que se halla en otros reglamentos recientes, como el Mecanismo de Ajuste en Frontera de las Emisiones de Carbono (CBAM, por sus siglas en inglés)[63] y la Directiva de Debida Diligencia en Materia de Sostenibilidad Corporativa[64], que también imponen restricciones ambientales al método de producción de las empresas de terceros países que deseen exportar a la UE. Y no sólo ambientales: el Reglamento de la UE sobre Minerales de Conflicto[65], aprobado en 2017, ya había

---

63 Reglamento (UE) 2023/956 del Parlamento Europeo y del Consejo de 10 de mayo de 2023 por el que se establece un Mecanismo de Ajuste en Frontera por Carbono (TOL9.552.115).

64 Directiva (UE) 2024/1760 del Parlamento Europeo y del Consejo, de 13 de junio de 2024, sobre diligencia debida de las empresas en materia de sostenibilidad y por la que se modifican la Directiva (UE) 2019/1937 y el Reglamento (UE) 2023/2859 (TOL10.116.768).

65 Reglamento (UE) 2017/821 del Parlamento Europeo y del Consejo, de 17 de mayo de 2017, por el que se establecen obligaciones en materia de diligencia debida en la cadena de suministro por lo que respecta a los importadores de la Unión de estaño, tantalio y wolframio, sus minerales y oro originarios de zonas de conflicto o de alto riesgo.

impuesto –años antes del EUDR– condiciones sociales para minimizar la contribución de la UE a la financiación de conflictos armados mediante el comercio internacional de minerales.

Resulta difícil conciliar las actuaciones interventoras extraterritoriales de la AEA con algunos de los principios que hasta entonces se habían considerado como definitorios de la diplomacia ambiental de la UE, y en concreto de su "Diplomacia del clima": por ejemplo, el respeto a los elementos normativos fundamentales del multilateralismo, y el uso preferente de la vía voluntaria de los acuerdos comerciales y de asociación para promover el respeto al medio ambiente en terceros países (Fajardo, 2021: 34 y ss.). Da la sensación de que, tras el Pacto Verde, la tradicionalmente "blanda" diplomacia ambiental europea ha pasado a ser más dura.

Sin embargo, la UE parece haber olvidado que una intervención unilateral de un Estado o de una organización internacional, o de cualquier persona jurídica pública o privada, sobre un Estado tercero, da valor universal al punto de vista particular del interventor, y relega al intervenido al papel de quien "no está preparado" para cumplir con las responsabilidades esperadas. Este proceder plantea serias dudas éticas –se basa en la autoatribución de una superioridad moral (en este caso, eurocéntrica) poco justificable– y, como veremos enseguida, jurídicas, pero presenta en primer lugar un problema de orden práctico: da por supuesto que la UE ejerce una posición dominante sobre el país productor. Y aunque eso suele ser así, no es siempre el caso: ¿qué sucederá si los países exportadores gigantes como China, Estados Unidos o, en menor medida, Brasil se niegan a colaborar con las normas EUDR?

Dejando esta pregunta en el aire, analizaremos ahora las graves dudas jurídicas acerca de la legalidad del Reglamento desde el punto de vista del derecho internacional, que son, entre otras, las que se exponen en los apartados siguientes.

II. Vulneración de la soberanía nacional y de los derechos de las comunidades locales

Lo primero que se aprecia es que el EUDR es una norma extraterritorial unilateral, que podría ser irrespetuosa con la soberanía nacional, al establecer una relación de dependencia que estaría en contradicción con el artículo 2 de la Carta de las Naciones Unidas, según el cual la Organización está basada en el principio de la igualdad soberana de todos sus miembros (apartado 1), los miembros de la Organización se abstendrán en sus relaciones internacionales de recurrir a la amenaza o al uso de la fuerza contra la integridad territorial o la independencia política de cualquier Estado (apartado 4), y ninguna disposición de la Carta autorizará a las Naciones Unidas –y aún menos, a una organización internacional regional como es la UE– a intervenir en los asuntos que son esencialmente de la jurisdicción interna de los Estados (apartado 7).

Pero es que, además de la ya comentada tensión entre soberanía nacional y problemas globales, lo que resulta evidente es que el EUDR afecta también a los intereses de las comunidades rurales de los países productores, que no han sido consultadas sobre la norma. Es evidente que el eslabón más vulnerable de la cadena de producción está formado por los pequeños productores, quienes en no pocos casos se enfrentan a importantes carencias tecnológicas y financieras para proporcionar los datos necesarios para asegurar la muy exigente trazabilidad impuesta por la UE. Por tanto, podrían verse aún más marginados de los mercados que actualmente representan su principal o única fuente de ingresos: los productores en incumplimiento o en riesgo de incumplimiento podrían tener muchas dificultades para negociar precios justos (Noordwijk et al., 2025). Igualmente, resulta previsible que el EUDR cause la reestructuración de las cadenas de suministro, favoreciendo a las grandes explotaciones frente a las pequeñas y a las empresas comerciales internacionales frente a los exportadores nacionales (Gilbert, 2024).

Este tipo de efectos no deseados son típicos de una decisión unilateral extranjera que ignora las peculiaridades nacionales, y por tanto no valora todas las consecuencias, ya que desconoce las relaciones causa-efecto en las economías y sociedades locales. De hecho, la UE no ha analizado siquiera si hay posibilidad de alcanzar los mismos objetivos sólo con medios nacionales o bilaterales, lo que haría innecesaria su intervención, de acuerdo con el principio de proporcionalidad de la normativa europea contemplado en el artículo 5.4 del Tratado de la UE.

En todo caso, la existencia de efectos sobre los pequeños productores obligaría a haber cumplido en la elaboración del EUDR el principio de consentimiento libre, previo e informado (CLPI) de los pueblos indígenas y comunidades locales para participar en la toma de decisiones sobre cualquier proyecto o actividad que pueda afectar sus tierras, territorios y recursos naturales, derecho reconocido en la Declaración de las Naciones Unidas sobre los Derechos de los Pueblos Indígenas aprobado por la Asamblea General el 13 de septiembre de 2007, declaración que el EUDR (Considerando n.º 29) dice respetar, sin que justifique de qué modo.

III. Vulneración del principio CBDR-RC.

El EUDR parte también una igualdad de condiciones que no existe: las economías de los países en desarrollo padecen importantes problemas estructurales previos, y son mucho más débiles y frágiles que la de la UE. Al exigir lo mismo a todas, se contradice el principio CBDR-RC (siglas en inglés de "responsabilidades comunes pero diferenciadas, y capacidades respectivas") consagrado en la Convención Marco de las Naciones Unidas sobre el Cambio Climático (CMNUCC; art. 3.1) y en el Acuerdo de París de 2015 (art. 1.2), según el cual todos los Estados tienen la responsabilidad de abordar los desafíos del cambio climático, pero no todos las mismas obligaciones ni responsabilidades a ese respecto (Jolly y Trivedi, 2021).

Este principio debe por tanto respetarse en todos los textos normativos vinculados al cambio climático, entre los que se halla el EUDR, según señala reiteradamente el propio Reglamento, que incluso afirma en su parte expositiva (Considerando n.º 19) que *"las acciones emprendidas en virtud del presente Reglamento deben tener en cuenta la importancia de los acuerdos, compromisos y marcos mundiales vigentes que contribuyen a la reducción de la deforestación y la degradación forestal, como [...] la Convención Marco de las Naciones Unidas sobre el Cambio Climático y el Acuerdo de París"*. Esa misma crítica, la de no respetar el principio CBDR-RC, se ha planteado también sobre el Reglamento CBAM, y por motivos análogos a los que puedan predicarse del EUDR (Salvi, 2025; Marín y Scott, 2024).

IV. Vulneración de los Acuerdos de la Organización Mundial del Comercio.

a) Las disposiciones del GATT y del AOTC sobre la imposición de obstáculos al libre comercio

Por último, el EUDR supone, igualmente, la imposición de obstáculos al libre comercio cuya justificación (como luego veremos) no parece muy sólida. Como miembro de la Organización Mundial del Comercio (OMC), la Unión está obligada a promover un sistema multilateral de comercio universal, basado en normas, abierto, transparente, predecible, inclusivo, no discriminatorio y equitativo, así como una política comercial abierta, sostenible y firme. En particular, ha de cumplir tanto el Acuerdo General de Aranceles y Comercio (GATT, por sus siglas en inglés) como el Acuerdo sobre Obstáculos Técnicos al Comercio (AOTC). Ambos textos exigen lo siguiente (que sea relevante a los efectos de este capítulo):

1º) El artículo I del GATT (la "cláusula de nación más favorecida") establece –excepto en ciertos supuestos– que todas las partes contratantes gozarán automáticamente de cualquier cláusula comercial establecida entre dos países por la que se concedan un tratamiento de favor en sus relaciones comercial. Lógicamente, ello impide conceder en la propia normativa un trato desigual a los países de la OMC, lo que no parece pacífico, a primera vista, con la clasificación unilateral por parte de la UE del "riesgo" de terceros países, a los que se aplican controles distintos.

2º) Que la imposición de obstáculos o de discriminaciones en el comercio internacional estén justificados en una serie de excepciones tasadas. El artículo XX, apartado g), del GATT considera una excepción las medidas relativas a la conservación de los recursos naturales agotables, a condición de que tales medidas se apliquen conjuntamente con restricciones a la producción o al consumo nacionales. Por su parte, el artículo 2.2 del AOTC obliga a no elaborar, adoptar o aplicar reglamentos técnicos que tengan por objeto o efecto crear obstáculos innecesarios al comercio internacional, permitiendo restringirlo sólo lo necesario para alcanzar un objetivo legítimo, considerando como tal –entre otros– el de la protección del medio ambiente. Ahora bien, el AOTC también obliga a que se evalúen los riesgos que crearía no adoptar esos reglamentos, tomando en consideración, entre otros, la información disponible científica y técnica, la tecnología de elaboración conexa o los usos finales a que se destinen los productos.

b) Los previos pronunciamientos de la OMC sobre restricciones ambientales al libre comercio internacional

Ha habido, en las últimas décadas, varios casos en que la OMC se ha tenido que pronunciar acerca de la imposición, por países desarrollados, de obstáculos al comercio fundados en motivos supuestamente ambientales. Así fueron los de México y otros países contra los Estados Unidos (caso "atún-delfines", resuelto primero por acuerdo entre partes en 1991, y después por la OMC en 2018), la India y otros países contra los Estados Unidos (caso "camarón-tortugas", resuelto en 1998) y Canadá contra las Comunidades Europeas (caso "Comunidades Europeas-Amianto" resuelto en 2001) (Capuzzi, 2024). Sin embargo, el caso más cercano, en tiempo y en contenido, al EUDR, ha sido el procedimiento de solución de diferencias que Malasia promovió en 2021 ante la OMC acerca de determinadas medidas relativas al aceite de palma que fueron impuestas por la UE en su segunda Directiva de Energías Renovables (DER-II; DFER-II en inglés)[66] y en su Directiva sobre riesgo de cambio indirecto del uso del suelo (CIUT; ILUC en inglés)[67], y que analizamos a continuación.

Según la DER-II, el aceite de palma, debido a su alto CIUT, no se incluiría entre los combustibles considerados renovables en el cómputo del biodiesel, mientras que el acto delegado dictado en 2019 para su desarrollo[68] establecía las condiciones de los combustibles considerados renovables, en las que el aceite de palma se veía perjudicado respecto a otros aceites vegetales. Tanto Malasia como Indonesia interpretaron ambos actos como una discriminación injustificada muy lesiva para sus intereses legítimos, que vulnera el GATT y el AOTC. Por ello, en febrero de 2020 Indonesia solicitó a la OMC la apertura de un procedimiento de solución de diferencias, y lo mismo hizo Malasia en enero de 2021. Constituidos sendos grupos especiales de trabajo, el 5 de marzo de 2024 se hizo pública la resolución relativa a la reclamación de Malasia[69].

A primera vista, la resolución ha sido en general favorable a la UE: de las dieciséis medidas que Malasia había cuestionado, la OMC considera que sólo siete son contrarias a las obligaciones del AOTC y del GATT, y en realidad permite a la UE conservar sin modificación tanto la DER-II como su acto delegado, sin más que cambiar determinados aspectos de su aplicación. Pero quizá lo más relevante a los efectos de este capítulo es que entre esos siete aspectos que resultan nulos por ser contrarios al derecho comercial internacional, se hallan la aplicación del límite máximo y eliminación progresiva por riesgo elevado de CIUT y la certificación de bajo riesgo de

---

66 Directiva (UE) 2018/2001 del Parlamento Europeo y del Consejo de 11 de diciembre de 2018 relativa al fomento del uso de energía procedente de fuentes renovables (TOL7.153.204).

67 Directiva (UE) 2015/1513 del Parlamento Europeo y del Consejo, de 9 de septiembre de 2015, por la que se modifican la Directiva 98/70/CE, relativa a la calidad de la gasolina y el gasóleo, y la Directiva 2009/28/CE, relativa al fomento del uso de energía procedente de fuentes renovables.

68 Reglamento Delegado (UE) 2019/807 de la Comisión, de 13 de marzo de 2019, por el que se completa la Directiva (UE) 2018/2001 del Parlamento Europeo y del Consejo en lo que respecta a la determinación de las materias primas con riesgo elevado de provocar un cambio indirecto del uso de la tierra de cuya superficie de producción se observa una expansión significativa a tierras con elevadas reservas de carbono y la certificación de los biocarburantes, los biolíquidos y los combustibles de biomasa con bajo riesgo de provocar un cambio indirecto del uso de la tierra.

69 El procedimiento de Indonesia quedó en suspenso a solicitud de este país.

CIUT. La OMC ha determinado que había deficiencias en el diseño y la aplicación de los criterios de bajo riesgo, que se adoptaron sin un previo examen oportuno de los datos para determinar qué biocombustibles tenían riesgo elevado de CIUT, y que en ambos aspectos la UE había actuado *"de una manera que no era razonable"*.

Como hemos comenzado a anticipar y desarrollaremos más adelante, cabe dudar de que la UE haya justificado con rigor todas las clasificaciones, limitaciones y obligaciones incluidas en el EUDR y que son obstáculos evidentes al comercio internacional. Esto explica que ya haya autores que han señalado el difícil acomodo del Reglamento con los acuerdos fundamentales de la OMC (Boston y Tanger, 2025), y que varios países hayan planteado ante la OMC sus "preocupaciones comerciales", de las que pueden derivar procedimientos de solución de diferencias.

4. EFICACIA DE LA NORMA EN TERCEROS PAÍSES: LA DUDOSA E INDIRECTA RELACIÓN ENTRE EL EUDR Y EL OBJETIVO DE DEFORESTACIÓN CERO

Examinado ya el difícil encaje de la norma en el derecho internacional, analizaremos ahora su eficacia desde el punto de vista de la consecución de sus finalidades expresas, y en particular de la principal: "reducir al mínimo la contribución de la Unión a la deforestación y la degradación forestal en todo el mundo y así contribuir a reducir la deforestación mundial". Nos limitaremos a los efectos directos, sin entrar en los efectos indirectos que antes hemos esbozado sobre las cadenas de producción locales o internacionales.

I. El EUDR renuncia a analizar verdaderamente la deforestación y se aferra a una foto fija

Lo primero que destaca es la manifiesta desconexión entre la finalidad principal del Reglamento y el objeto concreto de la norma. Como ya hemos señalado antes, el nombre apocopado del EUDR es francamente engañoso. Es mucho más exacto su nombre extenso: es una norma relativa a la comercialización en el mercado de la Unión y a la exportación desde la Unión de determinadas materias primas y productos asociados a la deforestación y la degradación forestal. Por tanto, el objeto de la norma no es la lucha contra la deforestación, sino asegurarse de que unas materias primas agrícolas, pecuarias y forestales concretas ("pertinentes"), y sus productos derivados, sólo se puedan comercializar en la UE si están "libres de deforestación". Es una aproximación al problema mediante una vía indirecta, que va acumulando inconvenientes y deficiencias a medida que pretendemos avanzar por ella.

La definición de "deforestación cero" del EUDR consiste, como ya hemos dicho, en que la UE exige que después del 31 de diciembre de 2020 no se deforeste ningún terreno a causa de materias o productos "pertinentes" que se comercialicen en la Unión. No entraremos, en este capítulo, en las grandes dificultades de orden práctico que se alzan para aplicar esta definición en países en desarrollo, tales como la ausencia de catastros o registros de la propiedad fiables, la posibilidad de que se manipulen los datos para crear falsas trazabilidades, o los problemas que tienen los algoritmos, incluso los más avanzados, para evaluar aspectos como el café de sombra[70] o los límites entre tierras forestales y agrícolas. Todo eso se estudia en otros capítulos de este libro.

En éste, y centrándonos en la eficacia directa de la norma, nos centraremos en que esa definición tiene una doble condición temporal y espacial que nos resulta muy desconcertante. Por un lado, como ya hemos dicho, es una foto fija temporal, que establece una fecha arbitraria: se da un valor absoluto a la vegetación forestal del 31 de diciembre de 2020, como si fuera toda ella de importancia tal que justificara su intangibilidad estricta. Pero aún es casi más llamativo que fije su atención, de manera exclusiva, en las parcelas concretas donde se producen las materias o los productos pertinentes. Por tanto, el EUDR no tiene en cuenta si en el país, la región o la comarca de que se trate se está dando realmente un proceso de desforestación, o al contrario, la vegetación forestal se expande. Ni siquiera contempla el conjunto de la explotación: sólo contabiliza la acción deforestadora en una parcela concreta, pero no analiza si, por ejemplo, hay medidas compensatorias de reforestación o de abandono de cultivo de otras parcelas de la misma explotación, que hagan que el balance sea positivo a favor de la vegetación forestal. Un productor que haya deforestado una hectárea recibirá los "castigos ejemplares" del EUDR, aun cuando haya abandonado o reforestado cien, o mil, que antes fueran agrícolas.

---

70 El café de sombra es cultivado bajo la sombra de árboles y vegetación forestal de mayor porte, que lo protegen del sol directo y crean un microclima que beneficia al cafeto. Obviamente, en las imágenes aéreas o satelitales, aparece como terreno forestal, a pesar de lo cual es origen de una "materia prima pertinente".

Nada tiene que ver eso con el objetivo de "cero deforestación", sino con otro que podríamos llamar de "cero parcelas deforestadas de una foto fija". En definitiva: la UE puede estar aplicando normas antideforestadoras sobre países, regiones, comarcas y explotaciones que no sufren ni causan en absoluto ese problema. Resulta evidente que, en un supuesto en que no haya deforestación, sino reforestación –por acción humana o espontánea– falta la razón de interés general que justifica la existencia de la norma, que resulta por tanto innecesaria. En consecuencia, la intervención ambiental del comercio internacional de productos procedentes de dichos países o zonas es, no sólo es arbitraria, sino completamente inútil (y es posible que contraproducente) para la consecución de los fines generales de la norma.

II. La discutible elección de las materias primas y de los productos "pertinentes"

Pero hay otra condición de la definición europea de deforestación igualmente sorprendente, que es la vinculación de dicha foto fija, y de la prohibición absoluta de su deforestación, a siete "materias primas pertinentes": ganado bovino, cacao, café, palma aceitera, caucho, soja y madera. Este listado definitivo muestra algunas diferencias con la enumeración hecha por la Comunicación de la Comisión de 2019, y fue establecida mediante un procedimiento que se describe en el informe de análisis de impacto del proyecto de EUDR, redactado en noviembre de 2021[71]. Se hizo una revisión bibliográfica exhaustiva que mostró un *"consenso"* a partir del cual se hizo una primera lista de ocho materias primas: las siete que fueron luego las definitivas y el maíz. La lista se sometió a la consideración del Grupo de Expertos/Plataforma Multisectorial de la Comisión sobre la Protección y Restauración de los Bosques del Mundo (que, pese a su nombre tan rimbombante, depende sólo de la propia Comisión Europea), que la respaldó. No obstante, el informe de análisis de impacto propuso excluir el maíz y el caucho, porque *"incluir estas dos materias primas en el alcance requeriría un gran esfuerzo y una carga financiera y administrativa significativa, con un rendimiento limitado en términos de frenar la deforestación impulsada por el consumo de la UE"*. La propuesta de excluir el caucho provocó de inmediato quejas de organizaciones ecologistas internacionales (Wijeratna, 2021), ante las cuales la Comisión decidió no atender el análisis de impacto en ese aspecto, aunque sí excluir el maíz.

---

[71] Documento SWD/2021/326 final, de 17 de noviembre de 2021.

El punto 26 de la Resolución del PE de 22 10 2020 pedía que la lista de las materias primas que el EUDR considerara que entrañaran riesgos para los bosques y los ecosistemas debía determinarse *"sobre la base de consideraciones objetivas, transparentes y con base científica de que dichos productos básicos están asociados con la destrucción y la degradación de los bosques"*. Sin embargo, cabe dudar de la solidez científica del listado final. Aun cuando se hiciera la revisión bibliográfica antes descrita, el propio informe de análisis de impacto afirma expresamente que *"esta revisión, y la investigación subyacente, no está exenta de lagunas"*: las estadísticas a menudo eran antiguas, otras se enfocaban sólo en la deforestación tropical, la mayor parte ignoraba la degradación forestal, etc. De hecho, la elección final está decisivamente basada en un solo artículo científico (Pendrill et al., 2020), que es citado en el Considerando n.º 38 del EUDR, y según el cual las siete materias primas elegidas causaban el 98,3 % de la deforestación impulsada por el consumo de la Unión: palma aceitera (34,0 %), soja (32,8 %), madera (8,6 %), cacao (7,5 %), café (7,0 %), ganado bovino (5,0 %) y caucho (3,4 %). Aparentemente, por tanto, esta elección tendría una enorme repercusión sobre la influencia deforestadora del consumo europeo derivado de la agricultura, la ganadería y los montes. Pero cabe hacer muchas matizaciones a esta primera impresión.

Lo primero que cabe señalar es que la metodología usada para este cálculo –que es el método basado en el comercio físico desarrollado por Kastner et al. (2011)– ha sido objeto de críticas. En particular, el artículo de Laroche et al. (2024), entre cuyos autores está la autora principal del artículo citado en el EUDR, concluye que los sistemas de contabilidad de deforestación total atribuida al consumo de la UE proporcionan resultados muy distintos según las opciones usadas para contabilizar los productos derivados. En general, contabilizar deforestación asociada al consumo tiene un importante grado de incertidumbre (Henders y Ostwald, 2014), y de hecho cabe preguntarse, como hacíamos en el apartado anterior, si está justificado usar sólo esta cuantificación indirecta a través del consumo, en lugar de hacer una medición directa de si en un país o región se está dando deforestación, que ofrece mucha más seguridad.

En segundo lugar, la lista de siete materias primas deja fuera a todos los demás tipos de cultivo: pueden entrar sin problema alguno en el mercado europeo materias primas agrícolas que hayan causado deforestación, si no están entre las siete listadas en el EUDR. Cereales, aguacates o caña de azúcar, productos vinculados a roturaciones de terrenos forestales en países como México (Borrego y Carlón, 2021) no fueron incluidos en el Reglamento, porque éste no se basa en un análisis que permita apreciar las especificidades nacionales o de grupos de países, sino en el conjunto de las importaciones de la UE. Nuevamente nos preguntamos si el EUDR busca principalmente evitar la deforestación, o intervenir en el mercado de unas materias concretas.

Y esta última consideración nos conduce a otra observación más: la muy discutible decisión de la Comisión sobre el concepto de productos derivados. Aunque las ONG y algunas asociaciones industriales pidieron la inclusión de todos los productos derivados de cada materia prima, la Comisión Europea decidió incluir sólo las formas comercializadas "principales", excluyendo los bienes de consumo y otros productos altamente procesados. Esa decisión –que ciertamente simplifica la aplicación del Reglamento– se aplicó explicitando en el Anexo I del EUDR, para cada materia prima pertinente, los códigos del SA (Sistema Armonizado)[72] correspondientes a los productos pertinentes. Ahora bien: del examen de este anexo se concluye que se hizo de una manera más que discutible: por ejemplo, para seis de las materias se enumeran cuatro o más códigos del SA –para la madera, hay más de veinte–, pero para el café, sólo el código 0901. Es decir, se deja fuera al café soluble (código 2101), de modo que si alguien quiere exportar a la UE café procedente de zonas deforestadas, le basta transformarlo en soluble para que entre en la Unión con todas las bendiciones legales.

III. El olvido de las causas directas de deforestación no agropecuarias ni forestales, y la posibilidad de cambios en la producción o la exportación para huir del EUDR

También llama la atención que el EUDR se limite sólo y exclusivamente a sobre las supuestas principales causas deforestadoras derivadas de la agricultura, la ganadería y el aprovechamiento forestal. Evidentemente,

---

72 El SA fue instaurado por el Convenio Internacional sobre el Sistema Armonizado de Designación y Codificación de Mercancías, elaborado por la Organización Mundial de Aduanas (OMA) y hecho en Bruselas el 14 de junio de 1983. Fue adoptado por la CE mediante el Reglamento (CEE) nº 2658/87 del Consejo, de 23 de julio de 1987, relativo a la nomenclatura arancelaria y estadística y al arancel aduanero común (TOL6.426.530). Estandariza los nombres y números de todos los productos comercializados a nivel mundial, y es usado por más de doscientos países para describir los productos que entran o salen de sus fronteras, con el fin de identificarlos con precisión y determinar su valor añadido. Esto permite aplicar los aranceles correctos, o determinar cuotas y criterios de inspección, entre otras utilidades.

esa elección deja fuera todas las demás causas directas (por no mencionar las indirectas) de deforestación y degradación que no sea la explotación agropecuaria o forestal, algunas tan relevantes como la minería, la urbanización o los incendios forestales.

Es cierto que, de acuerdo con el último Estudio de teledetección para la evaluación de los recursos forestales realizado por la FAO (FAO, 2022) el 88,1 % de la deforestación mundial entre 2000 y 2018 era atribuible a la expansión agrícola, pero eso significa que la causa de casi el 12 % de la deforestación mundial queda sin actuación alguna, y además hay que tener en cuenta que esa media mundial presentaba variaciones muy notables según regiones geográficas: en Extremo Oriente, el 42 % de la desforestación se asocia con causas no agropecuarias ni forestales, en particular con la urbanización. Como se ve, cuanto más estudiamos el EUDR, más dudas nos caben de que sea un verdadero Reglamento "contra la Deforestación".

Por último, resulta bastante previsible que produzcan otras reacciones de los países productores para eludir la aplicación del EUDR, además de las ya mencionadas. Pueden en primer lugar, evidentemente, cambiar los patrones de producción, de modo que se promocionen materias primas o cultivos no incluidos en el EUDR, y que por tanto pueden deforestar libremente sin objeción alguna por las autoridades europeas. Y además pueden reorientar las exportaciones: incluso si finalmente el Reglamento logra eliminar la deforestación importada a Europa, puede hacerlo simplemente por la fuga de las "exportaciones deforestadoras" hacia China y otros importantes mercados importadores, como Egipto, Estados Unidos o Rusia, que no presentan estos obstáculos. Por de pronto, la postura de no interferencia de la política exterior que sigue China, y la preocupación por su seguridad alimentaria, no permiten prever que muestre interés alguno en exigir productos básicos libres de deforestación en un futuro cercano (Vasconcelos et al., 2024).

5. LOS POSIBLES EFECTOS PERVERSOS DE LA APLICACIÓN DEL EUDR A LOS ESTADOS MIEMBROS DE LA UE Y EN PARTICULAR A ESPAÑA

I. La consecuencia de intervenir en el comercio internacional: la obligación de aplicar el EUDR en la propia UE

El EUDR –como sucedía antes con el EUTR– no sólo es aplicable a todas las materias primas y los productos derivados pertinentes que se importen a la UE, sino también a los que se comercialicen en ella o se exporten desde ella, y por tanto incluye toda la producción de los Estados miembros. Como queda dicho antes, Europa no sólo no padece deforestación, sino que experimenta un claro fenómeno de expansión de la vegetación forestal, en particular en los países mediterráneos. Por tanto, y de acuerdo con lo que antes exponíamos acerca de los países terceros que no sufren en absoluto ese problema, al faltar la razón de interés general que justifica la norma, ésta deviene innecesaria.

Ahora bien, lo que sucede es que esta imposición del EUDR a los productores europeos, aun siendo innecesaria, es inevitable, al ser consecuencia inmediata de la decisión de la UE de intervenir ambientalmente en el comercio internacional. En efecto, si impone determinadas condiciones a materias y productos de terceros países, los tratados de la OMC la obligan a exigir exactamente lo mismo a las materias y productos pertinentes producidos en los Estados miembros. Es más: mientras que los productores de los terceros países, si optan por no exportar a la UE, pueden ignorar el EUDR, los europeos están irremediablemente obligados a seguirlo, puesto que sus productos, o bien se comercializarán dentro de la Unión, o bien se exportarán desde ella, y en ambos casos entrarán dentro del ámbito de aplicación de la norma.

Es cierto que, de las siete materias primas pertinentes a los efectos del EUDR, hay tres (palma aceitera, cacao y caucho) que no se cultivan en la Unión, y que el cultivo de café es testimonial, y limitado a España: tiene antigua tradición en el Valle de Agaete (Gran Canaria) y mucho más recientemente se ha comenzado a cultivar, de forma incipiente, en la costa de Granada y en la provincia de Málaga. Pero el cultivo de soja es importante: en 2020, la UE-27 y el Reino Unido cultivaron alrededor de 0,9 millones de hectáreas de soja para producir 2,7 MT, y además está en clara expansión, especialmente en Italia, Francia y Rumanía (Rotundo et al., 2024). Y en cuanto a madera y ganado bovino, huelga decir que se producen muy abundantemente.

Esto significa que los cultivos de soja se verán afectados por la prohibición de no poder deforestar ningún terreno después del 31-12-2020. No supone ello un particular problema práctico, más allá de lo caprichoso e injustificado de la prohibición concretamente referida a esa producción, mientras que los demás cultivos agrícolas podrán, en España, roturar terrenos forestales si –y sólo si– obtienen para ello una autorización de la Administración Forestal competente, autorización que debe ser excepcional[73]. Más complicado es analizar la situación de la madera y del ganado bovino en España, a lo que dedicamos los apartados siguientes.

II. El problema del monte desarbolado y de los pastizales forestales, en el EUDR.

a) Las definiciones de "bosque" y de "deforestación" en el EUDR, y la de "monte" en la legislación española.

Recordemos en primer lugar que el Reglamento (art. 2.4) define "bosque" como *"tierras de extensión superior a 0,5 hectáreas, con árboles de una altura superior a 5 metros y una fracción de cabida cubierta*[74] *superior al 10 %, o con árboles capaces de alcanzar esa altura in situ; queda excluida la tierra destinada a un uso predominantemente agrario o urbano"*, entendiendo como uso agrario (arts. 2.5 y 2.6) el destinado a plantaciones agrícolas y zonas en barbecho, y a la ganadería. Por su parte, "deforestación" (art. 2.3) sería *"la conversión de los bosques para destinarlos a un uso agrario, independientemente de si es de origen antrópico o no"*. Nuevamente, no queremos entrar en un análisis detallado de estas definiciones, cuya aplicación e interpretación causa multitud de problemas: ya lo hacen otros capítulos de este libro. Pero hemos de estudiar su difícil acomodo con la legislación española en materia de montes.

En efecto, una de las peculiaridades de la legislación española es que nunca ha querido definir lo que es un bosque, prefiriendo, en cambio, la añeja (y a nuestro juicio, muy acertada), definición de "monte". Desde al menos el inicio del siglo IX, la palabra "monte" –derivada del latín "mons, montis"– que originariamente significaba "elevación" o "montaña", pasa a designar en castellano a los terrenos cubiertos de plantas silvestres

---

73 En la legislación española se ha sometido a autorización la roturación con fin agrícola de cualquier terreno forestal desde el año 1939 (Decreto de 27 de noviembre de 1939, sobre transformación del cultivo forestal en agrícola) hasta la actualidad. El artículo 40 de la Ley 43/2003, de 21 de noviembre, de Montes, permite la pérdida de uso forestal de un terreno, con carácter excepcional, en dos supuestos: 1º) si está motivado por razones de interés general; o 2º) si hay informe favorable del órgano forestal de la CA y del propietario del terreno. Puede haber procedimientos simplificados para plantaciones forestales temporales.

74 "Fracción de cabida cubierta" (Fcc) es uno de los índices de espesura más habituales en la ingeniería de montes. Es la proporción (en tanto por ciento o tanto por uno) de una superficie de referencia que queda cubierta por las copas de los pies de la masa, contando los recubrimientos múltiples (Sociedad Española de Ciencias Forestales, 2005: 508).

y espontáneas de todo tipo, lo que comprendía una enorme variedad de situaciones de la cubierta vegetal, con especies arbóreas, arbustivas o herbáceas en las combinaciones más diversas, y con la frecuente ausencia de las arbóreas (Gil, 2003). Este desplazamiento del significado se debió a que la vegetación forestal se hallaba principalmente en terrenos abruptos, que se salvaban de la roturación agrícola por su elevada pendiente y difícil laboreo. En cambio, el vocablo "bosque", derivado del bajo latín "boscus", es un extranjerismo muy posterior, ya que no aparece en castellano hasta el siglo XIV, procedente quizá del occitano "bosc", vinculado a su vez con el francés, el catalán y el italiano septentrional (Corominas, 1987: 103).

En otra obra anterior (Pérez-Soba, 2023), que resumimos en los párrafos siguientes, ya glosamos ampliamente el acierto jurídico y ecológico que representa la definición legal española de "monte". No es casual que la Ley de Montes de 8 de junio de 1957 (en su artículo 1.2) introdujera por fin en el ordenamiento jurídico español una definición de monte que incluía –y aún hoy incluye, en las leyes que la han sucedido– los terrenos en que vegetan especies arbóreas, arbustivas, de matorral o herbáceas, sea espontáneamente o procedan de siembra o plantación, siempre que no sean características del cultivo agrícola o fueren objeto de éste. El legislador era muy consciente de que el bien jurídico a proteger no se limitaría en España a la riqueza forestal (los "bosques", es decir, los montes arbolados) sino también, y quizá especialmente, a la "pobreza forestal" (los terrenos forestales desarbolados), al objeto de repoblarla y mejorarla. El término "monte" comprendió así acertadamente toda la rica biodiversidad que supone la variedad de las realidades forestales presentes en España. Esta definición se consolidó en el artículo 5.1 de la vigente Ley 43/2003, de 21 de noviembre, de Montes (en adelante, LMt).

Ahora bien: nuestro arraigado término "monte" choca una y otra vez con la preponderancia del término "bosque" en el lenguaje burocrático y normativo de la Unión Europea. Es perfectamente comprensible: ello se debe, simplemente, a una correlativa y excesiva preponderancia en la UE de la visión forestal centroeuropea, cuyo paradigma casi exclusivo es el bosque denso, y en particular el boreal, el semiboreal y el alpino, que son muy impresionantes y productivos, pero cuya fisonomía es simple y poco diversa en especies, y cuyo uso abrumadoramente dominante es el maderero. Poco que ver con los montes españoles, multifuncionales, pluriespecíficos y diversos. Es importante que la sociedad española, y en especial sus legisladores y sus instituciones, conserven, usen con cuidado y acierto, y redescubran toda la actualidad y potencialidad del significado ecosistémico del tradicionalísimo término "monte".

Pero mientras nuestros representantes nacionales no defiendan adecuadamente en los foros europeos nuestro concepto de monte, hemos de estar preparados para las disfunciones que se derivarán de esta verdadera incomprensión cultural de la normativa europea. Como señalan Noordwijk et al. (2025), adoptar para el EUDR una definición de deforestación hipersimplificada –más bien, hiperadaptada al pensamiento del norte y centro de Europa– quizá ayudó a alcanzar un acuerdo político, pero a costa de ignorar las complejidades de las definiciones de terreno forestal en cada país. De hecho, si las definiciones del EUDR chocan con la legislación de un Estado como España, pieza clave de la historia de Europa y miembro de la Unión desde 1986, ¡qué no sucederá con las legislaciones de los terceros países!

b) El monte desarbolado y el pastizal forestal: ¿terrenos "deforestados" según el EUDR?

La Ley española de Montes de 2003, en su artículo 6.a) establece que a efectos de esa ley la palabra "forestal" significa *"todo aquello relativo a los montes"*. Por tanto, todo terreno que cumpla la definición de "monte" será un terreno forestal: si un monte arbolado pierde sus árboles, pero sigue poblado de vegetación forestal arbustiva o herbácea, sigue siendo un terreno forestal; no se "deforesta" en sentido español.

Conviene recordar a este respecto que el aspecto esencial de la definición de deforestación en el EUDR es que un "bosque" pase a tener un uso "agrario" (en realidad, agrícola)[75]. El problema de coordinación con la legislación española es que entre los usos "agrícolas" el EUDR incluye, como la cosa más normal del mundo, el de *"la ganadería"*, incluyendo, por supuesto, la extensiva. En el norte y centro de Europa, los pastos, aun extensivos, suelen vincularse con praderas muy intensamente manejadas por el hombre, que puede comprenderse que el EUDR quiera identificar con el ámbito agrícola. Pero en España, fuera las zonas del Norte en las que sí hay praderas de cultivo muy intensivo, la ganadería extensiva pasta la vegetación espontánea de los montes, en un aprovechamiento tan genuinamente forestal como la madera, el corcho o las resinas, y que adecuadamente

[75] "Agrario" según el Diccionario de la Lengua Española de la RAE, significa "*perteneciente o relativo al campo*", es decir, incluyendo no sólo la agricultura y la ganadería, sino también los montes. En cambio, "agrícola" significa "*perteneciente o relativo a la agricultura*", que es el "*cultivo o labranza de la tierra*" o el "*conjunto de técnicas y conocimientos relativos al cultivo de la tierra*". Por tanto, el EUDR debería hablar de "uso agrícola", ya que el forestal es también un uso agrario.

ordenado tiene efectos ecológicos muy positivos, como el archirrepetido de contribuir a reducir el riesgo de incendio mediante un manejo natural del combustible herbáceo, e incluso leñoso (San Miguel, 1999). El carácter forestal de la ganadería extensiva en el derecho español es antiquísimo, y está claramente expresado en los artículos 2.2, 6.i) y 36.3 de la LMt. Es plenamente lógico que en nuestra nación los montes desarbolados o los pastizales forestales no intensivos sean terrenos forestales: su uso es silvopastoral.

Pero la literalidad del EUDR indicaría que, en principio, toda corta hecha en un "bosque" tras la cual el terreno quede desarbolado sería una "deforestación", ya que –aun cuando no se dedique el cultivo agrícola– se entiende dedicado a pastos, y por tanto a un uso "deforestador" según el Reglamento. El documento de orientación aprobado por la Comisión el 12 de agosto de 2025 (Comunicación de la Comisión C/2025/4524) para la interpretación del EUDR considera en su sección 4.a) usos "agrarios" y por tanto "deforestadores" las superficies de pastos temporales o permanentes[76] y las ocupadas por edificios para la producción animal (establos, establos de ganado bovino, establos de ganado ovino y corrales).

Por tanto, el EUDR, *prima facies*, consideraría "deforestadoras" actuaciones como la creación de cortafuegos, el establecimiento de pastizales no intensivos, la construcción de apriscos y otras infraestructuras ganaderas, los sistemas de cortas que retiren a la vez todos los árboles de un rodal, o la corta de las masas muertas por incendios u otras perturbaciones. La madera que de allí se extrajera no se podría comercializar en la UE ni exportar desde ella, y si en esas zonas pasta ganado vacuno, su carne se encontraría en esa misma situación. Estas consecuencias serían absurdas: todas esas actuaciones, hechas dentro de un plan de gestión adecuado, no causan deforestación alguna; antes al contrario, son beneficiosas para el monte.

---

76 Por "permanentes" entiende tierras utilizadas durante más de cinco años consecutivos para pasto o cultivo forrajero, "a través del cultivo o de forma natural" y por "temporales", las tierras dedicadas a cultivos forrajeros herbáceos, o gramíneas para siega o pasto durante un período inferior a cinco años consecutivos.

III. El monte desarbolado (aunque sea temporalmente) y el pastizal forestal, en el documento de orientación de la Comisión

Afortunadamente, casi todas estas disfunciones han quedado evitadas o amortiguadas por el citado documento de orientación de la Comisión de 12 de agosto de 2025 que, mediante "aclaraciones" que no pocas veces son contrarias a la literalidad del Reglamento, remedia sus peores efectos perversos. Hacer un reglamento, y luego contradecirlo en su norma de desarrollo causando alivio general, no habla muy bien de la calidad técnico-jurídica de la norma. Los principales problemas, y las soluciones que las aclaraciones han buscado, son los que siguen.

a) Las cortas que retiran todos los árboles de una zona.

Hay casos en los que una buena gestión forestal exige la corta de todos los árboles de rodales amplios (desde luego, mayores de 0,5 hectáreas):

- 1°) En las masas de especies de crecimiento rápido en los que se siguen turnos cortos[77] de plantación-corta, y en los que las cortas se hacen "a hecho", es decir, extrayendo a la vez todos los árboles, y procediendo después a su replantación (Sociedad Española de Ciencias Forestales, 2005: 278).
- 2°) En las cortas finales de las masas que se tratan mediante aclareo sucesivo: ya lograda mediante diseminación natural de semillas la regeneración de los árboles madre, se cortan éstos, para permitir el buen desarrollo de la nueva generación que hay bajo ellos (Sociedad Española de Ciencias Forestales, 2005: 279).
- Y 3°) en las masas en las que ha muerto todo el arbolado, por incendios o por otras perturbaciones (vendavales, nevadas, plagas, sequía, enfermedades, etc.).

En estos tres casos, el "bosque" pierde por completo su arbolado, aunque sea de modo temporal. El documento de orientación (sección 3), hace un desarrollo muy oportuno de la expresión *"árboles capaces de alcanzar estos*

---

[77] El "turno" es el período de tiempo que media entre el establecimiento de una masa hasta su corta final (Sociedad Española de Ciencias Forestales, 2005: 1.077). En España, los turnos más cortos para la corta del arbolado son, lógicamente, los de las especies de crecimiento rápido: los chopos (turnos de 12-16 años), los eucaliptos (turnos de 12-16 años), el pino pináster atlántico (25-40 años), o el pino radiata (40-50 años). Como comparación, los turnos de los pinares de pino silvestre pueden superar los 120 años.

umbrales in situ", entendiendo que no dejan de ser "bosque" las *"zonas con árboles jóvenes que aún no han alcanzado la fracción de cabida cubierta del 10 % y la altura de los árboles de 5 metros pero que se espera que las alcancen"*. Esta excepción se correspondería perfectamente con el caso 2º que hemos expuesto antes (la corta final de árboles madre que tienen un regenerado joven ya instalado bajo ellos), pero no con el 1º ni el 3º: en estos dos supuestos, entre la corta y la instauración de la nueva generación de árboles transcurre un tiempo. A nuestra ayuda, en esos dos supuestos, acude la frase del documento de orientación que sigue a la antes citada: *"Incluye, en particular, las zonas que están temporalmente despobladas debido a la corta a hecho como parte de una práctica de gestión forestal o debido a catástrofes naturales, y que se espera que se regeneren"*. Esta referencia a la "esperanza" indica –a nuestro juicio– que el EUDR permite cortar todos los árboles de una parcela, siempre que tras ello se destine (por regeneración natural o artificial) a albergar una nueva generación de árboles forestales capaces de alcanzar los cinco metros de altura "in situ" y la FCC igual o superior al 10 %. ¿Qué plazo dará la UE para que esa nueva generación se implante? El documento no lo aclara.

Sí que contempla otra importante excepción para el caso de las choperas: cuando pueda demostrarse "*mediante pruebas suficientemente concluyentes*" que una parcela de terreno estaba sometida a un "uso agrario" antes del 31 de diciembre de 2020, entonces, si el productor hace en ella plantaciones de turno corto, o una forestación que esté autorizada como temporal, y dichas tierras no entren en el ámbito de aplicación de un plan de gestión o de una legislación que exija su uso forestal permanente, se considerará que dicha parcela no es "bosque" a efectos del Reglamento EUDR, de manera que tras la corta final no está obligado a su replantación.

b) Los cortafuegos y las acciones de mejora de hábitats no arbolados.

La sección 4.a) del documento también permite desarbolar un "bosque" en dos supuestos de gestión:

- Para prevenir o minimizar y mitigar el riesgo de incendios forestales, "*si se limitan a lo estrictamente necesario y cuentan con el apoyo de planes de prevención de incendios, planes de gestión forestal o mandatos oficiales*". Esto da respaldo legal a la creación de fajas o áreas cortafuegos.
- Para garantizar la restauración y posterior gestión de ecosistemas de alto valor en términos de biodiversidad (como, por ejemplo, determinados tipos de brezales, praderas o humedales) si así lo requiere

un plan de conservación o restauración "*que aplique las obligaciones derivadas de los acuerdos multilaterales mundiales sobre protección y restauración de la naturaleza y la biodiversidad*". Es decir, pueden desarbolarse terrenos cuya mayor biodiversidad corresponda a hábitats no arbolados.

Por cierto: resulta injustificable, en nuestra opinión, que el documento, en esa misma sección, conceda esa misma excepción a la destrucción de bosques para "*desplegar energías renovables (por ejemplo, mediante el establecimiento de parques eólicos o fotovoltaicos)*".

c) Los terrenos silvopastorales.

Por último, el documento hace un patente esfuerzo para tratar de evitar que el "monte desarbolado", y en particular, el monte dedicado a pastos, se considere "bosque desforestado" a los efectos del EUDR. Lo hace de dos maneras:

a) La primera, referida a la construcción de apriscos e infraestructuras ganaderas en los montes: la sección 4.a) establece que la destrucción de más de 0,5 ha de un "bosque" no es "deforestación", si se hace para la construcción de estructuras (permanentes y no permanentes) para albergar a ganado según la legislación de bienestar animal, si se limita a la superficie mínima necesaria para la construcción, y cuando esta actividad no afecte a la clasificación de las zonas circundantes como "bosque".

b) Y la segunda, ampliando muy forzadamente el artículo 2.4 del EUDR, que excluye de la definición de "bosque" (y por tanto, de la aplicación del Reglamento) *"la tierra destinada a un uso predominantemente agrario"*. Así, las secciones 4.b) y 4.d) del documento dice que no se han de considerar bosques terrenos como los siguientes:

- Terrenos destinados a pastoreo estacional (por ejemplo, estival) o silvopastoral temporal en zonas arbóreas cubiertas que no entran en la categoría de bosques primarios (por ejemplo, en pastos seminaturales o en pastos naturales con una fracción de cabida cubierta forestal cambiante). Ello puede considerase así aunque las prácticas silvopastorales o agroselvícolas se limiten a un período determinado del año, debido a las condiciones climáticas (por ejemplo, manto de nieve temporal).
- Grupos de árboles como protección para diversos fines medioambientales o de biodiversidad en una superficie de uso predominantemente

agrario (por ejemplo, pastoreo), incluso si la superficie alcanza los umbrales para la definición de "bosque".

- Y finalmente, una tierra que se utilice predominantemente en sistemas agroforestales para los fines expuestos en el Considerando n.º 37 del EUDR, el cual afirma que *"en consonancia con las definiciones de la FAO, los sistemas agroforestales, en particular, cuando los cultivos se encuentran bajo una cubierta de árboles, así como los sistemas agrosilviculturales, silvopastorales y agrosilvopastorales no deben considerarse bosques, sino que representan un uso agrario".*

Esta última excepción es la principal, y cuya correcta aplicación resultará decisiva para que los montes españoles, eminentemente silvopastorales, no se vean acusados falsamente de ser "deforestados" por actuaciones que, simplemente, pretenden darles un uso multifuncional.

En todo caso, al concluir este apartado, no queremos dejar de consignar que no dice mucho de la proporcionalidad de la norma la gran cantidad de efectos no deseados que produce en Europa un Reglamento cuyo fin es luchar contra la deforestación en los países tropicales.

6. CONCLUSIONES

De cuanto llevamos expuesto, podemos proponer las siguientes conclusiones:

- El EUDR se presenta como una respuesta normativa a la deforestación global, pero resulta manifiestamente innecesaria en el contexto europeo –donde la superficie forestal ha aumentado en las últimas décadas– y en no pocos países terceros, o zonas de ellos, donde no se produce deforestación.

- El EUDR, y otras normas europeas como el CBAM o la Directiva de Debida Diligencia, refuerzan la intervención ambiental extraterritorial de la UE y marcan un giro respecto a instrumentos anteriores como FLEGT y EUTR, que se basaban en acuerdos voluntarios y respetaban la soberanía de los países productores. La imposición de obligaciones a países terceros sin su participación activa incrementa la tensión entre los objetivos ambientales y los principios del comercio internacional y del respeto a la diversidad jurídica y ecológica, y puede erosionar la credibilidad de la UE como actor global comprometido con el multilateralismo.

- El carácter extraterritorial del EUDR genera dudas jurídicas relevantes. Podría vulnerar principios fundamentales del derecho internacional, como la soberanía nacional, el consentimiento libre, previo e informado de las comunidades locales, y el principio de responsabilidades comunes pero diferenciadas. Además, podría entrar en conflicto con normas de la OMC, especialmente en lo relativo a la no discriminación y la prohibición de obstáculos técnicos injustificados al comercio.

- Aunque el objetivo declarado del EUDR es combatir la deforestación, lo que concretamente prohíbe es la comercialización de productos provenientes de parcelas deforestadas después del 31 de diciembre de 2020. Esta "foto fija" y este enfoque parcelario ignoran el contexto ecológico más amplio, como los balances positivos de reforestación en explotaciones o regiones, o las posibles medidas compensatorias, y en la práctica hacen imposible poder valorar su eficacia contra el proceso deforestador.

- El Reglamento se aplica a siete materias primas "pertinentes", seleccionadas con base en un solo estudio científico, y a una serie de productos derivados (no todos). Esta elección excluye otros cultivos también asociados a la deforestación, y permite que productos derivados escapen a la regulación. Además, no se actúa en absoluto sobre otras causas de deforestación distintas de la expansión agropecuaria o la inadecuada explotación forestal.

- Las exigencias técnicas y administrativas del EUDR son difíciles de cumplir para pequeños productores de países en desarrollo, lo que podría marginarlos del mercado europeo. Esta exclusión favorece a grandes explotaciones y empresas multinacionales. La ausencia de mecanismos de apoyo, consulta o compensación agrava el impacto social del Reglamento.

- En España, el EUDR entra en conflicto con la legislación nacional sobre montes, en una incoherencia normativa que genera inseguridad jurídica y cargas innecesarias para los productores locales. Aunque el documento de orientación publicado por la Comisión en agosto de 2025 introduce excepciones que corrigen muchas de las disfunciones del Reglamento, quedan numerosas dudas por aclarar.

En conclusión, a la luz del análisis realizado, el EUDR no parece cumplir con los principios de la "regulación inteligente" que la UE proclama: necesidad, proporcionalidad, eficacia, claridad, transparencia y respeto a la diversidad. Aunque sus objetivos ambientales son legítimos y urgentes, su diseño normativo presenta notables deficiencias técnicas, jurídicas y éticas. Como dicen, en nuestra opinión con todo acierto, Noordwijk et al. (2025), *"cuando las respuestas reales y los posibles daños colaterales se aclaren, será necesario volver a la mesa de dibujo para los ajustes de políticas, una vez superadas las etapas de negación, interpretaciones conspirativas y juegos de culpa"*. Y creemos que todos estos efectos no deseados se hubieran podido evitar en gran parte si la norma, en lugar de responder a una evidente visión de arriba a abajo, se hubiera elaborado desde una lógica de cooperación, contextualización y respeto a las realidades locales, tanto dentro como fuera de la UE.

7. REFERENCIAS BIBLIOGRÁFICAS

Alberdi, I.; Sandoval, V.; Condés, S.; Cañellas, I. y Vallejo, R. (2016). "El Inventario Forestal Nacional español, una herramienta para el conocimiento, la gestión y la conservación de los ecosistemas forestales arbolados". *Ecosistemas,* 25(3): 88-97.

Bilbao, C. (2024). "La Autonomía Estratégica Abierta como instrumento de integración de la Unión Europea". *Revista de Estudios Europeos,* 83: 285-304.

Borrego, A. y Carlón, T. (2021). "Principales detonantes y efectos socioambientales del boom del aguacate en México". *Journal of Latin American Geography,* 20(1): 154-184.

Boston, K. y Tanger, S. (2025). "Achieving sustainability while maintaining sovereignty: Do the United States Forest Act and European Union Deforestation Regulation violate the General Agreement on Tariffs and Trade?". *Journal of Forest Business Research,* 4(1): 96-105.

Brown, D.; Schreckenberg, K.; Bird, N.; Cerutti, P.; Del Gato, F.; Diaw, C.; Fomété, T.; Luttrell, C.; Navarro, G.; Oberndorf, R.; Thiel, H. y Wells, A. (2008). *Legal timber. Verification and governance in the forest sector.* Overseas Development Institute (ODI), Londres, 331 pp.

Brown, C. y Scott, C. (2011). "Regulation, Public Law and Better Regulation". *European Public Law,* 17(3): 467-484.

Capuzzi, B. (2024). *Is the European Union Deforestation Regulation WTOproof?*. ECIPE Policy Brief n.º 18/2024, European Centre for International Political Economy (ECIPE), Bruselas, 17 pp.

Conca, K. (1994). "Rethinking the Ecology-Sovereignty Debate". *Millennium: Journal of International Studies,* 23(3): 701-711.

Corominas, J. (1987). *Breve diccionario etimológico de la lengua castellana. Tercera edición muy revisada y mejorada.* Gredos, Madrid, 628 pp.

Eckersley, R. (2007). "Ecological Intervention: Prospects and Limits". *Ethics & International Affairs,* 21(3): 293-316.

Eller, K. H. (2017). "Private governance of global value chains from within: lessons from and for transnational law". *Transnational Legal Theory*, 8(3): 296-329.

Fajardo, T. (2021). *La Diplomacia del Clima de la Unión Europea. La acción exterior sobre cambio climático y el Pacto Verde Mundial.* Reus, Madrid, 188 pp.

FAO (2022). *FRA 2020 Remote Sensing Survey.* FAO Forestry Paper n.º 186. Roma, 72 pp.

Forest Europe (2020). *State of Europe's Forests 2020.* Ministerial Conference on the Protection of Forests in Europe, Bratislava, República Checa, 392 pp.

García-Moreno, F. (2022). *Propiedad forestal pública y utilización energética de la biomasa forestal en Castilla y León.* Aranzadi, Cizur Menor (Navarra), 288 pp.

Gil, L. (2003). "La voz "montes" y la transformación histórica del espacio arbolado". *Cuadernos de la Sociedad Española de Ciencias Forestales*, n.º 16: 19-29.

Gilbert, C.L. (2024). "The EU Deforestation Regulation". *EuroChoices*, 23(3): 64-70.

Grossman, G.M. y Krueger, A.B. (1995). "Economic Growth and the Environment". *The Quarterly Journal of Economics*, 110(2): 353-377.

Henders, S. y Ostwald, M. (2014). "Accounting methods for international land-related leakage and distant deforestation drivers". *Ecological Economics*, 99: 21-28.

Hoare, A. (2023). *Discussion paper: what impact will the EUDR have on VPAS and FLEGT licensing?* FERN, Bruselas, 7 pp.

Jolly, S. y Trivedi, A. (2021). "The principle of CBDR-RC: its interpretation and implementation through NDCS in the Context of Sustainable Development". *Washington Journal of Environmental Law & Policy*, (11)3: 309-348.

Kastner, CE.; Kastner, M. y Nonhebel, S. (2011). "Tracing distant environmental impacts of agricultural products from a consumer perspective". *Ecological Economics*, 70(6): 1032-1040.

Kok, M.; Brons, J. y Witmer, M. (2011). *A global public-goods perspective on the environment and poverty reduction. Implications for Dutch foreign policy.* Netherlands Environmental Assessment Agency, La Haya (Países Bajos), 39 pp.

Köthke, M.; Lippe, M. y Elsasser, P. (2023). "Comparing the former EUTR and upcoming EUDR: Some implications for private sector and authorities". *Forest Policy and Economics*, Volume 157.

Kuznets, S. (1955). "Economic growth and income inequality". *American Economic Review*, 45: 1-28.

Laroche, P.C.S.J.; Gómez, M.; Martin, U.; Pendrill, F.; Schwarzmueller, F.; Schulp, V. y Kastner, T. (2024). "Accounting for trade in derived products when estimating European Union's role in driving deforestation". *Ecological Economics*, Volume 224.

Litfin, K. T. (1997). "Sovereignty in World Ecopolitics". *Mershon International Studies Review*, 41 (2): 167-204.

Marín, G. y Scott, J. (2024). *Global EU climate action and the principle of common but differentiated responsibilities and respective capabilities. Working Paper* 2024/02. European University Institute, Departament of Law, Florencia (Italia), 23 pp.

Míguez, L. (2025). "La Mejora de la Regulación: antecedentes y principios". *Información Comercial Española*, ICE: Revista de economía, 907: 9-21.

Noordwijk, M. van; Leimona, B. y Minang, P.A. (2025). "The European deforestation-free trade regulation: collateral damage to agroforesters?" *Current Opinion in Environmental Sustainability,* Volume 72.

OCDE (2023). *Líneas Directrices de la OCDE para empresas multinacionales sobre conducta empresarial responsable.* OECD Publishing, París, 84 pp.

Pasalodos, M.D.; Robla, E.; Lérner, M.; Jiménez, A.J. y Sánchez, A. (2025). "Cuarto Inventario Forestal Nacional. Cierre de un ciclo". *Actas del Noveno Congreso Forestal Español.* 9CFE-1716. 21 pp.

Pendrill, F.; Persson, F. y Kastner, T. (2020). *Deforestation risk embodied in production and consumption of agricultural and forestry commodities 2005-2017.* Chalmers University of Technology, Senckenberg Society for Nature Research, and Ceres Inc.

Pérez-Soba, I. (2023). "¿Por qué ingenieros y por qué de montes? Algunas bases de la creación en España de la ingeniería de montes en el siglo XIX, y su vigencia actual", en Real Academia de Ciencias Exactas, Físicas, Químicas y Naturales de Zaragoza (Ed.), *Discurso de ingreso leído por el académico electo Ilmo. Sr. D. Ignacio Pérez-Soba Diez del Corral en el acto de su recepción solemne celebrado el día 28 de marzo del año 2023 y discurso de contestación por la Ilma. Sra. D.ª María Victoria Arruga Laviña, académica numeraria,* pp. 5-43. Universidad de Zaragoza, Servicio de Publicaciones.

Persson, R. (2003). *Asistance to forestry. Experiences and potential for improvement.* Center for International Forestry Research (CIFOR), Indonesia, 120 pp.

Raza, W.; Grumiller, J.; Grohs, H.; Essletzbichler, J. y Pintar, N. (2021). *Post Covid-19 value chains: options for reshoring production back to Europe in a globalised economy.* European Parliament Think Tank, Estrasburgo, 89 pp.

Ross, M. (2001). *Timber Booms and Institutional Breakdown in Southeast Asia.* Cambridge University Press, Reino Unido, 237 pp.

Rotundo, J.L.; Marshall, R.; McCormick, R.; Truong, S.K.; Styles, D.; Gerde, J.A.; González-Escobar, E.; Carmo-Silva, E.; Janes-Bassett, V.; Logue, J.; Annicchiarico, P.; Visser, C. de; Dind, A.; Dodd, I.C.; Dye, L.; Long, S.P.; Lopes, M.S.; Pannecoucque, J.; Reckling, M.; Rushton, J.; Schmid, N.; Shield, I.; Signor, M.; Messina, C.D. y Rufino, M.C. (2024). "European soybean to benefit people and the environment". *Scientific Reports,* Volume 14.

Rudel, T.K. (1998). "Is there a forest transition? Deforestation, reforestation, and development". *Rural Sociology,* 63(4): 533-552.

Salvi, S. (2025). *A Just Adjustment Mechanism? Investigating the alignment of the EU's CBAM with the CBDR-RC Principle.* Master's Thesis, Lund University, Suecia, 92 pp.

San Miguel, A. (1999). "Los Ingenieros de Montes y la pascicultura forestal". En VV.AA., *Ciencias y técnicas forestales. 150 años de aportaciones de los Ingenieros de Montes,* pp. 109-119. Fundación Conde del Valle de Salazar, Madrid.

Seymour, F. y Dubash, N. (2000). *The Right Conditions: The World Bank, Structural Adjustment and Forest Policy Reform. World Resources* Institute, Washington DC, 155 pp.

Sociedad Española de Ciencias Forestales (2005). *Diccionario Forestal.* Mundiprensa, Madrid-Barcelona-México, 1.314 pp.

Sotirov, M.; Pokorny, B.; Kleinschmit, D. y Kanowski, P. (2020). "International Forest governance and policy: institutional architecture and pathways of influence in global sustainability". *Sustainability*, 12 (7010).

Vasconcelos, A.A.; Bastos, M.G.; Gardner, T.A. y McDermott, C.L. (2024). "Prospects and challenges for policy convergence between the EU and China to address imported deforestation". *Forest Policy and Economics,* Volume 162.

Wijeratna, A. (2021). *Why natural rubber must be kept in the EU's anti-deforestation law.* Mighty Earth, Washington DC, 12 pp.

Capítulo V.

La geolocalización de fincas como herramienta de las políticas europeas de lucha contra la deforestación

LUIS MANUEL BENAVIDES PARRA[78]

1. EL REGLAMENTO DE PRODUCTOS LIBRES DE DEFORESTACIÓN (EUDR)

I. Introducción

La Unión Europea (UE) parece decidida a constituirse en el referente mundial en la lucha contra el cambio climático y la preservación del medio ambiente. Iniciativas como el Pacto Verde Europeo y la Legislación Europea sobre el Clima son claves para establecer las líneas generales que presiden el marco de acción de la UE en política medioambiental especialmente centrados en conseguir la reducción de emisiones de gases de efecto invernadero significativamente para el año 2030 y la neutralidad climática para año 2050. Junto con ello o de forma paralela para contribuir a dichos fines, las políticas de la Unión van también buscando mejorar la capacidad de adaptación, reforzar la resiliencia y reducir la vulnerabilidad al cambio climático progresando hacia un modelo de crecimiento económico circular y regenerativo desvinculado del uso de recursos naturales evitando con ello la degradación medioambiental[79].

Dentro de este esquema general, se da una especial importancia al tratamiento de los bosques dentro de la Unión. Aunque a nivel europeo, podemos decir que la Unión Europea no tiene una política forestal común, la conservación de los bosques no ha sido una cuestión ajena a las políticas

---

[78] Vocal Director del Servicio de Bases Gráficas del Colegio de Registradores de España.

[79] La Unión Europea y los bosques: Rachele Rossi (abril 2025). Superficie forestal en la UE, 2022. Fuente: Datos Eurostat (https://www.europarl.europa.eu/factsheets/es/sheet/105/la-union-europea-y-los-bosques).

comunitarias[80]. Desde 1989 opera, a nivel europeo, el Comité Forestal Permanente que pretende garantizar la cooperación en el sector forestal entre los Estados miembros y la Comisión Europea y fomentar las medidas de apoyo a la silvicultura[81] que ahora pretende revisarse existiendo una propuesta de la Comisión relativa a un marco de seguimiento en favor de unos bosques europeos resilientes[82].

Se estima que los bosques cubren cerca del 40% del territorio de la Unión Europea alcanzando aproximadamente las 160 mil hectáreas lo que representa un 4 % de la superficie forestal mundial. Y a diferencia de otras partes de planeta donde la desforestación hace mella en la masa forestal, en el territorito de la Unión ocurre el fenómeno contrario pues la masa forestal ha aumentado en unos 8 millones de hectáreas entre los años 2000 y 2022 como consecuencia, fundamentalmente, de la expansión natural de las masas boscosas y las labores de repoblación forestal[83]. Es por esta razón que, dentro del marco de iniciativas dictadas por las instituciones europeas, destaquen aquellas dirigidas a fomentar la conservación y protección de los bosques dado el papel esencial que desempeñan en la salud humana, la biodiversidad y la lucha contra el cambio climático[84]. Otras iniciati-

---

80 Sobre esta materia véase Muñiz Espada, Esther (2025), *Derecho Forestal Y Montes de Socios: por otro Modelo de Ordenación de La Propiedad*, Editorial REUS, pp. 25 y ss.

81 Decisión 89/367/CEE del Consejo, de 29 de mayo de 1989 (https://eur-lex.europa.eu/legal-content/ES/TXT/HTML/?uri=CELEX:52023PC0727)

82 Propuesta de Reglamento sobre un marco de seguimiento para lograr unos bosques europeos resilientes 2023/0413 (eur-lex.europa.eu/resource.html?uri=cellar:1f49f493-8930-11ee-99ba-01aa75ed71a1.0019.02/DOC_1&format=PDF).

83 Eurostat y la Dirección General de Agricultura y Desarrollo Rural de la Comisión Europea. La Unión Europea y los bosques: Rachele Rossi (abril 2025). Superficie forestal en la UE, 2022.

84 Reglamento (UE) 2024/1991 del Parlamento Europeo y del Consejo, de 24 de junio de 2024, relativo a la restauración de la naturaleza y por el que se modifica el Reglamento (UE) 2022/869, vigente desde agosto de 2024 (https://www.boe.es/buscar/doc.php?id=DOUE-L-2024-81191) (TOL10.117.033). Reglamento (UE) 2021/783 del Parlamento Europeo y del Consejo, de 29 de abril de 2021, por el que se establece un Programa de Medio Ambiente y Acción por el Clima (LIFE) y se deroga el Reglamento (UE) nº 1293/2013 (https://www.boe.es/buscar/doc.php?id=DOUE-L-2021-80626). Directrices 13 de marzo de 2023 sobre forestación, reforestación y plantación de árboles respetuosas con la biodiversidad (https://op.europa.eu/es/publication-detail/-/publication/1c4561c7-7c54-11ee-99ba-01aa75ed71a1/language-es).

vas como Sistema de Información Forestal para Europa (FISE)[85] o Centro Europeo de Datos Forestales (EFDAC)[86] tratan de fomentar la economía del dato en materia de bosques, ofreciendo información que permitan a las instituciones comunitarias y a los países miembros dirigir sus políticas a conseguir los fines perseguidos a nivel global en Europa.

Pero los bosques europeos tienen, además, una especial importancia desde el punto de vista económico. En febrero de 2025 se presentó el Pacto por una Industria Limpia, que forma parte de la estrategia más amplia del Plan Industrial del Pacto Verde Europeo con el objetivo de convertir a la Unión en líder mundial en el desarrollo de tecnologías limpias y la reducción de las emisiones de carbono y que repercute igualmente en el ámbito forestal[87]. Alrededor del 90 % de los fondos de la Unión destinados a los bosques provienen del Fondo Europeo Agrícola de Desarrollo Rural (FEADER)[88]. Para el actual período de programación de la PAC (2023-2027), las intervenciones forestales se incluyen en los planes estratégicos elaborados por los Estados[89] junto con otras fuentes de financiación como el programa Horizonte Europa[90] o el Fondo de Solidaridad[91]. Por otro lado, la Unión también ha abordado aspectos como la comercialización de materiales forestales de reproducción (MFR)[92],

---

85 Sistema de Información Forestal para Europa (FISE) (https://forest.eea.europa.eu/).

86 Centro Europeo de Datos Forestales (EFDAC) (https://climate-adapt.eea.europa.eu/).

87 Pacto por una Industria Limpia (https://eur-lex.europa.eu/legal-content/ES/TXT/?uri=CELEX%3A52025DC0085).

88 La financiación de la PAC: datos y cifras. Rachele Rossi (marzo 2025) Fichas temáticas de la UE (https://www.europarl.europa.eu/factsheets/es/sheet/106/la-financiacion-de-la-pac-datos-y-cifras)

89 El Reglamento sobre los planes estratégicos de la política agrícola común. Lapo Nannucci (abril 2025). Fichas temáticas de la UE (https://www.europarl.europa.eu/factsheets/es/sheet/294068/el-reglamento-sobre-los-planes-estrategicos-de-la-politica-agricola-comun).

90 Programa Horizonte Europa de investigación e innovación de la Unión Europea (UE) para el período 2021 -2027 (https://www.horizonteeuropa.es/que-es).

91 Reglamento (CE) nº 2012/2002 del Consejo, de 11 de noviembre de 2002, por el que se crea el Fondo de Solidaridad de la Unión Europea (https://www.boe.es/buscar/doc.php?id=DOUE-L-2002-82062) (TOL5.848.771).

92 Directiva 1999/105/CE del Consejo, de 22 de diciembre de 1999, sobre la comercialización de materiales forestales de reproducción (https://www.boe.es/buscar/doc.php?id=DOUE-L-2000-80046). Mandato de negociación del Consejo sobre las

en materia fitosanitaria[93], se promueve la contratación pública ecológica tratando de favorecer la demanda de madera producida de forma sostenible[94], en materia de comercialización de madera[95] y en materia energética afecta al tratamiento legislativo de los bosques dada la importancia de la biomasa forestal[96].

Finalmente, especial atención tiene para las instituciones europeas la conservación del medio forestal. Destacar el Sistema Europeo de Información sobre Incendios Forestales (EFFIS) en apoyo de los servicios encargados de la protección de los bosques contra los incendios en la Unión y proporcionando información actualizada y fiable sobre los incendios forestales en Europa[97] y el Mecanismo de Protección Civil de la Unión[98] que

---

normas para mejorar la calidad del material forestal de reproducción y su disponibilidad https://www.consilium.europa.eu/es/press/press-releases/2025/06/13/improved-eu-rules-for-forest-reproductive-material-council-approves-negotiating-position/).

93 Reglamento (UE) 2016/2031 del Parlamento Europeo y del Consejo de 26 de octubre de 2016 o relativo a las medidas de protección contra las plagas de los vegetales (www.boe.es/doue/2016/317/L00004-00104.pdf). Reglamento (UE) 2024/3115 del Parlamento Europeo y del Consejo de 27 de noviembre de 2024 por el que se modifica el Reglamento (UE) 2016/2031 en lo que respecta a los programas plurianuales de prospección; las notificaciones (www.boe.es/doue/2024/3115/L00001-00013.pdf).

94 Comunicación de la Comisión al Parlamento Europeo, al Consejo, al Comité económico y social europeo y al Comité de las regiones contratación pública para un medio ambiente mejor (https://eur-lex.europa.eu/legal-content/ES/ALL/?uri=CELEX:52008DC0400).

95 Plan de Acción FLEGT (Forest Law Enforcement, Governance and Trade) (https://www.miteco.gob.es/es/biodiversidad/temas/politica-forestal/madera-legal-productos-libres-defor/madera-legal/flegt/accion-y-reglamento). Reglamento (UE) Nº 995/2010 del Parlamento Europeo y del Consejo de 20 de octubre de 2010 por el que se establecen las obligaciones de los agentes que comercializan madera y productos de la madera (www.boe.es/doue/2010/295/L00023-00034.pdf).

96 Directiva (UE) 2018/2001 del Parlamento Europeo y del Consejo de 11 de diciembre de 2018 relativa al fomento del uso de energía procedente de fuentes renovables (www.boe.es/doue/2018/328/L00082-00209.pdf) (TOL7.153.204).

97 El Sistema Europeo de Información sobre Incendios Forestales (EFFIS) (https://www.copernicus.eu/es/sistema-europeo-de-informacion-sobre-incendios-forestales).

98 Decisión nº 1313/2013/UE del Parlamento Europeo y del Consejo, de 17 de diciembre de 2013, relativa a un Mecanismo de Protección Civil de la Unión (https://www.boe.es/buscar/doc.php?id=DOUE-L-2013-82908).

puede activarse en caso de crisis que superen la capacidad de respuesta de los Estados miembros, como algunos incendios forestales y tormentas como ha ocurrido el pasado agosto de 2025 en países como España, por ejemplo, a causa de la ola de incendios sufrida y que ha calcinado cerca de 360 mil hectáreas de su territorio.

Toda lo expuesto, aunque de forma muy general, pone de manifiesto como aun cuando no existe una política forestal común, al menos como tal, en el seno de las instituciones europeas, gran parte de la legislación que emana de Bruselas repercute, directa o indirectamente, en la gestión de las masas forestales a nivel nacional y europeo. Y es lógico que así sea dada su importancia desde el punto de vista medioambiental, económico y social.

II. La aparición del Reglamento

Dentro de las medidas en el seno de UE destaca la normativa en materia de lucha contra la deforestación materializada en el Reglamento (UE) 2023/1115 sobre productos libres de deforestación (EUDR)[99] fruto del compromiso de la Unión con la lucha contra el cambio climático y la conciencia de que la deforestación constante a nivel mundial es un grave problema que hay que afrontar. Y lo hace no tanto desde la perspectiva de la silvicultura sino desde la perspectiva económica. Tomando conciencia de que la principal causa de desforestación es la expansión agraria alcanzado casi el 90% de la deforestación en el planeta en el periodo 2000-2018, el UEDR se centra en aquellas zonas deforestadas no para consumo directo sino a aquellas relacionadas con producción de bienes comercializados o comercializables a nivel mundial de los que la Unión ha sido, y es, gran importador y consumidor siendo responsable, en el periodo entre 1990 y 2008, del 10 % de la deforestación mundial[100].

---

99 Reglamento (UE) 2023/1115 del Parlamento Europeo y del Consejo, de 31 de mayo de 2023, relativo a la comercialización en el mercado de la Unión y a la exportación desde la Unión de determinadas materias primas y productos asociados a la deforestación y la degradación forestal, y por el que se deroga el Reglamento (UE) nº 995/2010 (https://www.boe.es/buscar/doc.php?id=DOUE-L-2023-80809).

100 Informe de la FAO: El estado de los bosques del mundo 2022 (https://openknowledge.fao.org/items/cc62f03d-01c7-401f-8260-89cd916c6b3f).

Así, tras una primera propuesta presentado por la Comisión Europa en 2021[101] el texto definitivo del Reglamento fue publicado el 9 de mayo de 2023 en el Diario Oficial de la Unión Europea entrado en vigor el 29 de junio de 2023 y con aplicación plena a finales para el 31 de diciembre de 2024. En síntesis, el UEDR viene a regular la introducción y comercialización en el mercado de la UE, así como a la exportación desde él, de determinados productos denominados "pertinentes", según un listado anexo, que contengan o se hayan elaborado utilizando determinadas materias primas, concretamente, ganado bovino, cacao, café, palma aceitera, caucho, soja o madera, así como el ganado bovino que haya sido alimentado con dichas materias primas, considerando que el cultivo o explotación estas materias primas es la causa u origen de gran parte de la deforestación causada por la expansión agraria y que no está ligada directamente al consumo directo local o regional sino a la comercialización a terceros. Se busca con ello reducir al mínimo la contribución de la Unión a la deforestación y la degradación forestal en todo el mundo, así como a las emisiones de gases de efecto invernadero y a la pérdida de biodiversidad mundial.

Ciertamente, el UEDR es una norma muy novedosa por su planteamiento pero que ha visto la luz bajo una gran polémica. A nivel internacional, su entrada en vigor generó bastante controversia en países exportadores hacia a la Unión. Apenas dos tres meses después de su entrada en vigor, en septiembre de 2023, en una carta dirigida a Comisión y el Parlamento Europeo, 17 países del denominado "Sur Global" como principales productores y exportadores de las materias primas y productos recogidos en la norma, mostraban su desacuerdo con la norma criticando su unilateralidad, la falta de negociación y el poco respaldo internacional a la misma. A estas críticas se sumaba Estados Unidos que en junio de 2024 en una carta remitida a la Comisión reclamaba el aplazamiento en la aplicación de la norma dando más tiempo de adaptación a los productores de ese país. Estas críticas se trasladaron a las reuniones de máximo nivel en organismos internacionales como la ONU o la Organización Mundial de Comercio (OMC). A nivel interno, también fue objeto de fuertes críticas por parte

---

101 (1) Propuesta de 17 de noviembre de 2021 de Reglamento del Parlamento Europeo y del Consejo relativo a la comercialización en el mercado de la Unión y a la exportación desde la Unión de determinados productos básicos y productos asociados a la deforestación y la degradación forestal y por el que se deroga el Reglamento (UE) nº 995/2010 (https://eur-lex.europa.eu/resource.html?uri=cellar:b42e6f40-4878-11ec-91ac-01aa75ed71a1.0022.02/DOC_1&format=PDF).

del sector agroalimentario europeo y de los países más afectados, en particular, la repercusión que el Reglamento podía tener en la cadena de distribución agroalimentaria con el consiguiente aumento de coste y su falta de claridad normativa. La patronal del comercio minorista y mayorista en la UE, (EuroCommerce) se sumó a estas críticas, pidiendo una demora en la aplicación de la norma.

Estas críticas, unido a que ciertas cuestiones operativas del Reglamento no estaban claras o resueltas como, por ejemplo, la clasificación de los países de acuerdo con el riesgo de deforestación, la aplicación informática para la presentación de la diligencia debida o ciertas cuestiones técnicas hizo que la Comisión Europea anunciara, el 2 de octubre de 2024, el aplazamiento durante 12 meses en la entrada en vigor del EUDR y que se reflejó en el Reglamento que modificaba el anterior en cuanto a las disposiciones relativas a su entrada en vigor y en cuanto a la fecha de publicación del listado de riesgo de los países por parte de la Comisión[102]. De este modo, se concede una moratoria en la aplicación de las principales obligaciones impuestas por el UEDR, como la declaración de diligencia debida, para el 31 de diciembre de 2025 y se amplía aún más su entrada en vigor para las pequeñas empresas o microempresas al 31 de diciembre de 2026 bajo la premisa de proporcionar tiempo a la Unión para hacer los ajustes necesarios y reforzar la cooperación internacional con los países que más dificultades pueden tener para poner en práctica la aplicación del Reglamento. Existe, en consecuencia, un período transitorio entre la entrada en vigor del Reglamento y la fecha de comienzo de la aplicación que exime del cumplimiento de las principales obligaciones en virtud del UEDR. Prorroga que, sin embargo, tampoco ha estado exenta de crítica[103]. De hecho, el riesgo en la efectiva aplicación del Reglamento sigue aun latente. En mayo de 2025, el propio Comisario Europeo de Agricultura, Christophe Hansen, dejaba abierta la posibilidad de que los países que no presentan ningún riesgo de deforestación deben quedar exentos de las cargas adicionales que

---

[102] Reglamento (UE) 2024/3234 del Parlamento Europeo y del Consejo, de 19 de diciembre de 2024, por el que se modifica el Reglamento (UE) 2023/1115 en lo que respecta a las disposiciones relativas a la fecha de aplicación (https://eur-lex.europa.eu/legal-content/ES/ALL/?uri=CELEX:32024R3234).

[103] The Guardian. Publicado el 1 de enero de 2025 (theguardian.com/environment/2025/jan/01/former-eu-environment-chief-warns-against-backsliding-on-climate-crisis?utm_source=chatgpt.com).

supone esta norma[104]. Hasta once países miembros de la Unión, liderados por Austria y Luxemburgo, habrían reclamado mayor flexibilidad de la norma y una nueva prórroga a su entrada en vigor[105]. En este tiempo, el Ejecutivo Europeo ha publicado aclaraciones y medidas para simplificar en la aplicación de su normativa tratando de relajar las exigencias administrativas y los costes que pudieran derivarse y este mismo mayo de 2025 la Comisión dicto disposiciones adicionales a través de un Reglamento de ejecución en lo que respecta a la lista de países que presentan un riesgo bajo o alto de producir materias primas incluidos en el UEDR[106], el 4 de julio de 2025 hasta dieciocho estados miembros de la Unión remitieron una carta Comisario de Agricultura y Alimentación, Christophe Hansen, y a la Comisaria de Medioambiente, Jessika Roswall, reclamando una nueva moratoria en la entrada en vigor y un mayor compromiso en la simplificación de los requisitos impuestos que se consideraban aun excesivamente onerosos e injustificados [107]. De hecho, este 9 de julio de 2025 se probó por el Parlamento Europeo una resolución enmienda por la que insta a la Comisión a que derogue su Reglamento de Ejecución dictado en mayo y revise el sistema de evaluación de países[108], introduciendo una categoría de «riesgo insignificante o riesgo nulo» que no aparecía en el texto legal del Reglamento, como han criticado barias entidades ecologistas.

Podemos afirmar, en conclusión, que la aplicación efectiva de las previsiones del Reglamento está aún en entredicho a escasos cuatro meses de entrar en vigor las principales obligaciones o exigencias que contiene

---

104 Libertad Digital. Marta arce, publicado el 29 de mayo de 2025 (https://www.libertaddigital.com/libremercado/2025-05-28/mi-la-ue-plantea-suavizar-la-ley-antideforestacion-para-lidiar-con-trump-argentina-brasil-y-el-campo-7258867/).

105 Agrolatam. Publicado el 29 de mayo de 2025 (https://www.agrolatam.com/agricultura/la-ley-de-deforestacion-de-la-ue-se-enfrenta-al-rechazo-de-11-estados-miembros-1180/).

106 Comisión Europea. Comunicado de prensa publicado el 15 de abril de 2025 (https://ec.europa.eu/commission/presscorner/api/files/document/print/es/ip_25_1063/IP_25_1063_EN.pdf). Reglamento de Ejecución (UE) 2025/1093 de la Comisión, de 22 de mayo de 2025, por el que se establecen disposiciones de aplicación del Reglamento (UE) 2023/1115 (https://eur-lex.europa.eu/legal-content/ES/ALL/?uri=CELEX:32025R1093).

107 EFE. Publicado el 9 de julio de 2025 (https://efe.com/euro-efe/2025-07-09/paises-ue-piden-bruselas-simplificar-retrasar-ley-deforestacion/).

108 Resolución del Parlamento Europeo, de 9 de julio de 2025, sobre el Reglamento de Ejecución (UE) 2025/1093 de la Comisión, de 22 de mayo de 2025 (https://www.europarl.europa.eu/doceo/document/TA-10-2025-0149_ES.html).

y que, a estas alturas, son muchas las dudas en cuanto a cómo se van a cumplir esas obligaciones y qué medios o apoyos van a tener las empresas para hacerlo. No obstante, la voluntad de la Comisión es que el UEDR entre en vigor plenamente en las fechas previstas y para aclarar las dudas existentes, se ha preocupado de hacer público, a través de sus servicios, de gran cantidad material sobre la aplicación efectiva del Reglamento[109].

2. NOVEDADES DEL REGLAMENTO

I. Ideas generales

El EUDR[110] regula la introducción y comercialización en el mercado de la Unión, así como a la exportación desde él, de determinados productos con el objetivo de reducir al mínimo la contribución de la UE a la deforestación y la degradación forestal en todo el mundo y, por tanto, a las emisiones de gases de efecto invernadero y a la pérdida de biodiversidad mundial.

Para ello, define[111] como «introducción en el mercado» la primera comercialización de una materia prima o un producto pertinente en el mercado de la Unión; como «comercialización», todo suministro de un producto pertinente para su distribución, consumo o utilización en el mercado de la Unión en el transcurso de una actividad comercial, ya se produzca el suministro de manera remunerada o gratuita; y como «exportación» es el procedimiento establecido en código aduanero de la Unión[112].

---

109 (30) Preguntas Frecuentes (FAQ) publicado por la Comisión Europea (https://circabc.europa.eu/ui/group/34861680-e799-4d7c-bbad-da83c45da458/library/e126f816-844b-41a9-89ef-cb2a33b6aa56/details). Comunicación de la Comisión–Documento de orientación para el Reglamento (UE) 2023/1115, relativo a los productos libres de deforestación (https://www.boe.es/buscar/doc.php?id=DOUE-Z-2025-70059).

110 Artículo 1 del UEDR (TOL9.702.507).

111 Artículo 2 del UEDR (TOL9.702.507).

112 Reglamento (UE) nº 952/2013 del Parlamento Europeo y del Consejo, de 9 de octubre de 2013, por el que se establece el código aduanero de la Unión (https://www.boe.es/buscar/doc.php?id=DOUE-L-2013-82033) (TOL3.961.371).

Dichos productos, denominados pertinentes, vienen definidos en el Anexo I del UEDR y deben contener o haberse elaborado utilizando como materias primas del ganado bovino, cacao, café, palma aceitera, caucho, soja o madera, así como al ganado bovino que haya sido alimentado con dichas materias primas exigiéndose, para su introducción, comercialización o exportación en mercado de la Unión que se cumplan tres condiciones básicas[113] que son acumulativas y deben cumplirse por separado e individualmente: que estén libres de deforestación; que hayan sido producidos de conformidad con la legislación pertinente del país de producción, y que estén amparados por una declaración de diligencia debida (DDS).

En primer lugar, en cuanto al requisito de que las zonas de producción estén libres de deforestación, es importante señalar que cuando el UEDR se refiere a la deforestación[114] hace referencia a la conversión de los bosques para destinarlos a un uso agrario, independientemente de si es de origen antrópico o no, es decir, con o sin intervención humana. Con ello parece querer incluir aquellas superficies forestales que, tras haber sido objeto de incendios, se reconvierten a tierras de cultivo, por ejemplo. La duda se aclara por los servicios de la Comisión[115] señalando que cuando un bosque haya sufrido un incendio y posteriormente se convierta en tierra agrícola se considerará en situación de «deforestación» y, por tanto, se prohibiría a un operador abastecerse de materias primas procedentes de esa zona pero por la propia deforestación y no a consecuencia del incendio forestal. Por el contrario, si tras el incendio, se permite que el bosque afectado se regenere, no se consideraría en situación de «deforestación», y un operador podría obtener madera de ese bosque una vez que se haya repoblado.

De ahí que cuando habla de productos libres de deforestación exige que estos hayan sido elaborados o, en su caso, alimentados con materias primas pertinentes producidas en tierras que no han sufrido deforestación después del 31 de diciembre de 2020 y que, para el caso de aquellos productos que contienen o han sido elaborados con madera, será necesario que esta no haya sido aprovechada causando degradación forestal después de esa misma fecha.

---

113 Artículo 3 del UEDR (TOL9.702.507).

114 Artículo 2.3 del UEDR (TOL9.702.507).

115 Subapartado 4.12. Preguntas Frecuentes (FAQ) publicado por la Comisión Europea.

El segundo requisito, es decir que esos productos o sus materias primas hayan sido producidos de conformidad con la legislación pertinente del país de producción, el UEDR[116] entiende por «legislación pertinente del país de producción» las leyes aplicables en el país de producción relativas al estatuto jurídico de la zona de producción enumerando de una serie de ámbitos del derecho entre los que se incluyen aquellos relacionados con los derechos de uso del suelo, la protección del medio ambiente, normativa relacionada con los bosques, incluida la gestión forestal y la conservación de la biodiversidad, derechos de terceros, derechos laborales, derechos humanos protegidos en virtud del Derecho internacional o el principio de consentimiento libre, previo e informado, según lo contemplado en la Declaración de las Naciones Unidas sobre los Derechos de los Pueblos Indígenas[117] así como la normativa fiscal, la de lucha contra la corrupción, la comercial y la aduanera. Se trata, sin embargo, de una enumeración meramente ilustrativa y no exhaustiva sin especificar legislación concreta, ya que difieren de un país a otro y pueden ser objeto de modificaciones.

Se trata, como reconoce la propia Comisión[118], de un «requisito de legalidad» pues se refiere a aquella legislación de cada país que afecta o influye específicamente en la situación jurídica del ámbito en el que se produjeron las materias primas pero que se extiende a otros ámbitos, especialmente aquellas relaciones con la lucha contra la deforestación o la degradación forestal.

En particular, se hace referencia a «los derechos de uso del suelo», entre los que se encuentra, según la Comisión, la legislación sobre el aprovechamiento y la producción en la tierra o sobre la gestión de la tierra como la legislación relativa a la transferencia de tierras, en particular para tierras agrarias o bosques o la legislación sobre transacciones de arrendamiento de terrenos[119]. Es decir, la Comisión de refiere,

---

116 Artículo 2.40 del UEDR.

117 Declaración de las Naciones Unidas sobre los Derechos de los Pueblos Indígenas (www.un.org/esa/socdev/unpfii/documents/DRIPS_es.pdf).

118 Apartado 6: Legalidad. Comunicación de la Comisión. Documento de orientación para el Reglamento (UE) 2023/1115 relativa los productos libres de deforestación (C/2024/6789) de 13 de noviembre de 2024 (https://www.boe.es/buscar/doc.php?id=DOUE-Z-2025-70059) (TOL9.702.507). Subapartado 1.29. y 3.3. Preguntas Frecuentes (FAQ) publicado por la Comisión Europea.

119 Letra a), apartado 6: Legalidad. Comunicación de la Comisión. Documento de orientación para el Reglamento (UE) 2023/1115 relativa los productos libres de

entendemos, al título habilitante que permite la explotación, aprovechamiento o producción sobre las tierras o parcelas de las que proceden los productos o materia primas incluidos en el UEDR. Y es importante tenerlo en cuenta pues, dentro de la DDS, que veremos a continuación, es obligatorio[120] recopilar aquellas información, documentos y datos que demuestren el cumplimiento de la legislación aplicable en el país de producción como, por ejemplo, información o documentación relacionada con cualquier disposición que confiera el derecho a utilizar la zona de que se trate para la producción de la materia prima pertinente. Como señala la Comisión, la decisión acerca de si se necesita un título de propiedad de un terreno u otra documentación que acredite o legitime para la explotación, producción o comercialización depende de cada legislación nacional y en función de que así se exija o no, será exigible o no en virtud del Reglamento.

Finalmente, y como tercera exigencia, los productos deben estar amparados por una declaración de diligencia debida (DDS) que acredite el cumplimiento de los dos primeros requisitos.

Veremos este último requisito de forma general a continuación y nos centraremos, especialmente, en el aspecto de la geolocalización de parcelas que el Reglamento.

II. La Declaración de Diligencia Debida (DDS).

a) Concepto.

Este último requisito es, quizás, es más polémico de los introducidos por el UERD pues exige[121] a los operadores y comerciantes, en ciertos casos, presentar una declaración de diligencia debida (DDS) antes de introducir en el mercado europeo productos pertinentes o antes de su exportación y, en su caso, de su comercialización la cual debe ponerse a disposición de las autoridades competentes a través de un sistema de información habilitado al efecto. Básicamente este requisito busca que

---

deforestación (TOL9.702.507).

120 Artículo 9, apartado 1, letra h), del UEDR y letra b), apartado 6: Legalidad. Comunicación de la Comisión. Documento de orientación para el Reglamento (UE) 2023/1115 relativa los productos libres de deforestación (TOL9.702.507). Subapartado 1.10. Preguntas Frecuentes (FAQ) publicado por la Comisión Europea.

121 Artículo 4.y 5 del UEDR.

quienes intervienen en el mercado se aseguren de la trazabilidad desde su origen de los productos y materias primas y se hagan responsables de que cumplen con las exigencias de estar libres de deforestación y que su producción se ajusta a la normativa del país de origen sometiéndose al control de las autoridades designadas por cada estado miembro[122]. Y, en base a la información obtenida, se les impone la obligación de evaluar el riesgo de que los productos pertinentes no sean conformes y, en caso de apreciarlo, adoptar las medidas necesarias para minimizar este[123].

Como aclara la propia Comisión[124], los operadores son responsables de realizar un examen y análisis exhaustivo de sus propias actividades empresariales, debiendo establecer un sistema de diligencia debida renovable o revisable cada año, lo que requiere la recogida de datos pertinentes, su análisis y, en su caso, la adopción de medidas de reducción del riesgo, a menos que el riesgo de incumplimiento se considere despreciable. La recogida de datos, el análisis del riesgo, que deberá estar especificado y adaptado a cada producto, y su posible reducción deben estar relacionados causalmente y reflejar las características de las actividades empresariales del operador y de las cadenas de suministro. Y toda esa información deberá incluirse en la DDS.

b) Contenido: La Geolocalización de las parcelas.

Unas de las cuestiones a la que obliga el requisito de diligencia debida para su inclusión en la DDS[125] (62) es verificar la trazabilidad en la cadena de producción y comercialización de los productos y materias primas pertinentes mediante la recopilación de información, datos y documentos necesarios y la acreditación de las medidas de evaluación de riesgos o de reducción de estos.

Centrándonos en la documentación necesaria, el UEDR[126] exige recopilar todas aquella información, documentos y datos que demuestren que los productos pertinentes cumplen con estar libres de deforestación y su producción se ajusta a las normas del país de origen. El UEDR hace una detallada relación de dicha documentación, debiendo conservarla

---

122 Artículos 18 y 19 del UEDR.

123 Artículo 10 y 11 del UEDR.

124 Subapartado 1.23. Preguntas Frecuentes (FAQ) publicado por la Comisión Europea.

125 Artículo 8 del UERD.

126 Artículo 9 del UEDR.

durante cinco años desde la fecha de la introducción en el mercado o de su exportación y revisarla, al menos una vez al año o cuando haya novedades que pueda influir en este sistema de acreditación[127]. Toda esta documentación se pondrá, como anunciábamos, a disposición de las autoridades competentes para las labores de control.

Dentro de la documentación necesaria, se exige[128] la geolocalización de la parcelas o parcelas de terreno en las que se produjeron las materias primas pertinentes que sirve para la producción del producto pertinente o que se han empleado para su elaboración, así como la fecha o intervalo temporal de producción y, de ser varia las parcelas, la geolocalización de todas ellas. Se establece que toda deforestación o degradación en las parcelas de terreno concretas conllevará la prohibición automática de introducir en el mercado, comercializar o exportar cualquier materia prima o producto pertinente procedente de dichas parcelas de terreno. Igual ocurre con los productos que contengan o hayan sido elaborados a partir de ganado bovino o que hayan sido alimentados con productos pertinentes, debiendo obtener la geolocalización de la totalidad de establecimientos de cría del ganado.

Se introduce pues como elemento determinante la geolocalización de parcelas o explotaciones hasta el punto de que se prohíbe expresamente introducir en el mercado, comercializar o exportar aquellos productos o materias primas pertinentes que proceda de parcelas que, por su geolocalización, hayan sido objeto de deforestación.

Quizás, conscientes los legisladores europeos de las dificultades que el cumplimiento de la DDS puede suponer, se prevé que los estados miembros puedan prestar asistencia técnica u orientación a los operadores y empresas obligados a cumplir con la DDS pudiendo la Comisión elaborar directrices con objeto de facilitar la aplicación armonizada del Reglamento. Especialmente, esta asistencia contempla los aspectos relativos a la conversión de los datos de los sistemas pertinentes para determinar la geolocalización en el sistema de información[129]. Y es que para el control y revisión de la diligencia debida, el UEDR prevé que la Comisión establezca, a más tardar el 30 de diciembre de 2024 y posteriormente mantenga un sistema de información que contendrá las DDS[130].

---

127 Artículo 12 del UEDR.

128 Artículo 9.1, letra d) del UEDR.

129 Artículo 15 del UEDR.

130 Artículo 33 del UEDR.

c) Cumplimiento del requisito de geolocalización.

- Concepto de geolocalización.

El UERD[131] entiende por «geolocalización» la ubicación geográfica de una parcela de terreno determinada mediante las coordenadas de latitud y longitud correspondientes al menos a un punto de latitud o longitud y usando al menos seis dígitos decimales, especificando que para parcelas de terreno de más de cuatro hectáreas utilizadas para la producción de las materias primas pertinentes distintas del ganado bovino, se proporcionará utilizando polígonos con suficientes puntos de latitud y longitud para determinar el perímetro de cada parcela. Es decir, el UERD hace referencia a la acción de ubicar geográficamente y localizar las distintas parcelas de donde provienen los productos o materias primas pertinentes utilizando las coordenadas geográficas que permiten su localización exacta en el terreno. Este es, precisamente, el concepto que emplea el Reglamento[132] al hablar de trazabilidad hasta la parcela para demostrar que no ha habido deforestación en el lugar específico de producción.

Pero al hablar el Reglamento de «geolocalizar parcela», conviene tener presente dos conceptos íntimamente relacionados pero distintos. Por un lado, el término «geolocalización» hace referencia la acción de ubicar geográficamente una parcela mediante las coordenadas geográficas que permiten su localización exacta sobre el terreno. El otro término es el conocemos como «georreferenciación» que podemos definir como la técnica geográfica que permite, igualmente, ubicar geográficamente una parcela pero, además, definirla gráficamente en su conjunto a través de las coordenadas de los vértices que forman su perímetro o polígono permitiendo comprobar las relaciones topológicas respecto de otras parcelas que le son colindantes. Podemos afirmar que la georreferenciación comprende la geolocalización pero no al revés y mientras que para geolocalizar una parcela basta con un único punto de georreferenciación definido por su latitud y longitud para georreferenciar es preciso determinar todas las coordenadas que definen el polígono grafico que constituye la superficie de la parcela sobre el terreno.

---

131 Artículo 2.28 de UEDR.

132 Subapartado 1.1. Preguntas Frecuentes (FAQ) publicado por la Comisión Europea.

Por este motivo, entendemos, que el UERD y las normas aclaratorias no se refiere a la geolocalización en sentido estricto o, al menos, no en todos los supuestos. La Comisión establece ciertas reglas a seguir según el tipo de parcela y su uso. Así, para parcelas de más de 4 hectáreas destinadas a la producción de productos distintos del ganado, la geolocalización debe proporcionarse mediante polígonos, es decir, puntos de latitud y longitud de seis decimales para determinar los vértices del perímetro que forma cada parcela y para las parcelas de menos de 4 hectáreas, sin embargo, los operadores pueden utilizar un polígono o un único punto de latitud y longitud de seis decimales para proporcionar la geolocalización. Respecto de los establecimientos donde se cría ganado pueden describirse con un único punto de coordenadas de geolocalización[133].

Creemos que los servicios de la Comisión, en sus aclaraciones, emplean los dos conceptos antes enunciados y acudir a una u otra técnica dependerá de la superficie de las parcelas y del empleo de cada una pues, especto de parcelas con más de 4 hectáreas, al unir el concepto de geolocalización con los términos polígono y perímetro se están refiriendo, realmente, a la georreferenciación y cuando hace referencia a un único punto de longitud y latitud con relación a las parcelas de menos de 4 hectáreas o explotaciones de cría de ganado si se refiere a la geolocalización propiamente dicha.

Y es importante tener en cuenta esta distinción pues tanto el procedimiento a seguir, como su resultado e, incluso, el formato empleado para el traslado de la información geográfica será, o puede, ser distinto.

- Qué es lo que hay que geolocalizar.

El objetivo principal del UERD[134] es establecer una correspondencia entre las materias primas o productos comercializados y las parcelas donde se producen efectivamente. Para ello adopta lo que denominan los servicios de la Comisión «principio de trazabilidad estricta» según el cual los operadores deben recopilar las coordenadas de geolocalización precisas correspondientes a las parcelas de producción.

El término «parcela de terreno» se define por el UERD[135] como terreno dentro de una única propiedad inmobiliaria, tal como esté reconocido en el derecho del país de producción, que disfruta de condiciones suficien-

---

133 Subapartado 1.1. Preguntas Frecuentes (FAQ) publicado por la Comisión.

134 Subapartado 1.18. Preguntas Frecuentes (FAQ) publicado por la Comisión.

135 Artículo 2.27 del UERD y subapartado 1.15. Preguntas Frecuentes (FAQ) publicado por la Comisión.

temente homogéneas para permitir una evaluación del nivel de riesgo de deforestación y degradación forestal en conjunto asociado a las materias primas pertinentes producidas en ese terreno, siendo factor clave la identificación de la parcela de terreno utilizada para producir materias primas destinadas a comercializarse en el mercado de la UE[136].

Se trata de un concepto que pretende aunar lo gráfico, pues una parcela se entiende como una porción delimitada de terreno, y lo jurídico al hacer referencia a la propiedad inmobiliaria y, en todo caso, conforme a las normas del país concreto. Es un concepto general que se formula, entendemos, tratando de buscando su encaje dentro de las distintas acepciones que del término parcela emplean los ordenamientos de los distinto países miembros de la UE. Y es que cada uno de los 27 emplea distintos términos o conceptos que, en ocasiones, no son sinónimos. En España, por poner un ejemplo cercano, empleamos usualmente tres términos distintos pero relacionados. Así el término «parcela» hace referencia, en general, a la «parcela catastral» relacionado con el concepto de bien inmueble y referido a la parcela o porción de suelo de una misma naturaleza, enclavada en un término municipal y cerrada por una línea poligonal que delimita, a tales efectos, el ámbito espacial del derecho de propiedad de un propietario o de varios pro indiviso y, en su caso, las construcciones emplazadas en dicho ámbito, cualquiera que sea su dueño, y con independencia de otros derechos que recaigan sobre el inmueble[137] y que tiene un identificador único llamado referencia catastral. Se trata de un concepto eminentemente gráfico y que debe entenderse dentro de naturaleza fiscal que preside la acción del Catastro en España[138]. Por otro lado, se emplea el término «finca registral» que hace referencia a toda aquella entidad jurídica suficientemente definida, con una titularidad unitaria, susceptible de tráfico jurídico como unidad y capaz de abrir folio registral, identificándose por su código registral único (CRU)[139], y que integra tanto parcelas o fincas

---

136 Subapartado 4.2. Preguntas Frecuentes (FAQ) publicado por la Comisión.

137 Artículo 6.1 del Real Decreto Legislativo 1/2004, de 5 de marzo, por el que se aprueba el texto refundido de la Ley del Catastro Inmobiliario (https://www.boe.es/buscar/act.php?id=BOE-A-2004-4163).

138 Dirección General de Catastro (España). La importancia de llamarse Parcela Catastral. Amalia Velasco Martín-Varés. Relaciones Internacionales. Unidad de Apoyo. Publicado en octubre de 2009 (www.catastro.hacienda.gob.es/documentos/publicaciones/ct/ct66/1.pdf).

139 Ley 13/2015, de 24 de junio, de Reforma de la Ley Hipotecaria aprobada por Decreto de 8 de febrero de 1946 y del texto refundido de la Ley de Catastro Inmo-

como derechos, pues ambos pueden abrir folio registral, aglutinando conceptos tanto físicos como el jurídicos pues la finca registral constituye en el ordenamiento jurídico español la unidad al que deben ajustarse los actos y contratos dentro del tráfico jurídico inmobiliario. Y, finalmente y desde una perspectiva más urbanística, se define como «finca» la unidad de suelo o de edificación atribuida exclusiva y excluyentemente a un propietario o varios en proindiviso, que puede situarse en la rasante, en el vuelo o en el subsuelo. Cuando, conforme a la legislación hipotecaria, pueda abrir folio en el Registro de la Propiedad, tiene la consideración de finca registral. Y define como «parcela» la unidad de suelo, tanto en la rasante como en el vuelo o el subsuelo, que tenga atribuida edificabilidad y uso o sólo uso urbanístico independiente[140].

Desde una perspectiva más general, debemos referirnos aquí a la Directiva Inspire por la que se establece la infraestructura de información espacial en la Comunidad Europea[141]. El objetivo de estas normas es armonizar los datos geográficos necesarios para el establecimiento de las políticas medioambientales de la Unión Europea pero sus efectos han sido más expansivos pues ha servido de acicate para creación y fomento de infraestructuras y bases de datos espaciales en los países miembros. La definición de la parcela que se recogía, inicialmente, en la Directiva era bastante breve y sencillo al definir la parcela como «áreas definidas en los registros catastrales o sus equivalentes» quizás, y como apuntábamos, por la complejidad de dar un concepto que pudiera adaptarse al concepto manejado por cada uno de los 27 países miembros. De ahí que el Reglamento dictado para su ejecución[142] ofrezca una definición más completa desde el punto de vista gráfico y jurídico definiéndola como un área individual de superficie de la

---

biliario, aprobado por Real Decreto Legislativo 1/2004, de 5 de marzo (https://www.boe.es/buscar/act.php?id=BOE-A-2015-7046).

140 Artículo 26.1 del Real Decreto Legislativo 7/2015, de 30 de octubre, por el que se aprueba el texto refundido de la Ley de Suelo y Rehabilitación Urbana (https://www.boe.es/buscar/act.php?id=BOE-A-2015-11723).

141 Directiva 2007/2/CE del Parlamento Europeo y del Consejo, de 14 de marzo de 2007, por la que se establece una infraestructura de información espacial en la Comunidad Europea (Inspire) (https://www.boe.es/buscar/doc.php?id=DOUE-L-2007-80587).

142 Reglamento (UE) Nº 1089/2010 de la Comisión de 23 de noviembre de 2010 por el que se aplica la Directiva 2007/2/CE del Parlamento Europeo y del Consejo en lo que se refiere a la interoperabilidad de los conjuntos y los servicios de datos espaciales (https://eur-lex.europa.eu/LexUriServ/LexUriServ.do?uri=OJ:L:2010:323:0011:0102:Es:PDF).

tierra, sujeta a derechos reales de propiedad, homogéneos y de titularidad única considerando como titularidad única la que puede ser ejercida por uno o más titulares para el total de la parcela.

Lo que sí parece claro a estas alturas es que cuando el UERD se refiere al termino parcela no lo hace desde un punto de vista estrictamente gráfico, referido solamente a la circunstancia de su geolocalización, sino también al aspecto jurídico pues no se desconoce que el término parcela debe comprender ambos aspectos: el de su ubicación sobre el territorio y su pertenencia o uso basado en un título jurídico de naturaleza privada y no pública; de ahí que se excluyan de esta obligación de geolocalización a todas aquellas tierras o porciones que no entren dentro del concepto de parcela[143] por su naturaleza pública o comunal.

Por otro lado, respecto a las dudas en cuanto a qué parcela o parcelas deben ser objeto de geolocalización o georreferenciación, los servicios de la Comisión señalan[144] que la trazabilidad de cada lote o productos pertinente, incluso productos a granel, compuestos o mezclados, que vayan a ser importados, exportados y comercializados se haga respecto de todas y cada una de las parcelas de origen y siempre con anterioridad a su importación, exportación o comercialización[145], salvo ciertas excepciones, e incluso en países denominados de «bajo riesgo»[146]. El Reglamento exige que los productos básicos utilizados para todos los productos incluidos en su ámbito de aplicación sean rastreables hasta la parcela de tierra, dice la Comisión[147]. Así resulta también del Anexo II regulador del contenido de la declaración de diligencia debida [148].

---

143 Subapartado 1.6. Preguntas Frecuentes (FAQ) publicado por la Comisión.

144 Subapartado 1.3 y 1.17. Preguntas Frecuentes (FAQ) publicado por la Comisión Europea.

145 Subapartado 1.2. Preguntas Frecuentes (FAQ) publicado por la Comisión Europea.

146 Subapartado 1.28. Preguntas Frecuentes (FAQ) publicado por la Comisión Europea.

147 Subapartado 1.4. Preguntas Frecuentes (FAQ) publicado por la Comisión Europea.

148 Anexo II del UERD. Punto 3: Información que debe incluirse en la declaración de diligencia debida con arreglo al artículo 4, apartado 2: País de producción y geolocalización de todas las parcelas de terreno en las que se produjeron las materias primas pertinentes. En el caso de productos pertinentes que contengan o hayan sido elaborados a partir de ganado bovino, y en el caso de aquellos productos pertinentes que hayan sido alimentados con productos pertinentes, se dará

La cuestión no es baladí pues si una parte de un producto pertinente no es conforme, dicha parte debe identificarse y separarse del resto antes de introducir el producto en el mercado de la UE o exportarse pues no podrá introducirse en el mercado de la UE ni exportarse y si no fuera posible porque los productos no conformes se han mezclado con el resto, entonces todo el producto en cuestión no es conforme y, por lo tanto, no podrá comercializarse en el mercado de la UE ni exportarse[149].

- A quién corresponde la obligación de geolocalizar.

El UERD establece obligaciones para los operadores y comerciantes así como para los Estados miembros de la Unión Europea y sus autoridades competentes de los mismos, sin imponer obligaciones a países no pertenecientes a la Unión.

De este modo, el Reglamento no impone obligaciones directas a los productores de terceros países a menos que comercialicen productos directamente en el mercado de la Unión[150] y quedan excluidos de la necesidad de geolocalizar. Cabe, incluso, que el operador pueda utilizar los datos de geolocalización del productor aunque este no comercialice directamente productos en el mercado de la Unión, pero teniendo presente que es el responsable en última instancia de su exactitud y de que la zona en la que se produjo la materia prima pertinente está correctamente cartografiada y que la geolocalización corresponde a la parcela de terreno[151]. Y esto supone que, si el operador no puede obtener de sus proveedores la información exigida, debe abstenerse de introducir o comercializar los productos pertinentes en el mercado de la UE o de exportarlos desde la UE, ya que ello daría lugar a una infracción del Reglamento[152].

---

la geolocalización de la totalidad de establecimientos de cría del ganado. En el caso de productos pertinentes que contengan o hayan sido elaborados utilizando materias primas producidas en distintas parcelas de terreno, se incluirá la geolocalización de todas las parcelas de conformidad con el artículo 9, apartado 1, letra d).

149 Subapartado 1.5. Preguntas Frecuentes (FAQ) publicado por la Comisión Europea.

150 Subapartado 1.1 y 1.30. Preguntas Frecuentes (FAQ) publicado por la Comisión Europea.

151 Subapartado 1.11. Preguntas Frecuentes (FAQ) publicado por la Comisión Europea.

152 Subapartado 1.27. Preguntas Frecuentes (FAQ) publicado por la Comisión Europea.

El UERD contempla dos tipos de obligados. Por un lado, los denominados «operadores», que será toda persona física o jurídica que, en el transcurso de una actividad comercial, introduce o importa productos pertinentes en el mercado o los exporta desde la Unión. Y dicho concepto alcanza a quienes transforman un producto o materia prima pertinente importada por otro operador. Y, por otro, los «comerciantes», es decir toda persona de la cadena de suministro distinta del operador que, en el transcurso de una actividad comercial, comercializa los productos pertinentes en el mercado de la Unión en el transcurso de una actividad comercial, ya se produzca el suministro de manera remunerada o gratuita[153]. Y todo ello respecto de operaciones hacía, desde o dentro del mercado de la Unión.

Para los servicios de la Comisión[154], es responsabilidad de los operadores recopilar las coordenadas de geolocalización de las parcelas incluso aunque los países productores de origen pongan reticencias y, además, deben garantizar la veracidad y precisión de la información sobre geolocalización como aspecto crucial de las responsabilidades que deben cumplir. La ausencia de geolocalización o la falsedad de la información supone una infracción de las obligaciones impuestas por el UERD.

No obstante, el UERD prevé una relajación de requisitos respecto de las Pymes europeas[155]. Básicamente, quedarían excluidos de la geolocalización y podrán comercializar productos pertinentes si están en posesión de la información que acredite la identidad de sus proveedores y sus clientes empresariales y los números de referencia de las declaraciones de diligencia debida asociadas a los productos. Su obligación es mantener la trazabilidad de los productos pertinentes, es decir, deben recopilar y conservar información y ponerla a disposición de las autoridades competentes, previa solicitud, para demostrar el cumplimiento[156].

---

153 Artículos 2.15, 2.17 y 18 y apartado 3. Preguntas Frecuentes (FAQ) publicado por la Comisión Europea. Artículos 4 y 5 del UERD.

154 Subapartado 1.12, 1.19, 1.27, y 1.31. Preguntas Frecuentes (FAQ) publicado por la Comisión Europea.

155 Artículo 2.30 del UERD y artículo 3 de la Directiva 2013/34/UE del Parlamento Europeo y del Consejo de 26 de junio de 2013 (https://www.boe.es/doue/2013/182/L00019-00076.pdf).

156 Comunicación de la Comisión C/2024/6789. Documento de orientación para el Reglamento (UE) 2023/1115 relativo a los productos libres de deforestación (eur-lex.europa.eu/legal-content/ES/TXT/PDF/?uri=OJ:C_202406789).

- Cuándo deben geolocalizarse las parcelas.

Las coordenadas de geolocalización deben indicarse en las DDS que los operadores están obligados a presentar al sistema de información antes de la introducción en el mercado de la UE o la exportación desde la UE de productos pertinentes[157] y siempre con respecto a productos que contengan materias primas pertinentes o hayan sido alimentados o elaborados con ellas, producidas en tierras que no hayan sufrido deforestación después del 31 de diciembre de 2020 y, tratándose de productos pertinentes que contengan madera o hayan sido elaborados con madera, que la madera se haya aprovechado del bosque sin provocar su degradación después del 31 de diciembre de 2020[158].

Esto puede hacerse recopilando las geolocalizaciones o consultando la referencia correspondiente a una DDS previa que contenga las geolocalizaciones de la parcela o parcelas de donde procedan los productos o materias primas pertinentes[159].

Sin embargo, no es necesario enumerar todas las parcelas propiedad de un único propietario si algunas de estas parcelas no se utilizan para producir materias primas cubiertas por el Reglamento o no están destinadas a comercializarse en el mercado de la Unión y si, por el contrario, posee varias parcelas de terreno e introduce en el mercado productos pertinentes de todas estas parcelas, es posible declarar todas las parcelas afectadas en una sola declaración de diligencia[160].

- Técnicas de geolocalización.

Asumiendo la distinción entre los términos geolocalización y georreferenciación, la técnica empleada para ambos supuesto no es, sin embargo, muy distinta pues, básicamente, la obtención de las coordenadas que han de permitir geolocalizar o georreferenciar una parcela exige el empleo de tres elementos gráficos: un sistema de referencia, su sistema de proyección y las coordenadas obtenidas de la parcela. Los dos primeros integran, lo que se denomina, «sistema de coordenadas» y permite

---

157 Artículo 4, 8 y 9 del UERD y subapartado 1.1. Preguntas Frecuentes (FAQ) publicado por la Comisión Europea.

158 Artículo 2.13 del UEDR.

159 Subapartado 1.13. Preguntas Frecuentes (FAQ) publicado por la Comisión Europea.

160 Subapartado 4.2. Preguntas Frecuentes (FAQ) publicado por la Comisión Europea.

proyectar las coordenadas que forman la representación gráfica de una parcela sobre un mapa o visor gráfico. Una vez conocido el sistema de coordenadas, cada coordenada se expresa por los puntos x e y de cada uno de los vértices de la parcela referidos a dicho sistema de coordenadas adoptado[161].

La determinación o empleo de un sistema de coordenadas común en la aplicación del UEDR creemos que es esencial para el tratamiento uniforme de la información. En España, el sistema de referencia oficial es el sistema estándar europeo conocido como ETRS89, siendo el sistema para las Islas Canarias el REGCAN95[162], la proyección empleada es la denominada UTM[163] y el traslado de los archivos gráficos se hace mediante

---

161 Dirección General de Catastro: Preguntas frecuentes acerca de la Coordinación (https://www.catastro.hacienda.gob.es/esp/faqs_catastro_registro.asp).

162 European Terrestrial Reference System 1989 (ETRS98), consistente con los modernos sistemas de navegación por satélite GPS, GLONASS y el europeo GALILEO. Su origen se remonta a la resolución de 1990 adoptada por EUREF (Subcomisión de la Asociación Internacional de Geodesia, AIG, para el Marco de Referencia Europeo) y trasladada a la Comisión Europea en 1999, por lo que está siendo adoptado sucesivamente por todos los países europeos. Por otra parte, en 1995 la compensación de la red geodésica de Canarias, dentro del marco de la Red Geodésica Nacional por Técnicas Espaciales, REGENTE, supuso la materialización del sistema denominado REGCAN95, completamente compatible con el sistema ETRS89. Real Decreto 1071/2007, de 27 de julio, por el que se regula el sistema geodésico de referencia oficial en España (https://www.boe.es/buscar/doc.php?id=BOE-A-2007-15822). Es el sistema empleado en la coordinación Registros de la Propiedad y Catastro. Resolución de 29 de octubre de 2015, de la Subsecretaría, por la que se publica la Resolución conjunta de la Dirección General de los Registros y del Notariado y de la Dirección General del Catastro, por la que se regulan los requisitos técnicos para el intercambio de información entre el Catastro y los Registros de la Propiedad (https://www.boe.es/buscar/act.php?id=BOE-A-2015-11655).

163 Universal Transverse Mercator (UTM). Se utiliza junto con ETRS89 para la cartografía oficial en España, dividiendo el territorio en zonas de 6° de longitud. La península y Baleares se encuentran en los husos 29, 30 y 31, mientras que las Canarias usan los husos 27 y 28. Disposición derogatoria única. Real Decreto 1071/2007, de 27 de julio, por el que se regula el sistema geodésico de referencia oficial en España (https://www.boe.es/buscar/doc.php?id=BOE-A-2007-15822). Es el sistema de proyección empleado en la coordinación Registros de la Propiedad y Catastro (https://www.boe.es/buscar/act.php?id=BOE-A-2015-11655).

archivos GML[164]. Sin embargo, para la aplicación del UERD[165] se adopta el sistema de referencia de coordenadas WGS84[166], con proyección EPSG-4326[167] y por un formato de archivo GeoJSON[168]. Se establece, además, la previsión de que cuando la geolocalización obligue a aportar coordenadas de parcelas sitas en distintos países (un producto que se produce en distintos países, por ejemplo) deben aportarse por separado las coordenadas correspondientes a cada país[169].

Aunque es cierto que el sistema WGS84 es más global, al abarcar toda la superficie terrestre, la mayoría de los trabajos cartográficos y geodésicos realizados en el continente europeo emplean el sistema ETRS89 por su mayor precisión, siendo el sistema estándar de información geográfica a nivel continental europeo y adoptado por la mayoría de los 27 y otros países del Espacio Económico Europeo como Noruega, Islandia o Liechtenstein. Es

---

164 Geography Markup Language (GML). Tipo de archivo de texto plano en estructura aninada conforme al estándar XML. Es el archivo tipo para poder interactuar con la Sede Electrónica del Catastro (S.E.C) y para el traslado de información gráfica entre los Registros de la Propiedad y el Catastro. Debe cumplir con la especificación definida en INSPIRE Data Specification on Cadastral Parcels – Technical Guidelines 3.1. (https://knowledge-base.inspire.ec.europa.eu/index_en).

165 Subapartado 7.8. Preguntas Frecuentes (FAQ) publicado por la Comisión Europea.

166 World Geodetic System 84 (WGS84). Sistema de coordenadas geográficas mundial que permite localizar cualquier punto de la tierra siendo de uso habitual en la comunidad de los SIG (https://mappinggis.com/2022/02/diferencias-entre-los-sistemas-de-coordenadas-geograficas-y-proyectadas/).

167 European Petroleum Survey Group. Conjunto de Datos de Parámetros Geodésicos (EPSG). Código que identifica el sistema de referencia geodésico WGS84, el cual se basa en el uso de coordenadas de latitud y longitud geográficas y es el estándar para el posicionamiento global a través del GPS. (https://epsg.org/home.html).

168 GeoJSON. Formato de archivo de intercambio de datos geoespaciales de código abierto que representa entidades geográficas sencillas y sus atributos no espaciales. Se basa en JavaScript Object Notation (JSON) y emplea como sistema de referencia de coordenadas geográficas el WGS84 (https://doc.arcgis.com/es/arcgis-online/reference/geojson.htm#:~:text=GeoJSON%20es%20un%20formato%20de%20intercambio%20de,geogr%C3%A1ficas%20sencillas%20y%20sus%20atributos%20no%20espaciales). Se prevé que los archivos que contengan las declaraciones de diligencia puedan alcanzar hasta los 25 Mb (99) permite más de 1 millones de puntos de geolocalización, o vértices de polígono en total, según el subapartado 7.16. Preguntas Frecuentes (FAQ) publicado por la Comisión Europea.

169 Subapartado 7.13. Preguntas Frecuentes (FAQ) publicado por la Comisión Europea. Anexo II.3. del UEDR.

de suponer que la Comisión admita la geolocalización en este sistema junto con el sistema WGS84.

Respecto a la forma de obtener las coordenadas, los servicios de la Comisión[170] aclaran que la recopilación de coordenadas puede hacerse través de teléfonos móviles, dispositivos portátiles del Sistema Global de Navegación por Satélite (GNSS) [171] y aplicaciones digitales de uso generalizado y gratuito (por ejemplo, Sistemas de Información Geográfica (SIG) [172] que no requieren una cobertura de la red móvil, solo una señal GNSS sólida, como las proporcionadas por Galileo[173]. Realmente, se hace una enumeración de los medios más habituales para la geolocalización o georreferenciación de fincas o parcelas pero el empleo de una u otra técnica dependerá, en gran medida, del país del que se trate pues en aquellos con catastros consolidados, lo normal será emplear las geometrías publicadas por estos.

En cualquier caso se exige, cuando deba geolocalizarse una parcela de más de 4 hectáreas no destinada a cría de vacuno, que se empleen polígonos con puntos de latitud y longitud suficientes para describir el perímetro de cada parcela no bastando con definir un punto central único. Como particularidad, los servicios de la Comisión[174] no consideran que el UERD obligue a proporcionar polígonos por medio de circunferencia y, de hecho, no lo ven viable. Y esto no es así pues puede ocurrir que una parcela tuviese un tramo curvo (lo fuera completamente) y, en tal caso, el tramo curvo puede sustituirse por una sucesión de vértices separados por una distancia que tenga en cuenta el radio de curvatura respecto del punto central de la circunferencia[175].

---

170 Subapartado 1.1. Preguntas Frecuentes (FAQ) publicado por la Comisión Europea.

171 Sistema Global de Navegación por Satélite (GNSS) es un sistema de satélites artificiales que proporciona servicios de posicionamiento, navegación y sincronización a escala mundial. Por ejemplo, GPS de Estados Unidos o Galileo de la Unión Europea.

172 Instituto Geográfico Nacional. Introducción a los sistemas de información geográfica. Francisco J. Dávila Martínez. Servicio de Documentación. (https://ibercarto.ign.es/resources/documentos/encuentros/01/ponencias/sig2.pdf

173 Sistema Galileo: Sistema mundial de navegación por satélite europeo (GNSS). (https://eur-lex.europa.eu/ES/legal-content/glossary/galileo.html).

174 Subapartado 1.16. Preguntas Frecuentes (FAQ) publicado por la Comisión Europea.

175 Dirección General de Catastro (https://www.catastro.hacienda.gob.es/esp/faqs_catastro_registro.asp).

Finalmente, se pretende que cada parcela, cuando haya que utilizar este medio de geolocalización, se corresponda identifique con un solo polígono[176], aportándose a la DDS declaración de diligencia tanto polígonos como parcelas y que la geolocalización se limite únicamente a las parcelas realmente afectadas por las previsiones del UERD[177] aun cuando se integren en una sola propiedad.

- Medios técnicos.

En este punto, no parece que desde las instituciones comunitarias se vayan a facilitar herramientas de geolocalización. No está previsto que el sistema de información en el que se han de cargar las declaraciones de diligencia[178] proporcione ortofotografías, imágenes por satélite, software ni herramientas para identificar las coordenadas de geolocalización, ya que no es una herramienta para cartografiar las coordenadas sino un repositorio consultable de información.

Lo único previsto es emplear Open Street Map (OSM)[179] como soporte para almacenar información geográfica. Este servicio permite cargar, visualizar y ajustar coordenadas pero no es una herramienta GIS avanzada y, hoy por hoy, el almacenaje de los archivos gráficos es público. Podemos decir que, en este aspecto, el UERD da libertad para emplear todas aquellas herramientas disponibles en el mercado para obtener las coordenadas de geolocalización y verificar su exactitud[180].

Respecto a la posible comprobación de la exactitud y veracidad de la información gráfica, las dudas fundamentales se centran en la posibilidad de emplear las capas graficas que ofrezcan información sobre zonas deforestadas. Como medida de apoyo para la aplicación del UERD se crea el Observatorio de la deforestación y la degradación forestal de la UE[181] que emplea

---

176 Subapartado 1.14. Preguntas Frecuentes (FAQ) publicado por la Comisión Europea.

177 Subapartado 1.15. Preguntas Frecuentes (FAQ) publicado por la Comisión Europea.

178 Artículo 33 del UERD. Se prevé que, a más tardar el 30 de diciembre de 2024, la Comisión establezca este sistema de información y que proporcionará otras funcionalidades.

179 Open Street Map (OSM). Se trata de un sistema gráfico de datos abiertos que se va alimentando con las aportaciones de sus usuarios. No es una capa o soporte gráfico oficial. Más información en https://www.openstreetmap.org/about.

180 Subapartado 7.5. Preguntas Frecuentes (FAQ) publicado por la Comisión Europea.

181 Comunicación de la Comisión «Intensificar la actuación de la UE para proteger y restaurar los bosques del mundo» (COM (2019) 352 final) de 23 de julio de 2019. Prioridad 5: Apoyar la disponibilidad, calidad y acceso a la información

las herramientas del sistema satelital Copernicus[182] así como otras fuentes públicas y privadas proporcionando pruebas científicas, incluidos mapas de ocupación del suelo en fecha límite relacionados con la deforestación y la degradación forestal a escala mundial. Es un proyecto que trabaja en paralelo a otras iniciativas como la Ley de Vigilancia Forestal[183] y la mejora y mejora del Sistema de Información Forestal para Europa (FISE)[184]. A estos efectos, se han elaborado por el Observatorio mapas que han de servir la evaluación de riesgos por parte de los operadores/comerciantes y las autoridades competentes de los Estados miembros de la UE como, por ejemplo, el mapa de cobertura forestal mundial para el año 2020. Sin embargo, los servicios de la Comisión dejan claro que su empleo no es obligatorio ni exclusivo y, especialmente, señalan que no es jurídicamente vinculante ni definitivo pues el empleo de esta información gráfica no garantiza automáticamente el cumplimiento de las condiciones del Reglamento y las empresas siguen estando obligadas a llevar a cabo la diligencia debida. De hecho, se admite el empleo de otras fuentes de información como los mapas forestales nacionales junto con el mapa de la cobertura forestal mundial para el año 2020, lo que es recomendable pues la combinación de diferentes

---

sobre los bosques y las cadenas de suministro de productos básicos. Apoyar la investigación y la innovación (https://eur-lex.europa.eu/legal-content/ES/TXT/DOC/?uri=CELEX:52019DC0352). Considerando 31 del UERD. Subapartado 9.10. Preguntas Frecuentes (FAQ) publicado por la Comisión Europea.

182 Copernicus es el Programa de Observación de la Tierra de la Unión Europea que servicios de información basados en datos de observación de la Tierra por satélite y en datos in situ (no espaciales) siendo coordinado y gestionado por la Comisión Europea y en cuya ejecución colaboran los Estados miembros, la Agencia Espacial Europea (ESA), la Organización Europea para la Explotación de Satélites Meteorológicos (Eumetsat), el Centro Europeo de Previsiones Meteorológicas a Medio Plazo, las agencias de la UE y la empresa Mercator Océan (https://www.copernicus.eu/es/sobre-copernicus).

183 Ley de Vigilancia Forestal (2023) pretende la creación de un sistema de vigilancia exhaustivo y de alta calidad que aporte datos normalizados o armonizados y abarque todos los bosques y otras superficies boscosas. Se basará en los conjuntos de datos existentes, las mejores prácticas de los Estados miembros y el progreso tecnológico en materia de teledetección, así como en la capacidad de la UE para prestar esos servicios (https://commission.europa.eu/news-and-media/news/new-law-proposed-improve-resilience-european-forests-2023-11-22_es).

184 El Sistema de Información Forestal para Europa (FISE) es un punto de acceso único para datos e información sobre los bosques europeos. El FISE reúne datos, información y conocimientos recopilados o derivados de los principales impulsores de las políticas forestales (https://forest.eea.europa.eu/).

fuentes de datos complementarias puede proporcionar información útil para una evaluación de los riesgos de deforestación[185].

La conclusión a la que podemos llegar es que no se imponen ninguna restricción técnica para obtener las coordenadas pero, al mismo tiempo, son limitadas las herramientas disponibles para ello en el UERD. Entendemos que, en su caso, serán ser los países miembros los que faciliten dichos medios y eso, obviamente, dependerá de cada uno de ellos.

- Consulta de información sobre geolocalización.

Es importante este punto porque son muchas las cuestiones que se han ido suscitando acerca de quién o cuando puede consultar la información contenida en el sistema de información previsto en el UERD.

Por un lado se prevé que la Comisión establezca tanto normas de funcionamiento como sobre protección de los datos personales y el intercambio de datos con otros sistemas informáticos. Y es que está previsto dar acceso a autoridades aduaneras, las autoridades competentes, operadores y los comerciantes y, si procede, a sus representantes autorizados pero, además, dar acceso público general a los conjuntos de datos completos anonimizados en un formato abierto que pueda ser legible por máquina y que garantice la interoperabilidad, la reutilización y la accesibilidad[186].

En cuanto a los datos de geolocalización en particular, se permitirá el acceso autoridades responsables de aplicar el UERD para comprobar la información aportada así como a los miembros de la cadena de suministro que dispongan a las referencias de las declaraciones de diligencia y números de verificación, proporcionados por el usuario[187].

- Controles por la autoridad competente.

Es importante destacar que el UERD establece una serie de controles que incluyen el empleo de cualquier medio técnico o científico para determinar el lugar exacto en que se produjo la materia prima o producto per-

185 Mapa de cobertura forestal mundial para el año 2020 (CFG 2020). Instrumentos de apoyo facilitados por la Comisión Europea para aplicar el Reglamento de la UE sobre deforestación. Alojado en el Observatorio de la Deforestación y la Degradación Forestal de la UE, la CFG 2020 indica la presencia/ausencia de cubierta forestal mundial en una resolución espacial de 10 m a fecha 31 de diciembre de 2020 (https://forest-observatory.ec.europa.eu/forest). Subapartado 9.10. Preguntas Frecuentes (FAQ) publicado por la Comisión Europea.

186 Artículo 33 del UEDR.

187 Subapartado 7.7. Preguntas Frecuentes (FAQ) publicado por la Comisión Europea.

tinente y si están libres de deforestación, incluidos datos de observación de la Tierra, tales como los obtenidos a partir del programa y las herramientas Copernicus o de otras fuentes pertinentes de acceso público o privado[188]. En particular, se prevé el empleo del mapa de cobertura forestal mundial para el año 2020 pero también otros mapas mundiales, regionales o nacionales o cualquier otra fuente que consideren apropiada[189]. Y estas comprobaciones se extienden incluso respecto de terceros países vía acuerdo de cooperación [190].

3. LA SITUACIÓN EN ESPAÑA

A la vista de los expuesto en torno a la exigencia de formular la declaración de diligencia debida y, particularmente, en cuanto a la obligación de la geolocalización de la fincas o parcelas de donde proceden los productos y materias primas pertinentes, acreditar que se ha cumplido con la normativa aplicable y determinar ha existido o no deforestación, podemos afirmar que España se encuentra en una situación óptima para poder cumplir con este aspecto.

El cumplimiento del UERD[191] exige cumplir, en consecuencia, con la exigencia gráfica, la geolocalización, y la jurídica, el cumplimento de la normativa estatal, sirviendo ambos elementos para demostrar la ausencia de deforestación. Y como ya apuntábamos, el cumplimiento de estas exigencias dependerá en gran medida de la situación de cada país.

Creemos con firmeza, como apuntábamos, que España está en una situación excelente para cumplir con dichas exigencias, como vamos a ver.

I. La geolocalización de parcelas en territorio español.

Respecto a la geolocalización, sin perjuicio de emplear cualquiera de los medios técnicos previstos por el UERD según los servicios de la Comisión[192] como teléfonos móviles, dispositivos GNSS o aplicaciones GIS,

---

188 Artículo 18 y 19 del UERD. Subapartado 1.20. Preguntas Frecuentes (FAQ) publicado por la Comisión Europea.

189 Subapartado 9.10. Preguntas Frecuentes (FAQ) publicado por la Comisión Europea.

190 Subapartado 1.21. Preguntas Frecuentes (FAQ) publicado por la Comisión Europea.

191 Artículo 3 y 4 del UEDR.

192 Subapartado 1.1. Preguntas Frecuentes (FAQ) publicado por la Comisión Europea.

en España toda la superficie de su territorio se encuentra cartografiada y parcelada lo que permite tanto geolocalizar una parcela como determinar, mediante la georreferenciación, el polígono que la describe gráficamente a través de sus coordenadas geográficas.

Dentro de modelo establecido por el Sistema Cartográfico Nacional[193], el Instituto Geográfico Nacional (IGN)[194] tiene a su cargo el Plan Nacional de Observación del Territorio (PNOT)[195] que se articula sobre tres proyectos: Plan Nacional de Ortofotografía Aérea (PNOA) [196] que, recientemente, incorpora la tecnología LiDAR, el Plan Nacional de Teledetección (PNT) [197] y el Sistema de Información sobre Ocupación del Suelo en España (SIOSE)[198]. Todos estos proyectos permiten y ponen a disposición de la

193 Sistema Cartográfico Nacional (SCN). Modelo de actuación que persigue el ejercicio eficaz de las funciones públicas en materia de información geográfica mediante la coordinación de la actuación de los diferentes operadores públicos cuyas competencias concurren en este ámbito. Ley 14/2010, de 5 de julio, sobre las infraestructuras y los servicios de información geográfica en España (https://www.boe.es/buscar/act.php?id=BOE-A-2010-10707).

194 Instituto Geográfico Nacional (IGN). Organismo directivo dependiente de la Dirección General del mismo nombre e integrado dentro del organigrama Ministerio de Transportes y Movilidad Sostenible según Real Decreto 253/2024, de 12 de marzo, por el que se desarrolla la estructura orgánica básica del Ministerio de Transportes y Movilidad Sostenible, y se modifica el Real Decreto 1009/2023, de 5 de diciembre, por el que se establece la estructura orgánica básica de los departamentos ministeriales (www.boe.es/boe/dias/2024/03/13/pdfs/BOE-A-2024-4865.pdf).

195 Plan Nacional de Observación del Territorio (PNOT) tiene por objetivo impulsar la coordinación en la obtención y difusión de la información geográfica en España entre los distintos organismos de las Administraciones Públicas (www.ign.es).

196 Plan Nacional de Ortofotografía Aérea (PNOA). Cuyo objetivo es la obtención de coberturas con vuelos fotogramétricos, obteniendo modelos digitales del terreno y ortofotos digitales en color. Dentro de este plan se encuentra PNOA-LiDAR cuyo objetivo es cubrir todo el territorio de España mediante nubes de puntos con coordenadas X,Y,Z obtenidas mediante sensores LiDAR aerotransportados, con una densidad de 0,5 puntos/m.

197 Plan Nacional de Teledetección (PNT), para la obtención y el tratamiento de recubrimientos de imágenes de satélite sobre el territorio nacional de alta, media y baja resolución. Su objetivo es determinar los procesos productivos operativos más adecuados para cada tipo de imagen y redactar especificaciones técnicas de producto.

198 Sistema de Información sobre Ocupación del Suelo en España (SIOSE), una base de datos vectorial de ocupación del suelo para todo el territorio nacional.

sociedad la información geográfica del territorio nacional lo que facilita la búsqueda y geolocalización de parcelas.

Pero, por otro lado, todo el territorio nacional se encuentra dividido en parcelas a través del Catastro nacional y los cuatro catastros de los territorios forales (Registro de la Riqueza Territorial de Navarra y los Catastros de Bizkaia, Álava y Gipuzkoa[199]). Refiriéndonos al Catastro nacional, su regulación como lo conocemos hoy podemos situarla en la Ley que estableció el Catastro Topográfico Parcelario de 1906[200] (138) y desde entonces ha ido evolucionando hasta su actual regulación por el texto refundido de 2004[201] que lo configura como un registro administrativo, no jurídico, dependiente del Ministerio de Hacienda con una finalidad eminentemente fiscal pues, a través de la descripción de los bienes inmuebles rústicos, urbanos y de características especiales, fija en valor de referencia para la exacción de los impuestos que gravan la propiedad inmobiliaria[202]. El parcelario catastral constituye un mosaico formado por todas las parcelas existentes en España identificadas cada una por su referencia catastral [203] cada una con su geolocalización y georreferenciación [204]. Toda la información catastral está disponible en su sede electrónica [205].

---

199 Registro de la Riqueza Territorial de Navarra (https://www.navarra.es/es/hacienda/riqueza-territorial); Catastro de Bizkaia (https://www.bizkaia.eus/es/catastro-de-bizkaia); Catastro de Álava (https://catastroalava.tracasa.es/); Catastro de Gipuzkoa (https://www.gipuzkoa.eus/es/web/ogasuna/catastro).

200 Ley de 23 de marzo de 1906 referente al Catastro parcelario de España (https://www.boe.es/buscar/doc.php?id=BOE-A-1906-1975#:~:text=Ley%20de%2023%20de%20marzo,a%201159%20(4%20p%C3%A1gs.%20)

201 Texto Refundido de la Ley del Catastro Inmobiliario, aprobado por el Real Decreto Legislativo 1/2004, de 5 de marzo (https://www.boe.es/buscar/act.php?id=BOE-A-2004-4163).

202 Dirección General del Catastro: Usos y utilidades (https://www.catastro.hacienda.gob.es/esp/usos_utilidades.asp).

203 Dirección General del Catastro: La referencia catastral. Es el código alfanumérico de 20 cifras, oficial, obligatorio y único de los bienes inmuebles catastrales permitiendo situarlo inequívocamente en la cartografía catastral (https://www.catastro.hacienda.gob.es/esp/referencia_catastral.asp).

204 Dirección General del Catastro: El Catastro en cifras. En enero de 2025, había en España un total de 52.908.554 parcelas catastrales, de las cuales 14.092.154 correspondían a parcelas urbanas y 38.816.468 a parcelas rústicas (https://www.catastro.hacienda.gob.es/esp/catastroencifras.asp).

205 Sede electrónica de Catastro (https://www.sedecatastro.gob.es/).

Actualmente, además, también los Registros de la Propiedad españoles proporcionan información gráfica. El Registro de la Propiedad Español se extiende por todo el territorio nacional y tiene por objeto la inscripción o anotación de los actos y contratos relativos al dominio y demás derechos reales sobre bienes inmuebles practicándose aquellas en el Registro en cuya circunscripción territorial o distrito hipotecarios radiquen los inmuebles. Dependen del Ministerio de la Presidencia, Justicia y Relaciones de las Cortes y, dentro de este, de la Dirección General de Seguridad Jurídica y Fe Pública. La totalidad de los registradores de España se integran en el Colegio de Registradores de la Propiedad, Mercantiles y de Bienes Muebles de España (CORPME) [206].

Ya en el año 1996 [207] se impuso a la obligación de incorporar a las fincas registrales la referencia catastral para facilitar el intercambio de información entre los registros y el catastro lo que facilitaba la geolocalización de las fincas registrales. Pero el salto cuantitativo y cualitativo se produce en 2015 [208] con la Ley 13/2015 que viene a regular la coordinación gráfica entre los registros de la propiedad y el Catastro a través de la inscripción de la representación gráfica georreferenciada, sea catastral o alternativa a esta y elaborada sobre el terreno[209] en el folio real abierto a cada finca registral. De este modo, el legislador ha querido que los datos gráficos produzcan

---

206 Colegio Nacional de Registradores de la Propiedad, Mercantiles y de Bienes Muebles (CORPME'): ¿Qué es el Registro de la Propiedad? (https://www.registradores.org/el-colegio/registro-de-la-propiedad).

207 Ley 13/1996, de 30 de diciembre, de Medidas Fiscales, Administrativas y del Orden Social (https://www.boe.es/buscar/act.php?id=BOE-A-1996-29117) y Orden de 23 de junio de 1999 por la que se regula el procedimiento para dar cumplimiento a la obligación establecida en la Ley 13/1996, de 30 de diciembre, sobre suministro de información a la Dirección General del Catastro por los Notarios y Registradores de la Propiedad (https://www.boe.es/buscar/doc.php?id=BOE-A-1999-14374).

208 Ley 13/2015, de 24 de junio, de Reforma de la Ley Hipotecaria aprobada por Decreto de 8 de febrero de 1946 y del texto refundido de la Ley de Catastro Inmobiliario, aprobado por Real Decreto Legislativo 1/2004, de 5 de marzo (https://www.boe.es/buscar/act.php?id=BOE-A-2015-7046).

209 La Representación gráfica georreferenciada de una finca es un plano georreferenciado, que delimita de manera precisa la parcela en que se ubica, mediante la expresión de las coordenadas geográficas correspondientes a cada uno de sus vértices, referidas al sistema geodésico oficial, elaborada en formato informático. En España, como se señalaba, se emplea el sistema ETRS89, REGCAN95 para las Islas Canarias con la proyección UTM y empleando como soporte el archivo gráfico en formato GML ISPIRE.

efectos jurídicos a través del registro de la propiedad y se extiendan a ellos los efectos de los principios hipotecarios[210].

Una de las herramientas que la Ley 13/2015 impone en este proceso es la puesta en marcha por el Colegio de Registradores de un sistema en línea o portal web donde se hagan públicas y accesibles todas aquellas representaciones gráficas georreferenciadas ya inscritas o en trámite de inscripción en alguno de los Registros de la Propiedad [211]. Nace así Geoportal Registradores[212], integrado en la home de bases gráficas y a cargo del Servicio de Bases Gráficas del Colegio de Registradores que, actualmente, cuenta con tres herramientas gráficas: Geoportal, que permite la visualización y descarga de las representaciones gráficas inscritas en los registros pero que, además, permite realizar análisis gráficos de una representación gráfica contra más de 300 capas de información geográfica de ámbito estatal, autonómico o local y de naturaleza medioambiental, urbanística, dominio público, etc.; GeoEdit Pro, configurada como una herramienta GIS avanzada que permite trabajar sobre información gráfica y generar ficheros GML INSPIRE; y, finalmente, el Portal Registral de Emergencias (PRE) que permite visualizar las fincas registrales situadas en una zona afectada por alguna catástrofe medioambiental a través de su geolocalización (la erupción de Volcán de Cumbre Vieja de la Isla de la Palma, las inundaciones causada por la DANA en 2024 o los recientes incendios forestales de verano de 2025). Todas estas herramientas integran como capas gráficas de apoyo el parcelario catastral, tanto nacional como de los territorios forales, el Plan Nacional de Ortofotografía Aérea (PNOA), la capa gráfica que delimita gráficamente los distintos distritos hipotecarios y, tal y como prevé el UERD, Open Street Map (OMS).

---

210 Dirección General de Seguridad Jurídica y Fe Pública. Resolución de 4 de noviembre de 2021. Consagra que la inscripción de las coordenadas de los límites de una finca registral no son un simple dato de hecho, sino un pronunciamiento jurídico formal y solemne, que tras los procedimientos, tramites, garantías, alegaciones y calificación registral que procedan en cada caso, proclama y define con plenos efectos jurídicos y bajo la salvaguardia de los tribunales cuál es la delimitación del objeto jurídico sobre el que recae el derecho de propiedad inscrito (https://www.boe.es/diario_boe/txt.php?id=BOE-A-2021-19576). Resolución 5 de abril de 2022. Consagra la aplicación de los principios hipotecarios a las representaciones gráficas inscritas (https://boe.es/buscar/doc.php?id=BOE-A-2022-6656).

211 Artículos 9 y 203 del Decreto de 8 de febrero de 1946 por el que se aprueba la nueva redacción oficial de la Ley Hipotecaria. reformada por la Ley !3/2015 (https://www.boe.es/buscar/act.php?id=BOE-A-1946-2453).

212 Geoportal Registradores (https://geoportal.registradores.org/home).

De este modo, cabe obtener tanto la geolocalización como la georreferenciación de una finca registral a través tanto de los propios Registros de la Propiedad como a través de Geoportal y teniendo en cuenta que la publicidad registral gráfica será la que resulte generada e incorporada a los folios registrales y a la aplicación registral homologada [213] y con independencia de que la representación gráfica inscrita haya sido catastral o alternativa a esta [214].

En consecuencia, la primera conclusión a la que podemos llegar es que en España es perfectamente posible, y con total precisión, determinar la geolocalización de cualquier parcela de su territorio así como su delimitación gráfica o georreferenciación pues disponemos de herramientas suficientes para ello.

II. La exigencia de cumplir con la legislación del país de producción. los derechos de uso del suelo.

Como vimos el UERD exige un «requisito de legalidad» lo que implica acreditar que los productos o sus materias primas pertinentes han sido producidos de conformidad con la legislación pertinente del país de producción y relativas al estatuto jurídico de la zona de producción[215].

Junto con la necesidad de acreditar el cumplimento de toda la normativa que expone el propio Reglamento, queremos centrarnos en lo que denomina «derechos de uso del suelo», en clara referencia al título jurídico o disposición que habilita para la comercialización, producción, explotación, gestión del suelo agrario o bosques si bien será la normativa de cada país la que determine si se necesita un título de propiedad u otro título

---

213 Aplicación Experior Plus GIS. Aplicación de gestión registral cuya módulo de tratamiento de información gráfica fue homologado por Resolución de 2 de agosto de 2016, de la Dirección General de los Registros y del Notariado (https://www.boe.es/diario_boe/txt.php?id=BOE-A-2016-8161).

214 Artículo 9 de la Ley Hipotecaria y Resolución de 29 de octubre de 2015, de la Subsecretaría, por la que se publica la Resolución conjunta de la Dirección General de los Registros y del Notariado y de la Dirección General del Catastro, por la que se regulan los requisitos técnicos para el intercambio de información entre el Catastro y los Registros de la Propiedad (https://www.boe.es/buscar/doc.php?id=BOE-A-2015-11655).

215 Artículo 2.40 y 3 del UEDR y Apartado 6: Legalidad. Comunicación de la Comisión. Documento de orientación para el Reglamento (UE) 2023/1115 relativa los productos libres de deforestación.

habilitante; de ser así, deberá recopilarse y aportarse a la declaración de diligencia debida [216].

En la práctica totalidad de los Estados pertenecientes a la Unión, el ejercicio de la actividad agraria o ganadera se encuentra sometida a requisitos tanto estrictamente jurídicos como administrativos. Así ocurre, igualmente, en España. Sin ánimo de ser exhaustivos, apuntar que dentro de lo que denominamos «requisitos jurídicos» está, lógica y principalmente, el título jurídico que habilita para poder explotar o producir en una finca agraria. En el ordenamiento jurídico español dicho título, preminentemente, es el título de propiedad que confiere todas las facultades inherentes al dominio o propiedad[217] especialmente, el derecho de uso en función de las necesidades e intereses del propietario, el derecho de disfrute obteniendo los beneficios o frutos que genere la finca, como por ejemplo, los productos agrícolas y el derecho de disposición pudiendo realizar actos jurídicos sobre la finca, como venderla, donarla, arrendarla, hipotecarla o transferirla a otra persona. Y en virtud de esta última facultad, el propietario puede ceder la explotación de su propiedad a cambio de una renta a un tercero mediante un contrato de arrendamiento que, en nuestro ordenamiento, tiene una regulación especial y que puede ser de finca rustica o agraria o de explotaciones agrícolas, ganaderas o forestales[218] o mediante otras formas jurídicas como el contrato de aparcería en el que el propietario cede a un tercero la explotación de una finca rústica a cambio de obtener una parte alícuota de los frutos producidos[219]. Derechos reales como derecho el usufructo, los censos o foros confieren también la facultad de explotación sobre fincas agraria o ganaderas. En conclusión, el ordenamiento jurídico español exige algún título jurídico que ampare el uso del suelo, en los termino previsto en UERD.

---

[216] Artículo 9, apartado 1, letra h), del UEDR y letra b), apartado 6: Legalidad. Comunicación de la Comisión. Documento de orientación para el Reglamento (UE) 2023/1115 relativa los productos libres de deforestación. Subapartado 1.10. Preguntas Frecuentes (FAQ) publicado por la Comisión Europea.

[217] Artículo 348 del Código Civil: "La propiedad es el derecho de gozar y disponer de una cosa, sin más limitaciones que las establecidas en las leyes. El propietario tiene acción contra el tenedor y el poseedor de la cosa para reivindicarla. Real Decreto de 24 de julio de 1889 por el que se publica el Código Civil (https://www.boe.es/eli/es/rd/1889/07/24/(1)/con).

[218] Ley 49/2003, de 26 de noviembre, de Arrendamientos Rústicos (https://www.boe.es/eli/es/l/2003/11/26/49/con).

[219] Artículo 1579 del Código Civil y artículos 28 a 32 de la Ley 49/2003, de 26 de noviembre, de Arrendamientos Rústicos.

Desde el punto de vista administrativo, se imponen también ciertos requisitos según que las fincas o explotaciones vayan a tener por destino la agricultura o la ganadería que incluyen, a modo de ejemplo, obligaciones de ámbito social o laboral, económico y medioambiental las cuales afectan directamente a la parcela o finca sobre la que se va a ejercer la actividad agraria y tanto a nivel estatal como a nivel autonómico. Especialmente, si se quiere tener acceso a las ayudas provenientes de la Política Agraria Común (PAC)[220], será preciso cumplir con el principio de «condicionalidad reforzada» concretado en el cumplimento de los requisitos legales de gestión (RLG) y de buenas condiciones agrarias y medioambientales (BCAM) así como los criterios de «condicionalidad social» relativos a las condiciones de trabajo y empleo aplicables o con las obligaciones del empleador derivadas de los actos jurídicos establecidos a tal fin[221].

En suma y tal y como prescribe el UERD, respecto de aquellos productos o materias primas pertinentes producidos o procedentes de fincas o parcelas situadas en territorio español, será preciso acreditar a través de la declaración de diligencia, por así exigirlo nuestra legislación nacional, el cumplimento de los requisitos jurídicos y administrativos establecidos. Y para ello deberá recopilarse la información que así lo acredite, tanto la documentación administrativa que así lo justifique como la jurídica, especialmente la nota o certificación que puede proporcionar el Registro de la Propiedad de los derechos inscritos en el registro.

III. Comprobación de la ausencia de deforestación.

Al fin y al cabo, la regulación ofrecida por el UERD busca demostrar que los productos o materias primas pertinentes no proceden de fincas o parcelas previamente deforestadas o que hayan sufrido degradación

---

220 Política Agrícola Común (PAC) (https://agriculture.ec.europa.eu/common-agricultural-policy/cap-overview/cap-glance_es).

221 Fondo Español de Garantía Agraria, O. A. (FEGA), es un organismo autónomo adscrito al Ministerio de Agricultura, Pesca y Alimentación (MAPA) que tiene como misión principal controlar la aplicación de los fondos FEAGA (Fondo Europeo Agrícola de Garantía Agraria) y FEADER (Fondo Europeo Agrícola de Desarrollo Rural) de la Política Agrícola Común (PAC) asignados a España. Condicionalidad reforzada y social (https://www.fega.gob.es/es/pepac-2023-2027/condicionalidad-requisitos-comunes/condicionalidad-reforzada-social).

forestal. Y esta exigencia implica poner en relación todos los datos y documentación exigida y ponerla en relación con aquella información que permita determinar que partes de un territorio de un país ha sido objeto de deforestación o degradación tanto para que los obligados pueden comprobar dicha circunstancia con cierto grado de certeza o probabilidad como para que las propias autoridades puedan ejercer, mediando dicha comprobación, su labor de control.

Como vimos, tanto de las normas del UERD como de las aclaraciones de la Comisión, recae sobre los obligados estas comprobaciones para lo que pueden servirse de fuentes privadas y públicas como, por ejemplo, el mapa de cobertura forestal o las información de Copernicus proporcionada por el Observatorio de la deforestación y la degradación forestal de la Unión Europea o el Sistema de Información Forestal para Europa pero teniendo presente, como vimos, que su empleo no es obligatorio ni exclusivo ni jurídicamente vinculante admitiéndose el empleo de otras fuentes de información como los mapas forestales nacionales, por ejemplo.

La mayoría totalidad de los 27 Estados miembros tienen sus propias fuentes de información forestal. Y así ocurre, igualmente, en España donde disponemos de gran cantidad de material gráfico como, por ejemplo, el Mapa Forestal de España (MFE50) o el Mapa Forestal de España (MFE) de máxima actualidad[222] cuya información nutre a las comunidades autónomas. Además, a través del Banco de Datos de la Naturaleza se pone a disposición de los usuarios la información alfanumérica, cartográfica, documental y multimedia disponible sobre los distintos componentes del Inventario Español del Patrimonio Natural y de la Biodiversidad[223]. En particular, el Catálogo servicios WMS de

---

222 Mapa Forestal de España (MFE50, escala 1:50.000) y el Mapa Forestal de España (MFE25, escala 1:25.000) de máxima actualidad constituyen la cartografía de la situación de las masas forestales, realizada desde el Banco de Datos de la Naturaleza, siguiendo un modelo conceptual de usos del suelo jerarquizados, desarrollados en las clases forestales, especialmente en las arboladas. En la cobertura actual el MFE25 da cobertura a las comunidades autónomas de Navarra, Galicia, Asturias, Cantabria, País Vasco, Illes Balears, Murcia, Madrid, La Rioja, Cataluña, Canarias, Extremadura, Castilla y León, Castilla-La Mancha y Aragón; y el MFE50 de las comunidades autónomas de Valenciana y Andalucía (https://www.miteco.gob.es/es/cartografia-y-sig/ide/descargas/biodiversidad/mfe.html).

223 Banco de Datos de la Naturaleza e Inventario Español del Patrimonio Natural y la Biodiversidad. Real Decreto 556/2011, de 20 de abril, para el desarrollo del

Biodiversidad y Bosques[224] permite acceder a información gráfica relativa ecosistemas, fauna y flora, recursos energéticos, espacios protegidos o de interés y de aquellos acontecimientos que producen efectos negativos para el patrimonio natural o la diversidad como la erosión o, especialmente, los incendios forestales [225]. Se dispone también de información sobre los cultivos o actividades agrarias desarrollados en nuestro territorio ya que, junto con la información que sobre este particular proporciona el registro o el Catastro, está disponible el Sistema de Información Geográfica de Parcelas Agrícolas (SIGPAC)[226] y que permite la identificación geográfica y ubicación de superficies agrarias susceptibles de recibir ayudas de la PAC. Toda esa información que, sin embargo se encuentra dispersa por distintas páginas web, está disponible en Geoportal Registradores, incluido el SIGPAC [227].

Por tanto, en España, es posible realizar un análisis de la geolocalización o georreferenciación de una finca o parcela cruzándola con esta información gráfica y obtener un resultado que, si bien puede no ser definitivo en muchos casos, si puede proporcionar una base firme sobre la que poder

---

Inventario Español del Patrimonio Natural y la Biodiversidad (https://www.boe.es/eli/es/rd/2011/04/20/556/con).

224 Catálogo servicios WMS de Biodiversidad y Bosques. Directorio de Servicios Web basados en estándares OGC (Open Geospatial Consortium) que la IDE (infraestructura de datos espaciales) del Ministerio ofrece del área de actividad de Biodiversidad y Bosques de acceso libre y gratuito para los usuarios. Los servicios de ofrecen en formato WMS (Web Map Service) configurado como servicio a implementar en visores y herramientas GIS que genera mapas digitales en un formato de imagen como PNG, GIF o JPEG y pueden ser invocados por cualquier plataforma corporativa o software capacitado para la visualización de este tipo de servicios (https://www.miteco.gob.es/es/cartografia-y-sig/ide/directorio_datos_servicios/biodiversidad/wms_bdn.html).

225 Frecuencia de Incendios Forestales, período 1996-2015 (https://wms.mapama.gob.es/sig/Biodiversidad/Incendios/1996_2005?request=getcapabilities&service=WMS) (https://wms.mapama.gob.es/sig/Biodiversidad/Incendios/2006_2015?request=getcapabilities&service=WMS).

226 (1) Sistema de Información Geográfica de Parcelas Agrícolas (SIGPAC) es una base de datos o registro oficial dependiente del FEGA y de las consejerías de agricultura de las comunidades autónomas siendo el instrumento clave del Sistema Integrado de Gestión y Control (SIGC) de las ayudas de la PAC, siendo la base de la solicitud de todas las ayudas por superficie, ya sean cultivadas o aprovechadas por el ganado (https://www.fega.gob.es/es/pepac-2023-2027/sistemas-gestion-y-control/sigpac).

227 Geoportal Registradores SIGPAC (https://geoportal.registradores.org/sigpac).

demostrar, completándolo en su caso con otras fuentes de información, que la producción en esa finca o parcela no ha sido objeto o proviene, previamente, de desforestación o degradación forestal.

4. CONCLUSIÓN

En España disponemos de las herramientas necesarias para dar cumplimento a las exigencias de UERD en cuanto a acreditar la geolocalización o georreferenciación de una finca o parcela, que la producción en aquellas se ha realizado cumpliendo la normativa de nuestro país y que estos productos o materias primas estas libres de los efectos de la deforestación o degradación forestal.

Entendemos que la cuestión o problema fundamental al que hay que hacer frente es tratar de proporcionar a los operadores y comerciantes obligados a justificar estas exigencias a través de la declaración de diligencia debida pero, también, a las autoridades encargadas de su control, una herramienta global que les permita, en un único punto, obtener y comprobar la información necesaria.

Y creemos que el Registro de la Propiedad puede cumplir perfectamente esta función y proporcionar una herramienta que permita cumplir, en parte, con la normativa impuesta por el UEDR. Como vimos, actualmente los Registros trabajan con información gráfica que permite geolocalizar y georreferenciar las fincas registrales y dicha información está disponible tanto en los registros como en Geoportal registradores. Junto con ello, el registro puede proporcionar la titulación jurídica que justifique el uso de la tierra, razón de ser original del registro. Pero, además, a través tanto de Geoportal como de GeoEdit Pro, se puede obtener el cruce de la geometría de una finca registral con los mapas forestales, información sobre incendios y el SIGPAC ofreciendo información que permita al interesado determinar el cumplimiento de las exigencias del Reglamento y la evaluación de riesgos y las autoridades competentes cumplir con su labor de control pues esa herramienta, que ya está en desarrollo por parte de los servicios de Colegio de Registradores para su puesta a disposición de los operadores, comerciantes y autoridades antes de finales de 2025, se podrá conectar con los sistema nacionales que pueden implementarse y con el sistema de información previsto en el UEDR.

5. REFERENCIAS LEGISLATIVAS

La Unión Europea y los bosques: Rachele Rossi (abril 2025). Superficie forestal en la UE, 2022. Fuente: Datos Eurostat (https://www.europarl.europa.eu/factsheets/es/sheet/105/la-union-europea-y-los-bosques).

Decisión 89/367/CEE del Consejo, de 29 de mayo de 1989 (https://eur-lex.europa.eu/legal-content/ES/TXT/HTML/?uri=CELEX:52023PC0727)

Propuesta de Reglamento sobre un marco de seguimiento para lograr unos bosques europeos resilientes 2023/0413 (eur-lex.europa.eu/resource.html?uri=cellar:1f49f493-8930-11ee-99ba-01aa75ed71a1.0019.02/DOC_1&format=PDF).

Eurostat y la Dirección General de Agricultura y Desarrollo Rural de la Comisión Europea. La Unión Europea y los bosques: Rachele Rossi (abril 2025). Superficie forestal en la UE, 2022.

Reglamento (UE) 2024/1991 del Parlamento Europeo y del Consejo, de 24 de junio de 2024, relativo a la restauración de la naturaleza y por el que se modifica el Reglamento (UE) 2022/869, vigente desde agosto de 2024 (https://www.boe.es/buscar/doc.php?id=DOUE-L-2024-81191). Reglamento (UE) 2021/783 del Parlamento Europeo y del Consejo, de 29 de abril de 2021, por el que se establece un Programa de Medio Ambiente y Acción por el Clima (LIFE) y se deroga el Reglamento (UE) nº 1293/2013 (https://www.boe.es/buscar/doc.php?id=DOUE-L-2021-80626). Directrices 13 de marzo de 2023 sobre forestación, reforestación y plantación de árboles respetuosas con la biodiversidad (https://op.europa.eu/es/publication-detail/-/publication/1c4561c7-7c54-11ee-99ba-01aa75ed71a1/language-es).

Sistema de Información Forestal para Europa (FISE) (https://forest.eea.europa.eu/)

Centro Europeo de Datos Forestales (EFDAC) (https://climate-adapt.eea.europa.eu/).

Pacto por una Industria Limpia (https://eur-lex.europa.eu/legal-content/ES/TXT/?uri=CELEX%3A52025DC0085).

La financiación de la PAC: datos y cifras. Rachele Rossi (marzo 2025) Fichas temáticas de la UE (https://www.europarl.europa.eu/factsheets/es/sheet/106/la-financiacion-de-la-pac-datos-y-cifras)

El Reglamento sobre los planes estratégicos de la política agrícola común. Lapo Nannucci (abril 2025). Fichas temáticas de la UE (https://www.europarl.europa.eu/factsheets/es/sheet/294068/el-reglamento-sobre-los-planes-estrategicos-de-la-politica-agricola-comun).

Programa Horizonte Europa de investigación e innovación de la Unión Europea (UE) para el período 2021 -2027 (https://www.horizonteeuropa.es/que-es).

Reglamento (CE) nº 2012/2002 del Consejo, de 11 de noviembre de 2002, por el que se crea el Fondo de Solidaridad de la Unión Europea (https://www.boe.es/buscar/doc.php?id=DOUE-L-2002-82062).

Directiva 1999/105/CE del Consejo, de 22 de diciembre de 1999, sobre la comercialización de materiales forestales de reproducción (https://www.boe.es/buscar/doc.php?id=DOUE-L-2000-80046). Mandato de negociación del Consejo sobre las normas para mejorar la calidad del material forestal de reproducción y su disponibilidad https://www.consilium.europa.eu/es/press/press-releases/2025/06/13/improved-eu-rules-for-forest-reproductive-material-council-approves-negotiating-position/

Reglamento (UE) 2016/2031 del Parlamento Europeo y del Consejo de 26 de octubre de 2016 o relativo a las medidas de protección contra las plagas de los vegetales (www.boe.es/doue/2016/317/L00004-00104.pdf). Reglamento (UE) 2024/3115 del Parlamento Europeo y del Consejo de 27 de noviembre de 2024 por el que se modifica el Reglamento (UE) 2016/2031 en lo que respecta a los programas plurianuales de prospección; las notificaciones (www.boe.es/doue/2024/3115/L00001-00013.pdf).

Comunicación de la Comisión al Parlamento Europeo, al Consejo, al Comité económico y social europeo y al Comité de las regiones contratación pública para un medio ambiente mejor (https://eur-lex.europa.eu/legal-content/ES/ALL/?uri=CELEX:52008DC0400).

Plan de Acción FLEGT (Forest Law Enforcement, Governance and Trade) (https://www.miteco.gob.es/es/biodiversidad/temas/politica-forestal/madera-legal-productos-libres-defor/madera-legal/flegt/accion-y-reglamento). Reglamento (UE) N o 995/2010 del Parlamento Europeo y del Consejo de 20 de octubre de 2010 por el que se establecen las obligaciones de los agentes que comercializan madera y productos de la madera (www.boe.es/doue/2010/295/L00023-00034.pdf).

Directiva (UE) 2018/2001 del Parlamento Europeo y del Consejo de 11 de diciembre de 2018 relativa al fomento del uso de energía procedente de fuentes renovables (www.boe.es/doue/2018/328/L00082-00209.pdf).

El Sistema Europeo de Información sobre Incendios Forestales (EFFIS) (https://www.copernicus.eu/es/sistema-europeo-de-informacion-sobre-incendios-forestales)

Decisión nº 1313/2013/UE del Parlamento Europeo y del Consejo, de 17 de diciembre de 2013, relativa a un Mecanismo de Protección Civil de la Unión (https://www.boe.es/buscar/doc.php?id=DOUE-L-2013-82908).

Reglamento (UE) 2023/1115 del Parlamento Europeo y del Consejo, de 31 de mayo de 2023, relativo a la comercialización en el mercado de la Unión y a la exportación desde la Unión de determinadas materias primas y productos asociados a la deforestación y la degradación forestal, y por el que se deroga el Reglamento (UE) nº 995/2010 (https://www.boe.es/buscar/doc.php?id=DOUE-L-2023-80809).

Informe de la FAO: El estado de los bosques del mundo 2022 (https://openknowledge.fao.org/items/cc62f03d 01c7 401f-8260-89cd916c6b3f).

Propuesta de 17 de noviembre de 2021 de Reglamento del Parlamento Europeo y del Consejo relativo a la comercialización en el mercado de la Unión y a la exportación desde la Unión de determinados productos básicos y productos asociados a la deforestación y la degradación forestal y por el que se deroga el Reglamento (UE) nº 995/2010 (https://eur-lex.europa.eu/resource.html?uri=cellar:b42e6f40-4878-11ec-91ac-01aa75ed71a1.0022.02/DOC_1&format=PDF).

Reglamento (UE) 2024/3234 del Parlamento Europeo y del Consejo, de 19 de diciembre de 2024, por el que se modifica el Reglamento (UE) 2023/1115 en lo que respecta a las disposiciones relativas a la fecha de aplicación (https://eur-lex.europa.eu/legal-content/ES/ALL/?uri=CELEX:32024R3234).

The Guardian. Publicado el 1 de enero de 2025 (theguardian.com/environment/2025/jan/01/former-eu-environment-chief-warns-against-backsliding-on-climate-crisis?utm_source=chatgpt.com).

Libertad Digital. Marta arce, publicado el 29 de mayo de 2025 (https://www.libertaddigital.com/libremercado/2025-05-28/mi-la-ue-plantea-suavizar-la-ley-antideforestacion-para-lidiar-con-trump-argentina-brasil-y-el-campo-7258867/).

Agrolatam. Publicado el 29 de mayo de 2025 (https://www.agrolatam.com/agricultura/la-ley-de-deforestacion-de-la-ue-se-enfrenta-al-rechazo-de-11-estados-miembros-1180/).

Comisión Europea. Comunicado de prensa publicado el 15 de abril de 2025 (https://ec.europa.eu/commission/presscorner/api/files/document/print/es/ip_25_1063/IP_25_1063_EN.pdf). Reglamento de Ejecución (UE) 2025/1093 de la Comisión, de 22 de mayo de 2025, por el que se establecen disposiciones de aplicación del Reglamento (UE) 2023/1115 del Parlamento Europeo y del Consejo en lo que respecta a una lista de países que presentan un riesgo bajo o alto de producir materias primas pertinentes para las que los productos pertinentes no cumplen lo dispuesto en el artículo 3, letra a) (https://eur-lex.europa.eu/legal-content/ES/ALL/?uri=CELEX:32025R1093).

EFE. Publicado el 9 de julio de 2025 (https://efe.com/euro-efe/2025-07-09/paises-ue-piden-bruselas-simplificar-retrasar-ley-deforestacion/).

Resolución del Parlamento Europeo, de 9 de julio de 2025, sobre el Reglamento de Ejecución (UE) 2025/1093 de la Comisión, de 22 de mayo de 2025, por el que se establecen disposiciones de aplicación del Reglamento (UE) 2023/1115 del Parlamento Europeo y del Consejo en lo que respecta a una lista de países que presentan un riesgo bajo o alto de producir materias primas pertinentes para las que los productos pertinentes no cumplen lo dispuesto en el artículo 3, letra a) (https://www.europarl.europa.eu/doceo/document/TA-10-2025-0149_ES.html).

Preguntas Frecuentes (FAQ) publicado por la Comisión Europea (https://circabc.europa.eu/ui/group/34861680-e799-4d7c-bbad-da83c45da458/library/e126f816-844b-41a9-89ef-cb2a33b6aa56/details). Comunicación de la Comisión–Documento de orientación para el Reglamento (UE) 2023/1115, relativo a los productos libres de deforestación (https://www.boe.es/buscar/doc.php?id=DOUE-Z-2025-70059).

Artículo 1 del UEDR.

Artículo 2 del UEDR.

Reglamento (UE) nº 952/2013 del Parlamento Europeo y del Consejo, de 9 de octubre de 2013, por el que se establece el código aduanero de la Unión (https://www.boe.es/buscar/doc.php?id=DOUE-L-2013-82033).

Artículo 3 del UEDR.

Artículo 2.3 del UEDR.

Subapartado 4.12. Preguntas Frecuentes (FAQ) publicado por la Comisión Europea.

Artículo 2.40 del UEDR.

Declaración de las Naciones Unidas sobre los Derechos de los Pueblos Indígenas (www.un.org/esa/socdev/unpfii/documents/DRIPS_es.pdf).

Apartado 6: Legalidad. Comunicación de la Comisión. Documento de orientación para el Reglamento (UE) 2023/1115 relativa los productos libres de deforestación (C/2024/6789) de 13 de noviembre de 2024 (https://www.boe.es/buscar/doc.php?id=DOUE-Z-2025-70059). Subapartado 1.29. y 3.3. Preguntas Frecuentes (FAQ) publicado por la Comisión Europea.

Letra a), apartado 6: Legalidad. Comunicación de la Comisión. Documento de orientación para el Reglamento (UE) 2023/1115 relativa los productos libres de deforestación.

Artículo 9, apartado 1, letra h), del UEDR y letra b), apartado 6: Legalidad. Comunicación de la Comisión. Documento de orientación para el Reglamento (UE) 2023/1115 relativa los productos libres de deforestación. Subapartado 1.10. Preguntas Frecuentes (FAQ) publicado por la Comisión Europea.

Artículo 4.y 5 del UEDrR.

Artículos 18 y 19 del UEDR.

Artículo 10 y 11 del UEDR.

Subapartado 1.23. Preguntas Frecuentes (FAQ) publicado por la Comisión Europea.

Artículo 8 del UEDR.

Artículo 9 del UERD.

Artículo 12 del UEDR.

Artículo 9.1, letra d) del UEDR.

Artículo 15 del UEDR.

Artículo 33 del UEDR.

Artículo 2.28 de UEDR.

Subapartado 1.1. Preguntas Frecuentes (FAQ) publicado por la Comisión Europea.

Subapartado 1.1. Preguntas Frecuentes (FAQ) publicado por la Comisión.

Subapartado 1.18. Preguntas Frecuentes (FAQ) publicado por la Comisión

Artículo 2.27 del UERD y subapartado 1.15. Preguntas Frecuentes (FAQ) publicado por la Comisión.

Subapartado 4.2. Preguntas Frecuentes (FAQ) publicado por la Comisión.

Artículo 6.1 del Real Decreto Legislativo 1/2004, de 5 de marzo, por el que se aprueba el texto refundido de la Ley del Catastro Inmobiliario (https://www.boe.es/buscar/act.php?id=BOE-A-2004-4163).

Dirección General de Catastro (España). La importancia de llamarse Parcela Catastral. Amalia Velasco Martín-Varés. Relaciones Internacionales. Unidad de Apoyo. Publicado en octubre de 2009 (www.catastro.hacienda.gob.es/documentos/publicaciones/ct/ct66/1.pdf).

Ley 13/2015, de 24 de junio, de Reforma de la Ley Hipotecaria aprobada por Decreto de 8 de febrero de 1946 y del texto refundido de la Ley de Catastro Inmobiliario, aprobado por Real Decreto Legislativo 1/2004, de 5 de marzo (https://www.boe.es/buscar/act.php?id=BOE-A-2015-7046).

Artículo 26.1 del Real Decreto Legislativo 7/2015, de 30 de octubre, por el que se aprueba el texto refundido de la Ley de Suelo y Rehabilitación Urbana (https://www.boe.es/buscar/act.php?id=BOE-A-2015-11723).

Directiva 2007/2/CE del Parlamento Europeo y del Consejo, de 14 de marzo de 2007, por la que se establece una infraestructura de información espacial en la Comunidad Europea (Inspire) (https://www.boe.es/buscar/doc.php?id=DOUE-L-2007-80587).

Reglamento (UE) N o 1089/2010 de la Comisión de 23 de noviembre de 2010 por el que se aplica la Directiva 2007/2/CE del Parlamento Europeo y del Consejo en lo que se refiere a la interoperabilidad de los conjuntos y los servicios de datos espaciales (https://eur-lex.europa.eu/LexUriServ/LexUriServ.do?uri=OJ:L:2010:323:0011:0102:Es:PDF).

Subapartado 1.6. Preguntas Frecuentes (FAQ) publicado por la Comisión.

Subapartado 1.3 y 1.17. Preguntas Frecuentes (FAQ) publicado por la Comisión Europea.

Subapartado 1.2. Preguntas Frecuentes (FAQ) publicado por la Comisión Europea.

Subapartado 1.28. Preguntas Frecuentes (FAQ) publicado por la Comisión Europea.

Subapartado 1.4. Preguntas Frecuentes (FAQ) publicado por la Comisión Europea.

Anexo II del UERD. Punto 3: Información que debe incluirse en la declaración de diligencia debida con arreglo al artículo 4, apartado 2: País de producción y geolocalización de todas las parcelas de terreno en las que se produjeron las materias primas pertinentes. En el caso de productos pertinentes que contengan o hayan sido elaborados a partir de ganado bovino, y en el caso de aquellos productos pertinentes que hayan sido alimentados con productos pertinentes, se dará la geolocalización de la totalidad de establecimientos de cría del ganado. En el caso de productos pertinentes que contengan o hayan sido elaborados utilizando materias primas producidas en distintas parcelas de terreno, se incluirá la geolocalización de todas las parcelas de conformidad con el artículo 9, apartado 1, letra d).

Subapartado 1.5. Preguntas Frecuentes (FAQ) publicado por la Comisión Europea.

Subapartado 1.1 y 1.30. Preguntas Frecuentes (FAQ) publicado por la Comisión Europea.

Subapartado 1.11. Preguntas Frecuentes (FAQ) publicado por la Comisión Europea.

Subapartado 1.27. Preguntas Frecuentes (FAQ) publicado por la Comisión Europea.

Artículos 2.15, 2.17 y 18 y apartado 3. Preguntas Frecuentes (FAQ) publicado por la Comisión Europea. Artículos 4 y 5 del UERD.

Subapartado 1.12, 1.19, 1.27, y 1.31. Preguntas Frecuentes (FAQ) publicado por la Comisión Europea.

Artículo 2.30 del UERD y artículo 3 de la Directiva 2013/34/UE del Parlamento Europeo y del Consejo de 26 de junio de 2013 (https://www.boe.es/doue/2013/182/L00019-00076.pdf).

Comunicación de la Comisión C/2024/6789. Documento de orientación para el Reglamento (UE) 2023/1115 relativo a los productos libres de deforestación

(eur-lex.europa.eu/legal-content/ES/TXT/PDF/?uri=OJ:C_202406789).

Artículo 4, 8 y 9 del UERD y subapartado 1.1. Preguntas Frecuentes (FAQ) publicado por la Comisión Europea.

Artículo 2.13 del UERD.

Subapartado 1.13. Preguntas Frecuentes (FAQ) publicado por la Comisión Europea.

Subapartado 4.2. Preguntas Frecuentes (FAQ) publicado por la Comisión Europea.

Dirección General de Catastro: Preguntas frecuentes acerca de la Coordinación (https://www.catastro.hacienda.gob.es/esp/faqs_catastro_registro.asp).

European Terrestrial Reference System 1989 (ETRS98), consistente con los modernos sistemas de navegación por satélite GPS, GLONASS y el europeo GALILEO. Su origen se remonta a la resolución de 1990 adoptada por EUREF (Subcomisión de la Asociación Internacional de Geodesia, AIG, para el Marco de Referencia Europeo) y trasladada a la Comisión Europea en 1999, por lo que está siendo adoptado sucesivamente por todos los países europeos. Por otra parte, en 1995 la compensación de la red geodésica de Canarias, dentro del marco de la Red Geodésica Nacional por Técnicas Espaciales, REGENTE, supuso la materialización del sistema denominado REGCAN95, completamente compatible con el sistema ETRS89. Real Decreto 1071/2007, de 27 de julio, por el que se regula el sistema geodésico de referencia oficial en España (https://www.boe.es/buscar/doc.php?id=BOE-A-2007-15822). Es el sistema empleado en la coordinación Registros de la Propiedad y Catastro. Resolución de 29 de octubre de 2015, de la Subsecretaría, por la que se publica la Resolución conjunta de la Dirección General de los Registros y del Notariado y de la Dirección General del Catastro, por la que se regulan los requisitos técnicos para el intercambio de información entre el Catastro y los Registros de la Propiedad (https://www.boe.es/buscar/act.php?id=BOE-A-2015-11655).

Universal Transverse Mercator (UTM). Se utiliza junto con ETRS89 para la cartografía oficial es España, dividiendo el territorio en zonas de 6º de longitud. La península y Baleares se encuentran en los husos 29, 30 y 31, mientras que las Canarias usan los husos 27 y 28. Disposición derogatoria única. Real Decreto 1071/2007, de 27 de julio, por el que se regula el sistema geodésico de referencia oficial en España (https://www.boe.es/buscar/doc.php?id=BOE-A-2007-15822). Es el sistema de proyección empleado en la coordinación Registros de la Propiedad y Catastro (https://www.boe.es/buscar/act.php?id=BOE-A-2015-11655).

Geography Markup Language (GML). Tipo de archivo de texto plano en estructura aninada conforme al estándar XML. Es el archivo tipo para poder interactuar con la Sede Electrónica del Catastro (S.E.C) y para el traslado de información gráfica entre los Registros de la Propiedad y el Catastro. Debe cumplir con la especificación definida en INSPIRE Data Specification on Cadastral Parcels – Technical Guidelines 3.1. (https://knowledge-base.inspire.ec.europa.eu/index_en).

Subapartado 7.8. Preguntas Frecuentes (FAQ) publicado por la Comisión Europea.

World Geodetic System 84 (WGS84). Sistema de coordenadas geográficas mundial que permite localizar cualquier punto de la tierra siendo de uso habitual en la comunidad de los SIG (https://mappinggis.com/2022/02/diferencias-entre-los-sistemas-de-coordenadas-geograficas-y-proyectadas/).

European Petroleum Survey Group. Conjunto de Datos de Parámetros Geodésicos (EPSG). Código que identifica el sistema de referencia geodésico WGS84, el cual se basa en el uso de coordenadas de latitud y longitud geográficas y es el estándar para el posicionamiento global a través del GPS. (https://epsg.org/home.html).

GeoJSON. Formato de archivo de intercambio de datos geoespaciales de código abierto que representa entidades geográficas sencillas y sus atributos no espaciales. Se basa en JavaScript Object Notation (JSON) y emplea como sistema de referencia de coordenadas geográficas el WGS84 (https://doc.arcgis.com/es/arcgis-online/reference/geojson.htm#:~:text=GeoJSON%20es%20un%20formato%20de%20intercambio%20de,geogr%C3%A1ficas%20sencillas%20y%20sus%20atributos%20no%20espaciales). Se prevé que los archivos que contengan las declaraciones de diligencia puedan alcanzar hasta los 25 Mb (99) permite más de 1 millones de puntos de geolocalización, o vértices de polígono en total, según el subapartado 7.16. Preguntas Frecuentes (FAQ) publicado por la Comisión Europea.

Subapartado 7.13. Preguntas Frecuentes (FAQ) publicado por la Comisión Europea. Anexo II.3. del UERD.

Subapartado 1.1. Preguntas Frecuentes (FAQ) publicado por la Comisión Europea.

Sistema Global de Navegación por Satélite (GNSS) es un sistema de satélites artificiales que proporciona servicios de posicionamiento, navegación y sincronización a escala mundial. Por ejemplo, GPS de Estados Unidos o Galileo de la Unión Europea.

Instituto Geográfico Nacional. Introducción a los sistemas de información geográfica. Francisco J. Dávila Martínez. Servicio de Documentación. (https://ibercarto.ign.es/resources/documentos/encuentros/01/ponencias/sig2.pdf

Sistema Galileo: Sistema mundial de navegación por satélite europeo (GNSS).

(https://eur-lex.europa.eu/ES/legal-content/glossary/galileo.html).

Subapartado 1.16. Preguntas Frecuentes (FAQ) publicado por la Comisión Europea.

Dirección General de Catastro. (https://www.catastro.hacienda.gob.es/esp/faqs_catastro_registro.asp).

Subapartado 1.14. Preguntas Frecuentes (FAQ) publicado por la Comisión Europea.

Subapartado 1.15. Preguntas Frecuentes (FAQ) publicado por la Comisión Europea.

Artículo 33 del UERD. Se prevé que, a más tardar el 30 de diciembre de 2024, la Comisión establezca este sistema de información y que proporcionará otras funcionalidades.

Open Street Map (OSM). Se trata de un sistema gráfico de datos abiertos que se va alimentando con las aportaciones de sus usuarios. No es una capa o soporte gráfico oficial. Más información en https://www.openstreetmap.org/about.

Subapartado 7.5. Preguntas Frecuentes (FAQ) publicado por la Comisión Europea.

Comunicación de la Comisión «Intensificar la actuación de la UE para proteger y restaurar los bosques del mundo» (COM (2019) 352 final) de 23 de julio de 2019. Prioridad 5: Apoyar la disponibilidad, calidad y acceso a la información sobre los bosques y las cadenas de suministro de productos básicos. Apoyar la investigación y la innovación (https://eur-lex.europa.eu/legal-content/ES/TXT/DOC/?uri=CELEX:52019DC0352). Considerando 31 del UERD. Subapartado 9.10. Preguntas Frecuentes (FAQ) publicado por la Comisión Europea.

Copernicus es el Programa de Observación de la Tierra de la Unión Europea que servicios de información basados en datos de observación de la Tierra por satélite y en datos in situ (no espaciales) siendo coordinado y gestionado por la Comisión Europea y en cuya ejecución colaboran los Estados miembros, la Agencia Espacial Europea (ESA), la Organización Europea para la Explotación de Satélites Meteorológicos (Eumetsat), el Centro Europeo de Previsiones Meteorológicas a Medio Plazo, las agencias de la UE y la empresa Mercator Océan (https://www.copernicus.eu/es/sobre-copernicus).

Ley de Vigilancia Forestal (2023) pretende la creación de un sistema de vigilancia exhaustivo y de alta calidad que aporte datos normalizados o armonizados y abarque todos los bosques y otras superficies boscosas. Se basará en los conjuntos de datos existentes, las mejores prácticas de los Estados miembros y el progreso tecnológico en materia de teledetección, así como en la capacidad de la UE para prestar esos servicios (https://commission.europa.eu/news-and-media/news/new-law-proposed-improve-resilience-european-forests-2023-11-22_es).

El Sistema de Información Forestal para Europa (FISE) es un punto de acceso único para datos e información sobre los bosques europeos. El FISE reúne datos, información y conocimientos recopilados o derivados de los principales impulsores de las políticas forestales (https://forest.eea.europa.eu/).

Mapa de cobertura forestal mundial para el año 2020 (CFG 2020). Instrumentos de apoyo facilitados por la Comisión Europea para aplicar el Reglamento de la UE sobre deforestación. Alojado en el Observatorio de la Deforestación y la Degradación Forestal de la UE, la CFG 2020 indica la presencia/ausencia de cubierta forestal mundial en una resolución espacial de 10 m a más tardar el 31 de diciembre de 2020 (https://forest-observatory.ec.europa.eu/forest). Subapartado 9.10. Preguntas Frecuentes (FAQ) publicado por la Comisión Europea.

Artículo 33 del UEDR.

Subapartado 7.7. Preguntas Frecuentes (FAQ) publicado por la Comisión Europea.

Artículo 18 y 19 del UERD. Subapartado 1.20. Preguntas Frecuentes (FAQ) publicado por la Comisión Europea.

Subapartado 9.10. Preguntas Frecuentes (FAQ) publicado por la Comisión Europea.

Subapartado 1.21. Preguntas Frecuentes (FAQ) publicado por la Comisión Europea.

Artículo 3 y 4 del UERD.

Subapartado 1.1. Preguntas Frecuentes (FAQ) publicado por la Comisión Europea.

Sistema Cartográfico Nacional (SCN). Modelo de actuación que persigue el ejercicio eficaz de las funciones públicas en materia de información geográfica mediante la coordinación de la actuación de los diferentes operadores públicos cuyas competencias concurren en este ámbito. Ley 14/2010, de 5 de julio, sobre las infraestructuras y los servicios de información geográfica en España (https://www.boe.es/buscar/act.php?id=BOE-A-2010-10707).

Instituto Geográfico Nacional (IGN). Organismo directivo dependiente de la Dirección General del mismo nombre e integrado dentro del organigrama Ministerio de Transportes y Movilidad Sostenible según Real Decreto 253/2024, de 12 de marzo, por el que se desarrolla la estructura orgánica básica del Ministerio de Transportes y Movilidad Sostenible, y se modifica el Real Decreto 1009/2023, de 5 de diciembre, por el que se establece la estructura orgánica básica de los departamentos ministeriales (www.boe.es/boe/dias/2024/03/13/pdfs/BOE-A-2024-4865.pdf).

Plan Nacional de Observación del Territorio (PNOT) tiene por objetivo impulsar la coordinación en la obtención y difusión de la información geográfica en España entre los distintos organismos de las Administraciones Públicas (www.ign.es).

Plan Nacional de Ortofotografía Aérea (PNOA). Cuyo objetivo es la obtención de coberturas con vuelos fotogramétricos, obteniendo modelos digitales del terreno y ortofotos digitales en color. Dentro de este plan se encuentra PNOA-LiDAR cuyo objetivo es cubrir todo el territorio de España mediante nubes de puntos con coordenadas X,Y,Z obtenidas mediante sensores LiDAR aerotransportados, con una densidad de 0,5 puntos/m.

Plan Nacional de Teledetección (PNT), para la obtención y el tratamiento de recubrimientos de imágenes de satélite sobre el territorio nacional de alta, media y baja resolución. Su objetivo es determinar los procesos productivos operativos más adecuados para cada tipo de imagen y redactar especificaciones técnicas de producto.

Sistema de Información sobre Ocupación del Suelo en España (SIOSE), una base de datos vectorial de ocupación del suelo para todo el territorio nacional.

Registro de la Riqueza Territorial de Navarra (https://www.navarra.es/es/hacienda/riqueza-territorial); Catastro de Bizkaia (https://www.bizkaia.eus/es/catastro-de-bizkaia); Catastro de Álava (https://catastroalava.tracasa.es/); Catastro de Gipuzkoa (https://www.gipuzkoa.eus/es/web/ogasuna/catastro).

Ley de 23 de marzo de 1906 referente al Catastro parcelario de España (https://www.boe.es/buscar/doc.php?id=BOE-A-1906-1975#:~:text=Ley%20de%2023%20de%20marzo,a%201159%20(4%20p%C3%A1gs.%20)

Texto Refundido de la Ley del Catastro Inmobiliario, aprobado por el Real Decreto Legislativo 1/2004, de 5 de marzo (https://www.boe.es/buscar/act.php?id=BOE-A-2004-4163).

Dirección General del Catastro: Usos y utilidades (https://www.catastro.hacienda.gob.es/esp/usos_utilidades.asp).

Dirección General del Catastro: La referencia catastral. Es el código alfanumérico de 20 cifras, oficial, obligatorio y único de los bienes inmuebles catastrales permitiendo situarlo inequívocamente en la cartografía catastral (https://www.catastro.hacienda.gob.es/esp/referencia_catastral.asp).

Dirección General del Catastro: El Catastro en cifras. En enero de 2025, había en España un total de 52.908.554 parcelas catastrales, de las cuales 14.092.154 correspondían a parcelas urbanas y 38.816.468 a parcelas rústicas (https://www.catastro.hacienda.gob.es/esp/catastroencifras.asp).

Sede electrónica de Catastro (https://www.sedecatastro.gob.es/).

Colegio Nacional de Registradores de la Propiedad, Mercantiles y de Bienes Muebles (CORPME'): ¿Qué es el Registro de la Propiedad? (https://www.registradores.org/el-colegio/registro-de-la-propiedad).

Ley 13/1996, de 30 de diciembre, de Medidas Fiscales, Administrativas y del Orden Social (https://www.boe.es/buscar/act.php?id=BOE-A-1996-29117) y Orden de 23 de junio de 1999 por la que se regula el procedimiento para dar cumplimiento a la obligación establecida en la Ley 13/1996, de 30 de diciembre, sobre suministro de información a la Dirección General del Catastro por los Notarios y Registradores de la Propiedad (https://www.boe.es/buscar/doc.php?id=BOE-A-1999-14374).

Ley 13/2015, de 24 de junio, de Reforma de la Ley Hipotecaria aprobada por Decreto de 8 de febrero de 1946 y del texto refundido de la Ley de Catastro Inmobiliario, aprobado por Real Decreto Legislativo 1/2004, de 5 de marzo (https://www.boe.es/buscar/act.php?id=BOE-A-2015-7046).

La Representación gráfica georreferenciada de una finca es un plano georreferenciado, que delimita de manera precisa la parcela en que se ubica, mediante la expresión de las coordenadas geográficas correspondientes a cada uno de sus vértices, referidas al sistema geodésico oficial, elaborada en formato informático. En España, como se señalaba, se emplea el sistema ETRS89, REGCAN95 para las Islas Canarias con la proyección UTM y empleando como soporte el archivo gráfico en formato GML ISPIRE.

Dirección General de Seguridad Jurídica y Fe Pública. Resolución de 4 de noviembre de 2021. Consagra que la inscripción de las coordenadas de los límites de una finca registral no son un simple dato de hecho, sino un pronunciamiento jurídico formal y solemne, que tras los procedimientos, tramites, garantías, alegaciones y calificación registral que procedan en cada caso, proclama y define con plenos efectos jurídicos y bajo la salvaguardia de los tribunales cuál es la delimitación del objeto jurídico sobre el que recae el derecho de propiedad inscrito (https://www.boe.es/diario_boe/txt.php?id=BOE-A-2021-19576). Resolución 5 de abril de 2022. Consagra la aplicación de los princiois hipotecarios a las representaciones gráficas inscritas (https://boe.es/buscar/doc.php?id=BOE-A-2022-6656).

Artículos 9 y 203 del Decreto de 8 de febrero de 1946 por el que se aprueba la nueva redacción oficial de la Ley Hipotecaria. reformada por la Ley !3/2015 (https://www.boe.es/buscar/act.php?id=BOE-A-1946-2453).

Geoportal Registradores (https://geoportal.registradores.org/home).

Aplicación Experior Plus GIS. Aplicación de gestión registral cuya módulo de tratamiento de información gráfica fue homologado por Resolución de 2 de agosto de 2016, de la Dirección General de los Registros y del Notariado (https://www.boe.es/diario_boe/txt.php?id=BOE-A-2016-8161).

Artículo 9 de la Ley Hipotecaria y Resolución de 29 de octubre de 2015, de la Subsecretaría, por la que se publica la Resolución conjunta de la Dirección General de los Registros y del Notariado y de la Dirección General del Catastro, por la que se regulan los requisitos técnicos para el intercambio de información entre el Catastro y los Registros de la Propiedad (https://www.boe.es/buscar/doc.php?id=BOE-A-2015-11655).

Artículo 2.40 y 3 del UERD y Apartado 6: Legalidad. Comunicación de la Comisión. Documento de orientación para el Reglamento (UE) 2023/1115 relativa los productos libres de deforestación.

Artículo 9, apartado 1, letra h), del UEDR y letra b), apartado 6: Legalidad. Comunicación de la Comisión. Documento de orientación para el Reglamento (UE)

2023/1115 relativa los productos libres de deforestación. Subapartado 1.10. Preguntas Frecuentes (FAQ) publicado por la Comisión Europea.

Artículo 348 del Código Civil: "La propiedad es el derecho de gozar y disponer de una cosa, sin más limitaciones que las establecidas en las leyes. El propietario tiene acción contra el tenedor y el poseedor de la cosa para reivindicarla. Real Decreto de 24 de julio de 1889 por el que se publica el Código Civil (https://www.boe.es/eli/es/rd/1889/07/24/(1)/con).

Ley 49/2003, de 26 de noviembre, de Arrendamientos Rústicos (https://www.boe.es/eli/es/l/2003/11/26/49/con).

Artículo 1579 del Código Civil y artículos 28 a 32 de la (156) Ley 49/2003, de 26 de noviembre, de Arrendamientos Rústicos.

Política Agrícola Común (PAC) (https://agriculture.ec.europa.eu/common-agricultural-policy/cap-overview/cap-glance_es).

Fondo Español de Garantía Agraria, O. A. (FEGA), es un organismo autónomo adscrito al Ministerio de Agricultura, Pesca y Alimentación (MAPA) que tiene como misión principal controlar la aplicación de los fondos FEAGA (Fondo Europeo Agrícola de Garantía Agraria) y FEADER (Fondo Europeo Agrícola de Desarrollo Rural) de la Política Agrícola Común (PAC) asignados a España. Condicionalidad reforzada y social (https://www.fega.gob.es/es/pepac-2023-2027/condicionalidad-requisitos-comunes/condicionalidad-reforzada-social).

Mapa Forestal de España (MFE50, escala 1:50.000) y el Mapa Forestal de España (MFE25, escala 1:25.000) de máxima actualidad constituyen la cartografía de la situación de las masas forestales, realizada desde el Banco de Datos de la Naturaleza, siguiendo un modelo conceptual de usos del suelo jerarquizados, desarrollados en las clases forestales, especialmente en las arboladas. En la cobertura actual el MFE25 da cobertura a las comunidades autónomas de Navarra, Galicia, Asturias, Cantabria, País Vasco, Illes Balears, Murcia, Madrid, La Rioja, Cataluña, Canarias, Extremadura, Castilla y León, Castilla-La Mancha y Aragón; y el MFE50 de las comunidades autónomas de Valenciana y Andalucía (https://www.miteco.gob.es/es/cartografia-y-sig/ide/descargas/biodiversidad/mfe.html).

Banco de Datos de la Naturaleza e Inventario Español del Patrimonio Natural y la Biodiversidad. Real Decreto 556/2011, de 20 de abril, para el desarrollo del Inventario Español del Patrimonio Natural y la Biodiversidad (https://www.boe.es/eli/es/rd/2011/04/20/556/con).

Catálogo servicios WMS de Biodiversidad y Bosques. Directorio de Servicios Web basados en estándares OGC (Open Geospatial Consortium) que la IDE (infraestructura de datos espaciales) del Ministerio ofrece del área de actividad de Biodiversidad y Bosques de acceso libre y gratuito para los usuarios. Los servicios de ofrecen en formato WMS (Web Map Service) configurado como servicio a implementar en visores y herramientas GIS que genera mapas digitales en un formato de imagen como PNG, GIF o JPEG y pueden ser invocados por cualquier plataforma corporativa o software capacitado para la visualización de este tipo de servicios (https://www.miteco.gob.es/es/cartografia-y-sig/ide/directorio_datos_servicios/biodiversidad/wms_bdn.html).

Frecuencia de Incendios Forestales, período 1996-2015 (https://wms.mapama.gob.es/sig/Biodiversidad/Incendios/1996_2005?request=getcapabilities&service=WMS) (https://wms.mapama.gob.es/sig/Biodiversidad/Incendios/2006_2015?request=getcapabilities&service=WMS).

Sistema de Información Geográfica de Parcelas Agrícolas (SIGPAC) es una base de datos o registro oficial dependiente del FEGA y de las consejerías de agricultura de las comunidades autónomas siendo el instrumento clave del Sistema Integrado de Gestión y Control (SIGC) de las ayudas de la PAC, siendo la base de la solicitud de todas las ayudas por superficie, ya sean cultivadas o aprovechadas por el ganado (https://www.fega.gob.es/es/pepac-2023-2027/sistemas-gestion-y-control/sigpac).

Geoportal Registradores SIGPAC (https://geoportal.registradores.org/sigpac).

Capítulo VI.

Certificación forestal versus reglamento europeo sobre productos libres de deforestación: de una gran oportunidad a una decepcionante realidad

FERNANDO GARCÍA-MORENO RODRÍGUEZ[228]

1. DELIMITACIÓN DEL PRESENTE TRABAJO Y APROXIMACIÓN AL DESARROLLO SOSTENIBLE EN CUANTO QUÉ CAUSA PROPICIATORIA, COMÚN Y PRINCIPAL, DEL SURGIMIENTO DE LA CERTIFICACIÓN FORESTAL Y DE LA APROBACIÓN DEL REGLAMENTO EUROPEO SOBRE PRODUCTOS LIBRES DE DEFORESTACIÓN

El presente trabajo, tal y como se deprende de su título: *"Certificación Forestal versus Reglamento Europeo sobre productos libres de deforestación: De una gran oportunidad a una decepcionante realidad"*, versa sobre la relación de una y otro, así como del impacto que este último ha tenido en aquella y cómo ésta ha reaccionado ante él. No obstante, con carácter previo a abordar tal cuestión, resulta necesario, es más, obligado, acotar el contenido sustantivo sobre el que este trabajo se centra, pues de entre las siete materias primas pertinentes que contempla el Reglamento Europeo sobre productos libres de deforestación[229], a saber: El ganado bovino, el cacao, el café, la palma aceitera, el caucho, la soja y la madera[230], el mismo se focaliza en virtud de

---

228 Catedrático en Derecho Administrativo, Universidad de Burgos.

229 Reglamento (UE) 2023/1115 del Parlamento Europeo y del Consejo, de 31 de mayo de 2023, relativo a la comercialización en el mercado de la Unión y a la exportación desde la Unión de determinadas materias primas y productos asociados a la deforestación y la degradación forestal, y por el que se deroga el Reglamento (UE) n.º 995/2010 (TOL9.702.507).

230 Artículo 1 y artículo 2.1) del Reglamento (UE) 2023/1115 del Parlamento Europeo y del Consejo, de 31 de mayo de 2023, relativo a la comercialización en el

la temática y materia a tratar, única y exclusivamente, en la última de tales materias primas pertinentes, esto es, en la madera.

Tras llevar a cabo tal delimitación, pues sólo partiendo de la misma se puede entender en todo su ser el presente trabajo y, asimismo, la falta de referencia al resto de materias primas pertinentes distintas de la madera, considero oportuno abordar también en este primer apartado, por cuanto que sirve perfectamente a la finalidad introductoria propia y característica del mismo, el desarrollo sostenible, en cuanto que mínimo denominador común que no sólo ha propiciado el surgimiento de la Certificación Forestal y la aprobación del Reglamento Europeo sobre productos libres de deforestación, sino que, en última instancia, constituye si no la meta, sí, al menos, una de las metas que persiguen una y otro, que en el ámbito forestal se concreta en la tan traída y llevada gestión forestal sostenible.

I. Acotación del presente trabajo de investigación como requisito previo e ineludible para poder centrar adecuadamente el mismo

Empezando, como es lógico, por la necesaria acotación del presente trabajo de investigación para, como reza el título de este subapartado, poder centrar adecuadamente el mismo, debo señalar que habida cuenta de la temática o materia que se aborda a lo largo y ancho del mismo y que no es otra que la relación sinalagmática existente entre la Certificación Forestal y el Reglamento Europeo sobre productos libres de deforestación, y a mayor abundamiento, la incidencia que este último ha tenido en aquella y consiguientes estrategias, medidas o procederes que ha adoptado dicho instrumento económico de mercado (Certificación Forestal)[231] para tratar de adecuarse al mismo, que el presente trabajo aborda de las siete materias primas pertinentes a las que se alude en él, única y exclusivamente, la última de ellas, que como ya he apuntado, no es otra que la madera.

---

mercado de la Unión y a la exportación desde la Unión de determinadas materias primas y productos asociados a la deforestación y la degradación forestal, y por el que se deroga el Reglamento (UE) n.º 995/2010 (TOL9.702.507).

231 García-Moreno Rodríguez, F. (2021). *La Certificación Forestal: Un instrumento económico de mercado al servicio de la gestión forestal sostenible. Génesis, evolución y análisis jurídico crítico a la luz de su vigente regulación y aplicación en España.* Thomson Reuters Aranzadi, Cizur Menor (Navarra), pág. 124.

Así las cosas, en escasa o nula medida me referiré a lo largo y ancho del presente trabajo a ganado bovino, cacao, café, palma aceitera, caucho o soja, y de hacerlo, siempre con la finalidad de ponerlo en relación con la madera, verdadero objeto de análisis. Tal hecho tiene una serie de derivadas, fundamentalmente dos, en absoluto irrelevantes por la transcendencia e importancia que comportan, que a continuación paso a relacionar, siquiera sea a vuelapluma, sin perjuicio de que más adelante vuelva sobre ellas con mayor profundidad.

La primera derivada a tener en cuenta es que el presente trabajo no sólo se centra en la materia prima pertinente de la madera, sino en los denominados "productos pertinentes"[232] relacionados o derivados de ésta, que se relacionan en el Anexo I del Reglamento Europeo sobre productos libres de deforestación, como por ejemplo y sin ánimo de exhaustividad: la leña; los aglomerados en leños, briquetas o formas similares; el carbón vegetal; las traviesas (durmientes) de madera para vías férreas o similares; los barriles, cubas, tinas; las herramientas, monturas y mangos de madera; los artículos de mesa o de concina de madera, etc...[233], lo que

---

232 Artículo 2.2) del Reglamento (UE) 2023/1115 del Parlamento Europeo y del Consejo, de 31 de mayo de 2023, relativo a la comercialización en el mercado de la Unión y a la exportación desde la Unión de determinadas materias primas y productos asociados a la deforestación y la degradación forestal, y por el que se deroga el Reglamento (UE) n.º 995/2010 (TOL9.702.507).

233 El Anexo I del Reglamento (UE) 2023/1115 del Parlamento Europeo y del Consejo, de 31 de mayo de 2023, relativo a la comercialización en el mercado de la Unión y a la exportación desde la Unión de determinadas materias primas y productos asociados a la deforestación y la degradación forestal, y por el que se deroga el Reglamento (UE) n.º 995/2010 (TOL9.702.507), titulado: *"Materias primas pertinentes y productos pertinentes a que se refiere el artículo 1"*, recoge los siguientes productos pertinentes dentro de la materia prima de la madera a los que resulta de aplicación, lógicamente, este Reglamento, siendo estos los siguientes: *"4401 Leña; madera en plaquitas o partículas; aserrín, desperdicios y desechos de madera, incluso aglomerados en leños, briquetas, «pellets» o formas similares. 4402 Carbón vegetal, comprendido el de cáscaras o de huesos (carozos) de frutos, incluso aglomerado. 4403 Madera en bruto, incluso descortezada, desalburada o escuadrada. 4404 Flejes de madera; rodrigones hendidos; estacas y estaquillas de madera, apuntadas, sin aserrar longitudinalmente; madera simplemente desbastada o redondeada, pero sin tornear, curvar ni trabajar de otro modo, para bastones, paraguas, mangos de herramientas o similares; madera en tablillas, láminas, cintas o similares. 4405 Lana de madera; harina de madera. 4406 Traviesas (durmientes) de madera para vías férreas o similares. 4407 Madera aserrada o desbastada longitudinalmente, cortada o desenrollada, incluso cepillada, lijada o unida por los extremos, de espesor superior a 6 mm. 4408 Hojas para chapado (incluidas las obtenidas por cortado de madera*

no debe perderse de vista. Debo precisar, no obstante, dos cuestiones con respecto a la relación de productos pertinentes procedentes de la materia prima "madera". La primera, que su calificación tanto numérica como sustantiva –la cual he transcrito en nota a pie de página–responde a como se clasifican en la nomenclatura combinada que se establece en el Anexo I del Reglamento (CEE) n.º 2658/87. La segunda, que el Reglamento Europeo sobre productos libres de deforestación, no se aplica a aquellas mercancías que se produzcan en su totalidad a partir de material que haya agotado su ciclo de vida y que, de otro modo, se eliminaría como residuo según la definición del artículo 3.1 de la Directiva 2008/98/CE.

---

estratificada), para contrachapado o para maderas estratificadas similares y demás maderas aserradas longitudinalmente, cortadas o desenrolladas, incluso cepilladas, lijadas, unidas longitudinalmente o por los extremos, de espesor inferior o igual a 6 mm. 4409 Madera (incluidas las tablillas y frisos para parqués, sin ensamblar) perfilada longitudinalmente (con lengüetas, ranuras, rebajes, acanalados, biselados, con juntas en V, moldurados, redondeados o similares) en una o varias caras, cantos o extremos, incluso cepillada, lijada o unida por los extremos. 4410 Tableros de partículas, tableros llamados «oriented strand board» (OSB) y tableros similares (por ejemplo: los llamados «waferboard»), de madera u otras materias leñosas, incluso aglomeradas con resinas o demás aglutinantes orgánicos. 4411 Tableros de fibra de madera u otras materias leñosas, incluso aglomeradas con resinas o demás aglutinantes orgánicos. 4412 Madera contrachapada, madera chapada y madera estratificada similar. 4413 Madera densificada en bloques, planchas, tablas o perfiles. 4414 Marcos de madera para cuadros, fotografías, espejos u objetos similares. 4415 Cajones, cajas, jaulas, tambores y envases similares, de madera; carretes para cables, de madera; paletas, paletas caja y demás plataformas para carga, de madera; collarines para paletas, de madera (excepto el material de embalaje utilizado exclusivamente como material de embalaje para sostener, proteger o transportar otro producto introducido en el mercado). 4416 Barriles, cubas, tinas y demás manufacturas de tonelería y sus partes, de madera, incluidas las duelas. 4417 Herramientas, monturas y mangos de herramientas, monturas y mangos de cepillos, brochas o escobas, de madera; hormas, ensanchadores y tensores para el calzado, de madera. 4418 Obras y piezas de carpintería para construcciones, incluidos los tableros celulares, los tableros ensamblados para revestimiento de suelo y tablillas para cubierta de tejados o fachadas («singles» y «shakes»), de madera. 4419 Artículos de mesa o de cocina, de madera. 4420 Marquetería y taracea; cofrecillos y estuches para joyería u orfebrería y manufacturas similares, de madera; estatuillas y demás objetos de adorno, de madera; artículos de mobiliario, de madera, no comprendidos en el capítulo 94. 4421 Las demás manufacturas de madera. Pasta de madera y papel de los capítulos 47 y 48 de la nomenclatura combinada, excepto productos a base de bambú y productos para reciclar (desperdicios y desechos). ex 49 Productos editoriales, de la prensa y de las demás industrias gráficas, textos manuscritos o mecanografiados y planos, de papel. ex 9401 Asientos (excepto los de la partida 9402), incluso los transformables en cama, y sus partes, de madera. 9403 30, 9403 40, 9403 50, 9403 60 y 9403 91 Muebles de madera, y sus partes. 9406 10 Construcciones prefabricadas de madera".

La segunda derivada que resulta de centrarse el presente trabajo de investigación de entre la totalidad de las materias primas pertinentes a que alude el Reglamento Europeo sobre productos libres de deforestación, única y exclusivamente en la madera, es que a diferencia de las demás, habida cuenta de la estrecha y directa relación que tiene dicha materia prima con la deforestación, su innegable causa-efecto en relación con esta última de llevarse a cabo un acopio indebido de la misma y la consiguiente preocupación que tal hecho, en absoluto desapercibido, generaba desde hace bastante tiempo en diversas instancias públicas, cuenta con un preclaro antecedente normativo, al cual, incluso, alude expresamente el vigente Reglamento Europeo sobre productos libres de deforestación en su título formal u oficial, al referirse en la parte final del mismo al Reglamento (UE) n.º 995/2010, conocido como Reglamento de la Madera de la Unión Europea[234] que, a mayor abundamiento y pese a que en el referido título se indica que viene a derogarse, no sólo sigue vigente en relación con tal materia prima pertinente (madera), sino que va a seguir estándolo durante todavía algunos años más[235].

En virtud de todo ello y por si no hubiera quedado todavía suficientemente claro, resulta evidente la naturaleza estrictamente forestal del presente trabajo de investigación, no sólo ya porque el Reglamento objeto de estudio persigue evitar la deforestación y la degradación forestal, sino porque de entre todas las materias primas pertinentes que de un modo directo o indirecto, mediato o inmediato, contribuyen a uno y otro fenómeno, se

---

234 Reglamento (UE) n.º 995/2010 del Parlamento Europeo y del Consejo, de 20 de octubre de 2010, por el que se establecen las obligaciones de los agentes que comercializan madera y productos de la madera.

235 Tal y como se desprende del Artículo 37 *("Derogaciones")* del Reglamento (UE) 2023/1115 del Parlamento Europeo y del Consejo, de 31 de mayo de 2023, relativo a la comercialización en el mercado de la Unión y a la exportación desde la Unión de determinadas materias primas y productos asociados a la deforestación y la degradación forestal, y por el que se deroga el Reglamento (UE) n.º 995/2010 (TOL9.702.507), en que se determina que: *"1. Queda derogado el Reglamento (UE) n.º 995/2010 con efecto a partir del 30 de diciembre de 2024. 2. No obstante, el Reglamento (UE) n.º 995/2010 seguirá aplicándose hasta el 31 de diciembre de 2027, a la madera y los productos de la madera, tal como se definen en el artículo 2, letra a), del Reglamento (UE) n.º 995/2010, producidos antes del 29 de junio de 2023, e introducidos en el mercado a partir del 30 de diciembre de 2024. 3. Como excepción a lo dispuesto en el artículo 1, apartado 2, del presente Reglamento, la madera y los productos de la madera, tal como se definen en el artículo 2, letra a), del Reglamento (UE) n.º 995/2010, producidos antes del 29 de junio de 2023, e introducidos en el mercado a partir del 31 de diciembre de 2027 deberán cumplir lo dispuesto en el artículo 3 del presente Reglamento".*

centra el mismo en aquella más propiamente forestal, la madera, la cual, por un lado, de ser mal gestionada es la que más termina propiciando la deforestación y degradación forestal, mientras que, por otro lado, es la que en última instancia se tiende a proteger en cuanto que integrante y consustancial de los árboles, cuya suma y conjunto conforman los bosques, lo que no deja de ser toda una paradoja.

II. El desarrollo sostenible, concretado específicamente en la gestión forestal sostenible, como causa propiciatoria y a la vez, meta primera y última que persigue tanto la Certificación Forestal como el Reglamento Europeo sobre productos libres de deforestación

La primera idea que considero oportuno dejar sentada es que el desarrollo sostenible, tal y como se deprende del propio título del presente subapartado, no sólo es la causa, o al menos, una de las causas propiciatorias tanto de la Certificación Forestal como del Reglamento Europeo sobre productos libres de deforestación, sino, también, es decir, de manera complementaria y sumatoria a tal característica, una de las metas que en última instancia persiguen una y otro. Efectivamente, el desarrollo sostenible y de manera más específica, su aplicación al ámbito forestal, que se concreta en la denominada gestión forestal sostenible, es sin lugar a dudas de ningún género, la causa, el motivo o fundamento de la Certificación Forestal, es más, la causa por excelencia que propició su surgimiento, pero no sólo eso, tal y como ya he apuntado con anterioridad, pues la gestión forestal sostenible es a su vez la principal meta, objetivo o propósito que persigue dicho instrumento económico de mercado[236].

En el caso del Reglamento Europeo sobre productos libres de deforestación tal relación de la gestión forestal sostenible tanto con su surgimiento como con la meta que persigue, no es tan clara y evidente como ocurre con la Certificación Forestal, no queriendo decir con ello, que no sea causa y meta, respectivamente, del mismo, sino, únicamente, que no es tan directa y obvia como ocurre con la Certificación Forestal, aunque resulta incontestable también que el referido Reglamento Europeo es fruto o resultado de

---

236 García-Moreno Rodríguez, F. (2021). "La Certificación Forestal: un instrumento económico de mercado que contribuyendo a la transición ecológica potencia el desarrollo rural". *Transición Ecológica y Desarrollo Rural: Algunas propuesta integradoras en el camino hacia una sinergia necesaria y mutuamente beneficiosa de ambas políticas públicas.* Thomson Reuters Aranzadi, Cizur Menor (Navarra), pág. 177.

la implementación de la gestión forestal sostenible, siquiera sea de manera mediata e indirecta, y del mismo modo, que es una de las metas que en última instancia persigue[237] aunque, como digo, no se perciba de manera tan nítida y axiomática como ocurre con la Certificación Forestal.

En virtud de todo lo expuesto en el párrafo inmediatamente precedente a este que ahora me ocupa –con las matizaciones hechas en relación con el Reglamento Europeo sobre productos libres de deforestación–, resulta innegable que la sostenibilidad y más concretamente, el desarrollo sostenible, manifestado en el ámbito forestal en la gestión forestal sostenible, es una causa propiciatoria, común y principal, es decir, propia y destacada, tanto de la Certificación Forestal como del Reglamento Europeo sobre productos libres de deforestación y a su vez, una meta a lograr por una y otro, lo que debe tenerse muy presente en todo momento.

2. BREVE SEMBLANZA SOBRE LA CERTIFICACIÓN FORESTAL EN LA MEDIDA QUE EVITA EN LOS BOSQUES EN DONDE SE APLICA SU DEFORESTACIÓN: ACONTECIMIENTOS EXÓGENOS QUE PROPICIARON SU SURGIMIENTO, CONCEPTO Y PRINCIPALES SISTEMAS DE CERTIFICACIÓN

En este segundo apartado, tal y como reza su título, me propongo hacer una breve semblanza sobre la Certificación Forestal y ello, básica y fundamentalmente, por un doble motivo. En primer lugar, para dar a conocer dicho instrumento económico de mercado a todos aquellos que no saben exactamente qué es, en qué consiste, para que sirve o cómo funciona, en definitiva, qué papel desempeña en relación con los bosques. En segundo lugar, para llamar la atención y hacer hincapié en el hecho, muchas veces ignorado o inadvertido, de que la Certificación Forestal surgió desde su mismo inicio con la clara intención y propósito de evitar en último término, a través de la gestión forestal sostenible de los bosques que postula, la deforestación y la degradación forestal de los mismos.

---

237 La relación del principio de sostenibilidad, el desarrollo sostenible y la gestión forestal sostenible con el Reglamento Europeo sobre productos libres de deforestación, resulta incuestionable con sólo ver las múltiples veces en que se alude a cada uno de dichos conceptos a lo largo y ancho del mismo (4 veces a sostenibilidad, 6 veces a desarrollo sostenible y 5 veces a gestión forestal sostenible), evidenciándose, igualmente, su destacado papel en el surgimiento de éste y también, como una de las metas a alcanzar por él.

En cumplimiento del propósito expuesto en el párrafo anterior, voy a hacer alusión dentro del presente apartado, en primer lugar, a los acontecimientos exógenos, es decir, externos, que propiciaron el surgimiento de la Certificación Forestal, por cuanto que uno de ellos, el más importante, se debió a tratar de evitar con su implementación la deforestación que venían sufriendo los bosques, y muy especialmente entre ellos, los bosques tropicales. En segundo lugar, al concepto de dicho instrumento económico de mercado, o, cuando menos, a la descripción de lo que es y representa el mismo, para con ello demostrar que de él se desprende una innegable y férrea voluntad de evitar toda deforestación y degradación forestal. Por último, en tercer lugar, haré apenas un bosquejo, de los dos sistemas de Certificación Forestal más importantes a nivel internacional y nacional, para explicar en lo básico cómo funcionan.

I. Circunstancias y acontecimientos exógenos que propiciaron de manera más directa y evidente el surgimiento y posterior instauración de la Certificación Forestal: En particular, evitar la deforestación que venían sufriendo los bosques

Por lo que al surgimiento de la Certificación Forestal se refiere, he de señalar que dos son las causas que, básica y fundamentalmente, propiciaron su aparición. La primera de ellas, que sin lugar a dudas de ningún género contribuyó de manera destacada al surgimiento de la Certificación Forestal, fue la desoladora e irresponsable deforestación, sin parangón en la historia, que venían padeciendo los bosques tropicales y dentro de ellos, particularmente, los boques tropicales húmedos, máxime, cuando todo hacía prever que de no detenerla, no tendría límite, prosiguiendo hasta la más absoluta devastación y con ello, extinción y desaparición de tales bosques[238].

---

[238] Gafo Gómez-Zamalloa, M. (2011). *Evaluación del impacto de la certificación de la gestión sostenible en el sector forestal de la Unión Europea.* Tesis Doctoral, Universidad Politécnica de Madrid, Madrid, pág. 24, señala que: *"El origen de la certificación forestal hay que buscarlo en la preocupación pública por el medio ambiente..."*, siendo, *"La principal preocupación medioambiental que motivó el nacimiento de la certificación el constante incremento de la deforestación, principalmente en zonas tropicales"*. Idéntico parecer manifiesta Arnould, P. (1999). "L´éco-certification ou la guerre des labels: vers une nouvelle géopolitique forestière?". *Annales de géographie,* núm. 609-610, pág. 572, al sostener que el nacimiento de la certificación forestal se encuentra ín-

En cualquier caso, la primera de las causas anteriormente apuntada, con ser importante y transcendente en sí misma, no hubiese sido suficiente para propiciar el surgimiento de la Certificación Forestal, de no ser, a mi modo de ver, por el paralelo e incontenible auge que, por aquellos mismos años venía experimentando la sociedad en todo lo tocante a proteger y salvaguardar el medio ambiente. Dicho de otro modo, el caldo de cultivo, o si se prefiere, el contexto favorable derivado de la concienciación y sensibilización social, cada vez mayor, por defender el medio ambiente resultó indispensable para poder impulsar desde dicho escenario concreto el surgimiento de la Certificación Forestal[239].

Fruto de la conjunción de los dos factores anteriormente señalados, los consumidores de los países pertenecientes al primer mundo, concienciados de los problemas ambientales mundiales y de que frente a ellos había que hacer algo sin más dilación, iniciaron, en gran medida impulsados por la cada vez mayor repercusión que las frecuentes y justificadas críticas sobre abusos y excesos cometidos contra el medio ambiente, y particularmente, dentro del mismo, contra los bosques, manifestaban tanto Organizaciones No Gubernamentales, como Grupos Ecologistas y Asociaciones y Agrupaciones de la más variada índole, un boicot contra los productos forestales, fundamentalmente madera, provenientes de los bosques tropicales[240].

Abundando más en el boicot contra los productos forestales provenientes de bosques tropicales, he de señalar que el mismo fue totalmente bienintencionado, pues no solo buscaba o pretendía erradicar, o cuanto menos, aminorar sustancialmente la tala masiva de árboles que sufrían dichos bosques, sino además de ello y de paso que se lograba tal objetivo,

---

timamente ligado a la toma de conciencia social de la impresionante disminución, acelerada y progresiva, de la superficie forestal mundial.

239 Gómez Almaraz, R. (2004). "La certificación forestal del FSC. Planteamientos e iniciativa española". *Lecciones de economía forestal. II Jornadas Forestales: Economía y Empresa.* Universidad de Huelva, Huelva, pág. 252, manifiesta con toda razón, que: *"...el creciente interés y sensibilización del público por los temas ambientales han dado lugar a la aparición de la certificación forestal como un nuevo instrumento de política".*

240 Bartley, T. (2003). "Certifying Forest and Factories: States, Social Movements, and the Rise of Private Regulation in the Apparel and Forest Products Fields". *Politics Society*, vol. 31, pág. 433 y ss, afirma con toda razón que el surgimiento de la Certificación Forestal es fruto de un entorno de presión de movimientos sociales en un marco de economía neoliberal y globalizada, que sobrepasa la posibilidad de actuación de los gobiernos y autoridades nacionales.

preservar la variedad botánica y zoológica que albergaban los mismos, al igual que la de todos aquellos seres humanos que habitaban en ellos y dependían de los bosques para llevar a cabo acciones tan cotidianas, pero, por otro lado, tan importantes y necesarias para garantizar su propia subsistencia, como calentarse, curarse o comer. Con todo, se constató que la fórmula para tratar de lograr la preservación de los bosques tropicales no era ni podía ser un boicot internacional, pues no sólo no se podía mantener indefinidamente en el tiempo, sino que podía terminar siendo contraproducente[241], por lo que se empezaron a barajar diversas alternativas, siempre con el objetivo final de detener la deforestación de tales bosques y los efectos que la misma comportaba tanto a plantas y animales como al propio ser humano, siendo una de tales alternativas la que con el tiempo vendría a denominarse como Certificación Forestal.

El mecanismo que se ideó y que en definitiva es el que propició el surgimiento de la Certificación Forestal y el que, al fin y a la postre, la define y caracteriza aun hoy en día, en el presente, con independencia de que con el pasar de los años los objetivos que persigue la misma han evolucionado y se han ampliado respecto del primigenio, consiste, grosso modo, en acreditar mediante el consiguiente certificado que a raíz de la respectiva evaluación positiva del bosque y del seguimiento de los productos forestales derivados del mismo se expide, que éstos proceden de un bosque que siendo explotado económicamente, genera beneficios sociales y culturales a la población, a la ciudadanía, a la par que, por encima de todo ello, se asegura su pervivencia y conservación y por ende, también, de la flora y fauna que contiene. Nótese, que dicha certificación se lleva a cabo no sólo sobre el bosque objeto de evaluación sino también sobre los productos forestales que se extraen del mismo hasta llegar a los consumidores, lo que denota las dos claras e indisolubles partes o fases que integran la Certificación Fores-

---

241 Un efecto indeseable, a la par que imprevisto, que produjo el boicot internacional a los productos forestales procedentes de bosques tropicales, fue que muchos propietarios de pequeñas explotaciones forestales, incluso de grandes explotaciones, al observar como consecuencia de dicho boicot y de lo que perseguía el mismo, la dificultad que tenían para poder colocar su madera, al igual que el resto de productos forestales procedentes de las mismas en el mercado internacional, y no sólo eso, sino los grandes esfuerzos e inversión dilatada en el tiempo que tendrían que hacer para poder superar tal barrera y acceder con normalidad al mercado, desistieron de tal actividad para centrarse en labores agrícolas o ganaderas, mucho más productivas y rentables a corto plazo, que en muchas ocasiones implicaron una mayor deforestación de tales bosques. Como se comprobará, toda una paradoja.

tal, a saber: Una primera, de certificación de manejo[242] o gestión[243] forestal sostenible del respectivo bosque, y tras ella, una segunda, de certificación de la denominada cadena de custodia[244].

Como puede observarse, dicho mecanismo consiste en crear un instrumento que conjugando el mantener, e incluso, incrementar los bosques existentes, sin renunciar por ello a su aprovechamiento, posibilite que sean los consumidores quienes mediante su criterio a la hora de comprar o demandar productos provenientes de los bosques elijan libre y responsablemente entre unos que garantizan que proceden de bosques gestionados sosteniblemente o por el contrario de bosques que no pueden acreditar tal extremo. De ahí que la virtualidad y eficacia real de la Certificación Forestal queda en manos del consumidor final de los productos derivados de los bosques, motivo por el cual desde su misma concepción ha sido, es y seguirá siendo un instrumento económico de mercado del sector forestal,[245]

---

242 El sistema de Certificación Forestal FSC denomina la certificación que deriva de comprobar dentro de la primea fase o parte de aquella que el monte o montes de que en cada caso se trate son explotados, verdadera y realmente, de manera sostenible, como certificación de manejo forestal o certificación de manejo forestal sostenible, aunque también hay ocasiones, por cierto, cada vez en mayor número, en que dentro de este sistema de Certificación Forestal se alude a dicho certificado como certificación de gestión forestal o certificación de gestión forestal sostenible.

243 El sistema de Certificación Forestal PEFC denomina la certificación que deriva de comprobar dentro de la primera fase o parte de aquella que el monte o montes de que en cada caso se trate son explotados, verdadera y realmente, de manera sostenible, como certificación de gestión forestal o certificación de gestión forestal sostenible.

244 Tanto el sistema de Certificación Forestal FSC, como el sistema de Certificación Forestal PEFC, denominan la certificación que se expide dentro de la segunda fase o parte de aquella, a resultas de comprobar que los productos forestales que se ponen en manos del consumidor final proceden, efectiva e indubitadamente, de montes gestionados de forma sostenible, como certificación de cadena de custodia.

245 García Asensio, J.M. (2018). "Aproximación jurídica a los instrumentos económicos de mercado en el sector forestal". *Revista Aragonesa de Administración Pública*, núm. Extra 19, pág. 352, afirma de manera rotunda refiriéndose a la Certificación Forestal, que el considerar la misma como un instrumento de mercado es "... *una nota obvia, porque con el mismo se pretende alcanzar un objetivo de interés general (la gestión forestal sostenible) utilizando el mercado y su lógica de la búsqueda del máximo beneficio...* ", para precisar a continuación que tal consideración como instrumento de mercado "...*también ha tenido su reconocimiento expreso*", como entre otros ejemplos a los que alude, en el Dictamen CESE AGR/602, de 24 de abril de 1997 (Apartado 6.1.3), en el que en palabras de este último se "...*determinaba que las certificaciones forestales se rigen 'mediante las leyes del mercado' para la consecución de sus objetivos*".

hasta el punto de poderlo considerar, con toda razón, como el instrumento económico de mercado propio o característico de dicho sector.

La segunda causa que propició el surgimiento de la Certificación Forestal, muy relacionada con la precedente, siendo consecutiva o sucesiva a la misma, fue la necesidad de verificar de manera diligente, efectiva y contrastable que, en un principio, se salvaguardaban, efectivamente, los bosques tropicales en particular y todos los bosques, en general, y en un segundo momento, que no tardó mucho en llegar, se gestionaban realmente de manera sostenible aquellos por el propietario o propietarios que predicaban tal condición de su bosque o bosques.

Resulta evidente que pese a ser decisiva, por un lado, la conjunción de la lucha contra la deforestación de los bosques tropicales y la cada vez mayor concienciación y sensibilización ambiental en la defensa de los montes para el surgimiento de la Certificación Forestal y por otro lado, la ampliación de su objetivo o finalidad inicial pasando a ser la misma la consecución de la gestión forestal sostenible, faltaba lo más importante y decisivo y por ende, todo hay que decirlo, lo más propio y característico de la Certificación Forestal, a saber, el poder verificar, acreditar, contrastar, documentar o como con iguales o parecidas palabras quiera expresarse, que el bosque o bosques que el respectivo propietario considera o sostiene que son gestionados sosteniblemente, real y efectivamente lo son, posibilitando a tal efecto una credencial, título, informe o documento escrito, en definitiva, certificación, para que aquel pueda probar ante cualquiera persona que se lo demande, o bien ante quien estime oportuno hacerlo, tal extremo, es decir, que el bosque o bosques objeto de Certificación Forestal están siendo gestionados efectiva y realmente de forma sostenible.

En virtud de lo apuntado con anterioridad, resulta del todo obvio que tanto el lograr la mera conservación de los bosques, al evitar o cuanto menos aminorar su deforestación, como alcanzar la gestión forestal sostenible, devienen inútiles de no lograr entre todos los actores involucrados en dicha actividad –que no son otros que todos aquellos que participan y tienen responsabilidades en la cadena extractiva, productiva y transformadora de los productos forestales hasta llegar al consumidor final–, en primer lugar, procedimientos adecuados y comúnmente aceptados para poder verificar la verosimilitud del bosque o bosques que se dicen gestionados de manera sostenible[246], y en segundo lugar, tras concretar y aceptar tales procedimientos

---

246 López Quero, M. y Daniluk Mosquera, G. (2006). *Certificación Forestal: Teoría y práctica – Caso FSC*. Fundación Conde del Valle de Salazar, Madrid, pág. 36, sentencian

como válidos y adecuados para llevar a cabo tal labor, las fuentes o el modo de financiación para hacer estos realmente viables y con ello, conseguir finalmente una evaluación que sea realmente efectiva y real.

Apuntar, por último, en relación con esta segunda causa que propició el surgimiento de la Certificación Forestal, que antes de la aparición de esta última se dieron diversos pasos hacia la necesaria e ineludible acreditación del cumplimiento efectivo de la gestión forestal sostenible por los sujetos que la demandaban, fundamentalmente, por no decir, exclusivamente, propietarios privados de explotaciones forestales, lo que se trató de lograr a través de diversas iniciativas internacionales focalizadas en verificar tal extremo, como entre otras a las que podría hacer alusión: El Proceso de Helsinki[247], el Acuerdo de Tarapoto[248], el Proceso de Lapaterique[249] o el Proceso de Montreal[250]. No obstante, todas y cada una de ellas, pese a los

---

con toda razón, que: *"Si no logramos acordar entre los actores involucrados los principios o atributos esenciales que reflejen la sostenibilidad del sistema, los criterios y los indicadores mensurables, la sostenibilidad permanecerá ambigua en el ámbito de los discursos políticos y considerada una utopía"*.

247 Marcilla García, M. (2012). "La Certificación Forestal". *Foresta*, núm. 55, pág. 148, señala que en *"La Conferencia de las Naciones Unidas sobre el Medio Ambiente y Desarrollo, también conocida como "Cumbre de Río", se realizaron varios procesos que dieron lugar a un gran número de compromisos internacionales y acuerdos multilaterales ambientales relacionados con los bosques y con el uso sostenible de los recursos naturales, entre los que destaca especialmente el Proceso Paneuropeo, también conocido como Proceso de Helsinki, basado en conferencias ministeriales y reuniones de seguimiento a nivel de expertos"*.

248 Salvador del Pozo, M. (2004). "La certificación forestal–PEFC". *Lecciones de economía forestal. II Jornadas Forestales: Economía y Empresa*. Universidad de Huelva, Huelva, págs. 267 y 268, señala que debido a una cada vez mayor preocupación de la sociedad por la destrucción del medio ambiente y dentro de éste, en particular, por la destrucción de los bosques, especialmente tropicales, se ha generado una concienciación social que: *"...se plasma en la celebración de varias reuniones Intergubernamentales a nivel mundial..."*, destacando entre todas ellas: *"...la Conferencia de Río de Janeiro en 1992, en la que se redactaron, entre otros documentos, la Declaración de Río y la Agenda 21..."*, originándose del mismo modo *"...otros procesos también Intergubernamentales, como resultado de iniciativas regionales..."*, para de inmediato precisar que de entre este conjunto de procesos que pasa a relacionar, se encuentra el Acuerdo de Tarapoto.

249 López Quero, M y Daniluk Mosquera, G. (2006). *Certificación Forestal: Teoría...*, op. cit., pág. 40, hacen referencia al Proceso de Lepaterique, referido a América Central, junto con el Proceso de Helsinki, el Acuerdo de Tarapoto y el Proceso de Montreal, a cuyo trabajo, en la página indicada, por entero me remito.

250 Salvador del Pozo, M. (2004). "La certificación forestal...", op. cit., pág. 268, dentro de los diversos procesos Intergubernamentales que surgen a nivel regional

indudables avances que comportaron y ventajas y beneficios que trajeron aparejados para los bosques, no lograron alcanzar el grado o nivel de acreditación, refrendo o verificación que se esperaba, siendo precisamente la Certificación Forestal, la que, siendo posterior en el tiempo a aquellas, logró alcanzar finalmente tan complejo objetivo, lo que vino a comportar la consolidación efectiva y real de la misma en el mundo jurídico.

II. Aproximación al concepto de Certificación Forestal del que se deduce que contribuye de manera eficaz a evitar tanto la deforestación como la degradación forestal

Antes de entrar a abordar el concepto de Certificación Forestal en el ordenamiento jurídico español[251] quiero llamar la atención sobre un hecho que, por lo general, pasa totalmente desapercibido tanto para la inmensa mayoría de la población, lo que es del todo normal, como incluso para los profesionales y personas más relacionadas con el ámbito forestal, al no reparar ni unos ni otros en él, pero que pese a ello tiene cierta relevancia por lo que implica y comporta. Tal hecho no es otro que la ausencia o falta de regulación de la Certificación Forestal en el ordenamiento jurídico español hasta la aprobación de la Ley 43/2003, de 21 de noviembre, de Montes. Ello denota, se quiera o no reconocer, máxime teniendo en cuenta que la Certificación Forestal tiene su origen a finales de los años 80 de la centuria pasada y su efectiva incorporación formal al mundo jurídico en el año 1992, la poca atención, desapego o escaso valor que el legislador español ha otorgado a dicho instrumento económico de mercado del sector forestal, pues hasta la Ley anteriormente aludida, es decir, hasta once años

---

con el afán de lograr la tan anhelada como necesaria gestión forestal sostenible para con ella asegurar la preservación, incluso, mejora de los bosques y con éstos del medio ambiente, alude, como uno más integrante de aquellos, al Proceso de Montreal, en relación con el cual y con el Acuerdo de Tarapoto, señala, de forma un tanto lacónica y no todo lo precisa que sería deseable, que ambos son: *"Procesos del bosque templado y boreal de los países no pertenecientes a Europa"*.

251 Resultaría imposible referirme a la definición que de Certificación Forestal se lleva a cabo en todos los países que cuentan con ella y lógicamente, la regulan jurídicamente, aunque la definición que voy a exponer en el texto *ut supra*, propia del ordenamiento jurídico español, no difiere mucho de la que se contempla en otros países tanto desarrollados como en vías de desarrollo, al menos, en lo más esencial y característico de la misma.

después de su constitución formal, no ha tenido cabida dentro del ámbito propiamente normativo, lo que no deja de ser sorprendente.

Tras esta llamada de atención que me parece, cuando menos, significativa y digna de reflexión, y entrando ya a analizar el concepto de Certificación Forestal, debo señalar, que si bien es cierto que donde realmente se regula y se ocupa el legislador español de la misma, en cuanto tal, es en el artículo 35,[252] que se circunscribe dentro del Capítulo III del Título III de la vigente Ley 43/2003, de 21 de Noviembre, de Montes, relativo a la "Ordenación de los Montes", en puridad no se encuentra en aquel su definición, pese a lo que pudiera pensarse inicialmente y cabría esperar, sino en el artículo 6, en el que el legislador facilita las definiciones de un listado de conceptos que se manejan a lo largo y ancho de la Ley, dentro del cual se encuentra, como ya he señalado, la Certificación Forestal, concretamente, en la letra p) de dicho artículo, en la que procede a definirla como el: "Procedimiento voluntario por el que una tercera parte independiente proporciona una garantía escrita tanto de que la gestión forestal es conforme con criterios de sostenibilidad como de que se realiza un seguimiento fiable desde el origen de los productos forestales"[253].

Como características más reseñables que se extraen de la definición anteriormente transcrita de Certificación Forestal, cabe señalar las siguientes: Primera, que es un procedimiento voluntario, es decir, que no resulta obligatorio

---

252 En su redacción inicial, por la Ley 43/2003, de 21 de noviembre, de Montes (TOL319.216): *"Las Administraciones públicas procurarán que las condiciones de transparencia, voluntariedad, ausencia de discriminación y libre competencia se cumplan por parte de todos los sistemas de certificación forestal"*. En su redacción, por la Ley 10/2006, de 28 de abril, por la que se modifica la Ley 43/2003, de 21 de noviembre, de Montes (TOL865.404): *"Las Administraciones públicas promoverán el desarrollo de los sistemas de certificación, garantizando que el proceso de certificación forestal sea voluntario, transparente y no discriminatorio, así como velarán por que los sistemas de certificación forestal establezcan requisitos en relación los criterios ambientales, económicos y sociales que permitan su homologación internacional"*. En su redacción vigente, llevada a efecto por la Ley 21/2015, de 20 de julio, por la que se modifica la Ley 43/2003, de 21 de noviembre, de Montes (TOL5.206.100): *"Las Administraciones públicas promoverán el desarrollo de los sistemas de certificación forestal voluntarios, transparentes y no discriminatorios"*.

253 La certificación, en general, es definida por ISO (ISO/IEC Guía 2: 1991) como: *"Un proceso por el cual una tercera parte, independiente, asegura mediante una declaración escrita que un producto, proceso o servicio cumple unos determinados requisitos o exigencias"*.

para los propietarios públicos o privados de los montes[254]. Segunda, que dicho procedimiento debe estar garantizado por una tercera parte independiente, lo que busca, obviamente, garantizar la máxima libertad, rectitud y objetividad en la elaboración del consiguiente juicio sobre si efectivamente los respectivos montes objeto de Certificación Forestal cumplen verdadera y realmente o por el contrario no lo hacen con los criterios de sostenibilidad que resultan de aplicación. Tercera, e íntimamente relacionada con la característica precedente, que dicha Certificación Forestal debe expedirse por escrito, con el propósito evidente de poder demostrar tal circunstancia ante quien se desee o ante quien la exija. Cuarta, que dicha garantía escrita que viene a constituir la Certificación Forestal en sí, como tal documento, sólo procede de ser el resultado final de comprobar que la gestión forestal se ha llevado a cabo de acuerdo con los criterios de sostenibilidad previamente fijados. Quinta, que el producto final que ostenta la Certificación Forestal, bien a través de la correspondiente etiqueta, rótulo, inscripción, marbete, sello, letrero, precinto, tejuelo, marca o carátula, se corresponde realmente con aquel al que inicialmente se le otorgó tal calificación, a resultas de haberse realizado en relación con dicho producto, un seguimiento lo suficientemente riguroso y fiable desde su mismo origen hasta su destino final.

No puedo ni debo terminar el presente subapartado sin hacer referencia a dos cuestiones. La primera, que, en realidad, si uno se fija bien, el concepto que de Certificación Forestal da el legislador español, no es tanto un concepto o definición en sí misma como una descripción o relación de las características que son propias o conforman aquella. La segunda, que tiene que ver con la temática del presente trabajo de investigación, que, aunque no se diga ni expresa, ni directamente en la definición, o si se prefiere y más propiamente, en la descripción de lo que es y comporta la Certificación Forestal, dicho procedimiento voluntario que se describe, con las garantías y condiciones que se establecen en el mismo, posibilita que en todos aquellos montes en que el mismo tenga lugar, es decir, que cuenten con Certificación Forestal, no corran peligro alguno de deforestación ni tan siquiera de degradación forestal, pues dicho instrumento económico de mercado, como ya he tenido la oportunidad de señalar en más ocasiones, persigue en última instancia y recuérdese, que con este propósito

---

254 García-Moreno Rodríguez, F. (2005). "La ordenación de los montes, gestión sostenible, instrumentos de ordenación y certificación forestal". *Comentarios sistemáticos a la Ley 43/2003, de 21 de noviembre, de Montes. Estudios de Derecho Forestal Estatal y Autonómico.* Thomson Civitas, Cizur Menor (Navarra), pág. 872.

surgió, evitar la deforestación y degradación forestal de los bosques, lo que se consigue, precisamente, a través del cumplimiento de la gestión forestal sostenible previamente determinada.

III. Principales sistemas de Certificación Forestal a nivel nacional, europeo e internacional

Tal y como he apuntado en los dos subapartados inmediatamente precedentes a éste que ahora me ocupa, la Certificación Forestal tuvo su origen a finales de los años 80 del siglo pasado, en torno al año 1989, a partir de las propuestas presentadas por diversas Organizaciones No Gubernamentales, Grupos Ecologistas, Asociaciones y Agrupaciones de carácter medioambientalista, encaminadas, en un primer momento, a disminuir el ritmo de deforestación en los bosques tropicales y con posterioridad –preciso ahora–, concretamente, a partir de la constitución en 1993 del Sistema de Certificación Forestal denominado *Forest Stewardship Council*[255], también de los bosques templados y boreales. No obstante, como igualmente se ha señalado, es el año 1992 el año de referencia a partir del cual comienza la andadura de la Certificación Forestal basada en unos criterios y principios globales de acreditación de las entidades certificadoras, lo que, inexorablemente, implica que los Gobiernos de los diversos países donde aquella se aplica no deben tener en relación con la misma más cometido, al igual que los particulares, que el de ser propietarios forestales demandantes de tal Certificación.

Abundando en lo apuntado al final del párrafo anterior, es decir, en el necesario alejamiento y desapego, tanto formal como material, que los Gobiernos de todos los países donde resulta de aplicación la Certificación Forestal deben mostrar respecto de las entidades certificadoras que llevan a efecto la misma, debe tenerse en cuenta que además de ello se impone que los mismos, atendiendo al hecho de existir no un solo y único sistema de Certificación Forestal, sino varios, como tendré oportunidad de especificar con posterioridad, sean lo más neutrales, imparciales y respetuosos posibles con los mismos, para, de este modo, no interferir en la lícita y deseable competencia existente entre ellos por el mercado, la cual, indiscutiblemente, termina repercutiendo de manera positiva en la gestión forestal sostenible y en el consumidor final de los productos procedentes de esta última.

---

255 Cuya traducción al español es: Consejo de Administración Forestal.

Es en virtud de todo ello, por lo que la actitud que cabe esperar de los Gobiernos de los diversos países donde desde hace muchos años y por supuesto, en el presente, se aplica la Certificación Forestal, como incluso, también de todos aquellos Gobiernos de países donde todavía la misma no se encuentra presente, no puede ser otra que la de fomentar, en el primero de los supuestos, su acrecentamiento y en el segundo, su implantación. Así y partiendo de tal premisa todos los Gobiernos deberían promover e impulsar de manera proactiva la Certificación de los montes y ello, desde una doble perspectiva: Favoreciendo y estimulando, por un lado, que se acojan a la Certificación Forestal el mayor número posible de montes, a ser posible todos, aunque ello, amén de ser sumamente complejo, está aún muy lejos de suceder, no sólo en España, sino en prácticamente todos los países desarrollados del primer mundo que cuentan con aquella, y, por otro lado, concienciando al comprador nacional de productos forestales provenientes tanto del propio país como del exterior (siendo indistinto a estos efectos que procedan bien de la Unión Europea, bien de terceros países ajenos a esta última), para que exija que los mismos cuenten, igualmente, con la referida Certificación Forestal.

Por lo que a los sistemas de Certificación Forestal se refiere, debo señalar, que los dos sistemas que voy a describir brevemente a continuación son los más presentes a nivel nacional, europeo e internacional, aunque no son los únicos, si bien el resto de sistemas en comparación con ellos no pueden por menos que ser calificados como marginales o residuales.[256] Asimismo, debo adelantar ya en relación con los dos sistemas preponderantes que van a ser objeto de estudio, que los conceptos en los que se inspiran y su forma de actuar responden a dos criterios diametralmente opuestos, puesto que el primero de dichos sistemas, el sistema de Certificación Forestal *Forest Stewardship Council* (en adelante, FSC), se basa en una entidad global que tiene delegaciones en cada país, mientras que el segundo de los sistemas de Certificación Forestal, el *Programme for the Endorsement of Forest Certification*[257] (en adelante, PEFC), lo hace en el

256 Sánchez Lafraya, F. (2001). "Gestión forestal sostenible: sistemas de certificación". *Ingeniería química*, núm. 378, págs. 97 y ss.

257 Cuya traducción al español es: Programa para el reconocimiento de Certificación Forestal. No obstante, debo precisar, pues genera no pocas confusiones, incluso es objeto de controversias, que las siglas PEFC, inicialmente aludían a *Pan European Forest Certification*, más en sintonía y correspondencia con el origen que propició dicho sistema de Certificación Forestal y cuya traducción al español se corresponde con: Certificación Forestal Paneuropea. Véase sobre el particular, Guardia,

mutuo reconocimiento de sistemas nacionales, si bien el resultado final perseguido tanto por uno como por otro, no es, en definitiva, sino el mismo: Garantizar desde organismos independientes, con sobrada reputación y solvencia a nivel mundial la cualificación del reconocimiento de la respectiva Certificación Forestal.

Por último y para concluir esta breve presentación de los sistemas de Certificación Forestal, debo señalar que por lo que a España y Europa se refiere, al menos hasta el día de hoy, se utiliza cuantitativamente más tanto a nivel de número de hectáreas afectadas, es decir, de superficie, como a nivel de número de expedición de Certificaciones Forestales, es decir, de solicitantes de las mismas, el sistema PEFC que el sistema FSC, quizá –seguro– debido a que el FSC tiene un carácter más universal, mientras que el PEFC, sin renunciar a tal ámbito de actuación, se circunscribe y limita más a nivel Europeo (Paneuropeo), por lo que parece fácil entender que la práctica totalidad de países integrantes del continente Europeo se han decantado –no sólo ya, los poderes públicos, sino también los particulares– por tal sistema.

a) El sistema de Certificación Forestal: Forest Stewardship Council (FSC).

Por lo que respecta al primero de los sistemas anteriormente referidos, debo señalar que el FSC es una organización no gubernamental, sin ánimo de lucro, fundada en 1993, cuya misión es apoyar la gestión ambientalmente responsable, socialmente beneficiosa y económicamente viable de los bosques del mundo. El FSC, cuya sede inicial se encontraba en Oaxaca (Méjico) y desde el año 2003 se encuentra en Bonn (Alemania), está formado por representantes de grupos sociales, de comerciantes de madera, organizaciones de pueblos indígenas, grupos ecologistas y organizaciones certificadoras de productos forestales de todo el mundo.

El FSC está financiado por donaciones de gobiernos, fundaciones privadas, suscripciones de afiliados y cuotas de acreditación. No acepta financiación de la industria, con el objeto, precisamente, de poderse mantener de este modo imparcial frente a ésta a la hora de pronunciarse sobre la concesión o denegación de certificaciones forestales. Hasta ahora, ha recibido financiación de varios gobiernos como el Austriaco, el Holandés y el Mejicano, de organizaciones internacionales como la

N. (2000). "PEFC, certificación forestal paneuropea". *Revista forestal española RFE*, núm. 24, págs. 11 y ss.

Comunidad Económica Europea (en la actualidad Unión Europea), e incluso de diversas fundaciones y asociaciones como, por ejemplo, la Fundación Ford, la Fundación MacArthur, WWF-Holanda, IUCN-Holanda o la Sociedad Sueca para la Conservación de la Naturaleza.

El propósito que persigue el FSC de cara al futuro, es seguir contando con la financiación de los referidos gobiernos, organizaciones internacionales, fundaciones y asociaciones, y sin perjuicio de que la misma pueda verse incrementada, cuanto más mejor, autofinanciarse en el momento en que comience a extenderse de manera masiva la demanda y consiguiente expedición de certificaciones forestales, precisamente, con la finalidad de garantizar con dicha autofinanciación la característica más nuclear y determinante sobre la que se asienta la credibilidad de todo el sistema y sin la cual se desmorona el mismo, a saber, su independencia respecto de cualquier poder, organismo, entidad o institución tanto pública como privada, dado que tal característica y solo ella es la que garantiza la máxima objetividad, rectitud e imparcialidad a la hora de manifestar el correspondiente criterio o parecer sobre la conveniencia o improcedencia de otorgar la respectiva Certificación Forestal al propietario o propietarios del monte o grupo de montes que demandan esta última.

Partiendo del hecho indubitado de que desde hace ya bastantes años existe una gran preocupación por parte de la sociedad a nivel global acerca de la destrucción de los bosques del mundo, en cuanto que garantes destacados del medio ambiente, los consumidores demandan cada vez con mayor insistencia y asiduidad productos que provengan de bosques bien gestionados, es decir, de bosques que conjuguen el aprovechamiento económico, social y cultural que los mismos dispensan, con la debida protección y conservación que igualmente requieren, por ello, el FSC se propuso desde el primer momento proporcionar un esquema de marca registrada en madera y productos de madera, completamente independiente, internacional y fiable, para de este modo poder brindar al consumidor la garantía y certeza suficiente de que el producto que se plantea adquirir proviene de un bosque que, pese a ser explotado, se garantiza su pervivencia y regeneración, alejando todo atisbo de deforestación y degradación forestal, al ser objeto de una gestión forestal sostenible.

Los principios y criterios del FSC son aplicables a todos los bosques tropicales, templados y boreales[258], siendo igualmente muchos de estos prin-

---

258 Serrano, V. (2006). "Certificación Forestal". *Perspectiva ambiental*, núm. 37, pág. 21, alude y explica los diez principios y criterios del sistema de Certificación Forestal

cipios y criterios también aplicables a las plantaciones forestales y a los bosques que han sido parcialmente repoblados, si bien para estos últimos y otros tipos de vegetación semejante se preparan estándares más detallados a nivel nacional y local. Los principios y criterios determinados son incorporados dentro de los sistemas de evaluación y de los estándares de todas las organizaciones certificadoras que buscan la acreditación del FSC, estando diseñados dichos principios y criterios principalmente con referencia a los bosques gestionados para la producción de madera, si bien pueden ser aplicados los mismos, en diversos grados, a los bosques gestionados para productos forestales no maderables. Estos principios y criterios conforman un bloque que debe considerarse en su totalidad, sin que en ningún caso la secuencia en que se presenten los mismos deba considerarse que representan un orden de prioridad. Este documento deberá ser usado conjuntamente con los Estatutos, los procedimientos de acreditación y las guías para certificadores del FSC.

Por lo que respecta a la aplicación y cumplimiento de los principios y criterios relativos a la sostenibilidad de los bosques previamente establecidos, a efectos de que el FSC pueda expedir en su caso la correspondiente Certificación Forestal, cabe señalar que ni éste, ni las organizaciones certificadoras acreditadas, insistirán en una rigurosa adecuación a todos los principios y criterios, si bien, las faltas mayores a cualquier principio individual, por regla general, descalificarán al candidato a la certificación, o en su caso y de haber sido otorgada ya la misma, causarán que se retire la certificación que se hubiere dado. No obstante, estas decisiones serán tomadas individualmente por los certificadores y moduladas en virtud del grado en que cada criterio está satisfecho, la importancia de las faltas detectadas y las consecuencias que de las mismas se derivan, ponderándose igualmente y con cierta flexibilidad las circunstancias locales que en cada situación se den. En cualquier caso, la escala y la intensidad de la gestión forestal, la peculiaridad de los recursos afectados y la relativa fragilidad ecológica del bosque, se tomarán en consideración en todas y cada una de las evaluaciones de certificación, teniendo en cuenta que las diferencias y dificultades de interpretación de los principios y criterios se considerarán en los estándares nacionales y regionales, los cuales se desarrollarán para las actividades de gestión forestal en cada país.

Apuntar, por último, que el sistema de Certificación Forestal FSC, al igual que todos los demás, se encuentra conformado no por un solo y único

---

FSC, por lo que me remito por entero a dicho trabajo.

procedimiento de certificación, sino en realidad por dos procedimientos de certificación, que se corresponden con las dos claras y nítidas partes o fases en que se divide toda Certificación Forestal, motivo por el que el primer procedimiento tiene como objeto la certificación de manejo forestal –así denominado en el sistema FSC, frente a la denominación de gestión forestal que utiliza el sistema PEFC–, en que lo único que se acredita, a través de la oportuna evaluación documental y de campo del bosque de que en cada caso se trate, es que su explotación se lleva a cabo de manera sostenible, mientras que el segundo procedimiento se centra exclusivamente en la certificación de cadena de custodia que, tras la primera de dichas certificaciones y a resultas de la misma, acredita la trazabilidad del producto desde su misma extracción hasta ponerlo en manos del consumidor final.

b) El sistema de Certificación Forestal: Programme for the Endorsement of Forest Certification (PEFC).

En relación con el otro sistema de certificación, denominado, como ya he adelantado, PEFC, debo señalar que, en mayo de 1998, promovido por la Confederación Europea de Propietarios de Monte Privado, surge la iniciativa del PEFC como sistema de certificación adaptado a la realidad europea y como sistema alternativo al FSC, para así evitar el monopolio que a nivel mundial crearía la existencia de un único sistema certificador.

El sistema PEFC fue presentado en París, en junio de 1999, efectuándose en dicho momento la adhesión de diversos entes nacionales al mismo, en concreto representantes de 14 países europeos –entre los que ya se encontraba España–, para participar en el desarrollo de sistemas nacionales. El sistema PEFC está basado en los siguientes principios guía: 1) Basar la certificación en los 6 criterios paneuropeos de sostenibilidad de la gestión en el bosque, aprobados en la Conferencia Ministerial de Lisboa[259]. 2) Voluntariedad de la certificación. Lograr sistemas voluntarios, donde los productores de materia prima forestal y los transformadores de la misma

---

259 Los seis criterios e indicadores paneuropeos de gestión sostenible de los bosques que se adoptaron y aprobaron en la Conferencia Ministerial de Lisboa, fueron los siguientes: 1) Mantenimiento y mejora apropiada de los recursos forestales y su contribución a los ciclos del carbono. 2) Mantenimiento y mejora de la salud y vitalidad de los ecosistemas forestales. 3) Mantenimiento y mejora de la función productora de los bosques (madera y otros). 4) Mantenimiento, conservación y apropiada mejora de la biodiversidad en ecosistemas forestales. 5) Mantenimiento y mejora de la función protectora de los bosques (especialmente sobre el suelo y el agua). 6) Mantenimiento de otras funciones y condiciones socioeconómicas.

puedan acogerse libremente sin imposiciones o presiones. 3) Credibilidad, mediante la adopción de normas y controles elaborados por terceras partes independientes y en los que no tenga cabida la más mínima arbitrariedad. Tanto la certificación como la acreditación son realizadas por terceras partes independientes. 4) Transparencia. El proceso de desarrollo está abierto a la participación de propietarios forestales, industrias, comercio, sindicatos y organizaciones no gubernamentales ambientalistas, tanto en el Consejo del PEFC como en cada una de las entidades nacionales. 5) Sistemas de certificación baratos, donde el coste de la certificación no repercuta sobre el consumidor final, ni suponga una barrera para poder acceder a la misma.

El PEFC es una iniciativa del sector privado, basada en el consenso entre las partes interesadas en la gestión forestal sostenible en los niveles tanto nacional como regional, que define los requisitos básicos de la Certificación Forestal que se deben desarrollar en los sistemas nacionales, con los objetivos siguientes: 1) Mejorar la imagen positiva de la madera como una materia prima renovable. 2) Establecer sistemas que sean homólogos e isorestrictivos entre todos los países integrantes del proyecto. 3) Instaurar sistemas de promoción de la gestión forestal sostenible de forma económicamente viable, medioambientalmente apropiada y socialmente beneficiosa, tal y como se acordó en los Criterios Paneuropeos. 4) Asegurar a los consumidores y a los ciudadanos que los bosques certificados bajo este esquema están gestionados de acuerdo a los criterios de sostenibilidad Paneuropeos.

En busca de una efectividad de costes se establecen tres modalidades de Certificación PEFC: En primer lugar, la Regional; en segundo lugar, la de Grupo; y en tercer y último lugar, la Individual, favoreciéndose la certificación conjunta (Regional y de Grupo) frente a la individual. Se entiende por Certificación Regional, el certificado de los montes voluntariamente adscritos, dentro de unos límites geográficos, administrativos o políticos, solicitado por organizaciones autorizadas para la región especificada y permitiendo la participación a los propietarios individuales. En la Certificación de Grupo las organizaciones de propietarios y otras organizaciones implicadas en la gestión, pueden solicitar la certificación como grupo de las superficies forestales a las que representan. Ambas modalidades de certificación agrupada, requieren que los miembros se comprometan a cumplir los requisitos prefijados y que el organismo aglutinador establezca y mantenga un registro de los propietarios y las superficies que toman parte en el proceso, especificando todos los datos de interés.

Por lo que a la Certificación Individual se refiere, ésta se llevará a cabo en el caso de que no sea posible incluirla en una Regional o de Grupo. En cualquier caso, es preciso señalar, que la certificación del PEFC, no sólo afecta al producto en cuanto tal, sino también a la cadena de custodia de la madera, a efectos de garantizar que el producto final proviene de bosques gestionados de manera sostenible, estableciendo para ello tres enfoques alternativos con la finalidad de verificar la cadena de custodia; dos de ellos, basados, respectivamente, en el control del inventario y contabilización del flujo de la madera certificada entre almacenes y puntos de recogida y un tercero, en la separación física.

Cada país integrante del sistema PEFC debe establecer el Sistema de Certificación Nacional, que se compone de las normas o estándares de Gestión Forestal Sostenible y el esquema organizativo de la certificación en su país, basándose en los requisitos fijados en el Documento técnico. Una vez desarrollado el Sistema Nacional es necesaria la aprobación y homologación como sistema PEFC, mediante una consulta pública y un proceso de consultoría independiente en el que se analiza el cumplimiento de todos los requisitos del Documento Técnico anteriormente citado.

Por lo que a España se refiere cabe señalar que se constituyó la Asociación para la Certificación Española Forestal, PEFC-España, cuyo objetivo principal es coordinar, promover y divulgar la gestión forestal sostenible, a través de la implantación en España del modelo de certificación PEFC. En este ámbito nacional, se realizó una revisión pública, abierta a toda la sociedad, del Documento Técnico marco del PEFC, en el que se integran los Criterios e Indicadores Paneuropeos y las Directrices Paneuropeas a Nivel Operativo, así como las Leyes, políticas y programas nacionales con el fin de desarrollar el Sistema de Certificación Español, compuesto por dos partes fundamentales, las normas UNE de Gestión Forestal Sostenible y el esquema organizativo de la Certificación Forestal Paneuropea en España.

Para la redacción y posterior revisión pública de las Normas para la Certificación de la Gestión Forestal Sostenible en España se constituyó un Comité Técnico de Normalización (en adelante CTN), CTN 162 en la sede de AENOR, única Entidad Española de Normalización[260]. La constitución

---

260 La implementación de técnicas de normalización industrial en la Certificación forestal para con ello tratar de proteger, en este caso, a los montes, no es algo novedoso o exclusivo de dicho instrumento económico de mercado del sector forestal, tal y como lúcidamente expone en su trabajo Álvarez García, V. (2000). "La protección del medio ambiente mediante técnicas de la normalización in-

formal del CTN se materializó a través de la Resolución del Ministerio de Industria de 12 de Enero de 2000, publicada en el BOE nº 37, de dicho año. El objetivo prioritario de este CTN fue la redacción de la serie de Normas de la UNE de Gestión Forestal Sostenible. A este foro o CTN, fueron invitados a participar todos los implicados en la Gestión Forestal, y el conjunto final, formado por más de cincuenta y cinco vocales, mantuvo una estructura equilibrada y representativa del sector.

Una vez redactadas las propuestas de norma Española-PNE, fueron presentadas al plenario del CTN, que se celebró el día 18 de Diciembre de 2000, aprobándose por unanimidad su paso a información pública. Con la publicación por el Ministerio de Ciencia y Tecnología, en el BOE nº 42, de la resolución de 22 de enero, y en el BOE nº 93, de la resolución de 22 de marzo de 2001, se sometieron a información pública los proyectos de norma UNE, completándose así la apertura total a la sociedad de este proceso normativo. Tras el periodo de información pública, los distintos subcomités estudiaron y valoraron las observaciones recibidas a los proyectos de norma publicados, pasando posteriormente a su aprobación definitiva por el plenario del CTN y los órganos de gobierno de AENOR en junio de 2001.

Tras la constitución del CTN, la redacción por éste de las Normas para la Certificación de la Gestión Forestal Sostenible en España y el consiguiente procedimiento tendente a validar de manera definitiva las normas propuestas por aquel, desde entonces y hasta el presente, donde siguen teniendo plena vigencia, las normas que se deben cumplir en España para obtener el Certificado y Marca PEFC de gestión forestal sostenible son las siguientes: 1) UNE 162.001 *"Gestión Forestal Sostenible. Vocabulario, terminología y definiciones"*. 2) UNE 162.002-1 *"Gestión Forestal Sostenible. Criterios e indicadores de la unidad de gestión. Parte 1: Criterios e indicadores genéricos"*. 3) UNE 162.002-2 *"Gestión Forestal Sostenible. Parte 2: Criterios e indicadores complementarios para la evaluación a escala regional"*. 4) UNE 162.003 *"Gestión Forestal Sostenible. Criterios de cualificación de auditores forestales"*. 5) UNE

---

dustrial y de la certificación". *Revista Española de Derecho Administrativo*, núm. 105, págs. 59 y ss. Véase en este mismo sentido, pero en esta ocasión más centrado en la Certificación Forestal, el trabajo de Tejera Oliver, J.L. (2000). "Normalización y certificación de la gestión forestal sostenible". *UNE: Boletín mensual de AENOR*, núm. 141, pág. 29. De este último autor y más específico aún, es su trabajo del año 2002, titulado "Certificación de la gestión forestal sostenible. La contribución de AENOR en el desarrollo del sistema español de certificación forestal de PEFC–España". *UNE: Boletín mensual de AENOR*, núm. 163, pág. 28.

162.004 *"Gestión Forestal Sostenible. Criterios de cualificación de las entidades de certificación"*.

PEFC-España ha participado en el proceso de normalización anteriormente descrito y paralelamente a éste, ha desarrollado el esquema organizativo del sistema de certificación PEFC en España. En este esquema se contemplan todas las modalidades de certificación establecidas por el consejo del PEFC en su documento marco, es decir, Regional, de Grupo, e Individual, y se establecen las obligaciones y derechos de los propietarios comprometidos en el proceso de certificación de las superficies forestales que gestionan de manera sostenible, en todas las modalidades de certificación, otorgándose el certificado únicamente a las superficies inscritas y comprometidas.

3. EL REGLAMENTO EUROPEO SOBRE PRODUCTOS LIBRES DE DEFORESTACIÓN: ANTECEDENTES QUE DENOTAN SU INDISCUTIBLE PROCEDENTE "MADERERA" Y UNA REVISIÓN CRÍTICA DEL MISMO A LA LUZ DE SU TEORÍA Y PRÁXIS. ESPECIAL REFERENCIA A LA CERTIFICACIÓN FORESTAL Y A LA OPERATIVIDAD DE AQUEL EN ESPAÑA

Una vez analizadas, siquiera someramente, tanto la conocida gestión forestal sostenible, como la menos popular –por ignorada– Certificación Forestal, con la finalidad, en ambos casos, de demostrar que una y otra desde su misma concepción hasta el fin último que se proponen alcanzar, garantizan la pervivencia y regeneración de los bosques que se encuentran bajo su respectiva gestión o certificación, evitando e impidiendo en ellos, por tanto, todo atisbo de deforestación, incluso, de degradación forestal, procede en este tercer apartado que ahora comienzo y dando un paso más, hacer mención de manera más directa a la concreta norma sobre la que pivota el presente trabajo, la cual, como es sabido, no es otra que el Reglamento (UE) del Parlamento Europeo y del Consejo, de 31 de mayo de 2023, relativo a la comercialización en el mercado de la Unión y a la exportación desde la Unión de determinadas materias primas y productos asociados a la deforestación y la degradación forestal, y por el que se deroga el Reglamento (UE) nº. 995/2010.

En relación con este Reglamento, al que de manera abreviada me he referido en ocasiones anteriores como Reglamento Europeo sobre productos libres de deforestación y al que me volveré a referir de igual modo de ahora en adelante, quiero destacar dos cuestiones que me parecen relevantes y que son, precisamente, las que quiero tratar en sendos subapartados que van a integrar el presente apartado. En primer lugar, su innegable origen "maderero", el cual se constata en la misma denominación formal de aquel, al aludir expresamente en la parte final de ésta al Reglamento (UE) nº. 995/2010, que no es sino la concreta norma europea en la que se establecen las obligaciones de los agentes que comercializan madera y productos de la madera, conocida comúnmente como Reglamento de la Madera de la Unión Europea. En relación con esta primera cuestión, considero oportuno destacar, sin perjuicio de que más adelante vuelva sobre ello, por un lado, que la pretendida derogación de este último a que alude el Reglamento Europeo sobre productos libres de deforestación, no es tal, al menos, como a primera vista podría imaginarse, dado que el Reglamento de la Madera de la Unión Europea, no sólo está vigente a día de hoy, sino que lo va a seguir estando hasta el año 2028 y, por otro lado, que precisamente tan importante y preclaro antecedente denota, o cuando menos, debiera denotar una cierta prevalencia o cualificación de la madera con respecto al resto de materias primas pertinentes que regula el vigente Reglamento Europeo sobre productos libres de deforestación y que, ya adelanto, no ocurre.

La segunda cuestión a la que considero no sólo oportuno, sino necesario referirme dentro del presente apartado tras la anteriormente mencionada, pero sin perder de vista esta última, es a la problemática que genera el vigente Reglamento Europeo sobre productos libres de deforestación a la luz de su teoría y praxis –ciertamente, a día de hoy no muy extendidas en el tiempo–, dado que, por un lado, me permitirá mostrar mi visión y parecer global sobre el mismo, no muy positivo, aunque reconozco su buena intención y propósito y, por otro lado, lo más interesante e importante de todo, algunas carencias o defectos importantes, de entre los que destacaré, básica y fundamentalmente, dos. El primero, relacionado directamente con el objeto de investigación del presente trabajo, consistente en no haber otorgado el más mínimo protagonismo, pese al gran potencial que tiene, a la Certificación Forestal, al menos, en relación con la madera y productos derivados de esta, para posibilitar a quien ya cuenta o decide utilizar dicho instrumento económico de mercado, cumplir con el objetivo último que persigue el Reglamento Europeo sobre productos libres de deforestación, que no es otro que evitar la deforestación y degradación forestal, pero sin someterse a las reglas y condiciones que para ello determina este último. El segundo, tiene que ver con la aplicación u operatividad del Reglamento Europeo sobre productos libres de deforestación, en particular, en España, debido principalmente a la disfunción existente entre el objeto sobre el que el mismo centra su protección, a saber, el "bosque", y la definición que la vigente Ley 43/2003, de 21 de noviembre, de Montes, hace de estos últimos, cuya extensión sustantiva es muy superior a lo que es o entiende el legislador europeo por "bosque", lo que ocasiona que a una gran parte de los montes de España no les resulte de aplicación el referido Reglamento con el consiguiente problema que ello entraña.

I. Antecedentes del Reglamento Europeo sobre productos libres de deforestación que denotan su indiscutible procedencia exclusivamente "maderera" y su acreditada insuficiencia regulatoria para impedir la deforestación y la degradación de los montes

Tal y como he tenido la oportunidad de señalar en la introducción del presente apartado, resulta innegable el origen "maderero" del Reglamento Europeo sobre productos libres de deforestación desde el mismo momento que en el título de este último se alude expresa y directamente al Reglamento (UE) n.º 995/2010, que no es otro que el comúnmente conocido como Reglamento de la Madera de la Unión Europea. En relación con este último y pese a haberlo apuntado ya con anterioridad, debo subrayar, en cuanto que precursor destacado del vigente Reglamento Europeo sobre productos libres de deforestación y, por tanto, antecedente más relevante y preclaro del mismo que, lejos de estar derogado, sigue coexistiendo con él por lo que respecta a la madera y productos de la madera, y así seguirá siendo hasta el 31 de diciembre de 2027[261], lo que no deja de ser sumamente relevante, pues no sólo indica su pasada influencia sino también la relevancia y protagonismo que sigue teniendo a día de hoy y va a seguir teniendo hasta su efectiva derogación.

La indiscutible procedencia "maderera" del vigente Reglamento Europeo sobre productos libres de deforestación se constata no sólo en el mencionado Reglamento de la Madera de la Unión Europea, el cual, sin lugar

---

261 Véase sobre el particular el Artículo 37 (*"Derogaciones"*) del Reglamento (UE) 2023/1115 del Parlamento Europeo y del Consejo, de 31 de mayo de 2023, relativo a la comercialización en el mercado de la Unión y a la exportación desde la Unión de determinadas materias primas y productos asociados a la deforestación y la degradación forestal, y por el que se deroga el Reglamento (UE) n.º 995/2010 (TOL9.702.507), ya transcrito íntegramente en una nota a pie de página anterior.

a dudas de ningún género, es el que de manera más directa y evidente acredita tal condición, sino también en otras normas, como, por ejemplo y sin ánimo de exhaustividad, en la Decisión nº 1600/2002/CE del Parlamento Europeo y del Consejo, de 22 de julio de 2002, por la que se establece el Sexto Programa de Acción Comunitario en Materia de Medio Ambiente, en la que *"...se determina como actuación prioritaria estudiar las posibilidades de adoptar medidas activas de prevención y lucha contra la comercialización de madera aprovechada ilegalmente..."*[262]. Resulta obligado hacer mención, asimismo, a la Comunicación de la Comisión al Parlamento Europeo y al Consejo, de 21 de mayo de 2003, titulada: *"Aplicación de las leyes, gobernanza y comercio forestales (FLEGT) – Propuesta de plan de acción de la Unión Europea"*, en la que *"...se propuso una serie de medidas de apoyo a los esfuerzos internacionales para solucionar el problema de la tala ilegal y el comercio asociado a esa práctica en el marco de los esfuerzos generales de la Unión para conseguir una gestión forestal sostenible"*[263]. El epítome de los acuerdos de asociación voluntarios FLEGT y consiguiente sistema de licencias que se articuló para que sólo pueda ser exportada a la Unión Europea la madera producida legalmente, tuvo su materialización en el Reglamento (CE) n.º 2173/2005 del Consejo, de 20 de diciembre de 2005, relativo al establecimiento de un sistema de licencias FLEGT aplicable a las importaciones de madera en la Comunidad Europea[264].

Con el paso del tiempo se fue viendo que la mera protección de la madera, consistente en garantizar que tanto su comercialización como toda

---

262 Considerando nº 4 del Reglamento (UE) n.º 995/2010 del Parlamento Europeo y del Consejo, de 20 de octubre de 2010, por el que se establecen las obligaciones de los agentes que comercializan madera y productos de la madera.

263 Considerando nº 5 del Reglamento (UE) n.º 995/2010 del Parlamento Europeo y del Consejo, de 20 de octubre de 2010, por el que se establecen las obligaciones de los agentes que comercializan madera y productos de la madera. Nótese, como en este Considerando se establece una relación directa entre la tala ilegal y la gestión forestal sostenible, a efectos de señalar que esta última en virtud de su propia esencia y cometido, repudia e impide aquella y con ella todo intento posible de deforestación, de ahí que haya considerado no sólo necesario, sino imperativo, hacer mención en el primero de los apartados del presente trabajo al importante papel, pese a ser muchas veces ignorado o pasar desapercibido, que desempeña la gestión forestal sostenible en la lucha contra la deforestación y la degradación de los bosques.

264 Considerando nº 9 del Reglamento (UE) n.º 995/2010 del Parlamento Europeo y del Consejo, de 20 de octubre de 2010, por el que se establecen las obligaciones de los agentes que comercializan madera y productos de la madera.

importación o exportación de la misma en la Unión Europea fuese legal, es decir, no respondiese a talas ilegales[265], cuyo resultado más evidente era la degradación de los bosques afectados por tales actividades ilícitas y de reiterarse sostenidamente en el tiempo, su inevitable deforestación, no resultaba suficiente para evitar ni uno ni otro fenómeno, pues junto a la madera se fueron detectando poco a poco otra serie de materias y actividades que igualmente contribuían a tan calamitosas consecuencias para los bosques[266], lo que progresivamente fue propiciando, por un lado, que se abriese tanto la política comunitaria como la normativa de esta última a otros productos, considerando a la madera uno más, pero, a diferencia de antaño, no el único, y por otro lado, que se pusiese cada vez más el acento en el resultado final, es decir, en evitar la deforestación y la degradación forestal, y no tanto en el medio (protección de la madera) para tratar de impedir el llegar a una u otra situación.

Es a raíz de este nuevo planteamiento anteriormente apuntado, cuando empieza a cambiar la política comunitaria y con ella la normativa procedente de esta última, buscando no sólo la protección de la tradicional madera y, sobre todo, focalizando más y mejor todas las actuaciones que persigue en el bien último a lograr y no tanto, como venía haciendo, en los medios, instrumentos o estrategias para conseguirlo. Buena prueba de dicho cambio de tendencia, lo que inexorablemente implica una menor presencia estrictamente "maderera", sin que ello suponga eliminarla totalmente, se constata en las diversas disposiciones y normativa que finalmente termina desembocando en el vigente Reglamento Europeo sobre productos libres de deforestación, como por ejemplo y sin ánimo de exhaustividad, la Comunicación de la Comisión de 11 de octubre de 2018, titulada: *"Una bioeconomía sostenible para Europa: Consolidar la conexión entre la economía, la sociedad y el medio ambiente"*, o la Comunicación de 23 de julio de 2019, titulada:

---

265 Marqués-Banqué, M. (2019). "Estrategias sancionadoras en material de cambio climático: La persecución penal del tráfico ilegal de madera en la Unión Europea y en España". *Revista Catalana de Dret Ambiental*, Vol. X, núm. 2, pág. 1 y ss, profundiza, partiendo de la estrecha relación existente entre deforestación y cambio climático, en las diversas estrategias que han adoptado los diversos países de la Unión Europea para evitar el tráfico ilegal de madera, precisando que, entre las varias posibles, España se ha decantado por las sanciones administrativas, las cuales, apunta en su trabajo, a pesar de su elevada cuantía, no han logrado erradicar del todo tan nocivo tráfico.

266 Pendrill, F., Persson, U.M., & Kastner, T. (2020), "Deforestation risk embodied in production and consumption of agricultural and forestry commodities 2005-2017", *Zenodo*. https://zenodo.org/records/4250532

"Intensificar la actuación de la UE para proteger y restaurar los bosques del mundo", en la que la Comisión señaló como prioridad el fomento del consumo de productos procedentes de cadenas de suministro libres de deforestación en la Unión[267]. Otro antecedente a destacar, es la Comunicación de 11 de diciembre, sobre el Pacto Verde Europeo que, entre otras finalidades apuesta por un sistema de libre comercio sostenible, lo que, aplicado al ámbito forestal, implica, como ya he tenido oportunidad de destacar en múltiples ocasiones, asegurar la pervivencia y regeneración de los bosques, evitando, por tanto, todo atisbo de deforestación o degradación forestal[268].

Mención aparte requiere, por su importancia y transcendencia en relación con el ámbito forestal y dentro de éste, en particular, por la protección y salvaguarda de los bosques, con la finalidad de evitar no sólo su deforestación, sino también su mera degradación forestal, tanto la Comunicación de la Comisión de 16 de julio de 2021, titulada: *"Nueva Estrategia de la UE en favor de los Bosques para 2030"*, como la Comunicación de la Comisión de 30 de junio de 2021, titulada: *"Una visión a largo plazo para las zonas rurales de la UE: Hacia unas zonas rurales más fuertes, conectadas, resilientes y prósperas antes de 2040"*. En ambas, como he referido en un principio, más, lógicamente, en la primera de ellas, pero también en la segunda, se apuesta decididamente por actuar en favor de la protección y resiliencia de los bosques al considerar que de la consecución de tal logro dependen otros muchos para el medioambiente, en lo cual no va desencaminado el legislador, pues, recuérdese, los bosques se erigen por méritos propios en la auténtica clave de bóveda del medioambiente, de modo y manera que con su potenciación, este último se ve exponencialmente fortalecido, mientras que con su decadencia, sumamente menguado, hasta llegar a poder desaparecer todo atisbo de él en situaciones extremas.

Desde una perspectiva no tanto forestal, aunque lógicamente tiene que ver con ésta, como comercial, resulta necesario hacer referencia tanto a la

---

[267] Muñiz Espada, E. (2025). *Derecho forestal y montes de socios: por otro modelo de ordenación de la propiedad.* Reus, Madrid, pág. 30, destaca la importancia de esta Comunicación y su relevancia para impedir la deforestación y degradación forestal de los bosques.

[268] Rodríguez-Chaves Mimbrero, B. (2022). "La nueva Estrategia Forestal de la Unión Europea para 2030 ¿Una apuesta por la Multifuncionalidad de los Montes?". *El Patrimonio Natural en la era del Cambio Climático.* Instituto Nacional de Administración Pública, Madrid, págs. 256 y 257, subraya, no sin razón, que los bosques desempeñan un papel fundamental –incluso, me atrevería a añadir que insustituible– en la consecución de los objetivos del Pacto Verde Europeo.

Comunicación de la Comisión de 18 de febrero de 2021, titulada: *"Revisión de la política comercial – Una política comercial abierta, sostenible y firme"*, como la Comunicación de la Comisión de 22 de junio de 2022, titulada: *"El poder de las asociaciones comerciales: juntos por un crecimiento económico ecológico y justo"*, que, lógicamente, trae causa de la primera y no hace sino abundar en tal propósito que, en resumidas cuentas, postula la sostenibilidad, la cual, tanto aplicada directamente al ámbito estrictamente forestal –gestión forestal sostenible–, como al comercial o a cualquier otro, tiende a proteger, incluso, potenciar, el medio ambiente existente y particularmente dentro del mismo, al constituir su núcleo central, a los bosques, alejando por tanto de estos últimos todo atisbo de deforestación e, incluso, de degradación forestal[269].

Son todas y cada una de las disposiciones y normas anteriormente aludidas, en un primer momento, eminentemente más "madereras", en el sentido de centradas exclusivamente en la madera, y en un segundo momento, sin renunciar a la protección de dicha materia, más abiertas a otras materias y factores que también contribuyen, al igual que aquella, a la deforestación y degradación de los bosques, las que propiciaron la aprobación del Reglamento de la Madera de la Unión Europea y posteriormente, el actual Reglamento Europeo sobre productos libres de deforestación. De hecho, este último, no deja de ser, o cuando menos, trata de ser, una versión mejorada y actualizada de aquel, con la finalidad última de impedir toda deforestación y degradación de los bosques. Esta evolución perfeccionada del Reglamento de la Madera de la Unión Europea que, en definitiva, constituye el vigente Reglamento Europeo sobre productos libres de deforestación, se debe, básica y fundamentalmente, a haber detectado el legislador europeo en relación con el primero, que

---

[269] Rodríguez-Chaves Mimbrero, B. (2021). "Nuevo Pacto Verde, *Next Generation EU* y la PAC 2021-2027. Europa cuenta con nuestros montes ¿Actuamos en consecuencia?". *Observatorio de Políticas Ambientales.* CIEDA-CIEMAT, Soria, págs. 754 y ss, llama la atención, acertadamente, sobre estas nuevas políticas, concretadas normativamente, que ha propiciado la Unión Europea para seguir impulsando el mantenimiento y regeneración de los montes y con ello, impedir, en todo grado, su deforestación y degradación forestal, debiendo destacar entre ellas, por ser a la que menos valor o transcendencia se la concede en relación con los montes la PAC, en concreto, la prevista para ser ejecutada entre los años 2021-2027. En esta última insiste y destaca su importancia esta misma autora, en su reciente trabajo del año 2024, "Incendios forestales convectivos y las medidas adoptadas por la Unión Europea y España ¿reaccionamos?". *Revista Aranzadi de Derecho Ambiental,* núm. 59, pág. 14.

no sólo no ha cumplido con los objetivos que se marcó, a la sazón, frenar la explotación forestal ilegal y el consiguiente comercio asociado de la madera extraída ilícitamente, sino tampoco con la finalidad última de evitar todo proceso de deforestación e, incluso, de degradación forestal, suposición o argumento, con el que no estoy muy de acuerdo, tal y como apuntaré en el siguiente subapartado.

II. Revisión crítica del Reglamento Europeo sobre productos libres de deforestación a la luz de su teoría y praxis: En particular, en relación con la Certificación Forestal y con la operatividad del mismo en España

En el presente subapartado, tal y como se deprende de su propio título, pretendo hacer una revisión crítica del Reglamento Europeo sobre productos libres de deforestación a la luz de su teoría y praxis, para, en un primer momento, dar mi impresión y parecer personal sobre su misma concepción y planteamiento y, en un segundo momento, sobre determinados aspectos concretos del mismo con los que no estoy del todo de acuerdo, al considerar que ya están generando problemas y muy posiblemente lo harán en mayor medida en un futuro. Dentro de estos últimos, me voy a detener, por un lado, en la infravaloración que desgraciadamente hace el referido Reglamento Europeo sobre productos libres de deforestación de la Certificación Forestal y que considero, lisa y llanamente, un craso error, por cuanto que debería haberse apoyado aquel, al menos en relación con la madera y productos derivados de la misma, en la gran experiencia y potencialidad que ha demostrado y tiene dicho instrumento económico de mercado, para a través de éste posibilitar a todos cuantos cuentan con él, o desean adherirse al mismo, cumplir con los fines que persigue dicho Reglamento, a saber, evitar la deforestación y la degradación forestal. Por otro lado, voy a destacar un problema, no precisamente menor ni intranscendente, que afecta y constriñe al Reglamento Europeo sobre productos libres de deforestación, cual es que habida cuenta de la delimitación que establece este último del objeto sustantivo que trata de proteger, que no es otro que el "bosque", quedan fuera de su ámbito de aplicación y operatividad muchas áreas boscosas relevantes del planeta y en el caso concreto de España, una gran parte de lo que el legislador nacional considera como monte, lo que, obviamente, en absoluto resulta baladí.

Por lo que a mi impresión y parecer general en relación con el Reglamento Europeo sobre productos libres de deforestación se refiere, debo señalar que, reconociendo que el mismo está cargado de buenas intenciones, pues no trata sino de dar un paso más con respecto al Reglamento de la Madera de la Unión Europea, para tratar de evitar en mayor medida aún todo intento de deforestación y degradación forestal, no deja de ser el mismo en exceso pretencioso, incluso, un poco arrogante, atendiendo, básica y fundamentalmente, a las siguientes tres consideraciones. La primera, debido al ámbito en el que pretende evitar la deforestación y degradación forestal, que es a nivel mundial, es decir, muy por encima no sólo de su ámbito competencial sino también de influencia. La segunda, por la evidente e innegable concepción eurocéntrica que sin ningún empacho denota el mismo, al poco menos que dar por sentado o considerar que sólo existe el mercado de la Unión Europea o que, habiendo más, estos no pueden compararse con el mismo o giran en torno a él, lo que es manifiestamente falso y un gran error. La tercera, por el modo de tratar de lograr el objetivo perseguido, a saber, evitar la deforestación y degradación forestal, ya que la estrategia adoptada es claramente impositiva, draconiana, incluso, ofensiva, frente a la que debiera ser, basada en pactos, convenios y alianzas con terceros países, en línea con lo que venía haciendo, por cierto, muy atinadamente, el Reglamento de la Madera de la Unión Europea a través de los acuerdos de asociación voluntarios FLEGT.

Una vez manifestada, siquiera sinópticamente, mi impresión y parecer general sobre el Reglamento Europeo sobre productos libres de deforestación, me corresponde abordar, también de manera sumaria, algunos de los aspectos que lo integran, con los que tampoco estoy muy de acuerdo, de ahí que sea crítico con todos y cada uno de ellos. De entre todos ellos, me detendré algo más en el referente a la infrautilización de la Certificación Forestal por parte de dicho Reglamento, pero, sobre todo, en el limitado ámbito de aplicación u operatividad que el mismo termina teniendo a nivel mundial y en particular en España, debido a haber circunscrito, a mi modo de ver, en exceso, la delimitación del ámbito objetivo sobre el que se proyecta, que, como es sabido, no es otro que los bosques.

Un primer aspecto del Reglamento Europeo sobre productos libres de deforestación que considero necesario criticar, es la complejidad de la diligencia debida para las empresas, dado que implica que éstas deben rastrear el origen de sus productos hasta la geolocalización de las parcelas de tierra, lo cual es un desafío logístico y de recursos, especialmente, para las pequeñas y medianas empresas y las cadenas de suministro largas y complejas. Una segunda crítica relacionada con la anterior, tiene que ver con los requisitos de la trazabilidad, al exigirse proporcionar coordenadas geográficas exactas y la fecha de producción, lo que puede resultar sumamente difícil de cumplir para los productores, especialmente en regiones sin sistemas de registro de tierras bien establecidos. Otra crítica más que debo manifestar en relación con el Reglamento Europeo sobre productos libres de deforestación, en este caso la tercera, tiene que ver con la carga desproporcionada que las exigencias contenidas en el mismo comportan para los pequeños productores, ya que los pequeños agricultores y productores de países en vías de desarrollo y más aún, en el caso de países subdesarrollados, tienen muy complicado el cumplir con los estrictos requisitos de aquel, lo que podría dificultar su acceso al mercado de la Unión Europea. Una crítica más, en esta ocasión, la cuarta, tiene que ver con la dificultad para obtener información, pues algunos países en vías de desarrollo y subdesarrollados no cuentan con la infraestructura necesaria para proporcionar la documentación e información requerida, lo que crea una barrera de entrada al mercado, difícilmente sorteable. Otra crítica más, la quinta, tiene que ver con el riesgo, en absoluto desdeñable, de suscribir acuerdos voluntarios sobre los que luego no se ejercita ningún tipo de seguimiento, en el sentido que puede darse la circunstancia que los países productores puedan buscar acuerdos voluntarios con la Unión Europea con el único propósito y finalidad de obtener sólo una buena calificación sobre el papel, pero sin que ello se traduzca en una mejora real a la hora de evitar la deforestación o degradación forestal sobre el terreno.

Mención aparte requiere la siguiente crítica al Reglamento Europeo sobre productos libres de deforestación, ya que tiene que ver con la Certificación Forestal, materia central junto con aquel de la presente investigación. Dicha crítica trae causa del escaso protagonismo que se otorga en el referido Reglamento a la madera con respecto a las nuevas materias primas que introduce, pese a la innegable relevancia, ascendiente y tradición de ésta. Basta recordar únicamente ahora el incuestionable origen “maderero” del presente Reglamento, cuyo precursor más inmediato y directo es el Reglamento de la Madera en la Unión Europea. Sea como fuere, lo cierto es que el Reglamento Europeo sobre productos libres de deforestación no hace distinción alguna entre la madera y el resto de materias que contempla, obviando, igualmente, la solución que ya posibilitaba, incluso, aseguraba, que el consumo de madera certificada no ocasionaba ningún tipo de merma, perjuicio o daño al bosque de procedencia, al garantizar su regeneración, con lo que se evitaba todo atisbo de deforestación o degradación forestal, no siendo dicha solución otra que la que brinda la Certificación Forestal. Es criticable, por tanto, y mucho, que no se haya aprovechado el legislador del Reglamento Europeo sobre productos libres de deforestación de la misma, para, por un lado, eximir a todos aquellos propietarios que cuentan con Certificación Forestal del cumplimiento de los requisitos que exige dicho Reglamento, con lo que se evitaría los trámites y todo lo concerniente a ellos de una gran cantidad de personas físicas y jurídicas, y, por otro lado, para de paso que se beneficia de lo que le procura la Certificación Forestal, ayudar a la potenciación de este instrumento económico de mercado, en la medida en que al igual que el propio Reglamento, contribuye a evitar de manera efectiva y constatable la deforestación y la degradación forestal.

La última crítica que quiero exponer en relación con el Reglamento Europeo sobre productos libres de deforestación y que, como la anterior, merece una mención aparte, habida cuenta de su importancia y transcendencia, tiene que ver con la definición que establece el legislador de dicha norma en relación con el objeto de protección, que no es otro que el "bosque", al cual se le define de manera sumamente restrictiva, como puede constatarse a continuación, en virtud de la definición del mismo que paso a trascribir y que entiende por tal: "*...tierras de extensión superior a 0,5 hectáreas, con árboles de una altura superior a 5 metros y una fracción de cabida cubierta superior al 10%, o con árboles capaces de alcanzar esa altura in situ...*". Lo excesivamente taxativo, restringido y circunscrito de la definición, acarrea que deja desprotegida una considerable superficie de áreas boscosas relevantes a nivel mundial, como, por ejemplo y sin ánimo de ser exhaustivo, la Amazonia (se estima que en un 16%), el Chaco (se estima que en un 25%), el Bosque Atlántico (se estima que en un 71%), el Cerrado (se estima que en un 26%), el Pantanal (se estima que en un 24%), la Pampa (se estima que en un 11%)[270] o la Caatinga (se estima que en un 10%)[271], lo que no deja de ser sumamente preocupante, máxime, si se tiene en cuenta que tal circunstancia ocasiona que se ejerza mucha más presión sobre otros ecosistemas no considerados como "bosque", como es el caso de una gran

[270] Resulta crucial la delimitación del objeto de protección del Reglamento Europeo sobre productos libres de deforestación, pues de ello depende, ni más ni menos, que resulte o no de aplicación el mismo, con todo lo que ello comporta, de ahí el sentido y la finalidad del trabajo de Martínez, G.A. (2025). "La definición de desmonte en Argentina y su impacto en las exportaciones frente al Reglamento 1115/2023 UE sobre productos libres de deforestación". *Ciencia jurídica*, Vol. 14, núm. 28, págs. 241 y ss.

[271] "Luces y sombras del nuevo reglamento de la UE contra la deforestación importada", en https://climatica.coop/deforestacion-areas-boscosas/

parte del Cerrado que en la actualidad y desde hace ya años es el mayor generador de materias primas para la Unión Europea[272].

Esta misma crítica y problemática es extensible al caso concreto de España, como consecuencia de establecer el legislador español una definición de monte que abarca muchos otros terrenos que no cumplen con los parámetros que determina el legislador comunitario en el Reglamento Europeo sobre productos libres de deforestación sobre lo que comprende un "bosque", único objeto de protección por este último, por lo que quedan fuera del amparo y defensa que dispensa aquel para evitar su deforestación y degradación forestal. Así y en virtud de lo establecido en el artículo 5 de la Ley 43/2003, de 21 de noviembre, de Montes, quedarían fuera del ámbito de aplicación de dicho Reglamento muchas zonas y superficies de terreno *"...en el que vegetan especies forestales arbóreas, arbustivas, de matorral o herbáceas, sea espontáneamente o procedan de siembra y plantación, que cumplan o puedan cumplir funciones ambientales, protectoras, productoras, culturales, paisajísticas o recreativas..."*[273], al no cumplir con los parámetros o estándares de "bosque" que contempla y regula el legislador comunitario. En este mismo sentido, tampoco entraría dentro de este concepto de "bosque" que determina el Reglamento Europeo sobre productos libres de deforestación: *"Los terrenos agrícolas abandonados que cumplan las condiciones y plazo que determine la comunidad autónoma, y siempre que hayan adquirido signos inequívocos de su estado forestal"*[274], *o "Todo terreno que, sin reunir las características descritas anteriormente, se adscribe a la finalidad de ser repoblado o transformado al uso forestal, de conformidad con la normativa aplicable"*[275], *o, finalmente, "Los*

---

272 Nótese, que de las áreas boscosas relevantes a nivel mundial a las que no les resulta de aplicación o, al menos, en la totalidad de la superficie que comprenden, el Reglamento Europeo sobre productos libres de deforestación, como consecuencia de la restrictiva definición que da éste de "bosque", varias de ellas –casi todas– corresponden a Brasil, como: la Amazonia, el Chaco, el Bosque Atlántico, el Cerrado, el Pantanal o la Caatinga, por lo que resulta determinante analizar en profundidad la aplicación del referido Reglamento en este país. A tal efecto, resulta de obligada consulta el trabajo de Beltrame de Moura, A. (2025). "Brazil-EU under the EUDR: Shaping Global Sustainability and Trade". *ACDI – Anuario Colombiano de Derecho Internacional*, núm. 18, págs. 1 y ss. Véase en este mismo sentido también el trabajo de Trevizan, A.F. (2024). "Exploring the Brussels effect: The European Unión`s impact on Brazilian forestry policies". *Revista de Direito*, Vol. 16, núm. 1, págs. 1 y ss.

273 Artículo 5.1 de la Ley 43/2003, de 21 de noviembre, de Montes (TOL319.216).

274 Artículo 5.1.c) de la Ley 43/2003, de 21 de noviembre, de Montes (TOL319.216).

275 Artículo 5.1.d) de la Ley 43/2003, de 21 de noviembre, de Montes (TOL319.216).

enclaves forestales en terrenos agrícolas con la superficie mínima determinada por la Comunidad Autónoma"[276]. Todo ello ocasiona, como es obvio, que en una considerable superficie de lo que se considera monte en España, no resulte aplicable el Reglamento Europeo sobre productos libres de deforestación, incluso en muchas áreas boscosas, al no encajar dentro de los parámetros que establece aquel en relación con lo que considera o entiende por "bosque", lo que en absoluto resulta baladí.

4. IMPACTO DEL REGLAMENTO EUROPEO SOBRE PRODUCTOS LIBRES DE DEFORESTACIÓN EN LA CERTIFICACIÓN FORESTAL: UNA GRAN OPORTUNIDAD PERDIDA EN RELACIÓN CON DICHO INSTRUMENTO ECONÓMICO DE MERCADO Y LAS CONSIGUIENTES ACTUACIONES EMPRENDIDAS POR LOS PRINCIPALES SISTEMAS DE CERTIFICACIÓN FORESTAL PARA TRATAR DE ADECUARSE AL MISMO

En este apartado, tal y como se desprende de su propio título, pretendo abordar dos cuestiones de la máxima importancia sobre la Certificación Forestal en su decepcionante y, por otro lado, complicada relación con el Reglamento Europeo sobre productos libres de deforestación. La primera de las cuestiones que quiero tratar, a modo de recapitulación de todo lo expuesto hasta el momento, tiene como finalidad llamar la atención, a la vez que lamentar, la gran oportunidad perdida por este último para incorporar en él la Certificación Forestal y sobre todo, las muchas ventajas concurrentes y complementarias que ofrecía y podría haber aportado al mismo ésta, máxime, cuando dicho instrumento económico de mercado persigue en última instancia, idéntico propósito que aquel, que no es otro, como es sabido, que evitar la deforestación y la degradación forestal. Desde este punto de vista, cabe señalar que la regulación que el Reglamento Europeo sobre productos libres de deforestación hace de la Certificación Forestal es sumamente decepcionante, a la par que poco perspicaz.

La segunda cuestión que voy a tratar dentro del presente apartado, no deja de ser consecuencia de la primera a que me he referido en el párrafo inmediatamente precedente, ya que la prácticamente nula regulación que el Reglamento Europeo sobre productos libres de deforestación hace de la Certificación Forestal, pero, sobre todo, el impedir que puedan cumplir

---

[276] Artículo 5.1.e) de la Ley 43/2003, de 21 de noviembre, de Montes (TOL319.216).

quienes cuentan con dicho instrumento económico de mercado a través de él los requisitos y exigencia que determina aquel, ha traído como consecuencia una adaptación forzosa que han tenido que acometer los dos sistemas de Certificación Forestal con más predicamento en Europa, a la sazón, sistemas de Certificación Forestal FSC y PEFC, para, de algún modo, tratar de alinearse con dicho Reglamento y con ello, no quedar totalmente marginados o desplazados respecto del mismo. Desde esta perspectiva tiene todo su sentido el calificar, como he apuntado en el párrafo anterior, la relación entre la Certificación Forestal y el Reglamento Europeo sobre productos libres de deforestación como complicada, lo que, ciertamente, es una lástima, pues de haberse concebido y articulado bien, podría haberse logrado una perfecta simbiosis entre la primera y este último con ganancia para ambos.

I. La gran oportunidad perdida por el Reglamento europeo sobre productos libres de deforestación para, a través de la Certificación Forestal, reducir el número de importadores, exportadores y comerciantes que deben cumplimentar la diligencia debida en relación con la madera y productos derivados de la misma

Lo primero de todo que resulta preciso remarcar es que la Certificación Forestal, en cuanto que evaluación voluntaria de la gestión forestal sostenible que es, perfectamente podría coadyuvar al cumplimiento del Reglamento Europeo sobre productos libres de deforestación, habida cuenta de los exigentes requisitos y procedimientos que deben superarse para poder obtener tal certificado, cosa distinta es que este último haya prescindido o no haya reparado en ella en su aplicación y consiguiente consecución del propósito último que persigue, que, como es sabido, no es otro que evitar la deforestación y la degradación forestal. Así las cosas, en el presente, y aunque la Certificación Forestal, tanto del sistema FSC como del sistema PEFC, podría simplificar notablemente, incluso, suplir el cumplimiento del Reglamento Europeo sobre productos libres de deforestación, al cubrir muchos de sus requisitos, el contar con la misma no exime a las empresas de sus obligaciones legales con respecto a este último, quedando relegada aquella, desafortunadamente, a poco más que una mera herramienta posibilitadora del cumplimiento de la diligencia debida.

La gran oportunidad perdida se debe a que nada impedía, de haberlo concebido y articulado con tiempo, que los sistemas de Certificación Forestal FSC y PEFC, se hubiesen integrado a través de sendas modificaciones normativas, por cierto, no necesariamente muy complejas ni dificultosas, en el Reglamento Europeo sobre productos libres de deforestación, para acreditar, al menos, el cumplimiento de la diligencia debida de la madera y productos derivados de la misma que exige este último. Aun así, soy plenamente consciente de que la Certificación Forestal adecuada normativamente con el Reglamento Europeo sobre productos libres de deforestación, no comportaría una exención automática de todos los requisitos que contempla el mismo, ya que aquella no cubre, al menos con la profusión que exige dicho Reglamento, el cumplimiento de la legalidad en el país de origen, aunque ello, de haberse contemplado, también podría haberse solucionado. Con todo y junto con la acreditación del cumplimiento de la diligencia debida de la madera y productos derivados de la misma que, perfecta y satisfactoriamente podría asumir la Certificación Forestal, también podría haberse utilizado ésta para simplificar la recopilación de datos y la evaluación de riesgos de tal materia prima pertinente y de los productos que derivan de ella. En definitiva, el legislador del Reglamento Europeo sobre productos libres de deforestación debería haber contado con la Certificación Forestal, al menos, como instrumento complementario en la implementación y cumplimiento de los objetivos pretendidos y, asimismo, como herramienta de apoyo en una y otra función.

Si se piensa bien, lo lógico hubiera sido que el Reglamento Europeo sobre productos libres de deforestación hubiera dado cabida o entrada, incluso, cierto protagonismo a la Certificación Forestal en la ejecución y cumplimiento de los fines que se propone, por cuanto que dicho instrumento económico de mercado ya venía evitando, a través de los exigentes controles y procedimientos que para su obtención requiere, toda deforestación y degradación forestal en los bosques sometidos a aquella. De hecho, la única diferencia entre la Certificación Forestal y el Reglamento Europeo sobre productos libres de deforestación es que la primera conseguía evitar la deforestación y la degradación forestal, sólo en aquellos bosques cuyos propietarios, públicos o privados, voluntariamente quisiesen acogerse a la misma, mientras que el Reglamento Europeo sobre productos libres de deforestación impone de manera taxativa y generalizada la consecución de tales propósitos en relación con la totalidad de las materias primas pertinentes que contempla y entre ellas, como es sabido, la madera, a través del riguroso cumplimiento de las exigencias que determina.

En cualquier caso, si se piensa bien, de haber potenciado el legislador del Reglamento Europeo sobre productos libres de deforestación, la Certificación Forestal, hubiese sido una ganancia para él y para el objetivo que persigue, consistente en evitar la deforestación y la degradación forestal, dado que, a mayor número de hectáreas de bosque certificadas, menos superficie de bosque pendiente de ser salvaguardada y protegida de la siempre presente deforestación y degradación forestal, por lo que lo inteligente hubiese sido, por un lado, incentivar, fomentar, estimular que el mayor número de propietarios forestales se adhiriesen a la Certificación Forestal, para, por otro lado, centrarse únicamente en los bosques no certificados con la finalidad de evitar en ellos la deforestación y degradación forestal. Téngase en cuenta, asimismo, que la Certificación Forestal no sólo tiene que ver con la madera, sino con otros muchos productos, tanto madereros como no madereros, que produce el bosque, por lo que de las siete materias primas pertinentes que contempla el Reglamento Europeo sobre productos libres de deforestación, se podrían acoger a ella, no sólo la madera, sino también el caucho y con ciertos matices, el cacao y el café, es decir, ni más ni menos que cuatro de un total de siete.

Apuntar, por último, que en absoluto resulta descabellado pretender que la Certificación Forestal supla en todos los bosques certificados al Reglamento Europeo sobre productos libres de deforestación, acreditando en lugar de él y con sus propios métodos y controles, el cumplimiento de la diligencia debida, la recopilación de datos y la evaluación de riesgos, incluso, de la legalidad en el país de origen, tanto de la madera, como de otras materias primas pertinentes que entran bajo su égida, y por supuesto, de los productos derivados de las mismas, por los productores, comerciantes, importadores y exportadores, dado que dicho instrumento económico de mercado, no deja de ser, en resumidas cuentas, sino una mixtura o conjunción de dos instrumentos con gran arraigo no sólo en el ordenamiento jurídico español, sino en prácticamente todos los ordenamientos jurídicos europeos, a saber, la tradicional Auditoría Ambiental y la también relativamente tradicional Ecoetiqueta.[277] De hecho, hay algunos autores que no dudan en identificar la Certificación Forestal y la

---

277 García-Moreno Rodríguez, F. (2021). "La Certificación Forestal: un instrumento de mercado disfuncional en el pasado, eficiente en el presente y de obligada proyección futura para una gestión forestal sostenible". *Revista Aranzadi de Derecho Ambiental*, núm. 48, pág. 99, precisa que: *"La Certificación Forestal, amén de ser un instrumento de mercado a través del cual se trata de contribuir a una mayor y mejor implementación de la gestión forestal sostenible en beneficio último del medio ambiente a través de la preservación de todo tipo y clase de montes, no es, si se analiza con detalle, sino el resultado postrero de conjugar y aplicar adecuadamente en el ámbito forestal dos instrumentos, curiosamente, también de mercado, de mayor tradición y arraigo que aquella en casi todos los ordenamientos jurídicos y desde luego en el español, los cuales no son otros que la Auditoria ambiental y la Ecoetiqueta".*

correspondiente Cadena de Custodia aparejada a ella, con el sistema de diligencia debida.[278] Por otro lado, no es infrecuente ver desde hace años como alguno de los sistemas de Certificación Forestal más implantados, en concreto, el PEFC, hace referencia al regular las condiciones y requisitos que deben darse en la respectiva Cadena de Custodia de los productos que certifica, al sistema de diligencia debida, por lo que en absoluto resulta éste extraño a la Certificación Forestal.

II. Actuaciones emprendidas por los principales sistemas de Certificación Forestal para tratar de adecuarse lo máximo posible al contenido y finalidad perseguida por el Reglamento Europeo sobre productos libres de deforestación

Como resulta del todo lógico, los sistemas de Certificación Forestal FSC y PEFC, tras la decepción inicial que supuso la aprobación de la vigente regulación del Reglamento Europeo sobre productos libres de deforestación, dado que al igual que otros muchos especialistas y profesionales del ramo (sector de la madera), esperaban un mayor reconocimiento, incluso, protagonismo de la Certificación Forestal en él, tuvieron que reaccionar y ello, básica y fundamentalmente, por dos motivos. En primer lugar, por la transcendencia e importancia en sí de dicha norma, máxime, teniendo en cuenta su innegable contenido y origen "maderero", sobre cuya materia (madera), recuérdese, se cimienta la Certificación Forestal. En segundo lugar, porque de ningún modo y manera se hubiera entendido ni comprendido y menos aún, justificado, el ponerse de perfil o permanecer al margen de aquella. Quizá sea por estos motivos por los que tanto uno como otro sistema de Certificación Forestal tratan de hacer visible todo lo que pueden que están en total sintonía con el Reglamento Europeo sobre productos libres de deforestación –cuando ello, de facto, es más aparente que real–, siendo buena prueba de ello que en sus respectivas páginas Web tienen una "pestaña" específica dedicada a resaltar tal relación.

Sea como fuere, lo cierto es que tanto el sistema de Certificación Forestal FSC, como el sistema de Certificación Forestal PEFC, tuvieron que dar un paso adelante para tratar de adecuarse lo máximo posible, o cuando menos, dar la impresión de que lo hacían, al contenido y finalidad perseguida por el Reglamento Europeo sobre productos libres de

[278] García Asensio, J.M. (2018). "Aproximación jurídica a los instrumentos...", op. cit., pág. 345.

deforestación, si bien, como expondré a continuación al analizar sumariamente las concretas actuaciones que adoptaron cada uno de dichos sistemas de Certificación Forestal, tales actuaciones o medidas adoptadas son más bien efectistas y simbólicas que reales y operativas, por cuanto que consisten en poco más que facilitar a todos los propietarios, públicos y privados, que cuentan con Certificación Forestal la cumplimentación dentro del respectivo procedimiento de Cadena de Custodia propio de dicho instrumento económico de mercado, la diligencia debida y alguna que otra exigencia más de las que establece dicho Reglamento, en definitiva, formalizar tales requisitos, tal cual los determina este último, en representación del respectivo cliente.

Téngase en cuenta que tan irrelevante función que pasan a desempeñar los sistemas de Certificación Forestal en relación con el Reglamento Europeo sobre productos libres de deforestación, al no terminar siendo, en el mejor de los casos, sino meros apoderados, representantes o delegados de la persona o personas a quienes les corresponde asumir y hacer frente a las obligaciones que determina aquel, no es por propia voluntad, sino debido al nulo margen de actuación que este último otorga a aquella, por lo que, tiene todo su sentido el subtítulo del presente trabajo, en donde aludo, en relación con la potencial y mutuamente beneficiosa simbiosis que perfectamente hubiesen podido tener aquella y éste y que hubiese sido lo deseable, a que con la actual regulación se ha pasado: "De una gran oportunidad a una decepcionante realidad".

a) Estrategia seguida por el sistema de Certificación Forestal: Forest Stewardship Council (FSC) para tratar de alinearse con el Reglamento Europeo sobre productos libres de deforestación.

La estrategia que adopta el sistema de Certificación Forestal FSC para tratar de alinearse lo máximo posible con el Reglamento Europeo sobre productos libres de deforestación, pese al escaso, por no decir, nulo margen de actuación que concede el mismo a la Certificación Forestal, pasa por aprobar un Módulo Regulatorio FSC y un Marco FSC para las evaluaciones de riesgos, con el objetivo, en uno y otro caso, de coadyuvar al cumplimiento de los fines que se propone y persigue aquel. Antes de pasar a referirme, siquiera sea sumariamente, tanto al Módulo FSC como al Marco FSC, quiero llamar la atención sobre un hecho, que de no recalcarle pasa inadvertido, pero tiene su trasfondo e importancia, consistente en que el propio sistema de Certificación Forestal FSC, alude a que trata de alinearse con el Reglamento Europeo sobre productos libres de deforestación, dejando clara con esa palabra: "alinearse" que sólo eso puede hacer, es decir, ponerse en la misma dirección u orientarse en el mismo sentido que éste, pero poco más.

Dicho esto, y entrando a analizar muy brevemente el Módulo Regulatorio FSC, debo señalar que su objetivo no es otro que ayudar a los titulares de certificados FSC a alinear sus prácticas con los requisitos que determina el Reglamento Europeo sobre productos libres de deforestación. A tal efecto, el Módulo Regulatorio FSC es un estándar complementario que a petición del respectivo cliente y, por tanto, de manera voluntaria, se añade a los requisitos de certificación FSC existentes para la Certificación de Manejo forestal, Certificación de la Cadena de Custodia, Certificación de proyectos, y Certificación de madera controlada. El mismo integra la diligencia debida que exige el Reglamento Europeo sobre productos libres de deforestación, siendo su objetivo demostrar que se cumplen las siguientes condiciones: 1.- Que los productos forestales de que en cada caso se trate, están libres de deforestación. 2.-Que los productos forestales se han producido de acuerdo con la legislación pertinente del país de producción. 3.- Que los productos forestales se encuentran cubiertos y protegidos por una declaración de diligencia debida. Apuntar, por último, para con ello poner término a esta breve explicación del Módulo Regulatorio FSC, que los elementos básicos de los requisitos adicionales de diligencia debida introducidos en el módulo incluyen: 1.- Recopilación de información. 2.- Evaluación de riesgos. 3.- Mitigación de riesgos; muy en línea, lógicamente, con lo que dispone el Reglamento Europeo sobre productos libres de deforestación.

Por su parte el Marco FSC para las evaluaciones de riesgos, es una herramienta estandarizada y completa que permite a las empresas, ya sean certificadas o no, evaluar y mitigar los riesgos de obtener materiales forestales de áreas específicas, abordando cuestiones sociales y ambientales. Se utiliza en la Certificación de Manejo forestal, la Certificación de Cadena de Custodia y en la Certificación de madera controlada, proporcionando un conjunto de indicadores para identificar y gestionar de manera proactiva los peligros. En definitiva, el objetivo de dicho Marco FSC es proporcionar requisitos que garanticen una evaluación consistente y sólida de los riesgos para el abastecimiento de material de ciertas áreas de suministro, sirviendo de soporte al Módulo Regulatorio FSC, para que el mismo, a través de la diligencia debida que incorpora, pueda cumplir, con las máximas garantías, todos los fines y propósitos que se marca, en beneficio de cuantos clientes depositan su confianza en él.

Con todo, si se observa bien, tanto el Módulo Regulatorio FSC, como el Marco FSC para las evaluaciones de riesgos, que se instauran por dicho sistema de Certificación Forestal a resultas de la aprobación del Reglamento Europeo sobre productos libres de deforestación, para, con ellos, tratar de estar alienado o dar la impresión de que se está con este último, carecen de toda virtualidad, así como de valor sustantivo e independencia, dado que no dejan de ser añadidos –a modo de nuevas secciones o apartados, que se pueden incorporar a petición del cliente a los diversos procedimientos de Certificación Forestal que expide dicho sistema–, cuyo contenido es una mera copia, trasunto o remedo de los requisitos que exige cumplir el Reglamento Europeo sobre productos libres de deforestación, o si se prefiere, una fiel reproducción de todos y cada uno de los que establece el mismo, por lo que el sistema de Certificación Forestal termina convirtiéndose en último término, en un mero intermediario o gestor, encargado de cumplir las funciones que le han sido encomendadas.

b) Estrategia seguida por el sistema de Certificación Forestal: Programme for the Endorsement of Forest Certification (PEFC) ante las nuevas exigencias que impone el Reglamento Europeo sobre productos libres de deforestación.

La estrategia seguida por el sistema de Certificación Forestal PEFC ante las nuevas exigencias que impone cumplir el Reglamento Europeo sobre productos libres de deforestación a todo productor, comerciante, importador o exportador que tenga que ver con alguno de ellos, es muy parecida a la adoptada por el sistema de Certificación Forestal FSC, lo que, por otro lado, no debe extrañar, pues el vacío que hace el legislador del referido Reglamento a la Certificación Forestal no distingue entre unos y otros sistemas de Certificación Forestal, afectando a todos por igual.

El sistema de Certificación Forestal PEFC, en concreto, opta para tratar de desmarcarse lo menos posible del Reglamento Europeo sobre productos libres de deforestación, por aprobar un Módulo normativo, titulado: *"Requisitos para la aplicación del PEFC EUDR Sistema de Diligencia Debida"*. El mismo, es un Módulo normativo voluntario que las organizaciones con Certificación de Cadena de Custodia PEFC pueden añadir al alcance de su certificado de Cadena de Custodia PEFC para respaldar su esfuerzo en demostrar el cumplimiento del Reglamento Europeo sobre productos libres de deforestación. En definitiva, dicho Módulo normativo tiene como único propósito y finalidad ayudar a las organizaciones a demostrar el cumplimiento de todos y cada uno de los requisitos que exige el referido Reglamento, a cuyo efecto y para acreditar tal cumplimiento, instaura dentro del mismo un Sistema de Diligencia Debida PEFC, pero adaptado en su totalidad a las determinaciones establecidas en aquel. Resulta preciso llamar la atención sobre el hecho de que este Módulo normativo no es independiente, es decir, no funciona de manera autónoma, por lo que sólo tiene virtualidad aplicativa dentro de la Cadena de Custodia PEFC.

Este Módulo normativo, con la finalidad de garantizar que cualquier material que pase por él tenga como resultado un riesgo nulo o despreciable de proceder de fuentes conflictivas, cubre los requisitos para eliminar el riesgo de fuentes conflictivas según la definición de la norma de Cadena de Custodia PEFC y de productos no conformes según lo definido en el Reglamento Europeo sobre productos libres de deforestación a nivel de origen o de cadena de suministro. Por otro lado, los titulares de certificados de Cadena de Custodia PEFC que incorporen dicho Módulo normativo acreditan con él que se ha obtenido la información necesaria del producto o productos objeto de evaluación, que se ha ejercido la diligencia debida con respecto a los mismos y, finalmente que se ha demostrado que el riesgo de incumplimiento del Reglamento Europeo sobre productos libres de deforestación es nulo o despreciable.

En virtud de todo lo especificado con anterioridad se afirma desde el sistema de Certificación Forestal PEFC que, al aplicar este Módulo normativo, los titulares de certificados PEFC de Cadena de Custodia no sólo refuerzan su compromiso con la responsabilidad medioambiental y social, sino que también contribuyen al objetivo mundial de detener la deforestación y la degradación forestal, lo que es del todo cierto, aunque lo deseable hubiese sido que la Certificación Forestal consiguiese idéntico resultado de manera independiente al Reglamento Europeo sobre productos libres de deforestación y no necesariamente con los requisitos cuyo cumplimiento exige este último, pues aquella, por tradición, así como por los rigurosos, contrastados y prolijos procedimientos que establece y deben superar todos aquellos propietarios que quieran obtener el correspondiente certificado, garantiza sobradamente que sus respectivas explotaciones forestales son sostenibles y con ello, que no corren riesgo alguno de deforestación ni de degradación forestal. En definitiva, el Reglamento Europeo sobre productos libres de deforestación, debería haber visto en la Certificación Forestal, una valiosa aliada, una asociada estratégica y una adepta incondicional y no, como ha sido el caso, un instrumento o herramienta que en poco o en nada podía contribuir a la consecución de los fines que perseguía, lo que, a mi modo de ver, ha sido un craso error.

5. CONCLUSIONES

PRIMERA.- La naturaleza del presente trabajo es eminentemente forestal, no sólo ya porque el Reglamento Europeo objeto de estudio persigue evitar la deforestación y degradación forestal, sino porque de entre todas las materias primas pertinentes que contribuyen a tales fenómenos, se centra el mismo en la más propiamente forestal, la madera, la cual, por otro lado, es la que en última instancia se tiende a proteger en cuanto que integrante y consustancial de los árboles, cuya suma y conjunto conforman los bosques, lo que no deja de ser toda una paradoja.

SEGUNDA.- El principio de sostenibilidad y más exactamente, la secuela del mismo aplicada al progreso y evolución humana, a saber, el desarrollo sostenible, en su concreta materialización en los bosques bajo el nombre o denominación de gestión forestal sostenible, es la causa propiciadora tanto del surgimiento de la Certificación Forestal como de la aprobación del Reglamento Europeo sobre productos libres de deforestación, pero no sólo eso, pues la gestión forestal sostenible es la principal meta, objetivo o propósito que persigue aquella y una de las metas, siquiera indirecta o mediata, que persigue este último.

TERCERA.- La Certificación Forestal tiene mucho más en común de lo que se piensa con el Reglamento Europeo sobre productos libres de deforestación, dado que el acontecimiento exógeno que propició como reacción directa el surgimiento de la Certificación Forestal, fue la desoladora e irresponsable tala masiva de árboles y consiguiente deforestación que de manera contumaz y sin aparente final se venía llevando a cabo en los bosques tropicales y dentro de ellos, particularmente, en los bosques tropicales húmedos, al ser los que se encontraban en mayor peligro de desaparición.

CUARTA.- El Reglamento Europeo sobre productos libres de deforestación, si bien está cargado de buenas intenciones, pues trata de dar un paso más con respecto al Reglamento de la Madera de la Unión Europea, para tratar de evitar en mayor medida la deforestación y degradación forestal, no deja de ser en exceso pretencioso, incluso, un poco arrogante, debido a que, por un lado, pretende aplicarse a nivel mundial, muy por encima de su ámbito de influencia, por otro lado, considera que sólo existe el mercado de la Unión Europea o que éste es la referencia de todos los demás, y finalmente, no acuerda, sino que impone al resto de países el cumplimiento de tales objetivos.

QUINTA.- El Reglamento Europeo sobre productos libres de deforestación plantea un problema grave de operatividad, habida cuenta de lo excesivamente taxativa y restringida que es la definición que maneja de "bosque", lo que inexorablemente comporta dejar desprotegida una considerable superficie de áreas boscosas relevantes a nivel mundial, como, la Amazonia (se estima que en un 16%), el Chaco (se estima que en un 25%), el Bosque Atlántico (se estima que en un 71%), el Cerrado (se estima que en un 26%), el Pantanal (se estima que en un 24%), la Pampa (se estima que en un 11%) o la Caatinga (se estima que en un 10%).

SEXTA.- La Certificación Forestal no se circunscribe única y exclusivamente a la madera, dado que del bosque se extraen los más variados y diversos productos, tanto maderables como no maderables, motivo por el cual de las siete materias primas pertinentes que contempla el Reglamento Europeo sobre productos libres de deforestación, se podrían acoger a ella, no sólo la madera, lo que resulta del todo evidente y así ocurre en el presente, sino, además de ella, también el caucho y con ciertos matices, el cacao y el café, es decir, ni más ni menos que cuatro de un total de siete.

SÉPTIMA.- Frente a la total asunción por la Certificación Forestal de los requisitos que establece el Reglamento Europeo sobre productos libres de deforestación, para evitar la deforestación y degradación forestal, lo deseable hubiese sido dejar que ésta consiguiese idéntico resultado de manera independiente y no siguiendo las determinaciones de aquel, pues con los contrastados y prolijos procedimientos que establece y deben superar todos aquellos propietarios que quieran obtener el correspondiente certificado, se garantiza sobradamente que sus respectivas explotaciones forestales son sostenibles y con ello, que no corren riesgo alguno de deforestación ni de degradación forestal.

OCTAVA.- En absoluto resulta descabellado pretender que la Certificación Forestal supla en todos los bosques certificados al Reglamento Europeo sobre productos libres de deforestación, acreditando en lugar de él y con sus propios métodos y controles, el cumplimiento de la diligencia debida, la recopilación de datos y la evaluación de riesgos, incluso, la legalidad en el país de origen, dado que dicho instrumento económico de mercado, no deja de ser una mixtura de dos instrumentos con gran arraigo no sólo en el ordenamiento jurídico español, sino en toda Europa, a saber, la tradicional Auditoría Ambiental y la también relativamente tradicional Ecoetiqueta.

NOVENA.- Si el legislador del Reglamento Europeo sobre productos libres de deforestación, hubiese potenciado la Certificación Forestal, en lugar de minusvalorarla y despreciarla, hubiese acertado de pleno, pues hubiese sido una gran ganancia y ventaja para él, dado que, a mayor número de hectáreas de bosque certificadas, menos superficie de bosque pendiente de ser salvaguardada y protegida de la siempre presente deforestación y degradación forestal, por lo que lo inteligente hubiese sido, por un lado, incentivar, fomentar y estimular que el mayor número de propietarios forestales se adhiriesen a la Certificación Forestal, para, por otro lado, centrarse únicamente en los bosques no certificados con la finalidad de evitar en ellos la deforestación y degradación forestal.

DÉCIMA.- La estrategia adoptada por los sistemas de Certificación Forestal FSC y PEFC a raíz de la aprobación del Reglamento Europeo sobre productos libres de deforestación, consiste en incorporar un Módulo voluntario en la respectiva Certificación de Cadena de Custodia, si bien carece de toda virtualidad, valor sustantivo e independencia, dado que su contenido es una mera copia, trasunto o remedo de los requisitos que exige cumplir aquel, por lo que el sistema de Certificación Forestal termina convirtiéndose en último extremo, en un mero intermediario o gestor, encargado de cumplir la funciones que le han sido encomendadas.

6. REFERENCIAS BIBLIOGRÁFICAS

Álvarez García, V. (2000). "La protección del medio ambiente mediante técnicas de la normalización industrial y de la certificación". *Revista Española de Derecho Administrativo,* núm. 105, págs. 59-77.

Arnould, P. (1999). "L'éco-certification ou la guerre des labels: vers une nouvelle géopolitique forestière?". *Annales de géographie,* núm. 609-610, págs. 567-582.

Bartley, T. (2003). "Certifying Forest and Factories: States, Social Movements, and the Rise of Private Regulation in the Apparel and Forest Products Fields". *Politics Society,* Vol. 31, págs. 433-464.

Beltrame de Moura, A. (2025). "Brazil-EU under the EUDR: Shaping Global Sustainability and Trade". ACDI – *Anuario Colombiano de Derecho Internacional,* núm. 18, 1-26.

Gafo Gómez-Zamalloa, M. (2011). *Evaluación del impacto de la certificación de la gestión sostenible en el sector forestal de la Unión Europea.* Tesis Doctoral, Universidad Politécnica de Madrid, Madrid.

García Asensio, J.M. (2018). "Aproximación jurídica a los instrumentos económicos de mercado en el sector forestal". *Revista Aragonesa de Administración Pública,* núm. Extra 19, págs. 329-377.

García-Moreno Rodríguez, F. (2021). L*a Certificación Forestal: Un instrumento económico de mercado al servicio de la gestión forestal sostenible. Génesis, evolución y análisis jurídico crítico a la luz de su vigente regulación y aplicación en España.* Thomson Reuters Aranzadi, Cizur Menor (Navarra).

García-Moreno Rodríguez, F. (2021). "La Certificación Forestal: un instrumento de mercado disfuncional en el pasado, eficiente en el presente y de obligada proyección futura para una gestión forestal sostenible". *Revista Aranzadi de Derecho Ambiental,* núm. 48, págs. 91-145.

García-Moreno Rodríguez, F. (2021). "La Certificación Forestal: un instrumento económico de mercado que contribuyendo a la transición ecológica potencia el desarrollo rural". *Transición Ecológica y Desarrollo Rural: Algunas propuesta integradoras en el camino hacia una sinergia necesaria y mutuamente beneficiosa de ambas políticas públicas.* Thomson Reuters Aranzadi, Cizur Menor (Navarra), págs. 153-215.

García-Moreno Rodríguez, F. (2005). "La ordenación de los montes, gestión sostenible, instrumentos de ordenación y certificación forestal". *Comentarios sistemáticos a la Ley 43/2003, de 21 de noviembre, de Montes. Estudios de Derecho Forestal Estatal y Autonómico.* Thomson Civitas, Cizur Menor (Navarra), págs. 789-884.

Gómez Almaraz, R. (2004). "La certificación forestal del FSC. Planteamientos e iniciativa española". *Lecciones de economía forestal. II Jornadas Forestales: Economía y Empresa.* Universidad de Huelva, Huelva, págs. 249-264.

Guardia, N. (2000). "PEFC, certificación forestal paneuropea". *Revista forestal española* RFE, núm. 24, págs. 11-15.

López Quero, M. y Daniluk Mosquera, G. (2006). *Certificación Forestal: Teoría y práctica – Caso FSC.* Fundación Conde del Valle de Salazar, Madrid.

Marcilla García, M. (2012). "La Certificación Forestal". *Foresta,* núm. 55, págs. 148-151.

Marqués-Banqué, M. (2019). "Estrategias sancionadoras en material de cambio climático: La persecución penal del tráfico ilegal de madera en la Unión Europea y en España". *Revista Catalana de Dret Ambiental,* Vol. X, núm. 2, págs. 1-42.

Martínez, G.A. (2025). "La definición de desmonte en Argentina y su impacto en las exportaciones frente al Reglamento 1115/2023 UE sobre productos libres de deforestación". *Ciencia jurídica,* Vol. 14, núm. 28, págs. 241-258.

Muñiz Espada, E. (2025). *Derecho forestal y montes de socios: por otro modelo de ordenación de la propiedad.* Reus, Madrid.

Pendrill, F., Persson, U.M., & Kastner, T. (2020), "Deforestation risk embodied in production and consumption of agricultural and forestry commodities 2005-2017", *Zenodo,* págs. 1-15.

Rodríguez-Chaves Mimbrero, B. (2024). "Incendios forestales convectivos y las medidas adoptadas por la Unión Europea y España ¿reaccionamos?". *Revista Aranzadi de Derecho Ambiental,* núm. 59, págs. 1-31.

Rodríguez-Chaves Mimbrero, B. (2022). "La nueva Estrategia Forestal de la Unión Europea para 2030 ¿Una apuesta por la Multifuncionalidad de los Montes?". *El Patri-*

monio Natural en la era del Cambio Climático. Instituto Nacional de Administración Pública, Madrid, págs. 249-258.

Rodríguez-Chaves Mimbrero, B. (2021). "Nuevo Pacto Verde, Next Generation EU y la PAC 2021-2027. Europa cuenta con nuestros montes ¿Actuamos en consecuencia?". *Observatorio de Políticas Ambientales.* CIEDA-CIEMAT, Soria, págs. 754-785.

Salvador del Pozo, M. (2004). "La certificación forestal–PEFC". *Lecciones de economía forestal. II Jornadas Forestales: Economía y Empresa.* Universidad de Huelva, Huelva, págs. 265-271.

Sánchez Lafraya, F. (2001). "Gestión forestal sostenible: sistemas de certificación". *Ingeniería química,* núm. 378, págs. 97-101.

Serrano, V. (2006). "Certificación Forestal". *Perspectiva ambiental,* núm. 37, págs. 1-39.

Tejera Oliver, J.L. (2000). "Normalización y certificación de la gestión forestal sostenible". *UNE: Boletín mensual de AENOR,* núm. 141, pág. 29.

Tejera Oliver, J.L. (2002). "Certificación de la gestión forestal sostenible. La contribución de AENOR en el desarrollo del sistema español de certificación forestal de PEFC–España". *UNE: Boletín mensual de AENOR,* núm. 163, pág. 28.

Trevizan, A.F. (2024). "Exploring the Brussels effect: The European Unión`s impact on Brazilian forestry policies". *Revista de Direito,* Vol. 16, núm. 1, págs. 1-25.

Capítulo VII.

EUDR y derecho agrario: ¿estamos avanzando hacia una nueva gramática referente a la sostenibilidad de las cadenas agroforestales?

MAURIZIO FLICK[279]

El Reglamento (UE) 2023/1115, conocido como EUDR, introduce un cambio paradigmático en el derecho agrario europeo orientado a la sostenibilidad. Por primera vez, la Unión Europea impone por ley cadenas agroalimentarias y forestales «libres de deforestación», ampliando la protección medioambiental más allá de las fronteras aduaneras a lo largo de toda la cadena de valor. A los operadores económicos se les exigen rigurosas obligaciones de diligencia debida, trazabilidad y conformidad legal para prevenir la deforestación y la degradación forestal en los productos comercializados en el mercado europeo. El EUDR se inscribe en el Pacto Verde y responde al reto global de detener la pérdida de bosques, integrando los principios tradicionales del derecho agrario (producción, comercio, seguridad alimentaria) con objetivos medioambientales innovadores. En el artículo se analizan los perfiles subjetivos y objetivos de la aplicación del Reglamento, el papel crucial pero no vinculante de las directrices de la Comisión Europea (soft law), las implicaciones para las pymes y los consumidores, así como las relaciones con el derecho internacional del comercio y las políticas ESG. En conclusión, se propone una interpretación basada en la proporcionalidad organizativa y la confianza legítima, valorizando la responsabilidad compartida a lo largo de la cadena de suministro y favoreciendo una transición efectiva hacia modelos de producción sostenibles.

[279] Profesor Asistente e Investigador en Derecho Agrario y Alimentario en el TESAF (Departamento de Tierras, Medio Ambiente, Agricultura y Silvicultura), Universidad de Padua (Italia).

1. UNA NUEVA GRAMÁTICA DEL COMERCIO MEDIOAMBIENTAL.

La Unión Europea, con el Reglamento (UE) 2023/1115 (en adelante, EUDR), inaugura un léxico jurídico inédito que combina comercio y medio ambiente[280]. Esta medida, dedicada a los productos «sin deforestación», representa un cambio de paradigma: las normas comerciales ya no se limitan a eliminar obstáculos o imponer normas de calidad tradicionales, sino que integran objetivos medioambientales estrictos. De este modo, se perfila una nueva «gramática» del comercio internacional, en la que la sostenibilidad se convierte en una condición para acceder al mercado. El EUDR, parte integrante del Pacto Verde Europeo, responde a una preocupación global apremiante: detener la destrucción de los bosques y la biodiversidad causada por las cadenas agroforestales y agroalimentarias[281].

En el pasado, la protección de los bosques en las actividades comerciales se basaba principalmente en compromisos voluntarios de las empresas o en iniciativas sectoriales de responsabilidad social[282]. Con el EUDR, la UE opta por la vía de la obligación legal, ampliando la responsabilidad de las empresas mientras tanto más allá de las fronteras nacionales y a lo largo de toda la cadena de suministro. De hecho, quienes quieran operar en el mercado único europeo tendrán que familiarizarse con esta nueva gramática, en la que términos como «diligencia debida»[283], «libre de deforestación» y «trazabilidad» pasan a formar parte del lenguaje comercial básico. Este enfoque innovador también conlleva una tensión potencial con las normas tradicionales del comercio mundial: consciente de las limitaciones de la OMC, la UE ha diseñado el EUDR de manera no discrimi-

---

280 El nuevo Reglamento, más conocido por sus siglas EUDR (European Union Deforestation Regulation), supone un cambio de paradigma en los esfuerzos europeos destinados no solo a proteger los bosques, la biodiversidad y el clima, sino también a salvaguardar los derechos humanos relacionados y los derechos de los pueblos indígenas. No es casual la estrecha similitud entre el acrónimo EUDR y el de EUTR, utilizado habitualmente para identificar otro Reglamento europeo, el n.º 995/2010 (Reglamento de la Unión Europea sobre la madera).

281 Sobre el tema de la biodiversidad, véase recientemente N. Ferrucci, «Riflettendo sulla biodiversità», en Riv. dir. alim., 2023, n.º 2, pp. 13-30.

282 Entre 1990 y 2008, la UE importó y consumió un tercio de los productos agrícolas asociados a la deforestación comercializados a nivel mundial (considerando 18 del Reglamento).

283 Véase la definición proporcionada por la Bolsa Italiana (2024) en el Glosario financiero, bajo la entrada «due diligence» www.borsaitaliana.it

natoria (aplicándolo por igual a los productos nacionales e importados) y lo justifica por motivos medioambientales de interés general, de modo que entra dentro de las excepciones del sistema de la OMC. El resultado es un marco normativo pionero, destinado a influir en las prácticas del mercado mundial: la sostenibilidad medioambiental se convierte en un requisito jurídico imprescindible, y ya no solo en un valor ético opcional, redefiniendo la relación entre el derecho agrario y la protección del patrimonio forestal mundial[284].

2. OBJETO, TIEMPO Y ESPACIO: LA ARQUITECTURA ESENCIAL DEL EUDR.

Objeto (materias reguladas). El EUDR identifica una serie de materias primas y productos cuyo impacto en la deforestación se considera crítico, situándolos en el centro del nuevo régimen jurídico. En concreto, entran en el ámbito de aplicación siete materias primas principales: ganado vacuno (y derivados como la carne y la piel), cacao, café, aceite de palma, caucho natural, soja y madera[285]. El anexo I del Reglamento enumera detalladamente los productos afectados, incluyendo tanto materias primas como numerosos productos manufacturados y derivados (por ejemplo, chocolate para el cacao, muebles para la madera, preparados alimenticios que contienen aceite de palma, etc.)[286]. El principio fundamental introducido es el de «producto libre de deforestación»: esto significa que ninguno de

---

284 Sobre el particular, desde una perspectiva comparada, puede consultarse M. E. Muñiz Espada, Derecho forestal y montes de socios: por una nueva forma de ordenación de la propiedad, Reus, Madrid, 2025, donde se examinan modelos innovadores de gestión forestal colectiva y fórmulas asociativas de titularidad, que resultan particularmente relevantes para el análisis del papel de las estructuras de propiedad en la implementación de políticas destinadas a combatir la deforestación.

285 En la doctrina, entre los primeros comentaristas del Reglamento en cuestión, L.F. Pastorino, Comercio internacional y responsabilidad ambiental y climática. A propósito del Reglamento (UE) 2023/1115 contra la deforestación, en Eurojus.it, 3/2024, p. 29.

286 El Global Forest Review (GFR) es el primer informe actualizado constantemente sobre el estado de los bosques mundiales, que responde a las preguntas más importantes con los últimos datos disponibles. ¿Cuántos bosques quedan en el mundo? ¿Están volviendo a crecer los bosques del mundo? ¿Cuánto carbono almacenan los bosques? ¿Qué bosques son importantes puntos críticos de biodiversidad? ¿Cuánto nos queda para alcanzar los objetivos globales de conservación forestal?

estos productos, cuando se comercializa en la Unión, debe estar asociado a la deforestación o la degradación de los bosques después de una fecha límite determinada, ni obtenerse en violación de las leyes del país de producción. De hecho, según el EUDR, un producto solo se considera libre de deforestación si la tierra en la que se ha generado no ha sido objeto de deforestación después del 31 de diciembre de 2020 y si el producto cumple con la legislación vigente en el lugar de origen (por ejemplo, en materia de derechos sobre la tierra, uso del suelo, gestión forestal y derechos humanos)[287]. Esta doble condición —ausencia de deforestación después de la fecha límite y legalidad de la producción— constituye el núcleo material del Reglamento. En otras palabras, desde la entrada en vigor del EUDR, está prohibido comercializar en la UE (o exportar desde la UE) productos agroforestales obtenidos mediante la conversión de bosques después de finales de 2020 o infringiendo las normas locales del país de origen.

Ámbito temporal (entrada en vigor y aplicación). La estructura temporal del EUDR prevé un escalonamiento significativo entre la entrada en vigor formal y la aplicación efectiva de las obligaciones[288]. El Reglamento entró en vigor el 29 de junio de 2023, pero, para dar tiempo a los operadores y a las autoridades a adaptarse, la mayoría de sus disposiciones sustantivas se aplicarán a partir del 30 de diciembre de 2025[289]. Esta

---

El GFR, metafóricamente hablando, toma el pulso a la situación de los bosques del mundo. Véase https://research.wri.org/gfr/global-forest-review.

287 Sobre este tema de gran actualidad, véase, en particular, F. Capriglione, Clima energia finanza. Una difficile convergenza, Milán, Utet, 2023; M. Alabrese, Politiche climatiche, politiche agricole e il bisogno di coordinamento, en S. Carmignani, N. Lucifero (eds.), Le regole del mercato agroalimentare tra sicurezza e concorrenza, Nápoles, 2020, p. 905.

288 Véanse las consideraciones al respecto de L. Paoloni, La sostenibilità «etica» della filiera agroalimentare, en Riv. dir. agr., 4, 2020, 5, p. 89.

289 Se distingue entre la fecha de entrada en vigor (29 de junio de 2023) y la fecha de aplicación (30 de diciembre de 2024, o incluso 30 de junio de 2025 para algunas disposiciones). Por último, estos plazos se han puesto en tela de juicio ante la solicitud de prórroga de un año formulada por la Comisión Europea en octubre de 2024. Para más información al respecto, véase el último apartado del presente documento. A más tardar el 24 de diciembre de 2024, la Comisión Europea deberá establecer un sistema de referencia basado en un sistema de tres niveles que clasifique a los países en función de un riesgo bajo, estándar o alto. A tal fin, se publicará una lista de los países y su nivel de riesgo. A continuación, antes del 30 de diciembre de 2024, la Comisión deberá establecer y gestionar un sistema de información que contenga las declaraciones de diligencia debida, tanto para las

fecha de inicio, inicialmente prevista para 2024, se ha pospuesto un año mediante un acto modificativo específico, reconociendo las dificultades técnicas y organizativas que las empresas y los Estados miembros habrían encontrado con plazos más cortos (dada la amplitud de las cadenas de suministro implicadas y la necesidad de preparar sistemas de trazabilidad). Por lo tanto, hasta el 29 de diciembre de 2025 inclusive, seguirán en vigor las normativas aplicables anteriormente (por ejemplo, para la madera seguirá aplicándose el reglamento anterior, el n.º 995/2010 «EUTR», que el EUDR derogará posteriormente)[290]. Además, se prevé una prórroga adicional para los sujetos de menor tamaño: las microempresas y las pequeñas empresas ya existentes antes de 2021 solo tendrán que cumplir determinadas obligaciones a partir del 30 de junio de 2026, beneficiándose de seis meses adicionales. Otro elemento temporal fundamental es el concepto de fecha de producción del producto: el EUDR no se aplicará en ningún caso a los productos fabricados antes del 29 de junio de 2023, independientemente de cuándo se comercialicen. Esto significa, por ejemplo, que los lotes de café cosechados en 2022 o los troncos de madera talados en 2020 quedan definitivamente fuera del nuevo régimen, incluso si se comercializan después de 2025, configurándose como «mercancía histórica» exenta. La fecha de producción se refiere al momento en que se obtuvo la materia prima (cosecha o tala en el caso de los cultivos y la madera, nacimiento del animal en el caso del ganado): este límite claro protege a los operadores con respecto a las cadenas de suministro del pasado, pero exige distinguir cuidadosamente, en el flujo comercial, los lotes en función de la época de producción (como veremos, un reto que hay que gestionar en los mecanismos transitorios)[291].

---

autoridades competentes como para las aduaneras, y también para los operadores en lo que respecta a los datos no sensibles desde el punto de vista comercial, que serán anonimizados previamente.

290 Se trata del Reglamento europeo n.º 995/2010, más conocido por sus siglas EUTR (European Union Timber Regulation).

291 Sobre la cuestión, resulta de interés **E. Muñiz Espada**, *Derecho forestal y montes de socios: por otro modelo de ordenación de la propiedad*, Reus, Madrid, 2025, donde se ofrece una visión sistemática de la política forestal europea y española y se examinan las funciones actuales de la propiedad forestal, con especial atención a los montes de socios. La obra subraya cómo las deficiencias en la ordenación de la copropiedad forestal dificultan la gestión sostenible y favorecen procesos de abandono con impacto en la deforestación, planteando alternativas normativas orientadas a reforzar la conservación y el aprovechamiento responsable de los recursos forestales

Ámbito geográfico (territorial). El EUDR tiene un alcance geográfico muy amplio: se aplica a todas las operaciones en el mercado de la Unión, ya sean internas o transfronterizas, y abarca tanto los productos importados de terceros países como los producidos dentro de la UE[292]. Además, simétricamente, el Reglamento también regula la exportación desde la Unión de las materias primas y productos enumerados: por lo tanto, las empresas europeas deberán cumplir las normas «libres de deforestación» incluso cuando vendan dichas mercancías fuera del mercado de la UE. En términos prácticos, el «lugar» relevante pasa a ser el mercado único: el EUDR regula lo que entra y lo que sale de él, con el efecto de proyectar sus requisitos mucho más allá de las fronteras europeas[293]. De hecho, la deforestación que se pretende prevenir se considera a nivel mundial[294]: lo que cuenta es el lugar de producción

292 El 22 de mayo de 2008, el Congreso de los Estados Unidos promulgó una ley que prohíbe el comercio ilegal de plantas y productos relacionados, incluidos la madera y los productos derivados de la madera. Esta ley es una enmienda a una ley redactada hace 100 años, denominada Ley Lacey, en honor al miembro del Congreso que la apoyó en primer lugar. Si bien la Ley Lacey era desde hacía tiempo uno de los instrumentos más poderosos de las agencias estadounidenses que luchaban contra el tráfico ilícito transfronterizo de especies de fauna y flora, su potencial para combatir el tráfico ilegal de madera había quedado hasta entonces poco explotado. Hoy, la Ley Lacey sienta un precedente innovador para el comercio mundial de plantas y productos vegetales, ya que reconoce y apoya el compromiso de otros países de gestionar sus propios recursos naturales, además de establecer incentivos eficaces para que las empresas que comercian con estos artículos actúen de la misma manera, fomentando también la aplicación de procesos de diligencia debida.

293 Po ejemplo, las leyes australianas sobre la tala ilegal, al igual que las legislaciones similares de la Unión Europea y los Estados Unidos, se han concebido para apoyar el comercio de productos de madera legales en el mercado australiano. Dichas leyes están constituidas por la Ley de Prohibición de la Tala Ilegal de 2012 (la Ley) y el Reglamento de Prohibición de la Tala Ilegal de 2012 (el Reglamento). El Gobierno australiano está llevando a cabo actualmente una revisión del Reglamento sobre la prohibición de la tala ilegal de 2012.

294 La Agenda 2030 ha dividido el decimoquinto objetivo en doce metas que tienen por objeto proteger y conservar la vida en la tierra y exigen que algunas se alcancen antes de tiempo para salvar los ecosistemas más amenazados. La meta 15.2 era una de ellas y preveía «Para 2020, promover la gestión sostenible de los bosques, detener la deforestación, promover la restauración de los bosques degradados y aumentar la superficie forestal mundial». Sin embargo, como ya había señalado la Comisión Europea en la propuesta de lo que luego se convirtió en el Reglamento [COM(2021) 706 final, véase el apartado 15], «el objetivo 15.2 de detener la defo-

original, que puede ser una selva tropical, un bosque boreal o los propios bosques e s europeos. No hay distinción de procedencia: un lote de soja brasileña, un tronco de madera camerunés o café indonesio están sujetos a los mismos requisitos que un bovino criado en Europa, evitando cualquier discriminación basada en el origen y garantizando la uniformidad de la protección forestal. Sin embargo, dentro de este amplio ámbito, el EUDR introduce un enfoque basado en el riesgo geográfico: la Comisión Europea deberá clasificar los países (o zonas de los mismos) en categorías de riesgo bajo, estándar o alto de deforestación y degradación forestal. Este «punto de referencia» por país, definido mediante actos de ejecución, servirá para modular la intensidad de los controles y algunas cargas que recaen sobre los operadores. Por ejemplo, los operadores que importen exclusivamente de países clasificados como de bajo riesgo tendrán obligaciones de diligencia debida simplificadas, mientras que los que comercialicen productos originarios de zonas de alto riesgo estarán sujetos a controles públicos más frecuentes y deberán ser especialmente rigurosos en sus análisis. En esencia, la arquitectura espacial del EUDR es escalable: existe un sistema común válido para todos, pero que tiene en cuenta las diferentes situaciones locales a través del prisma del riesgo asignado. El conjunto de estas coordenadas esenciales —objeto limitado a cadenas de suministro críticas específicas, tiempo calibrado para un inicio gradual con fecha límite retroactiva al 31/12/2020, espacio ampliado a todo el mercado de la UE con adaptaciones en función del riesgo geográfico— delinea la estructura fundamental sobre la que se articula el resto de la normativa[295].

---

restación para 2020 no se ha alcanzado, lo que demuestra la urgencia de adoptar medidas ambiciosas y eficaces».

295 Con motivo de la Cumbre sobre el Clima de Nueva York (23 de septiembre de 2014), los gobiernos, las empresas, las ONG y los pueblos indígenas se comprometieron con esta Declaración a reducir a la mitad la pérdida de bosques y restaurar 150 millones de hectáreas de territorios degradados y boscosos para 2020, y a poner fin a la deforestación y recuperar otros 200 millones de hectáreas para 2030. Al mismo tiempo, los 155 signatarios se comprometieron a contribuir al crecimiento económico, la reducción de la pobreza, el mantenimiento del principio de legalidad, la seguridad alimentaria, la resiliencia climática y la conservación de la biodiversidad.

3. DEL «QUÉ» AL «CÓMO»: LA DILIGENCIA DEBIDA COMO OBLIGACIÓN DE LA ORGANIZACIÓN.

La columna vertebral del EUDR es la obligación de diligencia debida medioambiental, que traduce el objetivo abstracto («ningún producto procedente de la deforestación en el mercado de la UE») en una serie de tareas operativas específicas para los actores de la cadena de suministro. Si bien la normativa aclara «qué» está prohibido —es decir, comercializar productos relacionados con la deforestación o la ilegalidad—, también indica «cómo» prevenir este resultado: imponiendo a los operadores un deber articulado de diligencia preventiva. En términos jurídicos sustantivos, esta obligación se configura como un verdadero deber de organización y control por parte de las empresas. Estas están obligadas a estructurar procedimientos internos, sistemas de información y medidas adecuadas para garantizar, antes de cada transacción, la conformidad de los productos con los requisitos de sostenibilidad del Reglamento. Por lo tanto, no basta con un control a posteriori encomendado a las autoridades: es el propio operador quien debe garantizar activamente, a priori, la regularidad de su abastecimiento. El EUDR no se limita a establecer una norma medioambiental, sino que instituye un mecanismo procedimental vinculante para lograrla, trasladando al operador económico la carga y la responsabilidad de un control preventivo exhaustivo. De este modo, la diligencia empresarial pasa de ser una opción ética a una obligación e e legal, exigiendo a las empresas que se doten de programas internos de cumplimiento, formación del personal y supervisión de las cadenas de suministro. Se trata de una filosofía reguladora ya probada en otros ámbitos (por ejemplo, los modelos organizativos anticorrupción o los programas contra el blanqueo de capitales) y que ahora se aplica de forma extensiva a la sostenibilidad medioambiental de las cadenas de producción globales.

En concreto, la obligación de diligencia debida prevista por el EUDR se compone de varias fases que cada operador debe aplicar sistemáticamente para cada lote de mercancías reguladas[296]. Podemos resumir estas fases fundamentales de la siguiente manera:

---

[296] J. Bonnitcha – R. McCorquodale, The concept of 'Due Diligence' in the UN guiding principles on business and human rights, en European Journal of International Law, 2017, 899-919.

1. Recopilación de información (art. 9 del EUDR): el operador debe recopilar y conservar un conjunto detallado de datos sobre el suministro. En particular, para cada lote de producto se debe identificar la geolocalización precisa de las parcelas de terreno donde se ha producido la materia prima (para poder verificar posteriormente mediante imágenes satelitales la ausencia de deforestación), la descripción y la cantidad del producto, la identidad de los proveedores y productores, la documentación que acredite el cumplimiento legal (licencias de tala, autorizaciones de uso del suelo, certificados fitosanitarios, títulos de propiedad de la tierra, etc.), así como cualquier información sobre el respeto de los derechos de los pueblos indígenas u otros aspectos jurídicos pertinentes. Este expediente informativo constituye la base de conocimiento sobre la que se apoyará la evaluación del riesgo.
2. Evaluación del riesgo (art. 10): a partir de la información recopilada y de la información general disponible sobre el país o la zona de origen, el operador debe estimar la probabilidad de incumplimiento del lote, es decir, el riesgo de que el producto esté asociado a la deforestación después de 2020 o a infracciones de la ley. En la evaluación intervienen varios factores: la tasa de deforestación en la zona de producción, la gobernanza medioambiental del país de origen, la posible clasificación de riesgo del país realizada por la Comisión (bajo, estándar, alto), la fiabilidad del proveedor y la complejidad de la cadena de suministro (por ejemplo, un mayor número de intermediarios o la mezcla de diferentes lotes aumentan el riesgo de elusión), la posible posesión de certificaciones de sostenibilidad por parte del proveedor, etc.[297]. El EUDR no pretende eliminar cualquier riesgo, lo cual es prácticamente imposible,

---

[297] La sostenibilidad se ha convertido en un paradigma que ya está consolidado en todo el sistema de la cadena agroalimentaria; desde una perspectiva teleológica y evolutiva, ha llevado a replantearse instituciones consolidadas; basta pensar, a modo de ejemplo, en las pequeñas producciones locales, las cadenas cortas y los productos de kilómetro cero, que siempre se han considerado instrumentos de valorización del territorio en el marco de las medidas de desarrollo rural y que, en virtud de las recientes intervenciones legislativas [Ley n.º 61, de 17 de mayo de 2022, re- canti, «Normas para la valorización y promoción de los productos agrícolas y alimentarios de kilómetro cero y de los procedentes de la cadena corta»], también parecen someterse al canon de la sostenibilidad. En la doctrina, entre muchos otros, véase P. Lattanzi, La transizione verso un sistema alimentare sostenibile nel Green Deal, en Trattato di diritto alimentare e dell'Unione Europea,

pero exige que el operador se asegure de que el riesgo residual sea insignificante. Solo cuando, al término de un análisis completo, la probabilidad de incumplimiento se considere tan baja que pueda ignorarse, el operador podrá continuar. Si, por el contrario, persisten dudas más que teóricas, se pasa a la fase siguiente.

3. Mitigación del riesgo: si de la evaluación inicial se desprende un riesgo distinto de cero (es decir, mayor que insignificante), el operador está obligado a adoptar las medidas adecuadas para reducirlo. Estas medidas pueden consistir en solicitar información o documentación adicional al proveedor, realizar verificaciones y auditorías adicionales sobre el terreno, implementar sistemas de trazabilidad más estrictos (análisis científicos, seguimiento satelital directo, inspecciones) o, si la duda no puede disiparse, cambiar de proveedor o excluir ese lote de mercancías. El principio es que el operador no debe conformarse con una probabilidad razonable de conformidad: debe poner en práctica activamente todas las medidas proporcionadas para que cualquier riesgo concreto se reduzca a un nivel insignificante. Solo después de haber aplicado las medidas de mitigación necesarias y de haber reevaluado el riesgo como insignificante, el procedimiento de diligencia debida puede considerarse concluido con éxito.

4. Declaración de diligencia debida (art. 4)[298]: para completar el deber de diligencia, el EUDR exige un acto formal final: antes de comercializar en la UE (o exportar) un producto regulado, el operador debe presentar una declaración electrónica en la que certifique que ha actuado con la diligencia debida y que contenga la información clave sobre la evaluación realizada. Esta declaración, que debe transmitirse a través del sistema de información de la UE (sistema TRACES), sirve como autocertificación de conformidad: el operador afirma en ella que, según su razonable convicción, el producto es «libre de deforestación» y legal, habiendo reducido el riesgo residual a un nivel insignificante. La presentación de la declaración será un requisito

---

cit., p. 29 ss. Y, además, véase S. Masini, V. Rubino (a cargo de), La sostenibilità in agricoltura e la riforma della Pac, cit.

[298] Véanse las consideraciones formuladas por C. *Gulotta, L'evoluzione in atto nell'Unione europea in tema di diligenza dovuta e responsabilità sociale delle imprese, en Rivista Giuridica Dell'ambiente, 2024, pp. 135-163. Según el autor, la UE está tratando de desarrollar su propio enfoque de la responsabilidad social de las empresas, en el que las obligaciones legales de diligencia debida se apoyan en un aparato administrativo a nivel nacional y de la Unión diseñado para ayudar a las empresas en sus esfuerzos por cumplir la normativa.*

para el despacho de aduana de las mercancías que entren o salgan de la UE: en los trámites aduaneros, los importadores/exportadores deberán indicar la referencia a la declaración de diligencia debida, lo que permitirá a las autoridades verificar su existencia y contenido.

En resumen, el EUDR obliga a las empresas a prevenir activamente la entrada de productos no conformes en el mercado, en lugar de limitarse a someterse a controles a posteriori[299]. De este modo, se transfiere a los operadores económicos la carga de un control preventivo exhaustivo de la cadena de suministro, con sanciones severas en caso de incumplimiento. El cumplimiento de la diligencia debida se convierte así en un elemento estructural de la organización empresarial. Esta lógica refleja una evolución del derecho agrario europeo: se pasa de la mera prescripción de normas sobre los productos a la obligación de organizar procesos internos virtuosos. Las empresas deben dotarse de sistemas de cumplimiento medioambiental, so pena de sufrir importantes consecuencias legales. El mensaje es claro: la protección de los bosques entra en las responsabilidades cotidianas del operador económico, convirtiéndose en parte integrante del ciclo comercial.

---

299 Consejo Europeo, Conclusiones del Consejo Europeo–12 de diciembre de 2019, https://www.consilium.europa.eu/media/41783/12-euco-final-conclusions-it.pdf. La agenda se ha desarrollado en un contexto de creciente concienciación mundial sobre la emergencia climática, como lo demuestran el Acuerdo de París y la Agenda 2030 para los Objetivos de Desarrollo Sostenible de 2015, el informe del IPCC «Calentamiento global de 1,5 °C» de 2018 y la movilización social que se ha desencadenado. La sostenibilidad se ha convertido en un paradigma que ya se ha incorporado, por ejemplo, en el sistema de la cadena agroalimentaria, lo que ha llevado a replantearse instituciones consolidadas; basta pensar, a modo de ejemplo, en las pequeñas producciones locales, las cadenas cortas y los productos de kilómetro cero, que siempre se han considerado instrumentos de valorización del territorio en el marco de las medidas de desarrollo rural y que, en virtud de las recientes intervenciones legislativas [Ley n.º 61 de 17 de mayo de 2022, re- canti, «Normas para la valorización y promoción de los productos agrícolas y alimentarios de kilómetro cero y de los procedentes de la cadena corta»], también parecen someterse al canon de la sostenibilidad. En la doctrina, ex multis, véase M.C. Rizzuto, Indicazioni geografiche e pratiche sostenibili: prime considerazioni alla luce del regolamento (UE) 2024/1143, en Persona e Mercato, 2024, p. 615 y ss.; P. Lattanzi, La transizione verso un sistema alimentare sostenibile nel Green Deal, en Trattato di diritto alimentare e dell'Unione Europea, (a cargo de P. Borghi, I. Canfora, A. Di Lauro, L. Russo), Milán, Giuffrè, 2024, p. 29; S. Masini, V. Rubino (eds.), La sostenibilità in agricoltura e la riforma della Pac, Bari, Cacucci, 2021.

4. DERECHO INDICATIVO Y ORIENTACIONES DE LA COMISIÓN EUROPEA.

Dada la novedad y complejidad del EUDR, desde el principio se hizo evidente la necesidad de aclaraciones sobre su aplicación y de una coordinación interpretativa a nivel europeo. En esta perspectiva, los instrumentos de soft law emitidos por la Comisión Europea, en particular un documento de orientación (guía explicativa) y una serie de preguntas frecuentes (FAQ) sobre el tema, desempeñan un papel crucial, aunque no sean formalmente vinculantes[300]. Estos instrumentos acompañan al Reglamento ofreciendo indicaciones prácticas y aclaraciones interpretativas, con el objetivo de facilitar una aplicación uniforme en todos los Estados miembros[301].

En 2025, la Comisión publicó un amplio documento orientativo dividido por temas, que sirve de manual operativo para empresas y autoridades[302]. Aunque no tienen fuerza de ley ni pueden modificar el texto normativo, estas directrices aclaran conceptos clave y disipan las dudas surgidas entre los operadores. Por ejemplo, se define de forma inequívoca lo que se entiende por «comercializar» frente a «poner a disposición en el mercado»: la guía confirma que «comercializar» se refiere a la primera introducción de un producto relevante en la UE (ya sea de origen externo o de producción interna), mientras que «poner a disposición» se refiere a cualquier paso posterior a lo largo de la cadena de distribución interna. Distinguir entre estas acciones es fundamental, ya que solo el operador que realiza la primera introducción (o una exportación) está sujeto a la obligación plena de diligencia debida. La Comisión aclara casos particulares con ejemplos

---

300 Comunicación de la Comisión de 2 de octubre de 2024 C(2024) 7027 final en www.europa.eu. Aprobación del contenido de un proyecto de Comunicación de la Comisión sobre el documento de orientación para el Reglamento (UE) 2023/1115 sobre productos libres de deforestación.

301 Se ha desarrollado una amplia bibliografía sobre el Pacto Verde. Entre las contribuciones más recientes, cabe destacar E. Chiti, D. Bevilacqua, Green deal. Come costruire una nuova Europa (El Pacto Verde. Cómo construir una nueva Europa), Il Mulino, Bolonia, 2024; J. Pio Beltran et al., *The Impact of the European Green Deal from a Sustainable Global Food System Approach*, en *17 Eur. Food & Feed L. Rev.*, 2022, p. 2 ss., que aborda el tema desde una perspectiva crítica, poniendo de relieve las dificultades de una aplicación real del proyecto en ausencia de una coordinación política a nivel mundial.

302 El documento elaborado por la Comisión Europea Preguntas frecuentes. Aplicación del Reglamento de la UE sobre la deforestación Versión 3–Octubre de 2024 se puede consultar en el sitio web www.europa.eu.

concretos: por ejemplo, que la transferencia de mercancías dentro de la misma empresa o la venta directa al consumidor final no constituyen una «introducción» en el sentido del Reglamento, evitando así confusiones[303]. Del mismo modo, la guía explica qué entra exactamente en el concepto de «exportación» a efectos del EUDR (cualquier salida de productos relevantes fuera de la Unión, independientemente del régimen aduanero, incluidas las reexportaciones tras el almacenamiento, etc.), con la consecuencia de que también se activan las obligaciones para las mercancías originarias de la UE destinadas al extranjero.

Otro aspecto delicado que aclara la legislación blanda se refiere a los plazos de aplicación y las interrelaciones con la normativa anterior. Las directrices confirman el régimen transitorio: gracias a la modificación de 2024, hay un período de transición hasta finales de 2025 (o mediados de 2026 para las pequeñas empresas) durante el cual los productos afectados pueden comercializarse sin la diligencia debida de la EUDR. En otras palabras, hasta el 29 de diciembre de 2025, seguirán aplicándose las antiguas normas (como el EUTR para la madera) o ninguna norma específica (para materias primas que antes no estaban cubiertas)[304]. Es importante precisar que si un producto se comercializa durante este período transitorio, seguirá estando exento de las obligaciones del EUDR incluso después. Por ejemplo, el café importado en 2024 podrá seguir circulando en 2026 sin tener

---

303 La referencia es a lo que puede considerarse a todos los efectos la actual ley forestal italiana, el d.lgs. n. 34/2018. Se puede encontrar un amplio análisis de estas novedades en R. Saija, Il (difficile) equilibrio tra funzione produttiva e finalità conservative dei beni forestali alla luce del TU n. 34/2018, en Il diritto dell'economia, 1, 2021, pp. 181-199; R. Romano, Il Testo unico in materia di foreste e filiere forestali, en Agriregionieuropa, 2018, 14, n. 54; N. Ferrucci (ed.), Commentario al Testo Unico in materia di foreste e filiere forestali (d.lgs. n. 3 aprile 2018, n. 34), Milán, Wolters Kluwer, 2019; N. Lucifero, Las actividades de gestión forestal, las prohibiciones correspondientes y la normativa sobre viabilidad forestal, las formas de promoción del asociacionismo fondiario y de la gestión asociada, en Comentario al texto único en materia de bosques y cadenas forestales, cit., 136 ss. donde el autor se detiene en el concepto de «gestión activa» y en la forma en que esta afecta a la normativa forestal vigente a la luz del TUFF; N. Ferrucci, El nuevo texto único en materia de bosques y cadenas forestales: una primera lectura, en Dir. agroalim., 2018, 265; A. Abrami, La nuova legislazione forestale nel Decreto 3 aprile 2018 n. 34, en Riv. dir. agr., 2018, 101.

304 Además, la Unión Europea, mediante el Reglamento (UE) n.º 995/2010 del Parlamento Europeo y del Consejo, de 20 de octubre de 2010, establece las obligaciones de los operadores que comercializan madera y productos derivados de la misma.

que ser «regularizado» a posteriori; del mismo modo, el aceite de palma comercializado a mediados de 2025 podrá utilizarse como ingrediente en 2026 sin obligación de diligencia debida retroactiva[305]. Esta interpretación, que no resulta obvia al leer únicamente el reglamento, se ha proporcionado en el documento de orientación para garantizar la homogeneidad y la certeza sobre cómo tratar las existencias y las cadenas de suministro en transición. Por el contrario, se reitera que el EUDR nunca tiene efecto retroactivo: si una materia prima se ha producido antes del 29 de junio de 2023 (fecha de entrada en vigor), queda excluida del ámbito de aplicación, independientemente de su posterior manipulación. Aclaraciones de este tipo, aunque puedan parecer obvias, eran necesarias para evitar interpretaciones restrictivas (por ejemplo, para disipar el temor de que en 2025 se tuviera que reconstruir la «historia» de un antiguo lote de madera o cacao producido años antes).

Las fuentes de soft law también abordaron numerosos detalles técnicos y casos específicos que no podían encontrar cabida en un texto normativo general[306]. A través de las preguntas frecuentes publicadas en línea (que a finales de 2025 ascendían a unas 170 preguntas oficiales), la Comisión proporcionó aclaraciones, entre otras cosas, sobre: cómo considerar los envases compuestos en parte por materias primas EUDR (distinguiendo cuándo deben incluirse en la diligencia debida y cuándo deben excluirse por ser meros materiales de embalaje); cómo tratar los materiales reciclados o recuperados (excluyéndolos del ámbito de aplicación por ser productos que ya han llegado al final de su ciclo de vida, por lo que no están relacionados con una nueva deforestación); la gestión de muestras comerciales de escaso valor enviadas para pruebas o ferias (normalmente excluidas de las obligaciones); el caso de especies vegetales no enumeradas explícitamente (especificando, por ejemplo, que el bambú no entra en la definición de «madera» a efectos del Reglamento); la normativa

305 Este es el caso, por ejemplo, de los productos de la palma aceitosa: mientras que las nueces y las almendras de palma se incluyen en el capítulo 12 («semillas y frutos oleaginosos; semillas, semillas y frutos diversos; plantas industriales o medicinales ; paja y forraje»), el aceite de palma se incluye en el capítulo 15 («grasas y aceites animales, vegetales o microbianos y productos de su descomposición; grasas alimenticias elaboradas; ceras animales o vegetales»), mientras que el glicerol y algunos ácidos (palmítico, esteárico, monocarboxílico) se incluyen en el capítulo 29 («productos químicos orgánicos»).

306 La referencia es al *Decreto de 29 de marzo de 2022* del *Ministerio* de Políticas Agrícolas, Alimentarias y Forestales (hoy MASAF) publicado en el Boletín Oficial de 27 de mayo de 2022 n.º 123.

para las ventas en línea y a distancia (aclarando que los mercados y las plataformas también están sujetos a las obligaciones del EUDR si actúan como operadores que introducen productos en el mercado de la UE); y muchas otras situaciones prácticas. Un capítulo de las directrices también está dedicado al papel de las certificaciones privadas: en él se explica que los operadores pueden utilizar los sistemas voluntarios de certificación de sostenibilidad o las verificaciones de terceros como instrumentos auxiliares en la evaluación del riesgo, pero que estos no eximen de la responsabilidad final ni constituyen por sí mismos una prueba automática de conformidad suficiente. Esta posición, que delimita el valor probatorio de las marcas e s «verdes» privadas, es fundamental para evitar interpretaciones laxas: el operador no puede limitarse a exhibir un certificado, sino que debe realizar su propio análisis crítico.

En definitiva, a través de una amplia actividad de soft law, la Comisión Europea está actuando como director de la aplicación del EUDR. Aunque no crea nuevas obligaciones jurídicas, su orientación tiene un peso considerable: constituye la base sobre la que las autoridades nacionales y los operadores económicos calibran sus acciones[307]. En el Derecho medioambiental de la UE, especialmente en materias técnicamente innovadoras, es frecuente que los documentos interpretativos y las preguntas frecuentes desempeñen un papel determinante para el éxito de una normativa[308]. En el caso del EUDR, esto es aún más evidente: desde su nacimiento, el Reglamento ha ido acompañado de un flujo continuo de explicaciones y precisiones no normativas, lo que demuestra la voluntad de hacerlo efectivo sin esperar los plazos (y los conflictos) de una sedimentación jurisprudencial. Cabe recordar que estos instrumentos no son vinculantes: en teoría, un juez podría desestimar la interpretación de la Comisión. Sin embargo, en lo inmediato, representan un marco de referencia común que contribuye enormemente a la uniformidad de la aplicación, un valor crucial cuando se quiere evitar distorsiones en el

---

[307] Para una visión general de las cuestiones relacionadas con el multilevel en materia forestal, véase M. Mauro, La gestión forestal sostenible entre el derecho interno, europeo e internacional, en Riv. di dir. agrario, 2020, p. 885 y ss.

Permítase la referencia a M. Flick, Il regolamento «deforestation free»: tra possibili problemi di attuazione, «greenwashing» e criteri ESG, en Riv. giur. amb., 2023, p. 49 y ss.

[308] Véase Ch. Carcaillet, B. Talon, La forêt en France depuis la dernière glaciation, en Livre blanc sur la protection des forêts naturelles en France, coordinado por D. Vallauri, coll. Tec & Doc, ed. Lavoisier, 2003, pp. 19-31.

mercado único. Los plazos de adaptación también se han gestionado con esta coordinación: las directrices y los actos complementarios han permitido una transición al nuevo sistema planificada y (esperemos) sin traumas para los operadores. El reto futuro será mantener actualizadas estas indicaciones, en un diálogo constante entre la Comisión, las empresas y las partes interesadas, a medida que el EUDR se vaya implantando en la realidad operativa y, tal vez, sufra a su vez evoluciones o correcciones.

5. OPERADORES Y COMERCIANTES: FUNCIONES EN CADENAS DE SUMINISTRO COMPLEJAS.

El Reglamento EUDR distingue a los sujetos obligados en función del papel que desempeñan en la cadena de suministro, introduciendo dos figuras clave: el operador y el comerciante. La definición normativa (art. 2) establece que es operador aquella persona que, en el ejercicio de una actividad comercial, introduce en el mercado de la Unión un producto relevante o lo exporta fuera de la Unión[309]. Por el contrario, es comerciante aquella persona que, a lo largo de la cadena de suministro, pone a disposición del mercado un producto relevante sin ser ella misma el operador (es decir, sin realizar la primera introducción ni la exportación)[310]. En términos sencillos, el operador es quien introduce por primera vez el producto en el circuito de la UE (por ejemplo, importando un cargamento de soja o vendiendo en el mercado interior un lote de cacao de producción nacional), mientras que el comerciante es un actor más aguas abajo que compra un producto ya comercializado y lo revende a lo largo de la distribución interna (por ejemplo, un mayorista que compra ese cacao al importador y lo revende a los transformadores; o un minorista que compra muebles de madera ya presentes en el mercado de la UE y los vende al consumidor final)[311].

309 El artículo 2, apartado 34, del Reglamento EUDR, dedicado a la definición del concepto de «territorio aduanero», se refiere expresamente al Reglamento (UE) n.º 952/2013.

310 Se remite al concepto de deforestación y a lo especificado en el Reglamento y definido en el artículo 2, apartado 13.

311 Véase el anexo I del Reglamento (CEE) n.º 2658/87 del Consejo, de 23 de julio de 1987, relativo a la nomenclatura arancelaria y estadística y al arancel aduanero común, en su última versión consolidada de 17 de junio de 2023.

Sin embargo, esta dicotomía debe adaptarse a la complejidad real de las cadenas de suministro globales, donde las funciones pueden ser difusas y móviles. Una misma empresa puede encontrarse, para diferentes productos o en diferentes fases, actuando a veces como operador y otras como comerciante. Por ejemplo, una empresa alimentaria que importa directamente café verde del país de origen es un operador de ese producto; la misma empresa, cuando vende a las tiendas paquetes de café tostado (ya introducidos en la UE por ella misma), actúa en esa fase como comerciante del producto transformado[312]. Además, un fabricante de chocolate que compra cacao ya importado por un mayorista europeo será comerciante de semillas de cacao, pero cuando vende las barras de chocolate obtenidas, realiza una nueva introducción en el mercado de un producto derivado (el chocolate, precisamente) y se convierte en operador de ese producto acabado. Por lo tanto, más que dos categorías fijas de sujetos, «operador» y «comerciante» indican dos funciones que una empresa puede asumir en función de la posición en la que interviene en la cadena de suministro de un producto específico.

El EUDR asigna obligaciones diferenciadas en función de estas funciones, calibrando el deber de diligencia debida de manera proporcionada. Los operadores en sentido estricto (quienes realizan la primera comercialización o exportación) están sujetos a la obligación plena de diligencia debida descrita anteriormente: deben recopilar información, evaluar y mitigar el riesgo, y presentar la declaración de diligencia debida. Son los «guardianes» iniciales de la cadena de suministro, porque la idea es que la primera entrada del producto en el mercado único se filtre a través del control más estricto. Los comerciantes, por su parte, tienen en la mayoría de los casos cargas más ligeras: si son pymes (microempresas o pequeñas y medianas empresas), el Reglamento solo exige que garanticen la trazabilidad básica, es decir, que conserven durante cinco años la información sobre quién es su proveedor y, si procede, el cliente al que venden

---

312 A. Di Lauro, La circulación de los productos alimenticios, en Tratado de derecho alimentario italiano y de la Unión Europea, (a cargo de) P. Borghi, I. Canfora, A. Di Lauro, L. Russo) cit., p. 80. Pero el tema es objeto de análisis en profundidad desde hace tiempo. Véase, por ejemplo, G. Sgarbanti, Il ravvicinamento delle legislazioni, en L. Costato (ed.), Trattato breve di diritto agrario italiano e comunitario, Cedam, Padua, 2003, 623; S. MASINI, Libera circolazione dei prodotti e armonizzazione delle legislazioni nazionali nell'Unione europea, en Corso di diritto alimentare, Giuffrè, Milán, 2020, 33.

el producto (art. 6 del EUDR). Esto permite reconstruir la cadena de suministro hacia atrás o hacia adelante en caso de controles, pero no obliga a estas pymes a realizar directamente la diligencia debida medioambiental en cada transacción. Esta simplificación está pensada para no imponer cargas insostenibles a los pequeños actores que se encuentran en la fase final de la cadena. Si, por el contrario, el comerciante no es una PYME (es decir, es una empresa de tamaño mediano-grande), el EUDR le impone obligaciones sustancialmente equivalentes a las de un operador. De hecho, según el artículo 5, un comerciante que no entre en la definición de PYME debe asegurarse de que se haya llevado a cabo la diligencia debida en las fases anteriores para los productos que comercializa. En la práctica, un mayorista o minorista de gran tamaño que compre cacao, soja, e , madera u otros productos ya presentes en el mercado de la UE también debe encargarse de verificar la conformidad con el EUDR de lo que vende. Técnicamente, un comerciante que no sea una PYME debe, en el momento de vender el producto, ser capaz de demostrar (así como, en su caso, declarar en el sistema) que el operador anterior ha llevado a cabo correctamente la diligencia debida. A falta de dicha certeza documentable, el gran comerciante debe ejercer él mismo la diligencia debida como si fuera un operador a todos los efectos. De hecho, por lo tanto, la distinción entre un gran comerciante y un operador desaparece: ambos se convierten en los responsables últimos de la regularidad del producto que introducen o hacen circular en el mercado.

Así surge, en la jerga técnica, la figura del «operador posterior». Aunque no aparece en el texto legislativo, esta expresión se utiliza para referirse a los operadores que no intervienen en la primera fase, sino más adelante en la cadena de suministro, realizando, por ejemplo, actividades de transformación, distribución adicional en el mercado de la UE o exportación de mercancías ya comercializadas. De hecho, según el EUDR, incluso un transformador o distribuidor que vuelva a introducir un producto relevante en el mercado interior (por ejemplo, porque produce un derivado de una materia prima ya importada o porque reexporta fuera de la UE un bien originalmente importado) se considera «operador» y debe cumplir con la diligencia debida, aunque puede basarse en parte en las verificaciones ya realizadas en fases anteriores. En la práctica, se distingue entre operador anterior (el que realiza la primera introducción, por ejemplo, el importador o el productor inicial) y operador posterior (el que opera después del primer eslabón de la cadena, reintroduciendo el producto transformado o destinándolo a la exportación). Esta terminología ayuda a visualizar situaciones concretas: por ejemplo, una empresa que compra madera a otra empresa europea y la utiliza para fabricar muebles destinados al mercado de la UE será un operador posterior, deberá presentar una declaración de diligencia debida para introducir los muebles acabados, pero podrá utilizar las referencias de la diligencia debida ya realizada en la fase anterior sobre la madera en bruto. El sistema de información TRACES está diseñado precisamente para gestionar este flujo: el operador posterior, al presentar su declaración para el producto final, introducirá el número de referencia de la declaración ya proporcionada por el operador anterior (su proveedor de madera), con el fin de vincular las diligencias debidas y certificar automáticamente que se ha realizado la verificación de esa materia prima (madera). Del mismo modo, un gran comerciante posterior puede, al registrar en TRACES la declaración de su proveedor, certificar que la mercancía ya estaba cubierta por la diligencia debida anterior. Esta funcionalidad «en cascada» evita la duplicación de esfuerzos y mantiene un registro digital del cumplimiento a lo largo de toda la cadena de suministro.

Sin embargo, es importante destacar que cada operador, incluso el descendente, mantiene su propia responsabilidad en caso de infracción. Basarse en las verificaciones de otros no significa descargar toda la responsabilidad: el sujeto descendente debe actuar con diligencia y sentido común, comprobando la coherencia y la plausibilidad de la información recibida. Si un operador en la fase inicial proporciona coordenadas geográficas o datos de producción, quien los utilice en la fase final debería verificar al menos su coherencia básica (por ejemplo: ¿el país de producción declarado coincide con la etiqueta o los documentos de acompañamiento? ¿La cantidad y el tipo de producto coinciden con lo que se está comprando?). Además, si surgen elementos anómalos o incongruencias, el operador posterior tiene el deber de investigar más a fondo, en lugar de confiar ciegamente. La Comisión, en sus preguntas frecuentes y en sus directrices, recomienda expresamente que los operadores posteriores de gran tamaño realicen una especie de «control de calidad» de las diligencias debidas realizadas por los operadores anteriores: verificar el nivel de riesgo atribuido al país de origen (si están tratando madera procedente de un país de alto riesgo, deberán actuar con especial cautela), asegurarse de que sus proveedores no pertenecientes a pymes hayan establecido efectivamente un sistema de diligencia debida fiable y actualizado (políticas empresariales, procedimientos y controles internos adecuados), examinar, en su caso, los resultados de las auditorías independientes realizadas al proveedor y, en general, solicitar información adicional cuando sea necesario. En otras palabras, aunque la cadena de custodia de las verificaciones puede ser compartida, cada eslabón debe vigilar activamente su parte. La complejidad de las cadenas de suministro globales modernas, con una multiplicidad de actores, pasos intermedios, transformaciones y redistribuciones, se aborda en el EUDR con una combinación de responsabilidades compartidas y coordinadas: quien introduce inicialmente el producto soporta la mayor parte de la carga de la verificación, pero los siguientes actores, especialmente si son de gran tamaño, están obligados a continuar con la labor de garantía, asegurándose de que no se produzcan brechas en el cumplimiento a lo largo del camino hasta el consumidor final. Por lo tanto, las funciones son móviles e interdependientes. El éxito del sistema dependerá en gran medida de la colaboración y el intercambio de información entre los operadores upstream y downstream, así como de la capacidad de cada uno de asumir la parte de diligencia que le corresponde sin ignorar las señales de alarma solo porque «formalmente» alguien upstream ya ha realizado las verificaciones.

6. FASES TRANSITORIAS, REIMPORTACIONES Y MEDIDAS CONTRA LA ELUSIÓN.

La aplicación gradual del EUDR y la naturaleza global de las cadenas de suministro plantean diversas cuestiones sobre cómo gestionar situaciones particulares al margen del sistema: productos en transición entre el antiguo y el nuevo régimen, mercancías que salen y vuelven a entrar en la UE, y posibles estratagemas de elusión aduanera para eludir los controles. El Reglamento, complementado con aclaraciones posteriores, establece normas ad hoc para cada uno de estos escenarios, con el fin de garantizar la coherencia en su aplicación y evitar lagunas jurídicas.

Período transitorio (antiguo frente a nuevo régimen). Como se ha mencionado, existe un período transitorio hasta el 30 de diciembre de 2025 (ampliado para algunas pequeñas empresas hasta el 30 de junio de 2026) durante el cual el EUDR aún no se aplica plenamente. Esto significa que, hasta esa fecha, los productos afectados pueden comercializarse en la UE sin la diligencia debida del EUDR. Sin embargo, para salvaguardar la eficacia del futuro régimen, el legislador ha establecido condiciones precisas sobre lo que ocurre con esos productos después de su entrada en vigor. En particular, los productos comercializados antes del 30 de diciembre de 2025 quedan fuera del ámbito de aplicación del EUDR incluso después de esa fecha. Por ejemplo, un lote de soja importado en octubre de 2025 podrá venderse y transformarse libremente en

2026 y años posteriores, sin que los operadores posteriores tengan que recuperar la diligencia debida perdida: la normativa impide cualquier aplicación retroactiva de facto, protegiendo las inversiones y los intercambios ya realizados bajo el antiguo marco. Por el contrario, los productos comercializados a partir del 30 de diciembre de 2025 (o del 30 de junio de 2026 para las pymes a las que se concede la prórroga) deberán cumplir con el EUDR.

Un caso particular es el de las pymes existentes en 2020, para las que, como se ha visto, la obligación se pospone seis meses. Esto crea de hecho un mercado «de dos velocidades» entre finales de 2025 y mediados de 2026: los grandes operadores estarán sujetos a la normativa a partir del 30 de diciembre de 2025, y los pequeños operadores, solo a partir del 30 de junio de 2026. Sin embargo, el mecanismo transitorio está diseñado para evitar distorsiones de la competencia: si una pequeña empresa comercializa un producto durante su período de exención (primer semestre de 2026), este mantiene su exención a lo largo de la cadena, incluso cuando pasa a manos de un operador más grande. Por ejemplo, imaginemos una microempresa agrícola que comercializa café en la UE en enero de 2026 acogerse a la exención (por lo tanto, sin realizar la diligencia debida sobre ese lote porque aún no está obligada a ello). Si ese café es posteriormente adquirido y distribuido en julio de 2026 por un gran tostador (que a partir del 30 de diciembre de 2025 estaría obligado a cumplir el EUDR), este último no tendrá que realizar una diligencia debida retroactiva sobre ese lote: la norma aclara, en efecto, que los productos introducidos en el período transitorio por sujetos exentos mantienen su condición de exentos también en las fases comerciales posteriores. En esencia, la exención se «transmite» a lo largo de la cadena de suministro para esos lotes específicos, con el fin de evitar que un gran operador aguas abajo tenga que asumir obligaciones que, legítimamente, no se cumplieron aguas arriba. Naturalmente, esta situación de doble régimen tendrá una duración limitada y se reabsorberá a medida que se consuman las existencias anteriores a 2025/2026 ( ); en cualquier caso, el legislador ha querido regularla claramente para no dejar zonas grises. Cabe señalar que, a diferencia de otras materias primas, no se ha concedido la prórroga a las microempresas y pequeñas empresas en el caso de la madera, con el fin de evitar un vacío normativo en ese sector. El antiguo Reglamento sobre la madera EUTR (995/2010) seguirá en vigor hasta el 29 de diciembre de 2025, y el EUDR lo sustituirá sin solución de continuidad para todos, incluidos los pequeños. Por lo tanto, en el caso de la madera y sus derivados, todos los operadores, independientemente de su tamaño, deberán aplicar el EUDR a partir de finales de 2025, garantizando que no haya ningún periodo en el que la madera pueda escapar tanto al antiguo como al nuevo régimen[313].

Reimportaciones (ciclos de ida y vuelta). El EUDR también aborda el caso en que un producto originario de la UE, o una materia prima de la UE, sale de la Unión y luego vuelve a entrar después de haber sido transformado en el extranjero. Pensemos, por ejemplo, en la madera europea exportada en bruto a un tercer país para su transformación y luego reimportada a la UE en forma de muebles o paneles; o en las semillas de soja cultivadas en Europa, enviadas al extranjero para ser transformadas en piensos o aceite y posteriormente reintroducidas en la UE en productos compuestos. Estos «círculos aduaneros» podían constituir zonas potencialmente oscuras: al ser de origen de la UE, inicialmente esos materiales no requieren diligencia debida para su producción (ya que no existe una deforestación ilegal significativa dentro de la UE), pero al volver a entrar formalmente entran en el ámbito de aplicación del Reglamento como importaciones. El EUDR aclara que, incluso en estos casos, en el momento de la reimportación se produce una comercialización y, por lo tanto, es necesario garantizar su conformidad. Sin embargo, el sistema está diseñado para evitar duplicaciones innecesarias: si en el momento de la exportación original desde la UE el producto entraba en el ámbito de aplicación (por ejemplo, madera talada en la UE y exportada después de diciembre de 2025, por lo que ya estaba sujeta a la diligencia debida a la salida), entonces el operador exportador de la UE ya habrá presentado una declaración de diligencia debida en TRACES. Cuando posteriormente otro operador reimporte esa madera (quizás transformada o incorporada a un producto), podrá hacer referencia a esa declaración original. En la práctica, la declaración de diligencia debida inicial sirve también como pase para la reentrada: el sistema TRACES permite «recuperar» el número de referencia de la diligencia debida realizada por el exportador de la UE, de modo que el reimportador no tenga que volver a realizar todo el análisis desde cero, sino que pueda basarse en las verificaciones ya realizadas. Por supuesto, si entretanto el material se ha mezclado con otros de origen diferente, o ha sufrido transformaciones que incluyen materias primas extracomunitarias,

313 Para un análisis detallado y compartido sobre la diligencia debida en el sector de la madera, su evolución normativa y práctica, y la introducida con el Reglamento EUDR, véase A. Mariano, La dovuta diligenza dei prodotti dell'arboricoltura da legno (La diligencia debida en los productos de la arboricultura para la madera), en Forest@, 2024, pp. 55-59.

será necesario realizar la debida diligencia correspondiente a esos nuevos componentes. Pero el concepto básico es que no se penaliza la circularidad lícita y controlada: si un producto era conforme cuando salió de la UE, sigue siendo conforme cuando vuelve a entrar, siempre que se pueda rastrear su identidad mediante los códigos de referencia de las declaraciones iniciales de . Los controles aduaneros y el sistema de información desempeñan aquí un papel esencial: al vincular la declaración de salida con la de entrada, se cierra el círculo de información y la cadena de suministro permanece vigilada de forma continua.

Prevención de elusiones («triangulaciones»). La atención prestada a las posibles elusiones se traduce también en medidas para impedir estrategias de elusión a través de terceros países. Supongamos que un operador poco escrupuloso intenta eludir las restricciones importando materias primas procedentes de la deforestación en un país no perteneciente a la UE que no está sujeto al EUDR, para luego reexportarlas a la UE declarándolas como producto local de ese país de tránsito. Por ejemplo, soja cultivada en tierras deforestadas, importada a un país cercano a la UE y desde allí enviada a Europa como mezcla o producto transformado «de origen» de ese país. Para contrarrestar estos juegos de prestidigitación a lo largo de las rutas comerciales, el EUDR exige precisamente la geolocalización precisa del lugar de producción original, y no solo la indicación del último exportador. En las declaraciones de diligencia debida, el operador debe indicar la explotación agrícola o la plantación efectiva de la que procede la materia prima, lo que hace inútil ocultar el origen real mediante triangulaciones aduaneras. Además, la futura clasificación de riesgo por países presumiblemente también tendrá en cuenta estos escenarios: si un país es conocido por servir de plataforma de tránsito o mezcla, las autoridades de la UE lo tendrán en cuenta en sus evaluaciones. En resumen, el diseño del Reglamento y las aclaraciones posteriores demuestran que se es consciente de los posibles subterfugios en las fronteras y predisponen varios «anticuerpos normativos»: requisitos estrictos de trazabilidad del origen, interconexión de las declaraciones de diligencia debida en la exportación/importación y seguimiento basado en el riesgo para rutas y procedencias atípicas[314]. De este modo, lo ideal es que la cadena de custodia permanezca intacta

[314] Véase el sitio web de la Comisión Europea (2024), en particular el de la Dirección de Mercado Interior, Industria, Emprendimiento y Pymes, que ha creado un portal «due diligence ready!». Este portal en línea contiene información, herramientas y materiales de formación que guiarán a las empresas en el ejercicio de la diligencia debida en la cadena de suministro de minerales y metales.

incluso cuando realiza recorridos complejos, y que la frontera aduanera se convierta en un punto de control informatizado en lugar de una vía para eludir la normativa.

7. PROPORCIONALIDAD DE LAS OBLIGACIONES Y PROTECCIÓN DE LAS PYMES.

Un principio transversal que se desprende del sistema del EUDR es el de la proporcionalidad en la aplicación de las obligaciones, con especial atención a la diferente capacidad operativa de las empresas y al nivel de riesgo medioambiental de las cadenas de suministro. Aunque ambicioso en sus objetivos, el Reglamento trata de calibrar los requisitos para que sean sostenibles y proporcionales a las distintas realidades operativas, evitando aplastar a las pequeñas y medianas empresas con cargas excesivas. Este enfoque puede resumirse como un paso del concepto de «cuánto basta» al de «cómo basta»: no una cantidad fija y e e igual para todos de controles, documentos y procedimientos, sino un conjunto de medidas adecuadas a las circunstancias que basten, de la manera oportuna, para alcanzar el objetivo de conformidad[315].

En concreto, varias disposiciones del EUDR reflejan este enfoque gradual. En primer lugar, como ya se ha señalado, los comerciantes PYME (es decir, la gran mayoría de las empresas transformadoras, desde las pequeñas tiendas hasta los minoristas locales) no están obligados a llevar a cabo una diligencia debida completa, sino solo a conservar la información esencial sobre los proveedores y los compradores. La exención de las entidades más pequeñas de la obligación más onerosa reconoce implícitamente que estos actores a menudo no tienen los recursos ni el poder contractual para llevar a cabo análisis exhaustivos de la cadena de suministro: es más eficiente que la diligencia debida sea realizada por el operador principal, mientras que los eslabones pequeños de la cadena garantizan al menos la trazabilidad mínima. Incluso entre los operadores propiamente dichos se presta atención al tamaño de la empresa: la definición de PYME adoptada (la del Derecho de la UE, que considera pequeña empresa a aquella que

315 Véanse al respecto las consideraciones formuladas por A. Mariano, S. Cerullo, C. Cassandro, S. Della Rosa y S. Zunino, «Il regolamento EUDR e i nuovi obblighi delle imprese» (El Reglamento EUDR y las nuevas obligaciones de las empresas), en Sherwood, versión en línea en el siguiente enlace: https://www.rivistasherwood.it/t/lavoro-in-bosco/eudr-nuovi-obblighi-imprese.html

tiene menos de 250 empleados y una facturación anual < 50 millones de euros o un balance < 43 millones de euros) sirve no solo para distinguir el régimen de los comerciantes, sino también, como se ha visto, para permitir una aplicación diferida de algunas obligaciones hasta 2026 para las microempresas y las pequeñas empresas que ya estaban activas antes de 2021. El legislador ha querido conceder más tiempo a los sujetos menores para que se adapten, reconociendo que para ellos la aplicación de los nuevos requisitos es más difícil. Además, el EUDR prevé que los Estados miembros, al imponer sanciones, tengan en cuenta también factores como el tamaño de la empresa y la ventaja económica que pueda haberse obtenido con la infracción: criterios que reflejan la idea de que la reacción punitiva debe ser proporcional a la capacidad y al comportamiento del infractor, y no meramente uniforme para todos.

La proporcionalidad también se refleja en el enfoque basado en el riesgo. La obligación de diligencia debida, aunque generalizada, es intrínsecamente modular: cada operador debe hacer «lo necesario», es decir, adoptar todas las medidas necesarias y adecuadas para reducir el riesgo a un nivel insignificante, pero ese «lo necesario» puede variar según el caso. Por ejemplo, un operador que importa café de una región con una deforestación mínima, dotada de buenos sistemas de control forestal y tal vez clasificada como de bajo riesgo por la Comisión, podría aplicar un procedimiento relativamente sencillo: recopilar los documentos estándar, comprobar las coordenadas facilitadas y realizar algunas verificaciones cruzadas con el perfil de riesgo del país. Por el contrario, un operador que compra carne de vacuno de una zona del mundo conocida por la deforestación ilegal tendrá que emplear muchos más recursos: activar el seguimiento por satélite, solicitar pruebas geolocalizadas para cada explotación agrícola proveedora, exigir certificaciones de terceros y realizar auditorías directas sobre el terreno. Ambos persiguen el mismo objetivo (reducir el riesgo a un nivel insignificante), pero la intensidad del esfuerzo es proporcional a la amenaza identificada. El EUDR fomenta esta flexibilidad: no prescribe pasos idénticos para cada escenario, sino que establece un resultado que debe alcanzarse, dejando a los operadores la elección de los instrumentos, con la advertencia de que dichos instrumentos deben ser eficaces y adecuados al contexto. Por lo tanto, se está produciendo una evolución desde el criterio cuantitativo de «lo que sea necesario» (realizar un número determinado de controles iguales para todos) hacia un criterio cualitativo de «cómo sea necesario» (realizar controles, sí, pero calibrados según sea necesario en relación con el riesgo concreto).

Otro ejemplo de proporcionalidad es la diligencia debida simplificada prevista para los suministros procedentes de países clasificados como de bajo riesgo. Si la Comisión declara un país de origen «de bajo riesgo», los operadores podrán seguir procedimientos simplificados: aunque deberán recopilar la información básica, no estarán obligados a aplicar medidas de mitigación exhaustivas, salvo que se demuestre lo contrario, ya que se presume que el riesgo intrínseco de deforestación es ya insignificante. Esto reduce la carga administrativa para quienes comercian con países virtuosos e, indirectamente, incentiva las asociaciones con zonas que protegen sus bosques. Por el contrario, para los países de alto riesgo, la proporcionalidad juega a la alza: los controles públicos serán más frecuentes y las empresas deberán ser especialmente escrupulosas. Por lo tanto, el sistema modula las obligaciones en dos ejes principales: el tamaño de la empresa y el nivel de riesgo medioambiental sirven de parámetros para calibrar la severidad y el alcance de los requisitos.

El mismo espíritu de proporcionalidad inspira algunas exclusiones del ámbito de aplicación, pensadas para evitar cargas cuando el beneficio sería mínimo. Por ejemplo, el EUDR excluye explícitamente los productos obtenidos a partir de materiales reciclados o que han completado su ciclo de vida. Los muebles antiguos revendidos o el papel reciclado quedan fuera de su ámbito de aplicación: la idea es que centrarse en estos productos (ya existentes, que no causan nueva deforestación porque proceden de materiales recuperados) sería un desperdicio de recursos, cuando en cambio los esfuerzos deben dirigirse a las nuevas producciones que podrían incentivar una mayor deforestación. Del mismo modo, se excluyen las muestras de mercancías de valor insignificante destinadas a pruebas de laboratorio o ferias, y los envases desechables si no constituyen en sí mismos el producto principal: se consideró desproporcionado someter estos elementos marginales a las mismas obligaciones que un contenedor de mercancías comerciales. Todas estas sutilezas indican que el legislador, aunque ambicioso en su búsqueda de la «deforestación cero», ha tratado de mantener un cierto equilibrio entre los fines y los medios, concentrando la intervención donde es más necesaria y aliviándola donde sería excesiva.

En definitiva, el EUDR se configura como un sistema escalar: impone normas elevadas pero flexibles, que deben adaptarse «en la medida necesaria» en función de las circunstancias y aplicarse «en la medida necesaria» con los instrumentos adecuados en cada caso. Para las pymes, esto significa medidas simplificadas o aplazamientos temporales; para los grandes operadores, significa invertir en sistemas sólidos de diligencia debida, pero con una intensidad variable en función de las cadenas de suministro y las zonas de abastecimiento; para las autoridades, significa concentrar la vigilancia donde más se necesita, basándose en indicadores de riesgo. Este principio de proporcionalidad organizativa no solo protege a las pequeñas empresas y hace que la normativa sea viable, sino que también contribuye al éxito del objetivo medioambiental: centrar los esfuerzos donde el riesgo de deforestación es real y mayor, evitando dispersar recursos en controles formales donde el impacto sería mínimo. Así, el EUDR trata de ser a la vez estricto y razonable: ambicioso en sus objetivos, pero consciente de las limitaciones prácticas y de la necesidad de adaptarse a las diferentes escalas operativas.

8. EL CRITERIO DEL «RIESGO INSIGNIFICANTE».

El concepto de «riesgo insignificante» es el eje alrededor del cual gira todo el mecanismo de diligencia debida del EUDR: es el umbral decisivo más allá del cual un producto puede (o no puede) comercializarse en el mercado de la UE. Comprender exactamente qué significa en la práctica «riesgo insignificante» y cómo demostrarlo es fundamental para los operadores y las autoridades, ya que se refiere a cuestiones como la prueba de conformidad, los valores umbral de tolerancia y el régimen de responsabilidad por posibles incumplimientos.

Por riesgo insignificante —definido en el artículo 2, punto 26, del EUDR— se entiende una probabilidad tan baja de incumplimiento que puede ignorarse a efectos de la toma de decisiones. En otras palabras, tras realizar una evaluación completa de toda la información disponible (general y específica del caso), el operador debe poder concluir que solo existe una posibilidad remota, puramente teórica, de que el producto proceda de la deforestación reciente o de actividades ilegales. Obviamente, no se trata de un cero matemático (alcanzar la certeza absoluta es imposible en sistemas complejos), pero el listón está muy alto: se requiere un nivel de confianza cercano a la certeza. Esta norma estricta es deliberada, ya que solo con ese margen de seguridad la UE considera que puede garantizar la exclusión efectiva de las mercancías problemáticas de su mercado.

¿Cómo puede un operador demostrar, en primer lugar, a sí mismo y, en segundo lugar, a la autoridad de control, que el riesgo residual es insignificante? Debe basarse en una serie de pruebas objetivas y verificables ( ) recopiladas durante la diligencia debida. La normativa enumera algunas categorías de elementos probatorios clave. Entre ellos, los datos de geolocalización de las parcelas de origen desempeñan un papel fundamental: saber exactamente dónde se ha cultivado o talado el producto permite comparar ese lugar con mapas de cobertura forestal e imágenes satelitales históricas, para verificar si después de 2020 se han producido cambios en el uso del suelo forestal. Hoy en día existen plataformas globales (como el sistema europeo Copernicus, Global Forest Watch, etc.) capaces de indicar con precisión si se han producido deforestaciones en determinadas coordenadas durante un periodo de tiempo determinado. Por lo tanto, un operador diligente deberá obtener las coordenadas GPS de cada explotación agrícola, plantación o zona de recolección implicada en su lote y cotejarlas con estas bases de datos: si los análisis muestran que después de la fecha límite no se ha convertido ningún bosque (es decir, la cobertura forestal en esa zona no ha descendido por debajo del umbral que define el «bosque» o no se detectan nuevas zonas agrícolas después de esa fecha), esto constituirá una prueba que respalda el riesgo insignificante. Por el contrario, si se descubre que tan solo un proveedor primario ha plantado cultivos en terrenos deforestados en 2021, el producto no sería conforme y el operador no podría declarar un riesgo insignificante.

Otro pilar probatorio se refiere a la legalidad: el operador debe recopilar documentación que acredite el cumplimiento de las leyes del país de producción. Esto incluye licencias de tala o de uso del suelo, concesiones de tierras, autorizaciones medioambientales, certificados sanitarios y fitosanitarios, pruebas de pago de impuestos o aranceles in situ, etc. Por ejemplo, en el caso de la madera, será fundamental disponer de permisos de tala y planes de gestión forestal aprobados por la autoridad local; en el caso de la carne de vacuno, de certificados veterinarios y documentos que acrediten el origen de los animales y el cumplimiento de las normas sanitarias y territoriales; en el caso del aceite de palma o de soja, de títulos de propiedad de las tierras, autorizaciones medioambientales, etc. Estos documentos sirven para demostrar que el producto se ha obtenido legalmente, lo que es una condición complementaria a la ausencia de deforestación para poder declarar el producto conforme. La falta, la incompletitud o la falta de autenticidad de estos documentos aumentaría considerablemente el riesgo percibido. Además, si están disponibles, se pueden tener en cuenta las certificaciones voluntarias de sostenibilidad o trazabilidad emitidas por terceros (como las certificaciones FSC o PEFC para la madera, Rainforest Alliance para el cacao y el café, etc.): aunque no constituyen por sí mismas una garantía suficiente, pueden ser un elemento de prueba a favor, ya que indican que una auditoría independiente ha verificado ciertos aspectos de la cadena de suministro. El operador puede incluir estos certificados en el expediente de diligencia debida, sabiendo, sin embargo, que no puede limitarse a ellos: en cualquier caso, deberá evaluar el ámbito de cobertura de la certificación ( ), su credibilidad y, en su caso, complementarlos con sus propias verificaciones. Las pruebas científicas también pueden ser útiles: por ejemplo, análisis de ADN para confirmar la especie y el origen de una madera (verificando que se correspondan con los declarados) o pruebas isotópicas en productos agroalimentarios para determinar su zona geográfica de cultivo. Se trata de herramientas avanzadas que algunas empresas podrían adoptar en casos de alto riesgo, para reforzar las pruebas cuando el riesgo no se puede mitigar fácilmente solo con documentos[316].

Por lo tanto, se plantea la cuestión de cuánta prueba es suficiente: el Reglamento no especifica una lista cerrada de documentos o pruebas necesarias, sino que se basa en el criterio del operador sobre lo que es adecuado. En principio, si surgen lagunas o incertidumbres en algún punto de la cadena, el riesgo no puede considerarse insignificante. Por ejemplo, si un operador no consigue obtener la ubicación exacta de un suministro secundario (por ejemplo, un pequeño productor de cacao que suministra a un comerciante local sin proporcionar detalles precisos), esa zona gris impide descartar la deforestación: el riesgo residual permanece y la diligencia debida no puede considerarse concluida con éxito. Del mismo modo, si la legislación local es compleja o difícil de interpretar, el operador deberá recurrir a expertos jurídicos locales para asegurarse de que se han cumplido todas las normativas pertinentes (no solo las forestales, sino también las relativas a los derechos de las comunidades, al trabajo, etc., si están relacionadas con el uso del suelo)[317]. Cualquier eslabón débil en la

---

316 Véase principalmente el documento de la Comisión Una estrategia «De la granja a la mesa» para un sistema alimentario justo, saludable y respetuoso con el medio ambiente, Bruselas, 20.5.2020 COM(2020) 381 final. En la doctrina, véase P. Lattanzi, La transizione verso un sistema alimentare sostenibile nel Green Deal, en Trattato di diritto alimentare e dell'Unione Europea, a cargo de P. Borghi, I. Canfora, A. Di Lauro, L. Russo, Giuffrè, Milán, 2024, p. 29; S. MASINI, V. RUBINO (a cargo de), La sostenibilità in agricoltura e la riforma della Pac, Cacucci, Bari, 2021.

317 Véase el sitio web de la OIT, la Organización Internacional del Trabajo, Business and the labour dimension of human rights due diligence. Organización Internacional del Trabajo (2024). En este documento se destaca que la diligencia debida es una herramienta de gestión que permite a las empresas asumir la responsabilidad de respetar los derechos humanos, tal y como se indica en los Principios Rectores sobre las Empresas y los Derechos Humanos de las Naciones Unidas, en la Declaración de la OIT sobre las Empresas Transnacionales y en las Directrices de la OCDE para las Empresas Multinacionales. La diligencia debida, se especifica

cadena de información compromete la cadena de pruebas y, por lo tanto, el resultado positivo de la evaluación de riesgos. De ello se deduce que el operador diligente documentará cuidadosamente cada paso, poniéndose en condiciones, si así lo exige la autoridad, de presentar un expediente completo que respalde su declaración de conformidad.

La cuestión del riesgo insignificante está estrechamente relacionada con la forma de entender la responsabilidad del operador. En la práctica, el EUDR establece dos niveles de obligación: por un lado, una obligación de resultado (no introducir productos no conformes, es decir, garantizar concretamente la «deforestación cero») y, por otro, una obligación de medios o de conducta (ejercer correctamente la diligencia debida requerida). Idealmente, si todos los operadores ejercen rigurosamente la diligencia debida, el resultado se obtendrá automáticamente y ningún producto problemático entrará en el mercado. Pero, ¿qué ocurre si, a pesar de que un operador ha realizado todas las verificaciones razonablemente exigibles, posteriormente se descubre que ese producto estaba relacionado con la deforestación? Esta pregunta afecta a la naturaleza de la responsabilidad: ¿es culpable el operador o no? Tal y como está redactado el Reglamento, tiende a prevalecer una responsabilidad objetiva por el resultado: se prohíbe la presencia en el mercado de productos no conformes ( ) y, cuando se produce el hecho (un producto procedente de la deforestación posterior a 2020 comercializado en la UE), formalmente se produce una infracción, independientemente del esfuerzo realizado por el operador. Por otra parte, la obligación de diligencia debida actúa como posible eximente o atenuante: si un operador puede demostrar que ha hecho todo lo razonablemente posible (es decir, que ha actuado con la máxima diligencia organizativa), las autoridades podrán evaluar su posición de manera diferente a la de quienes han actuado con negligencia o dolo.

De hecho, según el EUDR, los Estados miembros deben prever sanciones eficaces, proporcionadas y disuasorias, y entre los criterios para aplicarlas figuran la gravedad de la infracción y el grado de intencionalidad o negligencia. Por lo tanto, retomando el ejemplo, si un operador ha tomado

---

aquí, consiste en un proceso que permite a las empresas identificar, prevenir y mitigar sus impactos negativos reales y potenciales sobre los derechos humanos y rendir cuentas sobre cómo abordan dichos impactos. Los derechos laborales son derechos humanos y, por lo tanto, son un componente fundamental de cualquier proceso de diligencia debida. Sin embargo, una diligencia debida adecuada en materia de derechos laborales comienza con una buena comprensión de lo que se espera de las empresas. El documento está disponible en el sitio web www.ilo.org

todas las medidas diligentes necesarias pero ha sido engañado por documentos falsificados extremadamente sofisticados (hipótesis límite), podría ser acusado de la infracción objetiva (porque el producto no conforme está en el mercado), pero a la hora de imponer sanciones, su comportamiento diligente debería tenerse en cuenta y podría dar lugar a sanciones reducidas o a evitar sanciones penales. Por el contrario, un operador que no haya realizado los controles necesarios o los haya realizado de forma superficial y luego sea encontrado con un producto no conforme, incurrirá en sanciones completas. En este sentido, el logro del «riesgo insignificante» también sirve como parámetro ex ante de la diligencia requerida: el operador está obligado a no detenerse hasta alcanzar ese nivel de riesgo. Si lo hace y documenta su actuación, no habrá incumplido la obligación de medios; si no lo hace, podrá ser sancionado independientemente de la presencia efectiva de deforestación en el producto. Por ejemplo, si un control revela que un operador no ha implementado en absoluto un sistema de diligencia debida, podrá ser sancionado por esta omisión procedimental, aunque, por suerte, sus productos resultaran conformes: la falta de diligencia en sí misma constituye una infracción.

Cabe destacar además que el EUDR prevé una responsabilidad distribuida a lo largo de la cadena de suministro: como se ha visto, incluso los comerciantes no pertenecientes a pymes que operan únicamente como intermediarios pueden ser considerados responsables si no supervisan la diligencia debida de otros. Ningún sujeto cubierto puede excluirse: todos tienen la obligación de preocuparse activamente por el riesgo, sin poder alegar ignorancia o confianza en el proveedor sin verificaciones. Se trata de un régimen que promueve la diligencia recíproca: cada uno responde por su parte de control y, al menos en términos de sanciones, estará obligado a responder por los posibles «agujeros» que haya dejado abiertos. No hay que olvidar que, además de las sanciones administrativas o penales, también pueden surgir perfiles de responsabilidad civil: por ejemplo, un comprador que sufra un e l daño (aunque solo sea reputacional) por haber comercializado inconscientemente productos no conformes suministrados por un determinado operador, podrá reclamar a este último en el ámbito contractual. Esto probablemente dará lugar a contratos de suministro con cláusulas de garantía de conformidad con el EUDR y de indemnización en caso de incumplimiento, transfiriendo los riesgos económicos a los eslabones anteriores de la cadena e incentivando a todos los actores de la cadena a exigir el cumplimiento a sus socios.

En definitiva, el criterio de riesgo insignificante encarna una especie de tolerancia cero enmascarada por el adjetivo «insignificante»: fija el nivel de diligencia al máximo nivel posible. O bien el operador es capaz de demostrar, con pruebas sólidas y un procedimiento riguroso, que la posibilidad de deforestación ilegal en su cadena de suministro es prácticamente nula, o bien no puede proceder a la comercialización. Esto conlleva una carga probatoria considerable y una atención casi obsesiva a los detalles de la cadena de suministro, efecto deseado por el legislador europeo, convencido de que solo así se logrará realmente eliminar del mercado interior los productos cuya producción devasta los bosques. La responsabilidad de alcanzar este objetivo recae en los operadores económicos, que son directamente responsables de ello; sin embargo, se ve mitigada por el reconocimiento, implícito pero importante, de que si ponen en práctica todos los medios razonables para cumplir la ley, serán evaluados de forma diferente a quienes la infringen por negligencia o mala fe. El mensaje general es claro: tolerancia cero con el resultado, pero con discernimiento sobre el comportamiento. Queda por ver cómo, en la práctica, las autoridades equilibrarán estos aspectos y qué criterios de prueba considerarán aceptables para declarar un riesgo «insignificante»: probablemente serán los primeros casos de aplicación los que tracen la línea de lo que es suficiente y lo que no, haciendo cada vez más concreto y compartido el significado de este concepto.

9. VIGILANCIA Y SANCIONES: DEL RIESGO A LA SANCIÓN.

La eficacia del nuevo marco dependerá en gran medida de cómo se haga cumplir, es decir, de las actividades de ejecución, y de la coherencia con la que se aplique en todos los Estados miembros. El EUDR dedica un amplio espacio a los mecanismos de control y sanción destinados a garantizar que el paso «del riesgo a la sanción» sea seguro y disuasorio: es decir, que las evaluaciones de riesgo realizadas por los operadores sean posteriormente verificadas por las autoridades y que los posibles incumplimientos sean sancionados de manera que se desalienten los comportamientos oportunistas[318].

Controles oficiales y estrategia de verificación. Cada Estado miembro debe designar una o varias autoridades competentes encargadas de super-

---

318 Véanse las consideraciones al respecto formuladas por L.F. Pastorino, Comercio internacional y responsabilidad ambiental y climática. A propósito del Reglamento (UE) 2023/1115 contra la deforestación, en Eurojus.it, 3/2024, p. 31, en particular.

visar la aplicación del Reglamento (a menudo serán las mismas autoridades que ya se ocupan del Reglamento sobre la madera EUTR, ahora con competencias ampliadas a otras cadenas de suministro). Dichas autoridades tendrán facultades de inspección tanto documental como física, incluidas visitas a las instalaciones de los operadores, controles aduaneros de los envíos y toma de muestras de mercancías. El EUDR adopta un enfoque de control proporcional al riesgo: en particular, establece porcentajes mínimos de verificaciones anuales que cada autoridad nacional deberá realizar a los operadores y a los lotes de productos, diferenciados en función de la categoría de riesgo del país de origen. Por ejemplo, si un producto procede de países o regiones clasificados como de bajo riesgo, las autoridades deberán controlar al menos el 1 % de los operadores o del volumen importado anualmente; para los países de riesgo estándar, el umbral aumenta (por ejemplo, al menos el 3 %); para los países de alto riesgo, los controles deberán ser mucho más amplios (aproximadamente al menos el 9 % de los sujetos/volúmenes). Estos valores, indicados en el propio Reglamento, garantizan un nivel de vigilancia más intenso donde, estadísticamente, hay más probabilidades de encontrar incumplimientos. Además, dentro de estos porcentajes, los Estados podrán afinar aún más los criterios: por ejemplo, centrándose en productos específicos más problemáticos (por ejemplo, aceite de palma de determinadas zonas, ganado de regiones fronterizas entre zonas agrícolas y forestales) o en operadores con volúmenes de importación especialmente elevados. La uniformidad está garantizada por el hecho de que estos umbrales mínimos son comunes a todos los Estados miembros de la UE: en teoría, no habrá «puertos francos» donde los controles sean casi inexistentes, ya que cada país deberá alcanzar al menos esos niveles de inspección de sus operadores.

Otro pilar de la aplicación es la coordinación aduanera a nivel de la UE. La Comisión, en colaboración con las autoridades aduaneras, ha introducido códigos específicos en las declaraciones aduaneras de importación y exportación para indicar el estado de la carga con respecto al EUDR. Por ejemplo, el importador deberá indicar mediante un código específico si ha presentado la declaración de diligencia debida para ese envío (código que certifica: «diligencia debida realizada y declaración presentada»), o si la mercancía se encuentra en una situación de exención (habrá códigos distintos para «mercancía producida antes del 29/06/2023», para «mercancía reciclada excluida», para «micro/pequeña empresa exenta hasta mediados de 2026», etc.). Estos códigos, establecidos a nivel de la Unión, permiten un filtro inmediato en la aduana: si falta el código de conformidad (es decir, no se ha presentado la declaración obligatoria) o si se utiliza indebidamente un código de exención, el envío podrá ser bloqueado y sometido a verificación. De este modo, se crea un mecanismo de vigilancia preventiva desde la frontera: las mercancías declaradas como conformes podrán verificarse a través del sistema TRACES (la autoridad aduanera puede comprobar que existe efectivamente la declaración de diligencia debida correspondiente), mientras que las mercancías declaradas exentas se controlarán en función de la naturaleza de la exención declarada (por ejemplo, si el importador afirma que se «fabricaron antes de 2023», las autoridades verificarán los documentos que acrediten la fecha de producción). El sistema informático integrado también permite un intercambio rápido de información: si un país descubre un lote no conforme, puede alertar a los demás Estados a través de TRACES para bloquear cualquier envío relacionado. Todo ello tiende a uniformizar la aplicación de la normativa: gracias a instrumentos comunes (códigos aduaneros armonizados, base de datos centralizada de declaraciones) y normas compartidas, la acción de control tendrá una orientación única a nivel de la UE, lo que reducirá el riesgo de divergencias nacionales[319].

Régimen sancionador disuasorio. Para lograr un efecto disuasorio, el EUDR exige que las sanciones previstas por los Estados sean significativamente severas. Aunque deja a los Estados miembros la definición detallada de acuerdo con sus propios ordenamientos (al tratarse de posibles sanciones administrativas y/o penales), el Reglamento establece algunas normas mínimas. En particular, para las infracciones más graves, los Estados deben prever multas máximas equivalentes al menos al 4 % del volumen de negocios anual total del operador o comerciante en el mercado de la UE. Se trata de un umbral considerable (similar al que se hizo famoso con el RGPD en materia de privacidad), con la intención de golpear en el corazón los incentivos económicos: de esta manera, se elimina cualquier

---

319 Junto a esta definición jurídico-operativa, el TUFF (en Italia el Testo Unico in materia di foreste e filiere forestali) remite en su artículo 15, apartado 1, a una definición «estadística» del bosque, utilizada a efectos de seguimiento y coordinación de la información, conforme a las normas internacionales (en particular las elaboradas por la FAO), con el fin de garantizar la comparabilidad de los datos a nivel europeo y mundial.
Según la FAO, el término «bosque» se refiere a una superficie superior a 0,5 hectáreas caracterizada por árboles de más de 5 m de altura y una cobertura arbórea superior al 10 %. Según esta definición, en 2020 los bosques cubrían una superficie de 4060 millones de hectáreas (el 30,8 % de la superficie terrestre global). El informe The State of the World's Forests 2022, publicado por la FAO durante el XV Congreso Forestal Mundial celebrado en Seúl, ofrece datos al respecto.

conveniencia de infringir la norma. Una multinacional del cacao o de la carne se arriesgaría así a multas de decenas o cientos de millones de euros si se descubriera que importa a sabiendas (o por negligencia grave) mercancías obtenidas mediante la deforestación. Además de las sanciones pecuniarias, los Estados deben prever otras medidas: la confiscación de las mercancías importadas o de los productos obtenidos en violación (impidiendo su venta y sustrayendo el beneficio de la infracción); el embargo de los beneficios obtenidos mediante la conducta ilícita; posibles exclusiones de contratos públicos o subvenciones (una empresa incumplidora podría quedar excluida durante un determinado período de las licitaciones o financiaciones públicas, una especie de sanción reputacional); y, en su caso, responsabilidad penal en casos de dolo o reincidencia, según la legislación nacional (algunos ordenamientos podrían configurar el comercio de bienes procedentes de la deforestación como delito medioambiental). Esta combinación tiene por objeto crear un sistema de sanciones equilibrado pero firme: por un lado, castigar el comportamiento indebido y, por otro, eliminar la ventaja económica que podría obtenerse (ningún beneficio lícito de la deforestación, sino solo costes y confiscaciones).

También es esencial la uniformidad en la aplicación de las sanciones. Aunque el derecho penal y administrativo sigue siendo competencia de cada Estado, la Comisión supervisará que los distintos ordenamientos prevean sanciones conformes a los criterios del Reglamento (eficaces, proporcionadas y disuasorias). Esto significa, por ejemplo, que un Estado no podrá salirse con la su e con multas simbólicas o simples advertencias: si lo hiciera, incumpliría una obligación europea y se arriesgaría a un procedimiento de infracción. Por otra parte, el término «proporcionadas» permite adaptar la respuesta punitiva a los casos concretos, teniendo en cuenta, como se ha dicho, el tamaño de la empresa, la gravedad y la intencionalidad. Un pequeño operador negligente recibirá sanciones proporcionales a su escala (quizás unos pocos miles de euros de multa, pero perceptibles), mientras que un gigante que eluda voluntariamente la normativa podrá ser sancionado con el límite máximo del 4 % de su volumen de negocios y con las demás medidas accesorias mencionadas. Lo importante es que ningún rincón de Europa se convierta en un refugio para quienes quieren arriesgarse: la cooperación entre las autoridades competentes, facilitada también por el intercambio de información y buenas prácticas, debería garantizar que los controles y las sanciones tengan la misma eficacia independientemente del país. A este respecto, el EUDR ha aclarado explícitamente que algunos mecanismos generales de vigilancia del mercado (como el Reglamento UE 2019/1020) no se aplican a esta materia, precisamente para evitar solapamientos y confusiones: la intención es crear un régimen específico, con sus propias normas y una red de autoridades competentes especializadas coordinadas por la Comisión[320]. Siguiendo el modelo de lo que ocurría con la madera (donde existe una red FLEGT/EUTR de agentes nacionales encargados de hacer cumplir la ley), se espera la ampliación y la continuidad de dicha red también para el EUDR, con el fin de favorecer una aplicación armonizada[321].

En resumen, el EUDR establece un flujo en el que los riesgos identificados deben dar lugar a controles específicos y, en caso de confirmarse el incumplimiento, a sanciones efectivas. El reto será mantener este flujo eficiente y homogéneo en toda la Unión. Si funciona, los operadores sabrán que no les conviene eludir las obligaciones, ya que la probabilidad de ser descubiertos y sancionados (especialmente para quienes operan en cadenas de suministro de alto riesgo) será tangible; por el contrario, quienes invierten en el cumplimiento normativo no verán a otros competidores salirse con la suya impunemente. La uniformidad en la aplicación de la ley también es crucial para evitar distorsiones del mercado: si un operador pudiera elegir descargar la mercancía en el puerto o en el país donde los controles parecen más laxos, la más mínima fisura en la cohesión de la aplicación se convertiría en una brecha para el arbitraje y el dumping normativo. La combinación de controles coordinados en las fronteras y vigilancia interna, con criterios comunes de frecuencia y severidad, tiene por objeto cerrar estas posibilidades. Por supuesto, el sistema necesitará un periodo de rodaje: inicialmente, las autoridades probablemente se centrarán también en acciones de inspección con fines pedagógicos (sensibilización, advertencias) para luego intensificar gradualmente el enfoque punitivo. Pero la dirección está marcada: la cadena que va desde la identificación de un riesgo (también mediante denuncias o análisis cruzados de datos) hasta la sanción —de quien no ha gestionado ese riesgo— deberá ser operativa y ser suficientemente temida como para constituir el complemento disuasorio necesario al sistema de obligaciones.

---

320 La propia Unión Europea, con el Reglamento (CE) n.º 2173/2005 del Consejo, de 20 de diciembre de 2005, por el que se establece un régimen de licencias FLEGT para las importaciones de madera en la Comunidad Europea, ya había profundizado en este ámbito en las cuestiones relacionadas con la diligencia debida.

321 Para un análisis más detallado de las cuestiones relacionadas con las licencias FLEGT, véase L. Corbetta, I regolamenti FLEGT-EUTR sul commercio di legni derivati, en N. Ferrucci (ed.), Diritto forestale e ambientale, Turín, Giappichelli, 2020, p. 53 ss.

10. REPERCUSIONES EN LOS CONSUMIDORES Y COMUNICACIÓN DE LA SOSTENIBILIDAD.

La introducción del EUDR tendrá repercusiones no solo en los operadores económicos, sino también, indirectamente, en los consumidores y en la forma en que se comunica la información sobre sostenibilidad a lo largo de la cadena de suministro hasta llegar al público. Aunque se trata de una normativa dirigida principalmente a los productores y comerciantes, sus efectos positivos deberían manifestarse en la protección del consumidor final y en la transparencia del mercado, con algunas advertencias, sin embargo, sobre los límites de las comunicaciones medioambientales (las llamadas «declaraciones ecológicas») que las empresas podrán realizar en el futuro[322].

Desde el punto de vista del consumidor, el EUDR promete elevar el nivel mínimo de los productos en circulación: una vez que entre en vigor, en las estanterías europeas solo deberían encontrarse productos que cumplan criterios rigurosos de sostenibilidad forestal y legalidad. En teoría, por lo tanto, el consumidor medio podrá comprar una tableta de chocolate, un

---

[322] Véase S. Bolognini, La disciplina della comunicazione B2C nel mercato agro-alimentare europeo fra scelte di acquisto consapevoli e scelte di acquisto sostenibili, en L. Scaffardi, V. Zeno-Zencovich (eds.), Cibo e diritto. Una prospettiva comparata (Actas del XXIV Coloquio Biennale dell'Associazione Italiana di Diritto Comparato, Parma, 23-25 de mayo de 2019), p. 649 y ss. La Directiva 2005/29/CE define las prácticas comerciales desleales entre empresas y consumidores prohibidas en la Unión Europea. Se aplica a cualquier acto u omisión directamente relacionado con la promoción, venta o suministro de un producto por parte de un profesional a los consumidores, garantizando la protección de los intereses económicos de los consumidores en todas las fases de una operación comercial (antes, durante y después). La Directiva garantiza además un nivel uniforme de protección a todos los consumidores, independientemente del lugar de compra o venta en la Unión. La Directiva se actualizó en 2019 mediante la Directiva (UE) 2019/2161, que modernizó las normas de la Unión en materia de protección de los consumidores, incluidos los derechos contractuales, las cláusulas abusivas y la indicación de los precios, abordando también los nuevos retos del mercado, como el marketing en línea. En 2024 se introdujo una nueva actualización con la Directiva (UE) 2024/825, que reforzó la protección de los consumidores frente a las prácticas que inducen a error en las decisiones de consumo sostenible. Las nuevas normas, aplicables a partir del 27 de septiembre de 2026, se refieren a la lucha contra la obsolescencia prematura de los productos, las indicaciones engañosas sobre el impacto medioambiental de los productos («greenwashing») y la información engañosa sobre las características sociales de los productos o las empresas comerciales.

mueble de madera o un paquete de café con la tranquilidad de que detrás de ese producto no hay deforestación ilegal o reciente. Se trata de un cambio notable con respecto al pasado, en el que la garantía de ausencia de deforestación dependía de etiquetas voluntarias o de la confianza en la marca. Con el EUDR, se convierte en un requisito legal básico para todos. Sin embargo, esta protección es indirecta y no es inmediatamente visible: de hecho, el Reglamento no prevé una marca obligatoria «libre de deforestación» que deba figurar en los productos. El cumplimiento se certifica mediante documentos y declaraciones intercambiados entre empresas y autoridades, no a través de un logotipo para el consumidor. Esto significa que el consumidor final tendrá que confiar en el marco normativo más que en un símbolo en el producto[323].

Es probable que muchas empresas quieran llenar este «vacío comunicativo» haciendo hincapié en la sostenibilidad de sus productos. Pero aquí surgen las limitaciones de las declaraciones ecológicas. Muchas empresas, especialmente en los sectores de la alimentación, la moda y el mobiliario, apuestan por el marketing ecológico para atraer a clientes sensibles al medio ambiente[324]. Con la entrada en vigor del EUDR, podría ser tentador

---

323 En actualización de la Directiva 2005/29/CE relativa a las prácticas comerciales desleales entre empresas y consumidores, el 6 de marzo de 2024 se publicó en el Diario Oficial de la Unión Europea la Directiva UE n.º 2024/825 del Parlamento Europeo y del Consejo, que modifica las Directivas n.º 2005/29/CE y 2011/83/UE en lo que respecta a la responsabilidad de los consumidores en la transición ecológica mediante la mejora de la protección frente a las prácticas desleales y de la información. El objetivo perseguido por el legislador europeo es proteger a los consumidores frente a las prácticas comerciales engañosas, permitiéndoles tomar decisiones de compra informadas y contribuyendo así a modelos de consumo más sostenibles. Sobre este tema, véase, por último, S. Taurini y D. Zorzit, Le pratiche commerciali sleali nella filiera agroalimentare: presupposti della tutela e questioni chiave nell'interpretazione del decreto 198/21 (Las prácticas comerciales desleales en la cadena agroalimentaria: requisitos para la protección y cuestiones clave en la interpretación del decreto 198/21), Milán, Giuffrè, 2023.

324 A este respecto, cabe destacar la importancia que ha adquirido la perspectiva del contrato asimétrico inaugurada por V. Roppo, Contratto di diritto comune, contratto del consumatore, contratto con asimmetria di potere contrattuale: genesi e sviluppi di un nuovo paradigma (Contrato de derecho común, contrato del consumidor, contrato con asimetría de poder contractual: génesis y desarrollos de un nuevo paradigma), ahora en Id., Il contratto del duemila (El contrato del dos mil), IV ed., Turín, Giappichelli, 2020, 69 y ss. (desarrollada posteriormente por A.M. Benedetti, voz «Contratto asimmetrico», en Enc. Dir., Annali, V, 2013, 370 y ss. Pero véase, recientemente, V. Roppo, Una parte generale, o due parti gene-

incluir en los productos etiquetas como «libre de deforestación» o «100 % conforme con el Reglamento contra la deforestación de la UE» para sacar provecho comercial del cumplimiento alcanzado. Sin embargo, hay que tener en cuenta que en la Unión Europea existen normas estrictas en materia de prácticas comerciales leales y declaraciones medioambientales. En particular, la normativa de protección de los consumidores (Directiva sobre prácticas comerciales desleales) prohíbe las afirmaciones engañosas o no verificadas. Si todas las empresas están obligadas por ley a vender únicamente productos sin deforestación, presumir de hacerlo podría considerarse un mensaje engañoso, ya que presentaría como un mérito especial lo que en realidad es un cumplimiento de la ley que todos deben

---

rali?, en Contratto, contratti e mercati, intervención en la Scuola Superiore della Magistratura, en Quaderno 24, Roma, 2022, pp. 55 y ss., en particular p. 58, según el cual las nuevas disciplinas contractuales están destinadas sobre todo a regular «contextos contractuales» que ya no pueden reducirse al modelo del contrato de derecho común y que escapan también a la connotación subjetiva tradicional del «consumidor». En concreto, sobre las cuestiones contractuales relativas a la cesión de bienes en la cadena alimentaria, véase, por último, G. Pisciotta Tosini, «I contratti di cessione nella filiera alimentare», en P. Borghi, L. Russo, I. Canfora, A. Di Lauro (eds.), Trattato di Diritto Alimentare Italiano e dell'Unione Europea, 2024, Milán, Giuffrè, p. 209 y ss. En relación con las cuestiones relacionadas con las asimetrías informativas en el mercado alimentario, véase S. Masini, Informazioni e scelte del consumatore, en Borghi, L. Russo, I. Canfora, A. Di Lauro (eds.), Ibidem, p. 417 y ss., en particular p. 424 y ss. Con referencia a los contratos de venta de productos agroalimentarios, véase I. Canfora, La vendita dei prodotti agroalimentari, en P. Borghi, L. Russo, I. Canfora, A. Di Lauro (eds.), Ibidem, p. 199 y ss. En relación con las medidas de protección establecidas por el legislador en favor de los consumidores, véase G. Rusconi – O. Cesana, Il diritto alimentare, 2024, Milán, Wolters Kluwer, p. 835 ss. Las negociaciones en la cadena agroalimentaria están fuertemente influenciadas tanto por las asimetrías informativas como por la estructura jurídica de las empresas. También desempeñan un papel clave la sustituibilidad de los productos y la zona geográfica en la que operan las empresas. De hecho, la capacidad de modificar los procesos productivos sin aumentar demasiado los costes supone una gran ventaja negociadora para las empresas. Según la Comisión Europea, el mercado del producto se define en función de la posibilidad de sustitución de los bienes y servicios, mientras que el mercado geográfico se basa en la competencia uniforme en la zona de referencia. Sobre estos últimos aspectos, véase, en particular, N. Lucifero, Il contratto di cessione dei prodotti agricoli e alimentari nelle relazioni business to business. regole e funzioni del contratto nel sistema della filiera agroalimentare, en Persona e Mercato, 2024, p. 91 y ss., en particular p. 98.

cumplir[325]. En términos generales, decir «nuestro producto X cumple con la normativa EUDR» equivale a decir que se respeta la ley, lo que no debería constituir una ventaja competitiva, sino la base común para operar. De hecho, presentarlo como una ventaja podría considerarse ilícito por ser engañoso: daría a entender que ese producto tiene características excepcionales, cuando en realidad todos los productos del mercado deberían tenerlas. Las autoridades reguladoras (antimonopolio y consumo) podrían censurar este tipo de afirmaciones, del mismo modo que no es lícito anunciar «nuestros juguetes no contienen sustancias tóxicas prohibidas», una afirmación obvia, ya que lo exige la ley, y no un valor añadido específico de esa empresa.

El caso es diferente si una empresa va más allá de las obligaciones del EUDR y quiere comunicarlo. Por ejemplo, una marca podría decir «libre de deforestación desde el principio, antes de la obligación legal» o «además de cumplir con el EUDR, garantizamos que tampoco se han dañado otros ecosistemas (por ejemplo, las sabanas)». Estas afirmaciones, si son veraces y están respaldadas por pruebas, pueden ser legítimas. En cualquier caso, con la entrada en vigor del Reglamento, inevitablemente se elevará el listón de las afirmaciones publicitarias: para que tenga sentido, una afirmación de «deforestación cero» deberá referirse implícitamente a normas aún más estrictas que las legales (por ejemplo, cubriendo también la ausencia de deforestación legal, que ya exige el EUDR, o extendiéndose a la protección de otros ecosistemas naturales como turberas y sabanas, que actualmente no están incluidos en el Reglamento). Además, la UE está desarrollando una normativa específica sobre las declaraciones medioambientales voluntarias («Green Claims»), que exigirá que cada afirmación

---

325 Para más información sobre el tema, véase: A. Jannarelli, Agricoltura sostenibile e nuova PAC: problemi e prospettive (Agricultura sostenible y nueva PAC: problemas y perspectivas), en Riv. dir. agr. 2020, 23; S. Carmignani, SDGs e agricoltura. Una breve riflessione (Los ODS y la agricultura. Una breve reflexión) y S. Manservisi, Il ruolo emergente del diritto agroalimentare tra economia circolare e SDGs di Agenda 2030 (El papel emergente del derecho agroalimentario entre la economía circular y los ODS de la Agenda 2030), ensayos publicados en el volumen Le regole del mercato agroalimentare tra sicurezza e concorrenza (Las normas del mercado agroalimentario entre seguridad y competencia). Actas del Congreso de Florencia, 21-22 de noviembre de 2019, en honor a la profesora E. Rook Basile, Nápoles, 2020, 207 y 843; S. Bolognini, PAC, sostenibilità e bioeconomia (PAC, sostenibilidad y bioeconomía), en AA.VV., La sostenibilità in agricoltura e la riforma della PAC (La sostenibilidad en la agricultura y la reforma de la PAC), Bari, 2021.

ecológica sea validada por una metodología científica y, a ser posible, certificada por terceros[326]. Por lo tanto, en el futuro, una empresa que desee utilizar la marca «Deforestation-free» deberá poder demostrar detalladamente su cadena de suministro y cómo cumple (o supera) los criterios legales. Sin duda, el EUDR proporcionará una base informativa sólida que podrá utilizarse para respaldar estas afirmaciones, pero estas deberán inscribirse en un marco de comunicación honesto y transparente.

Un aspecto positivo, en lo que respecta a la información, es la introducción de la obligación para los operadores no pertenecientes a pymes de publicar anualmente un informe sobre sus prácticas de diligencia debida (art. 11 del EUDR). Este informe anual, destinado al público, deberá describir el sistema de diligencia debida adoptado por la empresa, las medidas adoptadas para evaluar y mitigar los riesgos y el resultado de los controles internos o auditorías que se hayan realizado. Se trata de una forma de transparencia hacia los consumidores y las partes interesadas: aunque no

---

326 En lo que respecta a los productos no alimentarios, recientemente se ha introducido un principio similar en el régimen UCPD (Directiva sobre prácticas comerciales desleales) con la adopción de la Directiva (UE) n.º 2024/825 . Esta última constituye un instrumento jurídico fundamental para reforzar la protección de los consumidores contra el greenwashing en la UE. Se trata de una medida legislativa de gran importancia, destinada, mediante una mayor protección de los consumidores, a «contribuir al buen funcionamiento del mercado interior» y, en consecuencia, a dar un nuevo impulso a la transición ecológica. Al garantizar a los consumidores la posibilidad de elegir productos y servicios realmente sostenibles, las empresas se encontrarán en condiciones de igualdad y se verán incentivadas a competir entre sí, también a través de una oferta con características medioambientales y sociales cada vez mejores. Por lo tanto, la Directiva protege indirectamente a las empresas más virtuosas, que invierten correctamente en la transición ecológica y la sostenibilidad. A este respecto, la sostenibilidad se entiende en un sentido amplio; los consumidores deben recibir información clara y verificable no solo sobre las características medioambientales, sino también sobre las características sociales y relacionadas con la «circularidad», que incluye la durabilidad, la reparabilidad o la reciclabilidad de los productos. Las características sociales abarcan, a su vez, un amplio espectro de información relativa a toda la cadena de valor de un producto, como, entre otras, la calidad de las condiciones de trabajo, la adecuación de los salarios, la seguridad en el trabajo, el respeto de los derechos humanos, la igualdad de género y el bienestar de los animales. En concreto, la nueva normativa integra las disposiciones en materia de prácticas comerciales desleales (entre las que se incluyen las comunicaciones publicitarias engañosas) y los derechos de los consumidores en los contratos (es decir, las Directivas n.º 2005/29/CE y n.º 2011/83/UE, incorporadas en Italia en secciones específicas del Código del Consumo y recientemente objeto de actualización).

se refiere a un producto concreto, ofrece una visión general de la fiabilidad y el compromiso de una empresa en materia de cadenas de suministro sostenibles. Los consumidores más atentos, así como los inversores y las ONG, podrán consultar estos informes para evaluar el rendimiento medioambiental de las empresas. Por ejemplo, imaginemos dos empresas cafeteras: ambas estarán obligadas por ley a vender café libre de deforestación, pero de los informes anuales podría desprenderse que la empresa A ha realizado 1000 controles sobre el terreno y ha invertido en proyectos con los agricultores, mientras que la empresa B se ha limitado al mínimo indispensable. Esta información, aunque técnica, podría convertirse en un factor de reputación que los grupos de consumidores organizados o los medios de comunicación podrían traducir en juicios comparativos. En esencia, el EUDR no impone etiquetas a los productos, sino que crea un nuevo flujo de información que, si es bien aprovechado por terceros, aumenta la transparencia y permite al público distinguir entre quienes se comprometen más y quienes solo hacen lo necesario.

Para el consumidor medio, mucho dependerá de la comunicación que hagan terceros (ONG, medios de comunicación, autoridades). Las campañas de sensibilización podrían informar al público de que «gracias al EUDR, ahora su chocolate ya no causa deforestación», lo que aumentaría la confianza general en el mercado. Al mismo tiempo, esto podría estimular la curiosidad y la vigilancia: el público podría preguntarse si antes la deforestación estaba presente en los productos y vigilar cualquier escándalo de empresas incumplidoras. Es previsible que las asociaciones ecologistas sigan realizando pruebas e investigaciones independientes (por ejemplo, mediante análisis genéticos de la madera o comparaciones satelitales de las zonas de origen declaradas) sobre los productos a la venta, para verificar si realmente se cumple la ley. Los posibles casos de elusión se harían públicos, con el consiguiente daño a la imagen de las empresas implicadas. En este sentido, aunque el EUDR no prevé medidas directas dirigidas al consumidor (como etiquetas medioambientales obligatorias), podría intensificar indirectamente la atención de los medios de comunicación sobre las cadenas de suministro y crear un contexto en el que las afirmaciones medioambientales superficiales no se sostengan: las declaraciones «ecológicas» sin fundamento corren el riesgo de ser desmentidas por el nuevo nivel de trazabilidad y vigilancia pública.

Otro reflejo del EUDR se producirá en el ámbito ESG (Environmental, Social, Governance) y de las inversiones sostenibles. La nueva normativa pasará sin duda a formar parte de los indicadores con los que se evalúa la sostenibilidad de las empresas. Los inversores institucionales y los fondos atentos a los criterios ESG querrán saber si una empresa está expuesta a riesgos de deforestación en sus cadenas de suministro y cómo los gestiona. Con el EUDR en vigor, el cumplimiento normativo se convertirá en una condición necesaria para ser considerados inversiones «verdes»: ningún gestor de activos podrá clasificar como sostenible a una empresa que infrinja (o corra el riesgo de infringir) el EUDR, dada la importancia global de la deforestación como tema medioambiental y climático[327]. Es más, la capacidad de aplicar eficazmente la diligencia debida del EUDR podría convertirse en un elemento gratificante de buena gobernanza: las empresas que adopten sistemas avanzados de trazabilidad (por ejemplo, blockchain), que utilicen tecnologías innovadoras para la supervisión de los bosques o que establezcan asociaciones con ONG locales para controlar las cadenas de suministro, podrán demostrar a los inversores que su riesgo medioambiental está bajo control. Por el contrario, las empresas opacas o lentas en adaptarse podrían verse penalizadas en las calificaciones de sostenibilidad y encontrar mayores dificultades para acceder a capitales sensibles a los criterios ESG. Además, con la nueva Directiva sobre información en materia de sostenibilidad (CSRD) y las normas europeas correspondientes, las empresas deberán informar detalladamente sobre su impacto medioambiental, incluida la biodiversidad y el uso del suelo/bosques: el cumplimiento de la EUDR y los resultados de la diligencia debida proporcionarán datos concretos que se incluirán en estos informes de sostenibilidad obligatorios[328]. Los consumidores «evolucionados» y la sociedad civil podrán encontrar en estos informes (públicos) elementos para comparar empresas y tomar decisiones de consumo conscientes.

Por último, cabe reiterar que, para el ciudadano de a pie, el efecto percibido podría ser inicialmente sutil: no verá nuevas etiquetas en el producto ni tendrá que hacer nada diferente al comprarlo. El EUDR opera entre

---

327 Véase S.A. Cerrato, Apuntes para una «vía italiana» hacia la ESG. la empresa «constitucionalmente solidaria» (también a la luz de los artículos 9 «nuevos» y 41, apartado 3, de la Constitución), en Analisi giuridica dell'Economia, 2022, p. 63 y ss.

328 Uno de los principales acuerdos adoptados en Río en 1992 fue el Convenio sobre la Diversidad Biológica (CDB), abierto a la firma el 5 de junio de 1992 y que entró en vigor el 29 de diciembre de 1993. A día de hoy, cuenta con 193 Partes. El CDB es un tratado internacional jurídicamente vinculante con tres objetivos principales: la conservación de la diversidad biológica, la utilización sostenible de la diversidad biológica y la distribución justa y equitativa de los beneficios derivados de la utilización de los recursos genéticos. Su objetivo general es fomentar medidas que conduzcan a un futuro sostenible.

bastidores para garantizar un estándar mínimo. Su éxito, desde el punto de vista del consumidor, se medirá por la confianza que logre infundir en la sostenibilidad intrínseca de los productos comercializados. Mientras que hoy en día un comprador atento debe buscar marcas voluntarias (como las etiquetas «libre de deforestación» autoproducidas por las empresas o las certificaciones de organismos como FSC, RSPO, etc.), mañana podrá contar con una infraestructura legal general que imponga a todos los productos un requisito de sostenibilidad medioambiental. Esto no significa que las marcas voluntarias no puedan seguir existiendo como elementos adicionales (quizás garantizando estándares superiores o cubriendo aspectos que el EUDR no incluye, por ejemplo, criterios sociales). Simplemente, las restricciones a las declaraciones ecológicas implicarán que dichas marcas y afirmaciones sean honestas y verificables, para evitar fenómenos de greenwashing (ecologismo de fachada). De hecho, el EUDR también contribuye indirectamente a combatir el greenwashing: al establecer un criterio legal común, desenmascara cualquier afirmación infundada; una empresa ya no podrá presumir vagamente de la «sostenibilidad de sus cadenas de suministro» si luego no cumple con la diligencia debida obligatoria. Cualquier discurso de marketing deberá basarse en hechos demostrables. En última instancia, la combinación del EUDR, las normativas sobre declaraciones ecológicas y las obligaciones de información ESG impulsa un mercado en el que aumenta la transparencia real y e , y los consumidores pueden confiar progresivamente en normas públicas en lugar de solo en la autorregulación empresarial. Esto protege tanto al público de la información engañosa como a las empresas virtuosas de la competencia desleal de quienes presumen de credenciales ecológicas. La frontera entre la obligación legal y la iniciativa voluntaria se convierte en sí misma en parte del mensaje al consumidor: lo esencial es que cualquier mensaje medioambiental respete los límites de la verdad y no se aproveche del escaso conocimiento del público. En este punto, las autoridades de consumo y la Comisión estarán atentas, entre otras cosas porque la credibilidad global de las políticas ecológicas de la UE depende en parte de la confianza que los ciudadanos depositan en ellas.

11. PRINCIPALES CUESTIONES INTERPRETATIVAS Y CRITERIOS DE APLICACIÓN.

A pesar del detallado marco normativo y de las aclaraciones proporcionadas, el EUDR deja abiertas algunas cuestiones interpretativas que requerirán la atención de juristas, operadores y autoridades en su aplicación concreta. En particular, se pueden identificar tres cuestiones importantes, a las que se puede añadir la búsqueda de una «brújula» interpretativa general para orientarse:

- Obligación de resultado frente a obligación de medios: Un punto crucial es comprender si el operador debe garantizar de forma absoluta la ausencia de deforestación (es decir, estar sujeto a una obligación de resultado puro) o si basta con que adopte todos los medios razonables (obligación de medios), aunque al final quede un margen de riesgo, por insignificante que sea. La letra del Reglamento parecería inclinarse por una obligación de resultado: un producto no conforme en el mercado constituye, en cualquier caso, una infracción. Esto configuraría una responsabilidad casi objetiva: el operador responde del hecho en sí (la presencia de mercancías procedentes de la deforestación), independientemente de la diligencia. Sin embargo, este enfoque coexiste con la obligación de diligencia debida, que por su naturaleza es un esfuerzo subjetivo. Los intérpretes se preguntan: si un operador ha implementado un sistema de diligencia debida muy sólido, pero ha sido engañado por un fraude sofisticado, ¿debería ser sancionado como quien no ha realizado ningún control? La razonabilidad llevaría a responder que no. Por lo tanto, la clave está en calibrar el peso del elemento subjetivo (diligencia o negligencia) a la hora de juzgar el incumplimiento. Una posible solución interpretativa es leer el EUDR como una imposición de un resultado que debe perseguirse mediante determinados medios: en la práctica, el operador debe alcanzar el resultado de «riesgo insignificante» mediante el uso cuidadoso de las herramientas de diligencia debida requeridas. Si emplea los medios adecuados y el resultado parece haberse logrado según los conocimientos e s disponibles, está en regla; si posteriormente se descubre una deforestación oculta que se había pasado por alto, esto indicará que tal vez los medios no eran suficientes en ese caso, pero si eran razonablemente adecuados al estado de la técnica, el operador podría invocar su buena fe como factor eximente o, al menos, atenuante. Este enfoque mixto trata de evitar tanto la injusticia de castigar a los virtuosos por acontecimientos que escapan a su control, como el riesgo contrario de ofrecer un escudo formal a quienes se limitan al procedimiento sin tener en cuenta el resultado sustantivo (el llamado «greenwashing procedimental»). No es un equilibrio sencillo: mucho dependerá de la prudencia de las autoridades a la hora de evaluar cada caso. Hasta que no se produzcan sentencias jurisprudenciales que sirvan de guía, sigue abierta la cuestión de cuánta «mala suerte» se puede admitir antes de considerar a un operador incumplidor.

- Definiciones de deforestación y degradación forestal: El EUDR proporciona definiciones legales de «deforestación» (conversión de un bosque para uso agrícola u otro uso del suelo, o en bosque degradado) y «degradación forestal» (reducción de la cobertura y la composición de un bosque por debajo de determinados parámetros). Sin embargo, la aplicación práctica de estas definiciones puede presentar zonas grises. Por ejemplo: una plantación forestal artificial (por ejemplo, de eucaliptos) se tala y luego el terreno se deja para pastoreo, ¿se trata de deforestación (porque se pierde la condición de bosque al pasar a otro uso) o, al ser una plantación y no un bosque natural, no entraba plenamente en el concepto de bosque? La definición de bosque en el Reglamento podría diferir de las definiciones locales o de la FAO, lo que generaría dudas sobre casos particulares (como los bosques ya degradados antes de 2020 y explotados posteriormente). Además, el concepto de «degradación forestal» implica umbrales cuantitativos (por ejemplo, porcentajes de cobertura arbórea) y cualitativos del ecosistema, cuya medición sobre el terreno puede resultar compleja. ¿Hasta qué punto es compatible la tala sostenible de madera y a partir de qué punto se convierte en «degradación» prohibida? Los operadores podrían verse envueltos en discusiones con las autoridades sobre cuestiones técnicas de definición. Además, el EUDR no cubre otros tipos de ecosistemas no forestales (sabanas, humedales, turberas no boscosas, matorrales áridos por debajo del umbral de definición de bosque) que también pueden ser devastados por la agricultura industrial[329]. Esto significa que un producto derivado de la conversión de una sabana o una turbera podría ser formalmente conforme (porque no era «bosque» en el sentido del Reglamento), aunque tuviera un grave impacto medioambiental. Esta limitación es conocida y ya ha sido cuestionada por las ONG, que presionan para que en el futuro se amplíe el ámbito de aplicación a «otros ecosistemas naturales» además de los bosques. Sin embargo, en lo inmediato, crea un problema de interpretación: ¿cómo considerar, por ejemplo, un humedal drenado para dar cabida a cultivos de palma aceitera? No se trata de deforestación en sentido téc-

---

329 Véase F. Albisinni, Strumentario di diritto alimentare europeo, Milán, Wolters Kluwer, 2023, p. 11 y ss.

nico, pero evidentemente contrasta con el espíritu de la ley (evitar la destrucción de entornos valiosos para producir alimentos). En este sentido, formalmente, el EUDR no sanciona la conversión de ecosistemas no forestales; en su caso, puede entrar en juego el requisito de legalidad (si en el país de origen existían leyes de protección para esos humedales, su violación haría que el producto fuera ilegal). En cualquier caso, sigue habiendo un margen en el que la protección medioambiental es parcial. Otro aspecto definitorio es el ámbito de la «legislación pertinente del país de producción»: el EUDR enumera una serie de materias (derechos de uso del suelo, gestión forestal, protección del medio ambiente, derechos de las comunidades indígenas, etc.) con respecto a las cuales deben respetarse las normativas locales. Esto implica que los operadores deben conocer normativas extranjeras a menudo complejas y que las autoridades deben juzgar las violaciones de las leyes de otros. Por ejemplo, si en un país productor existe una moratoria sobre las concesiones forestales y un lote de madera procede de una concesión abierta en violación de dicha moratoria, esa madera es «ilegal» y, por lo tanto, no cumple con el EUDR pero ¿quién proporcionará al operador de la UE la certeza sobre estos aspectos?. Se trata de una cuestión práctica: la Comisión podrá ayudar con listas de leyes pertinentes por país o con notificaciones de casos conocidos de ilegalidad (quizás en las evaluaciones de riesgo por país), pero la responsabilidad última recae en el importador. Será necesario desarrollar competencias jurídicas internacionales o confiar en las certificaciones del proveedor respaldadas por documentos gubernamentales locales. También en este caso, la línea entre la confianza y la verificación es muy fina: ¿hasta dónde debe llegar el operador en la investigación del cumplimiento de la legislación local? ¿Bastará con un certificado expedido por la autoridad competente, o habrá que preguntarse también si hay corrupción detrás de ese certificado[330]? Formalmente, si existe un documento oficial válido, el operador puede considerarlo prueba de legalidad, salvo que haya elementos que indiquen lo contrario. Pero no todos

330 A finales de diciembre de 2023, se identificó y comunicó a la Comisión Europea la autoridad competente dentro del MASAF en el ámbito de las siguientes estructuras ministeriales: la Dirección General de Economía de Montaña y Bosques (DIFOR) para la parte relativa a la madera y los productos derivados de la madera, y el Departamento de la Inspección Central de Protección de la Calidad y Represión del Fraude de los Productos Agroalimentarios (ICQRF) para los productos agroalimentarios.

los sistemas son igualmente fiables: un país con un alto nivel de corrupción puede «disfrazar con papel» incluso actividades en zonas prohibidas. Por lo tanto, el operador también deberá evaluar esto, volviendo a la evaluación del riesgo residual y a cómo interpretar su deber de diligencia más allá de la mera apariencia documental.

- Relaciones con otras normativas y solapamientos/sinergias: El EUDR no existe en un vacío normativo, sino que se inscribe en un panorama en rápida evolución de leyes sobre sostenibilidad, deberes de diligencia y normas comerciales. Un aspecto importante es la coordinación con la futura Directiva europea sobre el deber de diligencia de las empresas en materia de sostenibilidad (Corporate Sustainability Due Diligence – CSDD, en fase de finalización). Esta directiva general obligará a las grandes empresas europeas a prevenir y mitigar los impactos adversos sobre los derechos humanos y el medio ambiente a lo largo de las cadenas globales, de manera integral. Inevitablemente, habrá solapamientos con el EUDR: en lo que respecta a la deforestación, una empresa sujeta a la directiva deberá, en cualquier caso, realizar una diligencia debida para evitar daños medioambientales en sus suministros, y el EUDR ya especifica cómo hacerlo para algunas materias primas. La pregunta es: ¿el cumplimiento de las obligaciones del EUDR satisface las de la directiva general, al menos en lo que respecta a los bosques? Y a la inversa, si una empresa implementa un excelente sistema de diligencia debida ESG general, ¿puede considerarlo suficiente también para el EUDR? El Reglamento sugiere (en los considerandos e implícitamente en las orientaciones) que, cuando existan normas especiales como el EUDR, estas prevalecerán y proporcionarán los detalles necesarios; la directiva horizontal se aplicará en paralelo y no afectará a los requisitos más específicos. En la práctica, una empresa deberá integrar los dos regímenes: utilizar el EUDR para la parte de deforestación de las materias primas cubiertas y ocuparse, en cualquier caso, de los posibles impactos no cubiertos (otras materias primas u otros tipos de daños medioambientales) bajo el paraguas de la directiva general. Sin embargo, sigue existiendo el problema interpretativo de evitar la duplicación burocrática: sería deseable que la información y los mecanismos del EUDR también sirvieran para la presentación de informes y la evaluación de riesgos exigidas por la directiva, a fin de no hacer dos veces el mismo trabajo de diferentes maneras. Esto requerirá una armonización de enfoques y definiciones, lo que no es fácil, dados los procesos normativos separados. Del mismo modo, es necesaria la coordinación con otras normativas sectoriales existentes: por ejemplo, el EUDR tiene paralelismos con el Reglamento de la UE sobre minerales de conflicto (2017/821), que impone la diligencia debida sobre cuatro minerales (estaño, tantalio, tungsteno y oro) relacionados con violaciones en los países de origen. Una empresa que importe, por ejemplo, oro y también madera, se verá obligada a gestionar dos sistemas diferentes de diligencia debida obligatoria. Se plantea la cuestión de crear sistemas integrados de cumplimiento que cubran múltiples riesgos. La orientación de la Comisión indica que las empresas podrán aprovechar las sinergias con otras obligaciones de diligencia debida, siempre que estas no sean menos estrictas en materia de deforestación: en caso de diferencias, el EUDR prevalecerá en su ámbito. Al principio, esto podría generar incertidumbres: comprender qué prácticas de control pueden valer «dos veces» y cuáles no será algo que surgirá con la práctica y quizás con directrices adicionales.

Otra relación delicada es la que se establece con los acuerdos comerciales internacionales y la cooperación con los países productores. El EUDR es un instrumento unilateral: la UE actúa sobre sus propios importadores y su propio mercado, pero al mismo tiempo está tratando de establecer asociaciones con los países productores para luchar juntos contra la deforestación (siguiendo el ejemplo del sistema FLEGT para la madera). Cabe preguntarse cómo reaccionarán los terceros países: algunos (Indonesia, Brasil, Malasia) han expresado su preocupación, al considerar que el reglamento es una posible barrera comercial disfrazada de medida medioambiental[331].

---

[331] En junio de 2021, la Organización Mundial del Comercio (OMC) publicó un documento sobre la controversia entre la UE e Indonesia sobre los biocombustibles derivados del aceite de palma (European Union – Certain Measures Concerning Palm Oil And Oil Palm Crop-Based Biofuels www.wto.org). En diciembre de 2019, Indonesia presentó una demanda ante la OMC contra la UE en relación con determinadas medidas relativas al aceite de palma y los biocombustibles derivados del aceite de palma, alegando que las restricciones impuestas por la UE a dichos biocombustibles son injustas y discriminatorias, y solicitando consultas para la resolución de controversias en el seno de la OMC. Sin embargo, la invasión rusa de Ucrania ha provocado una escasez mundial de aceite comestible, lo que podría ayudar a Indonesia a recuperar cuota de mercado del aceite de palma en la UE. Independientemente del resultado de la decisión de la OMC, la UE está deseosa de reforzar su reputación y firmar nuevos acuerdos, también a raíz de la crisis energética provocada por la guerra de Rusia contra Ucrania, ya que en los próximos años podría producirse un aumento de las importaciones de aceite de palma

La cuestión interpretativa aquí es: ¿respetan las EUDR el derecho comercial internacional? La UE sostiene que sí, ya que la medida se aplica por igual a los productos nacionales e importados y se justifica por la necesidad de conservar los recursos naturales agotables (art. XX del GATT). Pero los países exportadores podrían impugnar algunos aspectos, por ejemplo, alegando que la obligación de certificación geolocalizada exigida es onerosa y, por lo tanto, discriminatoria en la práctica. No se descarta un litigio ante la OMC. Mientras tanto, la Comisión colabora con estos países ofreciéndoles asistencia técnica y tratando de definir planes de acción conjuntos: la interpretación «cooperativa» del Reglamento pretende que este sea un instrumento complementario a las iniciativas internacionales comunes, no un acto hostil. Sin embargo, sigue existiendo el nudo político de cómo equilibrar la soberanía nacional con las normas de la UE: si un país decide legítimamente convertir parte de sus bosques en tierras agrícolas en su plan de desarrollo, la UE acabará penalizando de facto esos productos en el mercado. Esto crea fricciones e incertidumbres diplomáticas. Desde el punto de vista interpretativo interno, las autoridades de la UE deberán aplicar la ley también en estos casos, sin dejarse influir por consideraciones geopolíticas, pero es inevitable que haya una dimensión política que gestionar a nivel de relaciones exteriores.

Una brújula interpretativa: proporcionalidad organizativa y confianza razonable. Ante los problemas mencionados (y otros menores), ¿qué criterio general puede guiar una interpretación coherente y sensata del EUDR? Una propuesta de lectura emergente es basar las soluciones en los principios de proporcionalidad organizativa y confianza razonable. En resumen, significa tener siempre presente el objetivo final (no a la deforestación en las cadenas de suministro), pero situarlo en la realidad operativa con sentido común jurídico.

En cuanto al primer problema (medios frente a resultados), la «brújula» sugiere evaluar en primer lugar la conducta del operador. ¿Ha organizado adecuadamente sus controles internos? ¿Ha hecho todo lo que cabía esperar de una persona diligente en esa situación? Si es así, interpretar cualquier evento adverso como un accidente desafortunado no e e culposo

en la UE. En febrero de 2024, Indonesia solicitó consultas para la resolución de controversias en el seno de la OMC (Indonesia inicia una denuncia ante la OMC contra los derechos de la UE sobre las importaciones de ácidos grasos www.wto.org) en relación con el establecimiento por parte de la UE de derechos antidumping definitivos sobre las importaciones de ácidos grasos procedentes de Indonesia.

(o levemente culposo) y no como una infracción grave. Esto no quita que el producto no conforme deba retirarse del mercado por estar prohibido, pero orienta la respuesta sancionadora y la actitud hacia el operador (por ejemplo, privilegiando medidas correctivas en lugar de punitivas, cuando lo permitan las legislaciones nacionales). De este modo, se fomenta una cultura de cumplimiento efectivo: se reconoce el valor del esfuerzo organizativo de la empresa y no se la trata como a quienes han ignorado su obligación. Esto está en consonancia con un principio general de equidad y con la jurisprudencia de varios países en materia de responsabilidad administrativa de las empresas, donde la predisposición de modelos organizativos eficaces puede eximir de responsabilidad (pensemos en el modelo 231 en Italia: si la empresa demuestra que ha adoptado y aplicado eficazmente un modelo organizativo para prevenir determinados delitos, puede quedar exenta de sanciones en caso de que un empleado cometa un delito). Trasladándolo al ámbito del EUDR, significa reconocer la dignidad del sistema de diligencia debida como elemento de evaluación: no solo una formalidad, sino una verdadera herramienta que, si se aplica con seriedad, puede proteger al operador diligente de consecuencias que, de otro modo, serían draconianas[332].

En cuanto al segundo punto (definiciones de deforestación), la brújula propondría una interpretación teleológica amplia dentro de los límites del texto. Es decir, interpretar términos como «bosque» y «degradación forestal» de manera que se maximice la protección del medio ambiente en consonancia con los objetivos del Reglamento, sin sobrepasar lo que está escrito. Por ejemplo, en caso de duda sobre si un determinado ecosistema entra o no en la definición de bosque, optar por incluirlo si posee las características sustanciales de un bosque según la ciencia forestal, aunque sea marginal o atípico. Utilizar los parámetros de la FAO y las pruebas científicas como guía complementaria. Además, hay que tener en cuenta el espíritu de la norma: si una operación agrícola destruye un ecosistema diferente pero de gran valor (por ejemplo, una sabana rica en biodiversidad), las autoridades podrían supervisarla y señalar la cuestión en el ámbito político para posibles ampliaciones futuras del ámbito normativo. En lo que respecta a la legalidad local, la brújula de la confianza razonable sugiere lo siguiente: el operador puede confiar en los documentos oficiales emitidos por las autoridades locales y en las declaraciones de los proveedores,

332 E. Brunetti, M. Gemaehling, Le droit du commerce international: levier d'action contre la déforestation importée au sein de l'Union européenne, cit.

siempre que sea razonable en el contexto dado. Si se trata de un país conocido por su elevada corrupción o escasa transparencia, no es razonable una confianza «ciega»: debería buscar confirmaciones independientes o elegir proveedores más fiables. Si, por el contrario, opera en un contexto institucionalmente sólido, puede confiar más en los documentos sellados por la entidad pública. Esta modulación basada en la razonabilidad evita tanto el cinismo total (no creer nunca en nada) como la ingenuidad (creer en cualquier documento). Probablemente se desarrollarán buenas prácticas: por ejemplo, consultar bases de datos internacionales sobre legislación forestal o informes de Transparency International sobre corrupción para comprender el grado de riesgo de fiabilidad de los documentos procedentes de determinadas zonas.

En cuanto al tercer nudo (superposición de normativas), la brújula sugiere una integración coherente. Una empresa debería construir un único sistema de diligencia debida que cumpla con todas las normativas pertinentes y leer las diferentes obligaciones no como compartimentos estancos, sino como piezas de un marco unitario de sostenibilidad. Por lo tanto, la interpretación debería evitar conflictos innecesarios: si dos normas difieren ligeramente, se aplicará el enfoque más estricto como denominador común. Por ejemplo, si la directiva sobre el deber de diligencia general exige consultas con las partes interesadas de las cadenas de suministro, una empresa podrá integrar dichas consultas en su sistema EUDR para enriquecerlo, aunque no sean formalmente exigidas por el propio EUDR. A la inversa, los instrumentos desarrollados para el EUDR (por ejemplo, la vigilancia por satélite de la deforestación) también podrán aprovecharse para la presentación de informes ESG y otros fines de sostenibilidad[333]. Por parte de las autoridades, esto implica intercambiar información y cooperar: las autoridades que supervisarán el EUDR y las

---

333 M. Cian, Sobre la gestión sostenible y los deberes de los administradores: un punto de reflexión, en Orizzonti del diritto commerciale, 2021, p. 1131 y ss.; ID., Principios del ordenamiento jurídico-económico y desarrollo sostenible en Italia y Austria, en Riv. dir. civ., 2022, p. 100 ss. (en este segundo escrito, la opinión se centra más en la dificultad de traducir en normas de conducta específicas las indicaciones de principio del ordenamiento). Sobre la orientación mayoritaria, mencionada en el texto, véase también, recientemente, G. Marasà, L'imprenditore, en Codice civile Commentario (Schlesinger, Busnelli, Ponzanelli), Milán, Giuffrè, 2021, p. 33 y ss.; D. Stanzione, Governo dell'impresa e comportamento socialmente responsabile: verso un diritto societario della corporate social responsibility?, en Riv. dir. comm., 2022, I, 101 y ss. (con un intento de argumentación analítica) y (con una argumentación más sintética e incisiva) P. Montalenti, La nuova società quotata: quali pros-

que supervisarán la directiva de diligencia debida deberán coordinarse, quizás compartiendo auditorías o informes, para no duplicar las investigaciones sobre las mismas empresas con parámetros diferentes. En esencia, la brújula aquí es la coherencia sistémica: el ordenamiento jurídico medioambiental debe tender a la unidad y, cuando surjan solapamientos interpretativos, se deberá privilegiar la lectura que facilite la complementariedad en lugar de crear contradicciones.

Por último, esta brújula interpretativa tiene sus raíces en los principios generales del Derecho de la UE: proporcionalidad, razonabilidad, protección de la confianza legítima y seguridad jurídica. Aplicar el EUDR con proporcionalidad organizativa significa no exigir lo imposible, sino exigir todo lo posible. Reconocer la confianza razonable significa dar a las empresas puntos de apoyo: si siguen las directrices oficiales, si adoptan certificaciones creíbles, si colaboran con las autoridades de forma transparente, verán reconocido e incentivado ese comportamiento. Esta perspectiva interpretativa también produce un efecto virtuoso: tranquilizar a los operadores honestos de que la ley es un baluarte común y no una trampa punitiva. Esto fomenta el cumplimiento voluntario y proactivo. Se trata de un punto crucial porque, dada la fuerte interdependencia entre el sector privado y el público en esta normativa (las autoridades por sí solas no pueden controlar todos los productos, deben confiar en el trabajo diligente de las empresas), es fundamental crear un clima de colaboración y confianza. La ley ofrece, sin duda, el palo de las sanciones, pero también la zanahoria del alineamiento virtuoso: el operador que invierta realmente en sostenibilidad y trazabilidad se verá favorecido cuando se examinen sus sistemas, y también podrá presumir ante los inversores y socios de una especie de «sello» derivado de su diligencia demostrada.

Al adoptar estos criterios, frente a los retos interpretativos del EUDR, se dispone de una brújula para navegar por las incertidumbres iniciales. En esencia, se trata de aplicar el sentido común jurídico: leer las normas en el contexto de su finalidad, adaptar su aplicación a la realidad fáctica sin traicionar su finalidad y mantener un diálogo entre las autoridades y las empresas basado en la reciprocidad y la transparencia. Esta clave de lectura puede guiar las primeras fases de la implementación, evitando tanto la rigidez punitiva, que frustraría el esfuerzo común, como la laxitud, que

---

pettive, en P. Montalenti y M. Notari (eds.), La nuova società quotata: tutela degli stakeholders, sostenibilità e nuova governance, Milán, Giuffrè, 2022, p. 13 ss.

comprometería el objetivo medioambiental. Por lo tanto, el EUDR debe entenderse no solo como un monolito sancionador, sino como un marco dinámico que exige a las empresas organizarse según principios de razonabilidad y proporcionalidad, ofreciendo a cambio protección a quienes lo hacen de buena fe.

12. CONCLUSIONES: DE LA FRONTERA A LA CADENA DE VALOR

El EUDR marca un paso fronterizo en un doble sentido. En sentido literal, desplaza el centro de la protección medioambiental de la frontera —entendida como barrera aduanera de entrada o salida— a toda la cadena de valor. En el pasado, las preocupaciones medioambientales relacionadas con el comercio se materializaban principalmente en controles fronterizos (véanse los convenios CITES para las especies protegidas o los controles fitosanitarios) y, en cualquier caso, se limitaban al momento de la importación/exportación. Con este Reglamento, en cambio, la lógica cambia: la frontera física se convierte casi en un punto de control digital (gracias a las declaraciones de diligencia debida y a los códigos aduaneros informativos), mientras que el verdadero «guardabosques» se extiende a lo largo de toda la cadena de suministro y se materializa en los deberes de diligencia de los propios operadores. Se trata de un modelo de gobernanza innovador que integra lo público y lo privado, la dimensión nacional y la global, lo que requiere una evolución de la mentalidad de todos los actores involucrados.

En sentido figurado, el EUDR traspasa una frontera conceptual: afirma que la responsabilidad de lo que consumimos (y producimos) no se detiene donde terminan nuestros bosques o nuestras fronteras nacionales, sino que nos acompaña allá donde se extienda la cadena de suministro en el mundo. La frontera tradicional —«aquí se aplican nuestras normas, más allá de la frontera no lo sé»— se supera con un enfoque de cadena de valor global: «desde el principio hasta el final de la cadena de suministro se aplican nuestros valores». Se trata de una firme afirmación de soberanía ética y jurídica por parte de la Unión. Como hemos debatido, esta afirmación debe ejercerse con equilibrio para no convertirse en un neocolonialismo, una imposición arbitraria hacia los socios comerciales, pero sin duda sienta un precedente significativo[334].

---

[334] El Acuerdo General sobre Aranceles Aduaneros y Comercio (General Agreement on Tariffs and Trade), más conocido como AGTC o GATT, es un acuerdo inter-

Esta conclusión también es una mirada hacia el futuro. El EUDR podría ser el precursor de una serie de normativas similares sobre otras cadenas de suministro u otros impactos medioambientales. Ya se está debatiendo la posibilidad de ampliar en el futuro las obligaciones de «libre de deforestación» a ecosistemas no forestales (por ejemplo, sabanas y turberas), o de promulgar normativas similares para el uso sostenible del suelo en general, o incluso requisitos de «cero contaminación» para los productos importados. El concepto de cadena de suministro sostenible es fundamental en el Pacto Verde y encuentra aquí su primera aplicación legislativa plena. Si el experimento tiene éxito —medido en términos de reducción efectiva de la deforestación global relacionada con el consumo de la UE y de la solidez jurídica/comercial de la norma—, es previsible que se convierta en un modelo. Otros países ya lo observan con interés: algunos podrían seguir su ejemplo (el Reino Unido ya ha introducido normas contra la deforestación para los importadores, Estados Unidos está evaluando medidas similares), otros podrían impugnarlo. En cualquier caso, el debate internacional sobre el comercio sostenible no podrá ignorar este precedente europeo.

Desde un punto de vista sistémico, el EUDR impulsa aún más la integración entre las políticas comerciales, medioambientales y de protección del consumidor. Requerirá la cooperación intersectorial a nivel de la UE: las aduanas, los ministerios de agricultura y silvicultura, las autoridades medioambientales y las autoridades de mercado deberán trabajar juntos. Probablemente también requerirá una mayor participación de las comunidades locales en los países productores: idealmente, una cadena de valor sostenible no solo significa cero deforestación, sino también el respeto de los derechos de los pueblos indígenas y los agricultores en las zonas de origen. El Reglamento ya incluye una referencia a estos derechos (en el requisito de legalidad se mencionan los derechos de los pueblos indígenas y las comunidades locales), pero su aplicación podrá aportar beneficios colaterales si impulsa una mayor transparencia y legalidad general en las cadenas de suministro (contrastando, por ejemplo, fenómenos colaterales como el acaparamiento de tierras o el trabajo forzoso, que a menudo acompañan a la deforestación ilegal)[335].

---

nacional, firmado el 30 de octubre de 1947 en Ginebra, Suiza, por 23 países, para establecer las bases de un sistema multilateral de relaciones comerciales con el fin de favorecer la liberalización del comercio mundial.

[335] El acuerdo sobre obstáculos técnicos al comercio, comúnmente denominado Acuerdo OTC (Technical Barriers to Trade Agreement), es un acuerdo internacional gestionado por la Organización Mundial del Comercio. Fue renegociado

No hay que ocultar que siguen existiendo incógnitas. Una de ellas es la reacción del mercado y los efectos sobre los precios. Garantizar la deforestación cero podría restringir la oferta de algunas materias primas a la UE o aumentar sus costes de producción (si es necesario cambiar las prácticas agrícolas, invertir en trazabilidad, etc.). Esto podría reflejarse en los precios al consumo y en la competitividad de algunas empresas europeas en los mercados mundiales. Si los consumidores europeos y de los Estados Unidos están dispuestos a aceptar —también económicamente— esta transición, el EUDR habrá sentado las bases para un verdadero cambio de paradigma en el consumo: los consumidores europeos ya no verán en las estanterías productos «sucios» procedentes de bosques talados, pero quizá paguen una pequeña prima por esta garantía medioambiental. Sin embargo, si las presiones inflacionistas o la competencia desleal de productos de otras zonas (no sujetos a normas similares) hacen que el EUDR se perciba como una carga excesiva, podrían reavivarse las críticas y las presiones para revisarlo. Por el momento (2025), el debate está abierto y algunos sectores piden que se suavicen los requisitos, preocupados por el impacto en las pymes y en sectores importadores enteros.

Lo que es seguro, en cualquier caso, es que el EUDR representa un punto de no retorno conceptual: ha consagrado el principio de que la lucha contra la deforestación puede y debe integrarse en las normas comerciales. Ya no solo mediante incentivos voluntarios o ayudas al desarrollo, sino con normas vinculantes en el mercado. Este principio podrá perfeccionarse y corregirse en los detalles técnicos, pero es difícil que la UE dé marcha atrás sin comprometer su credibilidad en las políticas climáticas y de biodiversidad. En conclusión, el EUDR cambia el horizonte: la «frontera» de la responsabilidad ya no coincide con el perímetro aduanero, sino que se

---

por última vez durante la Ronda Uruguay del Acuerdo General sobre Aranceles Aduaneros y Comercio; su forma actual entró en vigor con la creación de la OMC a principios de 1995, vinculando a todos los miembros de la OMC.

Véase el art. I. La cláusula de la nación más favorecida (CNPF) [(EN) Most Favoured Nation (MFN)] es, en el ámbito del derecho internacional, el procedimiento por el cual los países contratantes se comprometen a conceder a los productos/bienes procedentes de un tercer país condiciones aduaneras y arancelarias no menos favorables que las ya establecidas en los acuerdos comerciales entre los países implicados. Se trata de una cláusula que implica dos aspectos: i) Dos naciones aprueban una reducción recíproca de los aranceles para contrarrestar el fenómeno del proteccionismo económico; ii) Si una tercera nación llega a mantener relaciones comerciales con las dos primeras, disfrutará de los mismos aranceles preferenciales que se han fijado entre estas.

extiende a lo largo de toda la cadena de suministro hasta el origen de las materias primas y el destino final de los productos. Es toda la cadena de valor la que se convierte en objeto de regulación y responsabilidad compartida. Si imaginamos la cadena de suministro como un puente que conecta el campo de un agricultor en una selva tropical con la estantería de una tienda europea, el EUDR es como el guardián que vigila cada tramo de este puente, asegurándose de que se construya y mantenga sin sacrificar los bosques en aras del beneficio[336]. Se trata de un reto histórico que refleja la maduración del derecho medioambiental: se pasa de la protección de recursos naturales individuales a la transformación de los modelos globales de producción y consumo. El éxito de este experimento normativo podría presagiar un futuro en el que la sostenibilidad ya no sea una etiqueta especial, sino la norma misma del comercio internacional. En última instancia, la última frontera que el EUDR intenta traspasar es la de nuestra conciencia colectiva: intenta avanzar, empujando un poco más allá la frontera de lo que consideramos nuestro deber —a través de los instrumentos del derecho— para proteger el planeta.

13. REFERENCIAS BIBLIOGRÁFICAS

Abrami, A., *La nuova legislazione forestale nel Decreto 3 aprile 2018 n. 34*, en *Rivista di diritto agrario*, 2018, p. 101 ss.

Alabrese, M., *Politiche climatiche, politiche agricole e il bisogno di coordinamento*, en Carmignani, S. – Lucifero, N. (eds.), *Le regole del mercato agroalimentare tra sicurezza e concorrenza*, Napoli, 2020, p. 905 ss.

Albisinni, F., *Strumentario di diritto alimentare europeo*, Milano, 2023, p. 11 ss.

Benedetti, A.M., *Contratto asimmetrico*, en *Enciclopedia del diritto, Annali*, V, Milano, 2013, pp. 370 ss.

Bolognini, S., *La disciplina della comunicazione B2C nel mercato agro-alimentare europeo fra scelte di acquisto consapevoli e scelte di acquisto sostenibili*, en Scaffardi, L. – Zeno-Zencovich, V. (eds.), *Cibo e diritto. Una prospettiva comparata*, Parma, 2019, p. 649 ss

336 Véanse al respecto las consideraciones formuladas por F. Albisinni, Impresa agricola e ciclo della vita: finalità risalenti e nuove responsabilità (La empresa agrícola y el ciclo de la vida: objetivos tradicionales y nuevas responsabilidades), ponencia pronunciada en la Accademia dei Georgofili el 2 de julio de 2024 y cuyas actas han sido publicadas por la Accademia, Focus dei Georgofili, 2025, https://www.georgofili.it/Media?c=cc1fd1c0-ec83-4017-84d0-28f8dbe6f3e2 .
Véase principalmente el documento de la Comisión «Una estrategia "de la granja a la mesa" para garantizar una alimentación justa, saludable y respetuosa con el medio ambiente», Bruselas, 20.5.2020, COM(2020) 381 final.

Bonnitcha, J. – McCorquodale, R., *The concept of 'Due Diligence' in the UN guiding principles on business and human rights*, en *European Journal of International Law*, 2017, pp. 899-919.

Capriglione, F., *Clima energia finanza. Una difficile convergenza*, Milano, 2023.

Carcaillet, Ch. – Talon, B., *La forêt en France depuis la dernière glaciation*, en Vallauri, D. (coord.), *Livre blanc sur la protection des forêts naturelles en France*, Paris, 2003, pp. 19-31.

Carmignani, S., *SDGs e agricoltura. Una breve riflessione*, en Carmignani, S. – Lucifero, N. (eds.), *Le regole del mercato agroalimentare tra sicurezza e concorrenza*, Napoli, 2020, p. 207 ss.

Cerrato, S.A., *Apuntes para una "vía italiana" hacia la ESG: la empresa "constitucionalmente solidaria"*, en *Analisi giuridica dell'economia*, 2022, p. 63 ss.

Corbetta, L., *I regolamenti FLEGT-EUTR sul commercio di legni derivati*, en Ferrucci, N. (ed.), *Diritto forestale e ambientale*, Torino, 2020, p. 53 ss.

Di Lauro, A., *La circolazione dei prodotti alimentari*, en Borghi, P. – Russo, L. – Canfora, I. – Di Lauro, A. (eds.), *Trattato di diritto alimentare italiano e dell'Unione Europea*, Milano, 2024, p. 80 ss.

Ferrucci, N., *Il nuovo testo unico in materia di boschi e filiere forestali: una prima lettura*, en *Diritto agroalimentare*, 2018, p. 265 ss.

Ferrucci, N. (ed.), *Commentario al Testo Unico in materia di foreste e filiere forestali (d.lgs. 3 aprile 2018, n. 34)*, Milano, 2019.

Ferrucci, N., *Riflettendo sulla biodiversità*, en *Rivista di diritto alimentare*, 2023, n. 2, pp. 13-30.

Flick, M., *Il regolamento "deforestation free": tra possibili problemi di attuazione, "greenwashing" e criteri ESG*, en *Rivista giuridica dell'ambiente*, 2023, p. 49 ss.

Gulotta, C., *L'evoluzione in atto nell'Unione europea in tema di diligenza dovuta e responsabilità sociale delle imprese*, en *Rivista giuridica dell'ambiente*, 2024, pp. 135-163.

Jannarelli, A., *Agricoltura sostenibile e nuova PAC: problemi e prospettive*, en *Rivista di diritto agrario*, 2020, p. 23 ss.

Lattanzi, P., *La transizione verso un sistema alimentare sostenibile nel Green Deal*, en Borghi, P. – Russo, L. – Canfora, I. – Di Lauro, A. (eds.), *Trattato di diritto alimentare e dell'Unione Europea*, Milano, 2024, p. 29 ss.

Lucifero, N., *Le attività di gestione forestale, le proibizioni corrispondenti e la normativa sulla viabilità forestale*, en Ferrucci, N. (ed.), *Commentario al Testo Unico in materia di foreste e filiere forestali (d.lgs. 3 aprile 2018, n. 34)*, Milano, 2019, p. 136 ss.

Manservisi, S., *Il ruolo emergente del diritto agroalimentare tra economia circolare e SDGs di Agenda 2030*, en Carmignani, S. – Lucifero, N. (eds.), *Le regole del mercato agroalimentare tra sicurezza e concorrenza*, Napoli, 2020, p. 843 ss.

Mariano, A., *La dovuta diligenza dei prodotti dell'arboricoltura da legno*, en *Forest@*, 2024, pp. 55-59.

Mariano, A. – Cerullo, S. – Cassandro, C. – Della Rosa, S. – Zunino, S., *Il regolamento EUDR e i nuovi obblighi delle imprese*, en *Sherwood*, 2024, ed. online.

Masini, S., *Libera circolazione dei prodotti e armonizzazione delle legislazioni nazionali nell'Unione europea*, en *Corso di diritto alimentare*, Milano, 2020, p. 33 ss.

Masini, S., *Informazioni e scelte del consumatore*, en Borghi, P. – Russo, L. – Canfora, I. – Di Lauro, A. (eds.), *Trattato di diritto alimentare italiano e dell'Unione Europea*, Milano, 2024, p. 417 ss.

Masini, S. – Rubino, V. (eds.), *La sostenibilità in agricoltura e la riforma della PAC*, Bari, 2021.

Mauro, M., *La gestione forestale sostenibile tra diritto interno, europeo e internazionale*, en *Rivista di diritto agrario*, 2020, p. 885 ss.

Muñiz Espada, M.E., *Derecho forestal y montes de socios: por una nueva forma de ordenación de la propiedad*, Madrid, Reus, 2025.

Paoloni, L., *La sostenibilità "etica" della filiera agroalimentare*, en *Rivista di diritto agrario*, 2020, n. 4-5, p. 89 ss.

Pastorino, L.F., *Comercio internacional y responsabilidad ambiental y climática. A propósito del Reglamento (UE) 2023/1115 contra la deforestación*, en *Eurojus.it*, 3/2024, p. 29 ss.

Pio Beltran, J. et al., *The Impact of the European Green Deal from a Sustainable Global Food System Approach*, en *European Food & Feed Law Review*, 2022, p. 2 ss.

Pisciotta Tosini, G., *I contratti di cessione nella filiera alimentare*, en Borghi, P. – Russo, L. – Canfora, I. – Di Lauro, A. (eds.), *Trattato di diritto alimentare italiano e dell'Unione Europea*, Milano, 2024, p. 209 ss.

Rizzuto, M.C., *Indicazioni geografiche e pratiche sostenibili: prime considerazioni alla luce del regolamento (UE) 2024/1143*, en *Persona e Mercato*, 2024, p. 615 ss.

Romano, R., *Il Testo unico in materia di foreste e filiere forestali*, en *Agriregionieuropa*, 2018, vol. 14, n. 54.

Roppo, V., *Contratto di diritto comune, contratto del consumatore, contratto con asimmetria di potere contrattuale*, en Id., *Il contratto del duemila*, IV ed., Torino, 2020, pp. 69 ss.

Roppo, V., *Una parte generale, o due parti generali?*, en *Contratto, contratti e mercati*, Quaderno 24, Roma, 2022, pp. 55 ss.

Rusconi, G. – Cesana, O., *Il diritto alimentare*, Milano, 2024, p. 835 ss.

Saija, R., *Il (difficile) equilibrio tra funzione produttiva e finalità conservative dei beni forestali alla luce del TU n. 34/2018*, en *Il diritto dell'economia*, 2021, n. 1, pp. 181-199.

Sgarbanti, G., *Il ravvicinamento delle legislazioni*, en Costato, L. (ed.), *Trattato breve di diritto agrario italiano e comunitario*, Padova, 2003, p. 623 ss.

Taurini, S. – Zorzit, D., *Le pratiche commerciali sleali nella filiera agroalimentare: presupposti della tutela e questioni chiave nell'interpretazione del d.lgs. 198/2021*, Milano, 2023.

Capítulo VIII.

El contrato como piedra angular de la aplicación efectiva del reglamento (ue) 2023/115 (EUDR)

MAURIZIO FLICK[337]

1. EL CONTRATO COMO HERRAMIENTA CENTRAL PARA LA APLICACIÓN DE LA EUDR

Ante el volumen de obligaciones que introduce el EUDR, los operadores de la UE no pueden limitarse a reorganizar sus procedimientos internos, sino que deben redefinir necesariamente sus relaciones contractuales con los proveedores extranjeros. Como se ha subrayado, la aplicación de estas nuevas normas de sostenibilidad y la necesidad de rastrear toda la cadena de suministro implica en sí misma la adopción de una relación directa y estructurada con el proveedor, lo que proporciona mayores garantías contractuales a este último[338]. En otras palabras, la diligencia debida obligatoria "empuja" hacia una contractualización de los requisitos medioambientales: el contrato de suministro internacional se convierte en el vehículo a través del cual el operador puede exigir y verificar, sobre una base negociada, aquellas garantías e información que luego deberá declarar a las autoridades públicas[339]. Este requisito también fue destacado por la Comisión Europea en sus FAQ explicativas: si un operador no puede obtener de su proveedor aguas arriba la información necesaria

---

337 Profesor Asistente e Investigador en Derecho Agrario y Alimentario en el TESAF (Departamento de Tierras, Medio Ambiente, Agricultura y Silvicultura), Universidad de Padua (Italia).

338 Sobre el tema, en una perspectiva comparada, véase M. E. Muñiz Espada, *Derecho forestal y montes de socios: por una nueva forma de ordenación de la propiedad*, Reus, Madrid, 2025, que analiza modelos innovadores de gestión forestal colectiva y formas asociativas de propiedad, útiles para reflexionar sobre el papel de las estructuras de propiedad en la aplicación de políticas de lucha contra la deforestación.

339 C. Gulotta, *L'evoluzione in atto nell'Unione europea in tema di diligenza dovuta e responsabilità sociale delle imprese*, en *Rivista giuridica dell'ambiente*, 2024, pp. 135-163.

exigida por el Reglamento, debe abstenerse de comercializar ese producto, ya que de lo contrario infringiría la ley. Esto equivale a decir que, sin la cooperación informativa del proveedor no comunitario, el operador de la UE se ve obligado a romper la relación comercial (y renunciar a ese suministro). El contrato, entonces, se convierte en el instrumento a través del cual garantizar esta cooperación, estableciendo obligaciones de información y asistencia al proveedor como condición misma de la relación[340].

En términos más generales, podemos decir que el contrato mercantil es el instrumento por excelencia capaz de proteger las posiciones de las partes en la cadena de suministro y de distribuir adecuadamente los riesgos y responsabilidades entre ellas. El contrato asume un papel fundamental en cada etapa de la cadena de suministro, adaptándose de vez en cuando a las necesidades operativas de los operadores implicados. Sirve de "traje a medida" cosido por las partes (con la ayuda de sus asesores) para regular la relación en función de los objetivos específicos que desean alcanzar. En el contexto de la EUDR, el objetivo común e ineludible es el cumplimiento de la normativa y la sostenibilidad de la cadena de suministro: por lo tanto, el contrato debe estar hecho a medida para cubrir todos los aspectos críticos relacionados con este objetivo, proporcionando garantías adecuadas, obligaciones de conducta y recursos en caso de incumplimiento. En otras palabras, un buen contrato internacional de suministro en la era EUDR deberá ser completo y "autorregulador", es decir, capaz no de eludir posibles problemas futuros, sino de preverlos y regularlos expresamente, ofreciendo a las partes soluciones y remedios sencillos y poco costosos para hacerles frente. La exhaustividad no debe entenderse como prolijidad redundante -al contrario, el texto contractual debe seguir siendo claro, conciso y centrado en los aspectos esenciales-, sino como la capacidad de anticipar cuestiones críticas (por ejemplo, la posibilidad de que el proveedor facilite datos inexactos o de que se descubran prácticas de deforestación en su cadena de suministro) y de establecer desde ahora "quién hace qué" en tales casos y qué remedios se aplicarán.

Cabe señalar que existe una perfecta coherencia entre este enfoque contractual proactivo y los mismos principios ESG (Environmental, Social,

---

340 V. Roppo, *Contratto di diritto comune, contratto del consumatore, contratto con asimmetria di potere contrattuale: genesi e sviluppi di un nuovo paradigma* en Id., *Il contratto del duemila,* IV ed., Turín, Giappichelli, 2020, p. 69 y ss.; L. F. Pastorino, *Comercio internacional y responsabilidad ambiental y climática. A propósito del reglamento (UE) 2023/1115 contra la desforestación,* en *Eurojus.it,* 3/2024, p. 29.

Governance) que hoy en día están en el centro del cumplimiento corporativo: la adopción del EUDR, combinada con los criterios ESG, empuja a las empresas a adaptar sus prácticas de gestión de la cadena de suministro y a gestionar contractualmente los riesgos de incumplimiento, precisamente para evitar futuros litigios y mejorar su gobernanza[341]. Incluir cláusulas específicas de diligencia debida y trazabilidad en los contratos, así como mecanismos de resolución de litigios y protección de datos, significa efectivamente integrar las preocupaciones de sostenibilidad en las prácticas empresariales ordinarias[342]. Esto no sólo reduce el riesgo legal (al evitar sanciones y daños a la reputación debidos a violaciones de la EUDR) sino que, como se ha señalado, también permite a las empresas cumplidoras obtener una ventaja competitiva: los consumidores y los inversores recompensan cada vez más a quienes demuestran transparencia y responsabilidad social, y una empresa que adopte contratos sostenibles y "a prueba de EUDR" mejorará su reputación y su capacidad para atraer inversiones sostenibles[343]. En resumen, un marco contractual sólido es parte integrante -de hecho, podríamos decir el dintel- de la aplicación efectiva de la EUDR, ya que traduce los requisitos normativos en normas operativas vinculantes entre las partes y constituye el primer nivel de control del cumplimiento a lo largo de la cadena de suministro[344].

Huelga decir que la eficacia de este enfoque depende de la calidad y el equilibrio del propio contrato. En la siguiente sección, repasaremos las principales cláusulas contractuales que pueden (y deben) incluirse en los futuros contratos entre operadores de la UE y proveedores extracomunitarios para cumplir las obligaciones de la EUDR. Se trata de dispositivos

---

341 Me remito a M. Flick, *Il 'deforestation-free': tra possibili problemi di attuazione, 'greenwashing' e criteri ESG*, en *Rivista giuridica dell'ambiente*, 2023, p. 49 ss.; L. Corbetta, *I regolamenti FLEGTEUTR sul commercio di legni derivati*, in N. Ferrucci (a cura di), *Diritto forestale e ambientale*, Torino, Giappichelli, 2020, p. 53 ss.

342 S. A.Cerrato, *Appunti per una 'via italiana' all'ESG: l'impresa 'costituzionalmente solidale' (anche alla luce dei 'nuovi' artt. 9 e 41, comma 3, Cost.)*, en *Analisi giuridica dell'Economia*, 2022, p. 63 ss. M. Cian, *Sulla gestione sostenibile e i doveri degli amministratori: uno spunto di riflessione*, en *Orizzonti del diritto commerciale*, 2021, p. 1131 y ss; Id., *Principi dell'ordinamento giuridico-economico e sviluppo sostenibile in Italia e in Austria*, en *Rivista di diritto civile*, 2022, p. 100 y ss.

343 F. Albisinni, *Strumentario di diritto alimentare europeo*, Milán, Wolters Kluwer, 2023, p. 11 ss.; N. Ferrucci, *Riflettendo sulla biodiversità*, in *Rivista di diritto alimentare*, 2023, nº 2, pp. 13-30.

344 L. Paoloni, *La sostenibilità 'etica' della filiera agroalimentare*, en *Rivista di diritto agrario*, 2020, n. 4, p. 89.

contractuales ya destacados por la práctica emergente y la doctrina especializada, destinados a proteger al importador de la UE de los riesgos y, al mismo tiempo, a responsabilizar al proveedor de los requisitos reglamentarios[345]. Tales cláusulas, si están bien orquestadas, transforman el contrato en un verdadero instrumento de diligencia debida preventiva, reforzando la confianza entre las partes y reduciendo la incertidumbre en cuanto al resultado de la relación comercial, también en beneficio del proveedor virtuoso.

2. CLÁUSULAS CONTRACTUALES CLAVE PARA EL CUMPLIMIENTO DE LA EUDR Y LA DILIGENCIA DEBIDA

Veamos ahora concretamente cuáles son las cláusulas y precauciones contractuales más útiles para adecuar la relación de suministro a las normas EUDR. Es importante precisar de entrada que las cláusulas aquí descritas deberán obviamente adaptarse al contexto específico (tipo de bienes, país de origen, posición contractual de las partes, etc.), pero constituyen una especie de lista de control de los elementos que no deben faltar en los contratos internacionales posteriores al RUDUE. Por regla general, el operador de la UE querrá asegurarse contractualmente: (i) la garantía del proveedor de que los bienes suministrados cumplen los requisitos del EUDR; (ii) el compromiso activo del proveedor de cooperar facilitando información y acceso para su verificación; (iii) el derecho a rescindir inmediatamente el contrato en caso de infracción grave; (iv) la protección contra daños económicos debidos a tergiversación o incumplimiento por parte del proveedor; (v) otras medidas cautelares sobre pagos, notificaciones y subcontratistas. Examinemos cada uno de estos puntos[346].

---

345 La Comisión Europea, para hacer realidad los objetivos del "Green Deal" y del Reglamento, recurre cada vez más a instrumentos de Derecho privado, exigiendo a los operadores que sean más "diligentes" en las compras y coordinando la recogida de datos, la evaluación de riesgos y las medidas de mitigación mediante acuerdos contractuales con los proveedores. E. Chiti - D. Bevilacqua, *Green Deal. Come costruire una nuova Europa*, Bolonia, Il Mulino, 2024; J. Pio Beltran et al., *The Impact of the European Green Deal from a Sustainable Global Food System Approach*, en *European Food & Feed Law Review*, 2022, p. 2 ss.

346 Las cláusulas contractuales deben recordar las obligaciones de diligencia debida impuestas a los operadores, es decir, ejercer la diligencia debida en cada envío importado o comercializado, presentar una declaración de diligencia debida (DDS)

1. EUDR-compliant"–Garantías de cumplimiento. La primera cláusula, y la más inmediata, es una declaración de garantía por la que el proveedor extracomunitario garantiza contractualmente que los productos cumplen los requisitos del EUDR. En la práctica, el proveedor tendrá que garantizar -asumiendo la responsabilidad legal ante el operador- que las materias primas suministradas: (a) no proceden de tierras deforestadas después del 31 de diciembre de 2020 (o, en cualquier caso, después de la fecha límite estipulada en el Reglamento) y (b) se han producido en pleno cumplimiento de todas las leyes aplicables en el país de producción, incluida la normativa medioambiental y agraria, los derechos sobre la tierra, los derechos de los trabajadores y de los pueblos indígenas, etc. Esta cláusula de "garantía de sostenibilidad" puede adoptar la forma de una declaración escrita del proveedor (que se adjuntará al contrato) o de un artículo contractual propiamente dicho. Por ejemplo, en el caso del suministro de aceite de palma procedente de Indonesia, el contrato contendrá una sección en la que el proveedor declare y garantice que el aceite suministrado no se ha obtenido mediante la conversión de bosques después de 2020 y que toda la cadena de producción ha cumplido la legislación local (bosques, trabajo, derechos humanos, etc.). Esta garantía contractual refleja exactamente los dos primeros requisitos del EUDR y tiene una doble función: por un lado, crea una obligación jurídica interna entre el proveedor y el comprador, de modo que si el producto resulta ser efectivamente no conforme (por ejemplo, procedente de deforestación resulta proceder de la deforestación ilegal), el comerciante de la UE puede reclamar al proveedor por incumplimiento de la garantía; por otro lado, le proporciona una declaración formal del proveedor que puede formar parte del expediente de diligencia debida (aunque esto no exime al comerciante de la obligación de verificar la fiabilidad de esta declaración). En esencia, se pide al proveedor que "dé la cara" y se responsabilice de la sostenibilidad del producto.

2. Cláusula de cooperación activa del proveedor–Dada la necesidad de obtener mucha información y pruebas documentales a lo largo de la cadena de suministro, conviene incluir una obligación contractual de cooperación por parte del proveedor. Una cláusula de cooperación típica

con geolocalización de las parcelas, comunicar a lo largo de la cadena de suministro la información necesaria para demostrar que el riesgo es nulo o insignificante, y conservar la documentación durante al menos cinco años y ponerla a disposición de las autoridades competentes.

compromete al proveedor extracomunitario a facilitar oportunamente al operador europeo toda la información y documentos necesarios para la diligencia debida, así como a permitir las verificaciones. Por ejemplo, en el caso de la importación de madera de Brasil, el contrato puede estipular que el proveedor se compromete expresamente a cooperar con el operador sin demora en actividades como: (a) proporcionar documentación adicional (por ejemplo (a) proporcionar documentación adicional (por ejemplo, certificados de origen, permisos de tala, mapas GPS de las plantaciones, informes de sostenibilidad) cuando se le solicite; b) autorizar inspecciones sobre el terreno o auditorías independientes en los lugares de producción, facilitando el acceso a las plantaciones, fincas, aserraderos o almacenes; c) permitir que el operador (o sus agentes) realicen controles directos de los procesos de producción y de las materias primas utilizadas. Esta cláusula sirve para formalizar el deber de diligencia del proveedor: no puede limitarse a vender la mercancía y desentenderse del resto, sino que debe apoyar activamente al operador en las actividades de verificación exigidas por la normativa. En ausencia de una cláusula de este tipo, el operador se encontraría expuesto a la posibilidad de un proveedor reticente o poco cooperativo, una eventualidad que, como se ha visto, le obligaría a poner fin a la relación comercial para no infringir el EUDR. Con esta cláusula, en cambio, la falta de cooperación oportuna del proveedor constituiría un incumplimiento de contrato que justificaría, por ejemplo, la suspensión de los suministros u otras soluciones (además de ser un indicio de alto riesgo en la evaluación de diligencia debida). Cabe señalar que una cláusula de este tipo puede ir tan lejos como detallar la forma en que debe llevarse a cabo la cooperación: por ejemplo, estableciendo plazos dentro de los cuales el proveedor debe responder a las solicitudes de información (por ejemplo, "el proveedor proporcionará los documentos solicitados en un plazo de 5 días laborables a partir de la solicitud"); o disponiendo que los costes de cualquier auditoría externa sean compartidos entre las partes (o adelantados por el operador, en función del poder de negociación). Lo importante es que la cooperación sea exigible, evitando formulaciones vagas.

3. Cláusula de resolución expresa (resolución automática)–Dado que estas obligaciones son tan importantes, conviene prever que su incumplimiento dé lugar a la resolución inmediata del contrato por incumplimiento. Se puede insertar una cláusula de resolución expresa de conformidad con las normas aplicables (por ejemplo, de conformidad con el Art. 1456 del Código Civil si el contrato se rige por la ley italiana, o un pacto equivalente en derecho anglosajón) que establezca que el contra-

to se considerará resuelto de pleno derecho (o que el operador tendrá derecho a resolverlo con efecto inmediato mediante una simple notificación por escrito) cuando se produzcan determinados acontecimientos que lo justifiquen. Dichos eventos deben incluir, en particular: (a) el caso de que el proveedor haya facilitado información falsa, engañosa o incompleta en relación con los productos y su cadena de suministro; (b) el caso de no cooperación u obstrucción de los controles de diligencia debida; (c) el caso de implicación del proveedor (o de sus subproveedores) en actividades de deforestación o violaciones de las leyes locales pertinentes. Por ejemplo, si se descubre que mi proveedor de café en Vietnam ha presentado documentos falsos sobre la procedencia o está implicado en talas ilegales, el contrato puede ser rescindido inmediatamente por el operador mediante una simple notificación, sin esperar el plazo, que de otro modo sería largo, de una rescisión judicial. Esta cláusula es esencial para dar al operador de la UE la flexibilidad necesaria para reaccionar rápidamente ante un descubrimiento de incumplimiento, deteniendo las importaciones antes de que aumente el daño (incluso legal). También actúa como elemento disuasorio para el proveedor, que sabrá que cualquier deslealtad informativa o comportamiento no conforme pone en peligro la relación comercial de inmediato[347]. Desde el punto de vista del proveedor, puede parecer una cláusula dura, por lo que a veces se negocian formulaciones graduales (por ejemplo, el derecho a suspender los suministros a la espera de una aclaración, antes de rescindir definitivamente) o se limitan a los casos más graves y objetivamente constatables. En cualquier caso, dado lo que está en juego (la legalidad de la transacción comercial), el operador de la UE querrá la máxima libertad para salir del contrato si hay indicios de incumplimiento.

4. Cláusulas de indemnización y compensación–Aunque se rescinda el contrato, el operador de la UE puede haber sufrido ya daños y perjuicios (por ejemplo, multas administrativas, incautación de mercancías, retirada de productos, pérdida de beneficios, daños a la imagen). Por lo tanto, es aconsejable prever cláusulas de indemnización por las que el proveedor se comprometa a indemnizar al operador por cualquier consecuencia perjudicial derivada de infracciones de los requisitos EUDR imputables al proveedor. Por ejemplo, si un proveedor argentino de soja

---

347 S. Bolognini, *La disciplina della comunicazione B2C nel mercato agro-alimentare europeo fra scelte di acquisto consapevoli e scelte di acquisto sostenibili,* L. Scaffardi–V. Zeno-Zencovich (a cura di), *Cibo e diritto. Una prospettiva comparata,* Torino, 2019, p. 649 y ss.

facilita datos incorrectos o incompletos sobre la localización de las tierras, y ello expone al importador a una sanción o a la incautación de la mercancía, el proveedor deberá indemnizar todos los gastos, costes y posibles sanciones en que incurra el operador europeo como consecuencia de este incumplimiento. Esta cláusula traslada al proveedor (en términos de responsabilidad económica) las consecuencias negativas que, de otro modo, seguirían siendo del operador de la UE. En otras palabras, establece contractualmente una especie de recurso: el operador, en caso de problemas, podrá pedir al proveedor que le reembolse las sanciones, costas judiciales, indemnizaciones pagadas a terceros, etc., si estos desembolsos son consecuencia de una información falsa o del incumplimiento del suministro. Hay que señalar que la indemnización opera entre las partes de forma privada y no afecta a la potestad sancionadora pública (la autoridad seguirá haciendo pagar la sanción al operador de la UE, pero luego éste podrá reclamarla al proveedor en virtud de la cláusula de indemnización). Desde un punto de vista práctico, la eficacia de esta protección también depende del alcance financiero del proveedor: una cláusula de indemnización con una parte insolvente o difícil de ejecutar es poco más que teórica. Por esta razón, los operadores con un fuerte poder de negociación podrían exigir una garantía independiente (aval bancario, seguro o carta de crédito standby) para cubrir las posibles obligaciones de indemnización del proveedor; sin embargo, en el contexto de los suministros agroforestales globales, esto podría resultar excesivo o poco práctico. En cualquier caso, la inclusión de una cláusula de indemnización también tiene un valor disuasorio: indica al proveedor que cualquier laxitud u omisión informativa tendrá un coste directo para él. Además, sirve como recordatorio constante de la importancia de mantener una comunicación precisa con el proveedor. Por último, cabe señalar que la carta de la EUDR no prevé ningún mecanismo de transferencia legal de responsabilidad al proveedor: al contrario, la responsabilidad principal recae siempre en el operador europeo, que en caso de inspecciones deberá responder personalmente de la corrección de la diligencia debida y de la conformidad del producto. Precisamente por esta razón, es crucial disponer de garantías contractuales previas: el contrato es el único instrumento mediante el cual el operador puede, por acuerdo privado, repercutir en el proveedor los efectos económicos del riesgo de incumplimiento. Sería prudente que los operadores "regularan contractualmente las relaciones con los proveedores no europeos en caso de que éstos proporcionen datos y/o información incorrectos" con respecto a las mercancías importadas, teniendo en cuenta que en caso de sanciones el afectado será casi siempre el operador de la UE. Las cláusulas de garantía e indemnización descritas anteriormente aplican exactamente esta precaución.

5. Medidas contractuales adicionales de apoyo a la diligencia debida– Además de las cláusulas fundamentales enumeradas anteriormente, la experiencia apunta a otras disposiciones contractuales útiles para reforzar la posición del operador e incentivar un comportamiento diligente por parte del proveedor. Estas medidas adicionales (posiblemente acumulativas) incluyen: (a) la opción de que el operador retenga una parte del pago debido al proveedor hasta que se verifique el cumplimiento EUDR del suministro. Por ejemplo, se podría pagar el 90% en el momento de la entrega y retener el 10% hasta el resultado positivo de los controles documentales o analíticos de la mercancía; en caso de incumplimiento, esta suma podría retenerse como sanción o indemnización. Esta estructura de "retención" aumenta el interés del proveedor por entregar productos regulares y completos. (b) Obligación del proveedor de notificar sin demora los acontecimientos críticos locales. Esto significa que el proveedor debe informar al operador, en un breve plazo de tiempo, de cualquier acontecimiento en su país o cadena de suministro que pueda afectar a la conformidad del producto (por ejemplo, nueva deforestación en la zona de producción, cambios legislativos locales, protestas indígenas en el territorio, escándalos medioambientales, revocación de certificaciones, etc.). Una cláusula de este tipo mejora la capacidad de respuesta del operador y demuestra un enfoque de colaboración. (c) Posibilidad de ampliar las auditorías y controles a los subproveedores a lo largo de la cadena de suministro. A menudo, el proveedor directo del operador de la UE (por ejemplo, un comerciante o intermediario local) compra a su vez a productores o recolectores anteriores. Por lo tanto, es útil estipular que el proveedor se compromete a ser el portavoz de las obligaciones de la EUDR frente a sus subproveedores, y que permite al operador de la UE (o a un tercero con mandato) verificar la ausencia de deforestación y el cumplimiento de las normas también con ellos. En la práctica, esta cláusula pretende propagar la diligencia debida a lo largo de la cadena en cascada. (d) Obligación del proveedor de participar en programas de formación sobre sostenibilidad y normas EUDR. Dado el "desconocimiento" generalizado de los proveedores extracomunitarios sobre las nuevas normas, el operador podría organizar (quizás a través de organismos o consultores especializados) sesiones de formación, talleres o seminarios web para educar a los socios extranjeros sobre los requisitos de trazabilidad, las mejores prácticas agrícolas y cómo evitar los riesgos de incumplimiento. Obligar contractualmente al proveedor a participar (y quizás a que asistan

sus empleados clave) puede ayudar a crear una cultura de cumplimiento compartida, en beneficio de ambos.

La inclusión de estas cláusulas adicionales, aunque opcionales, se basa en un principio subyacente: más vale prevenir que curar. La retención de pagos crea un incentivo económico para la entrega conforme; la notificación de acontecimientos críticos permite actualizar inmediatamente la diligencia debida en caso de cambios en el escenario; la ampliación de las auditorías a los subcontratistas cierra posibles lagunas en la cadena de control; la formación de los proveedores reduce la probabilidad de errores debidos al desconocimiento de las normas. En definitiva, todas estas disposiciones permiten al importador europeo protegerse de los riesgos y, al mismo tiempo, responsabilizar al proveedor extracomunitario de la consecución de los objetivos de sostenibilidad deseados por la EUDR. De este modo se aplica contractualmente el principio de "mitigación de riesgos en origen" que anima la diligencia debida reglamentaria.

Antes de proseguir, conviene hacer otra consideración: preparar un contrato tan detallado y cautelar es una cosa, pero conseguir que el proveedor extracomunitario lo acepte es otra. Luego hay que convencer a la otra parte de que firme un contrato con esas condiciones. Esto abre la cuestión del equilibrio contractual y la negociación, que abordamos en la siguiente sección.

3. EQUILIBRIO CONTRACTUAL Y GESTIÓN DE CLÁUSULAS: PROTECCIÓN DEL OPERADOR Y DEL PROVEEDOR

La adopción de cláusulas contractuales sólidas para proteger al operador de la UE no debe ocultar la necesidad de mantener un equilibrio justo en la relación contractual. Un contrato desequilibrado, percibido por el proveedor como vejatorio, podría resultar contraproducente: el proveedor podría negarse a firmarlo o cumplirlo sólo formalmente sin una verdadera cooperación sustantiva. Por ello, quizá lo más adecuado sea equilibrar las necesidades mutuas y tener en mente objetivos comunes, haciendo ver al proveedor que el fin que se persigue es más importante que las pequeñas limitaciones y sacrificios que cada parte tendrá que soportar para el éxito final del contrato. En otras palabras, la aplicación de la EUDR a través del contrato debe presentarse como una inversión mutua para seguir haciendo negocios en un mercado (el europeo) cada vez más exigente en términos de sostenibilidad. Ambas partes se benefician de un acuerdo claro: el operador porque puede seguir importando legalmente y con menos riesgo, el proveedor porque conserva el acceso al mercado de la UE (que de otro modo perdería si no cumpliera) y quizá también obtenga el apoyo y la seguridad de una relación a largo plazo.

Desde el punto de vista de la negociación, mucho depende del poder de mercado de las partes. Si el operador de la UE tiene alternativas de suministro o representa a un cliente importante, tendrá más influencia para imponer cláusulas estrictas. Por el contrario, un pequeño importador que dependa en gran medida de un proveedor dominante concreto puede encontrar resistencia. En estos casos, pueden plantearse soluciones de compromiso: por ejemplo, simplificar el lenguaje del contrato evitando fórmulas jurídicas demasiado complejas (para que el proveedor lo entienda mejor); u ofrecer incentivos positivos, como una ligera prima en el precio para los proveedores que demuestren pleno cumplimiento y transparencia (en lugar de limitarse a amenazar con sanciones). De hecho, es importante que el contrato sea claro y comprensible incluso para quienes no tengan profundos conocimientos técnico-jurídicos, redactado en una lengua llana, quizá bilingüe (inglés y lengua local si es necesario), y a ser posible breve y concreto: la experiencia enseña que los contratos más eficaces son concisos pero bien detallados en los puntos esenciales, evitando la dispersión en cláusulas irrelevantes. Cuando determinadas referencias reglamentarias o técnicas sean indispensables, conviene explicarlas de manera sencilla para no crear incertidumbres interpretativas. Por ejemplo, si hay una referencia a la definición de "deforestación" según el Reglamento de la UE, se podría adjuntar al contrato la definición lingüística del proveedor para evitar malentendidos.

Otra clave del éxito podría ser mostrar al proveedor que el contrato no es un arma punitiva unilateral, sino un instrumento de gestión compartida del riesgo. En este sentido, algunas de las cláusulas adicionales mencionadas (como la formación o la colaboración en auditorías) muestran la voluntad del operador de ayudar al proveedor en el proceso de ajuste. Una cláusula de retención también puede presentarse como una práctica habitual de diligencia debida, quizá depositando la cantidad retenida en una cuenta de garantía bloqueada, una medida que la contraparte puede percibir como más neutral que retener el dinero directamente. A la hora de definir las cláusulas de rescisión y penalización, se puede especificar que sólo se aplicarán cuando se produzcan infracciones materiales y no por aspectos menores, tranquilizando así al proveedor en el sentido de que no habrá abusos por parte del operador. En resumen, la confianza sigue siendo un elemento indispensable: el contrato debe fomentarla, no destruirla.

Un contrato "justo"–entendido como equidistancia de papeles y respeto mutuo de las necesidades–tiene más probabilidades de ser respetado y de llevar la relación a buen puerto.

Desde un punto de vista estrictamente jurídico, hay que prestar atención por último a ciertos aspectos típicos de los contratos internacionales. La elección de la ley aplicable y del foro competente (o arbitraje) es crucial: sería preferible una ley nacional que reconozca y aplique las cláusulas de garantía e indemnización aquí descritas. Por ejemplo, si se opta por la ley italiana, una declaración falsa del proveedor activaría la responsabilidad precontractual o contractual en virtud de los artículos 1337 y 1375 del Código Civil y la cláusula de rescisión expresa en virtud del artículo 1456 del Código Civil sería plenamente válida; si, por el contrario, el contrato se rige por una ley de un país del proveedor con menos protecciones, habrá que comprobar su eficacia. A veces, para evitar incertidumbres, se introducen cláusulas de arbitraje internacional, en las que se eligen árbitros con experiencia en contratos comerciales y se prevén quizás procedimientos acelerados (por ejemplo, arbitraje acelerado para los litigios EUDR). El arbitraje tiene la ventaja de la ejecutabilidad multiestatal (Convención de Nueva York de 1958) y la flexibilidad procesal, que puede ser útil en contextos transnacionales. Por supuesto, estas consideraciones deben sopesarse caso por caso; lo importante es no despreciar el valor jurídico de las cláusulas cuando se apliquen realmente. De poco sirve un contrato escrito con cláusulas detalladas si no es fácil hacerlas cumplir ante los tribunales. El papel del abogado en la redacción y el apoyo al empresario se convierte aquí en fundamental, como menciona a menudo en el vademécum de las PYME exportadoras: se requiere un cuidadoso trabajo de traducción de los riesgos en cláusulas, garantizando al mismo tiempo que estas cláusulas sean ejecutables y que el cliente comprenda plenamente sus obligaciones en virtud del contrato.

4. CONCLUSIÓN: EL CONTRATO, PIEDRA ANGULAR DE UNA CADENA DE SUMINISTRO SOSTENIBLE

En definitiva, del análisis realizado se desprende claramente que el contrato es la piedra angular sobre la que descansa la aplicación concreta de la EUDR en las relaciones internacionales de suministro. Es a través del instrumento contractual como el elevado nivel de protección medioambiental y diligencia debida exigido por el legislador europeo puede arraigar en la práctica empresarial cotidiana, convirtiéndose en parte integrante de la forma en que interactúan operadores y proveedores. Un contrato bien diseñado, repleto de las cláusulas de garantía, cooperación, control y recurso ilustradas, actúa como dintel que sostiene todo el sistema de cumplimiento: por un lado, protege al operador europeo, dándole los medios de verificación y reacción (jurídica y económica) ante posibles incumplimientos del proveedor; por otro, protege también al proveedor virtuoso no comunitario, porque define claramente sus obligaciones evitando incertidumbres, le ofrece apoyo formativo y de comunicación, y le asegura que si cumple las normas, la relación comercial puede continuar sin problemas y, de hecho, reforzarse en la confianza. En cierto modo, un buen contrato "pone orden" en la cadena de suministro: asigna a cada uno su papel y sus responsabilidades, reduciendo los solapamientos y las zonas grises que suelen ser terreno abonado para las disputas.

Es importante reiterar que todas las precauciones contractuales tomadas no eximen al operador de la UE de sus obligaciones legales: en caso de controles oficiales, siempre será el operador quien tendrá que responder ante la autoridad de la diligencia debida realizada y de los productos importados. Sin embargo, tener detrás un acuerdo contractual sólido significa haber trazado una línea de defensa adicional: el operador podrá demostrar que ha solicitado diligentemente garantías y datos al proveedor, que ha acordado mecanismos de control y que ha actuado con prontitud (por ejemplo, rescindiendo el contrato) en caso de sospecha de incumplimiento. Esto puede incluso ayudar a probar la buena fe y la ausencia de culpa del operador en cualquier procedimiento sancionador, mitigando su posición (piénsese en el principio de exención del "modelo organizativo" de algunas normativas: un contrato sólido puede formar parte del modelo de diligencia debida de la empresa). Por parte del proveedor, adherirse a un régimen contractual conforme con la EUDR podría convertirlo en un socio más atractivo en el mercado internacional: en perspectiva, los proveedores que puedan presumir de contratos y prácticas libres de deforestación serán preferidos por muchos compradores, amplificando el impacto positivo de la normativa más allá de las fronteras europeas.

Por supuesto, no faltan retos pendientes. A nivel macro, hay nudos críticos que el contrato privado por sí solo no puede resolver por completo. Por ejemplo, el desconocimiento de muchos proveedores no comunitarios sobre la EUDR y sus estrictos requisitos sigue siendo un problema: hacen falta iniciativas internacionales de sensibilización, hermanamientos institucionales e incentivos para que terceros países implanten sistemas públicos de trazabilidad (muchos países avanzan en esta dirección, facilitando la tarea de las empresas europeas). Además, en algunos sectores planea el riesgo de deslocalizaciones indeseadas de la producción: unas normas comunitarias demasiado estrictas podrían inducir a las empresas europeas a trasladar las fases de transformación al extranjero para eludir los controles, lo que -paradójicamente- aumentaría la deforestación mundial en lugar de reducirla. Para mitigar este riesgo, se espera que otros mercados importantes (EE.UU., China, etc.) adopten medidas similares a la EUDR, creando unas condiciones más equitativas. Mientras tanto, las empresas de la UE deben ser acompañadas y apoyadas: el éxito del EUDR dependerá también de la capacidad de Europa y de los Estados miembros para ofrecer un apoyo real a las empresas, mediante normas claras, plazos realistas y herramientas operativas concretas. En esta perspectiva, el contrato es una de las principales herramientas operativas que debe aprovechar. También hay que tener en cuenta las preocupaciones de competitividad internacional: sectores estratégicos del Made in Italy como el mueble de madera, el agroalimentario, la moda y la automoción (las llamadas "4 A") temen costes adicionales y mayores dificultades operativas en comparación con competidores mundiales no sujetos a normativas equivalentes. En este caso, el contrato sólo puede ayudar en parte (por ejemplo, transfiriendo algunos costes en sentido ascendente), pero siguen siendo necesarias intervenciones de política comercial (como acuerdos bilaterales o cláusulas de ajuste arancelario) para evitar distorsiones. Por último, hay un aspecto específico italiano: la dependencia de las importaciones de madera (alrededor del 80% de la madera utilizada en Italia es importada) hace urgente invertir en una mayor autosuficiencia y certificación de los bosques nacionales. Esto, sin embargo, va más allá de la esfera contractual privada y está relacionado con las estrategias de la cadena de suministro y los incentivos públicos[348].

En conclusión, a pesar de estos retos, el enfoque basado en contratos parece ser actualmente la mejor manera de convertir los requisitos de la EUDR en una realidad operativa. Como hemos visto, un contrato internacional bien estructurado puede definir mejor las responsabilidades de los operadores y las de los proveedores extracomunitarios, proporcionando un marco claro de normas en el que moverse. El contrato se convierte así

---

[348] A. Stefani–R. Romano, *Direzione generale dell'economia montana e delle foreste: i primi cinque anni di attività*, en *Forest@*, 2024, pp. 60-71.

en el lugar donde los principios abstractos de sostenibilidad se traducen en obligaciones puntuales y sanciones concretas, donde la nobleza del fin se complementa con la eficacia de los medios. Estos acuerdos contractuales, si se generalizan y aplican, contribuirán a transformar una normativa compleja y exigente en una verdadera oportunidad de crecimiento sostenible y responsable para nuestras empresas[349]. Al fin y al cabo, la EUDR no debe verse sólo como una limitación, sino como el estímulo hacia un nuevo paradigma del comercio internacional: un comercio en el que se certifique la confianza, se respeten los bosques y los socios comerciales compartan valores además de beneficios. En este escenario, el contrato está llamado a desempeñar un papel protagonista, como instrumento de equilibrio y garantía capaz de conjugar la libre iniciativa económica y la protección del bien común medioambiental. Y como todo buen contrato, si se construye con previsión y equidad, puede perdurar en el tiempo y beneficiar a todas las partes implicadas.

5. REFERENCIAS BIBLIOGRÁFICAS

Albisinni, F., *Strumentario di diritto alimentare europeo,* Milán, Wolters Kluwer, 2023, p. 11 ss.

Beltran, J. Pio, et al., *The Impact of the European Green Deal from a Sustainable Global Food System Approach,* en *European Food & Feed Law Review,* 2022, p. 2 ss.

Bolognini, S., *La disciplina della comunicazione B2C nel mercato agro-alimentare europeo fra scelte di acquisto consapevoli e scelte di acquisto sostenibili,* in L. Scaffardi – V. Zeno Zencovich (a cura di), *Cibo e diritto. Una prospettiva comparata,* Torino, 2019, p. 649 ss.

Cerrato, S. A., *Appunti per una 'via italiana' all'ESG: l'impresa 'costituzionalmente solidale' (anche alla luce dei 'nuovi' artt. 9 e 41, comma 3, Cost.),* en *Analisi giuridica dell'Economia,* 2022, p. 63 ss.

Chiti, E. – Bevilacqua, D., *Green Deal. Come costruire una nuova Europa,* Bolonia, Il Mulino, 2024.

Cian, M., *Sulla gestione sostenibile e i doveri degli amministratori: uno spunto di riflessione,* en *Orizzonti del diritto commerciale,* 2021, p. 1131 y ss.

Cian, M., *Principi dell'ordinamento giuridico-economico e sviluppo sostenibile in Italia e in Austria,* en *Rivista di diritto civile,* 2022, p. 100 y ss.

Corbetta, L., *I regolamenti FLEGT EUTR sul commercio di legni derivati,* in N. Ferrucci (a cura di), *Diritto forestale e ambientale,* Torino, Giappichelli, 2020, p. 53 ss.

Ferrucci, N., *Riflettendo sulla biodiversità,* in *Rivista di diritto alimentare,* 2023, nº 2, pp. 13-30.

---

349 M. Mauro, *La gestione forestale sostenibile tra diritto interno, europeo ed internazionale,* en *Rivista di diritto agrario,* 2020, p. 885 ss.

Flick, M., *Il regolamento 'deforestation free': tra possibili problemi di attuazione, 'greenwashing' e criteri ESG*, en *Rivista giuridica dell'ambiente*, 2023, p. 49 ss.

Gulotta, C., *L'evoluzione in atto nell'Unione europea in tema di diligenza dovuta e responsabilità sociale delle imprese*, en *Rivista giuridica dell'ambiente*, 2024, pp. 135-163.

Jannarelli, A., *Agricoltura sostenibile e nuova PAC: problemi e prospettive*, en *Rivista di diritto agrario*, 2020, p. 23 ss.

Lattanzi, P., *La transizione verso un sistema alimentare sostenibile nel Green Deal*, en P. Borghi – I. Canfora – A. Di Lauro – L. Russo (eds.), *Trattato di diritto alimentare italiano e dell'Unione europea*, Milán, Giuffrè, 2024, p. 29 y ss.

Masini, S. – Rubino, V. (eds.), *La sostenibilità del sistema agroalimentare*, Milán, 2023.

Mauro, M., *La gestione forestale sostenibile tra diritto interno, europeo ed internazionale*, en *Rivista di diritto agrario*, 2020, p. 885 ss.

Muñiz Espada, M. E., *Derecho forestal y montes de socios: por una nueva forma de ordenación de la propiedad*, Madrid, Reus, 2025.

Paoloni, L., *La sostenibilità 'etica' della filiera agroalimentare*, en *Rivista di diritto agrario*, 2020, n. 4, p. 89.

Pastorino, L. F., *Comercio internacional y responsabilidad ambiental y climática. A propósito del reglamento (UE) 2023/1115 contra la desforestación*, en Eurojus.it, 3/2024, p. 29.

Roppo, V., *Contratto di diritto comune, contratto del consumatore, contratto con asimmetria di potere contrattuale: genesi e sviluppi di un nuovo paradigma*, en Id., *Il contratto del duemila*, IV ed., Turín, Giappichelli, 2020, p. 69 y ss.

Stefani, A. – Romano, R., *Direzione generale dell'economia montana e delle foreste: i primi cinque anni di attività*, en *Forest@*, 2024, pp. 60-71.

Capítulo IX.

El sistema de clasificación de los países o de áreas individuales y las repercusiones sobre los operadores

MARIO MAURO[346]

1. EL PROBLEMA: EL MECANISMO DE CLASIFICACIÓN Y SUS FUNCIONES

En el contexto de las políticas forestales europeas para promover la transición hacia una gestión forestal cada vez más sostenible[347], el Reglamento (UE) 2023/1115, conocido como Reglamento de la UE sobre la deforestación (EUDR)[348], ha suscitado un gran interés. Como ya se sabe, en virtud de esta normativa, una serie de materias primas y productos derivados (madera, aceite de palma, soja, cacao, café, ganado y caucho) solo podrán comercializarse en el mercado europeo si no han contribuido a la deforestación o la degradación forestal. Siguiendo el enfoque ya introducido por el anterior Reglamento EUTR[349], la verificación de estos requisitos

---

[346] Profesor Adjunto de Derecho Civil y Derecho Agrario e Investigador en Derecho Agrario y Alimentario en el DAGRI (Departamento de Ciencias y Tecnologías Agrícolas, Alimentarias, Ambientales y Forestales), Universidad de Florencia (Italia).

[347] Para una visión general de las políticas europeas en el sector forestal y de la necesidad de implementar una gestión del patrimonio forestal cada vez más sostenible, véase la reciente síntesis de E. Muñiz Espada, *Derecho forestal y montes de socios: por otro modelo de ordenación de la propiedad,* Madrid, 2025, p. 23 y ss.

[348] Reglamento (UE) 2023/1115 del Parlamento Europeo y del Consejo, de 31 de mayo de 2023, relativo a la comercialización en el mercado de la Unión y a la exportación desde la Unión de determinadas materias primas y productos asociados a la deforestación y la degradación forestal, y por el que se deroga el Reglamento (UE) n. 995/2010

[349] Reglamento (UE) 995/2010 del Parlamento Europeo y del Consejo, de 20 de octubre de 2010, por el que se establecen las obligaciones de los agentes que comercializan madera y productos de la madera. Sobre la relación entre esta normativa y la anterior, v. M. Flick, *Il regolamento "Deforestation free": tra possibili problemi di attuazione, "greenwashing" e criteri ESG,* en *Riv. giur. amb.*, 2023, p. 49.

se obtiene obligando a los operadores a seguir un riguroso enfoque de diligencia debida y trazabilidad.

Para facilitar las importaciones que cumplan con las nuevas normas, el artículo 29 del EUDR también ha previsto un sistema de evaluación comparativa. En concreto, a cada país o zona subnacional se le asigna un nivel de riesgo, que puede ser bajo, estándar o alto, con un impacto tanto en los operadores como en las autoridades competentes. En la práctica, las empresas que se abastezcan de países clasificados como de bajo riesgo se beneficiarán de requisitos de diligencia debida simplificados y tendrán menos probabilidades de ser sometidas a controles oficiales; por el contrario, las que importen de países clasificados como de riesgo estándar o alto deberán cumplir plenamente las obligaciones previstas en el EUDR y tendrán más probabilidades de ser sometidas a controles oficiales.

La razón de ser del mecanismo radica en la voluntad de diferenciar las obligaciones administrativas en función del riesgo concreto, una medida equilibrada y proporcionada que debería facilitar el comercio responsable, sin comprometer la protección del medio ambiente. Al mismo tiempo, también pretende actuar como una palanca indirecta de gobernanza medioambiental global, orientando a los terceros países hacia las normas europeas de gestión forestal sostenible.

Sin embargo, esto plantea una profunda tensión jurídico-política. Por un lado, surge la necesidad de simplificar los procedimientos para los operadores que importan desde contextos virtuosos, mientras que, por otro, no faltan los temores entre algunos terceros países, en particular los países en desarrollo, de que este sistema pueda constituir una barrera comercial encubierta, transmitida a través de la protección del medio ambiente[350].

---

[350] Sobre este tema, véase L.F. PASTORINO, *Comercio internacional y responsabilidad ambiental y climática. A propósito del reglamento (UE) 2023/1115 contra la desforestación,* en *Eurojus.it,* 2024, p. 29. Entre los estudiosos de ultramar que se han interesado por el tema, véase el volumen de G. De Miranda e T. Eloana, *Direito agrario. Comprensao Juridica a COP 30,* ABLJA, 2024 y en él los escritos de F. TRENTINI, *O desafio ambiental do comércio internacional: o "Made in UE" para os produtos agrícolas entre a Diretiva Red (2001/2018) e o regulamento EURD (1115/2023)* (p. 477); L. FACCIANO, *Reglamento U.E. 2023/1115. ¿protección ambiental, medida paraarancelaria u oportunidad?* (p. 465); A.G. DILORETO, *Impacto del cambio climático y la deforestación en el comercio internacional y sus repercusiones en los derechos agrarios locales* (p. 503); G. GONZALEZ ACOSTA, *Regulacion de materias primas y productos agrarios libres de deforestacion y de degradacion forestal en la Unión Europea* (p. 517).

Estas preocupaciones se materializaron en parte, pero en ciertos aspectos también se atenuaron, el 22 de mayo de 2025, cuando la Comisión publicó la lista oficial de países clasificados[351]. La medida sitúa solo a cuatro países entre los de alto riesgo (Rusia, Corea del Norte, Bielorrusia y Myanmar); por el contrario, se consideran de bajo riesgo, además de todos los Estados miembros de la UE, también Estados Unidos, Canadá, China y otros países como Ucrania, Tailandia, Australia, Japón y Sudáfrica; por último, a pesar de sus tasas de deforestación históricamente elevadas, se clasifican como de riesgo estándar países como Brasil, Indonesia y Malasia, sin que por ello hayan faltado opiniones contrarias.

En el contexto descrito, el presente documento pretende ofrecer una lectura crítica y sistemática de este mecanismo de clasificación, explorando su génesis normativa, sus supuestos técnico-científicos y sus repercusiones prácticas, tanto en los operadores individuales como en el mercado global.

2. EL CONTEXTO EN EL QUE SE INSCRIBE EL SISTEMA DE CLASIFICACIÓN PREVISTO POR EL EUDR Y LOS OBJETIVOS DEL LEGISLADOR EUROPEO

Con el fin de combatir la introducción en el mercado europeo de madera de origen ilegal, el EUDR confirma el enfoque ya seguido por el anterior reglamento EUTR, imponiendo a los operadores una serie de obligaciones de evaluación del proveedor (Sistema de Diligencia Debida–DDS) que, en comparación con el pasado, no solo son hoy mucho más articuladas y complejas, sino que, sobre todo, no se refieren únicamente a la importación de madera, sino que se extienden también a otras producciones de origen alimentario. Estas obligaciones se concretan en la adopción de sistemas internos de trazabilidad que consisten en la adquisición de información precisa sobre el proveedor y el país de origen (art. 9), así como en la evaluación

---

351 Reglamento de Ejecución (UE) 2025/1093 de la Comisión, de 22 de mayo de 2025, por el que se establecen disposiciones de aplicación del Reglamento (UE) 2023/1115 del Parlamento Europeo y del Consejo en lo que respecta a una lista de países que presentan un riesgo bajo o alto de producir materias primas pertinentes para las que los productos pertinentes no cumplen lo dispuesto en el artículo 3, letra a). La lista de países y las evaluaciones correspondientes pueden consultarse en el siguiente enlace: https://green-forum.ec.europa.eu/nature-and-biodiversity/deforestation-regulation-implementation/eudr-cooperation-and-partnerships_en

del riesgo relacionado con la legalidad del producto importado (art. 10) y, en caso de que de dicha operación se desprenda un riesgo no desdeñable, en la obligación de adoptar medidas de mitigación (art. 11).

Si nos limitamos a repasar la lista de información que el artículo 9 exige que el operador recopile y la comparamos con el artículo 6 del EUTR, se comprende claramente que, en comparación con el pasado, se trata de una carga mucho más significativa. De hecho, el EUTR y el EUDR presentan un núcleo de continuidad que se refiere a los elementos esenciales de la trazabilidad, como la descripción del producto (incluida la denominación comercial, el tipo y la especie de madera), la cantidad, el país de producción con posibles especificaciones territoriales, así como la identidad de los proveedores y destinatarios de la cadena de suministro, además de proporcionar pruebas del cumplimiento de la legislación vigente en el lugar de origen. Sin embargo, el EUDR introduce un salto cualitativo en los requisitos de información. De hecho, exige la lista de las materias primas contenidas en los productos, la estandarización de las unidades de medida vinculadas al sistema aduanero, la geolocalización de las parcelas de producción con indicación del período de tiempo, el refuerzo de los datos de contacto de las contrapartes comerciales, incluso mediante la inclusión de direcciones electrónicas, así como pruebas adecuadamente verificables tanto de la condición «libre de deforestación» como de la legitimidad del uso del suelo, los derechos sobre la tierra y la protección de los derechos humanos. En este sentido, mientras que el EUTR proponía una noción más limitada de la legalidad del origen de la madera, el EUDR amplía el horizonte informativo y probatorio hacia una responsabilidad medioambiental y territorial más completa de los operadores, que contempla la sostenibilidad en su triple dimensión, incluida la social[352].

La lógica subyacente es responsabilizar al operador, confiando en su actuación y transfiriéndole un deber activo de prevención[353] . Se trata de un cumplimiento que va más allá de la simple diligencia comercial y que se configura como una obligación de carácter preventivo, con

---

[352] En la doctrina, también se ha comenzado a hablar de la sostenibilidad paisajística del bosque, sobre este tema véase N. FERRUCCI, *La trama giuridica della sostenibilità nel paradigma del bosco,* en *Dir. agroalim.*, 2022, p. 471.

[353] El legislador parece haber tomado prestada la experiencia ya adquirida en el sector alimentario, sobre el que véase, entre otros, F. ALBISINNI, *Strumentario di diritto alimentare,* Milán, 2020, p. 200.

importantes repercusiones también en términos de sanciones en caso de incumplimiento.

Por lo tanto, con el fin de facilitar a los operadores el cumplimiento de las obligaciones previstas en los artículos 9 a 11, el legislador europeo ha querido introducir instrumentos comunes y procedimientos estandarizados, destinados a reducir la fragmentación en la aplicación entre los distintos Estados miembros, intentando lograr un delicado equilibrio entre la necesidad de garantizar un control efectivo y uniforme de la cadena de suministro, por un lado, y garantizar la proporcionalidad de las medidas y la sostenibilidad económica de las empresas implicadas, especialmente las pequeñas y medianas, por otro.

En esta perspectiva, cabe mencionar las facilidades que el Reglamento EUDR prevé en favor de las pymes (art. 4, apartado 8) o la facultad de delegar la ejecución de la diligencia debida en un mandatario (art. 6), pero también, a los efectos que aquí nos ocupan, la introducción de un sistema de clasificación, cuyo objetivo debería ser aligerar la evaluación que corresponde al operador. De hecho, cuando la importación se realice desde Estados considerados «de bajo riesgo», el operador podrá llevar a cabo una DDS simplificada que se limite a la recopilación de información, mientras que se mantendrían las obligaciones más estrictas para la madera procedente de zonas de alto riesgo. Esta modulación, inspirada en el principio de proporcionalidad y en instrumentos similares de evaluación de riesgos ya conocidos en el Derecho europeo, tiene por objeto racionalizar la actividad de los operadores, reduciendo las duplicaciones burocráticas y concentrando los esfuerzos de las autoridades de control en los segmentos realmente críticos de la cadena de suministro.

Si el objetivo declarado es facilitar y simplificar la evaluación exigida a los operadores, también con el fin de evitar que el marco normativo se traduzca en una carga desproporcionada o que obstaculice los flujos comerciales, en las ambiciones del legislador este sistema también podría representar una de las palancas para convertir a varios países no pertenecientes a la UE a los mismos estándares de producción europeos. Para comprender mejor el sentido de esta afirmación, conviene analizar dicho sistema de clasificación y el proceso mediante el cual se lleva a cabo.

3. EL SISTEMA DE CLASIFICACIÓN

El artículo 29 del EUDR introduce un sistema de clasificación que distingue tres categorías de riesgo —alto, estándar y bajo— en relación con la probabilidad de que, en el país o en la zona específica considerada, se produzcan materias primas y productos que no cumplan los requisitos de legalidad previstos en el Reglamento.

En la categoría de países o zonas «de alto riesgo» se incluyen aquellos en los que existe un riesgo elevado de producción no conforme, con especial referencia a la deforestación, la degradación forestal o la violación de la normativa local, que hoy en día ya no se limita únicamente a la tala de madera, sino que trata de abarcar la sostenibilidad teniendo en cuenta elementos como la protección de los derechos laborales y los derechos humanos, con especial atención a las poblaciones indígenas. En estos casos, el legislador europeo ha previsto un papel activo de la Comisión Europea, que puede iniciar actividades de cooperación y asociaciones con el fin de apoyar la mejora de la gobernanza forestal y la adaptación a las normas exigidas. La lógica es acompañar a los Estados más frágiles hacia una mayor conformidad, evitando enfoques meramente punitivos y favoreciendo, en cambio, instrumentos de creación de capacidad.

Por el contrario, los países o zonas «de bajo riesgo» se caracterizan por la existencia de garantías suficientes sobre el carácter excepcional de los casos de producción no conforme. La clasificación en esta categoría tiene consecuencias importantes para los operadores, ya que implica la posibilidad de recurrir a una diligencia debida simplificada (art. 13) y afecta a la frecuencia de los controles (art. 16), que se reducirá proporcionalmente, con un grado de intensidad calibrado en función de la naturaleza no excepcionalmente favorable, ni particularmente crítica, de la situación de riesgo.

Por último, la categoría de países o zonas de riesgo estándar representa la posición intermedia y residual. Aquí se incluyen todos los Estados que no pueden clasificarse ni en la clase de alto riesgo ni en la de bajo riesgo. En este caso, se mantienen las obligaciones de diligencia debida, pero se prevé una reducción de la frecuencia de los controles (art. 16).

A efectos de la clasificación, la norma introduce una serie de criterios, tanto cuantitativos como cualitativos, basados en pruebas científicas actualizadas y en fuentes de información reconocidas a nivel internacional, con el fin de garantizar un enfoque coherente con las normas en materia de clima, bosques y derechos humanos.

El componente cuantitativo de la evaluación se articula principalmente en torno a tres indicadores clave: la tasa de deforestación y degradación forestal, la expansión de las tierras agrícolas destinadas a las materias primas objeto de regulación y las tendencias productivas y e es comerciales relacionadas con las materias primas identificadas en el Reglamento y sus derivados. Estos parámetros deberían proporcionar una medida objetiva del fenómeno, permitiendo supervisar su evolución histórica y prever sus posibles desarrollos futuros.

Además de estos elementos, también se prevé la valoración de factores cualitativos, destinados a integrar los datos estadísticos con consideraciones de contexto político, jurídico e institucional. En esta perspectiva, cobran importancia la información transmitida por los países a la Convención Marco de las Naciones Unidas sobre el Cambio Climático (CMNUCC), así como las contribuciones de las autoridades regionales, los operadores económicos, las ONG, las comunidades locales y los pueblos indígenas. Otros parámetros cualitativos son la existencia de acuerdos de cooperación entre el tercer país y la Unión (o sus Estados miembros) en materia de lucha contra la deforestación, la solidez del marco legislativo nacional o subnacional y su aplicación efectiva, incluidas las medidas sancionadoras destinadas a disuadir las conductas ilícitas. También es importante la disponibilidad y la transparencia de los datos, junto con el respeto de las normas de protección de los derechos humanos y los derechos sobre la tierra de los pueblos indígenas y las comunidades locales. Por último, no menos significativo es el parámetro de las sanciones internacionales que puedan adoptar el Consejo de Seguridad de las Naciones Unidas o el Consejo de la Unión Europea en relación con las importaciones y exportaciones de materias primas y productos sujetos a regulación.

En términos operativos, antes de llegar a la publicación de la clasificación, la Comisión preparó un documento de trabajo del personal que acompañó al acto de ejecución[354]. Por lo tanto, el procedimiento se configura como un proceso de varios niveles, en el que se entrelazan datos empíricos y evaluaciones normativas con el fin de ofrecer una imagen fiable del riesgo país. Además, el proceso de evaluación no se lleva a cabo de forma unilateral, sino que, mediante un sistema de notificaciones preventivas

---

[354] Disponible en este enlace: https://circabc.europa.eu/ui/group/34861680-e799-4d7c-bbad-da83c45da458/library/bb6fc64c-8911-4ae6-9a41-88aad0d9ab8d/details?download=true

a los países interesados, también contempla momentos de diálogo, respetando una lógica de cooperación internacional y de legitimación procedimental de las decisiones europeas[355].

4. EL SISTEMA DE CLASIFICACIÓN Y LAS REPERCUSIONES CONCRETAS PARA LOS OPERADORES

Entre los beneficios que garantiza el sistema de clasificación descrito anteriormente en beneficio de los operadores, ya se ha mencionado la posibilidad de beneficiarse de una simplificación del sistema de diligencia debida (DDS), estrechamente relacionada con la clasificación de los países o las zonas de origen de las materias primas.

Para ser más específicos, la estructura de la diligencia debida esbozada por el Reglamento EUDR se basa en un mecanismo tripartito, dividido en tres momentos esenciales. En primer lugar, el operador está obligado a recopilar la información pertinente (art. 9), lo que constituye el requisito lógico y funcional de todo el sistema. Esta fase implica la preparación de un expediente completo sobre los productos, que incluya datos relativos a la especie, la cantidad, el país y la región de origen, hasta la geolocalización precisa de las parcelas de las que proceden las materias primas. A continuación, sobre la base de esta información, el operador deberá realizar una evaluación del riesgo (art. 10), es decir, un análisis crítico destinado a determinar si existen elementos que permitan considerar probable que las mercancías estén relacionadas con prácticas de deforestación o con infracciones de la legislación del país de producción. Por último, cuando la evaluación ponga de manifiesto riesgos no insignificantes, se pasa a la tercera fase, relativa a la adopción de medidas de mitigación (art. 11), que obliga al operador a tomar todas las iniciativas necesarias para reducir el riesgo hasta hacerlo «insignificante», condición imprescindible para la comercialización del producto en el mercado europeo.

---

355 El carácter dinámico de este sistema de clasificación se desprende claramente de la previsión de actualizaciones periódicas de la lista de países, que deberán reflejar la nueva información disponible. La primera actualización ya está prevista para 2026, lo que confirma que la clasificación no es una instantánea estática de la realidad, sino un instrumento de gobernanza flexible, destinado a adaptarse a los cambios en los datos científicos, los contextos económicos y las condiciones político-jurídicas de los países implicados.

Se trata de un procedimiento complejo y oneroso, tanto desde el punto de vista organizativo como documental, concebido con el objetivo de hacer lo más impermeable posible el mercado de la Unión a los productos relacionados con la deforestación o las prácticas ilegales.

En este contexto, el legislador europeo ha previsto una facilidad destinada a equilibrar las cargas de cumplimiento con las necesidades de los operadores económicos. En el caso de las importaciones procedentes de países o zonas clasificados como «de bajo riesgo» (art. 29), el operador no está obligado a llevar a cabo ni la fase de evaluación del riesgo ni la de mitigación, pudiéndose limitar a la mera recopilación y conservación de la información prevista en el art. 9. No obstante, sigue existiendo la obligación de preparar dicha documentación y ponerla a disposición de la autoridad competente, si esta lo solicita. El régimen simplificado, aunque aligera las obligaciones de los operadores, no elimina la necesidad de transparencia y trazabilidad, que es la característica distintiva de la normativa europea.

Otro elemento importante del sistema de clasificación de países introducido por el Reglamento EUDR se refiere a la normativa sobre controles de conformidad, que rige la actividad de supervisión de las autoridades competentes de los Estados miembros. En particular, se prevén umbrales y controles mínimos anuales diferenciados para los operadores económicos, proporcionales al nivel de riesgo atribuido al país o a la región de producción de las materias primas y los productos en cuestión. De este modo, el legislador europeo garantiza un uso específico de los recursos administrativos, ya de por sí limitados, reduciendo los controles cuando el riesgo de procedencia ilegal es bajo y asegurando una protección reforzada en los contextos considerados más expuestos a prácticas de deforestación ilegal o insostenible.

Más concretamente, la normativa establece que las autoridades nacionales de supervisión están obligadas a someter a controles de conformidad al menos al 1 % de los operadores que comercializan o exportan productos procedentes de países clasificados como de bajo riesgo, al 3 % de los relacionados con países de riesgo estándar y al 9 % de los operadores que comercializan productos originarios de países o partes de países de alto riesgo. El aumento de la proporción responde a una lógica de intensificación progresiva del control público, en función de la probabilidad de que se produzcan infracciones y de la gravedad de las posibles consecuencias en términos de deforestación, degradación forestal y violación de derechos fundamentales.

A través de este sistema, la Comisión parece querer incentivar las preferencias de los operadores hacia las importaciones procedentes de países o zonas geográficas de bajo riesgo, que han demostrado un mayor nivel de cumplimiento de las normas europeas en materia de legalidad y sostenibilidad. Desde la perspectiva de las instituciones europeas, la DDS simplificada y la menor frecuencia de los controles deberían poder configurarse no solo como un mecanismo técnico de aligeramiento burocrático, sino también, como consecuencia de las preferencias de compra de los operadores orientadas hacia países de bajo riesgo, también como un instrumento de gobernanza forestal y medioambiental, capaz de estimular prácticas virtuosas en terceros países a través de la preferencia de los compradores europeos que, en su conjunto, representan un mercado importante y estratégico, con la consecuencia de que la clasificación de un país dentro de un determinado rango de riesgo podría generar nuevos equilibrios globales, reforzando determinadas relaciones comerciales, construyendo nuevas alianzas o perjudicando las relaciones previas existentes.

5. LOS EFECTOS A LARGO PLAZO DEL SISTEMA DE CLASIFICACIÓN

La observación anterior amplía la relevancia del sistema de clasificación, que pasa de ser un instrumento técnico de gestión del riesgo a un mecanismo con implicaciones geopolíticas y comerciales, ya que afecta al equilibrio entre la política comercial de la Unión, la protección del medio ambiente y las relaciones con los socios internacionales, sobre lo que ahora conviene detenerse.

La clasificación, y los beneficios conexos de que disfrutan los operadores, se configuran como instrumentos de gobernanza multinivel, en los que la Comisión asume una función de supervisión y coordinación, también mediante la creación de asociaciones internacionales, con vistas a lograr un equilibrio entre las necesidades comerciales, la protección del medio ambiente y la seguridad jurídica para los operadores.

El tema se desprende claramente del artículo 30 del EUDR, en el que se prevé que la Comisión y los Estados miembros, cada uno en el ámbito de sus competencias, promuevan el diálogo y las formas de cooperación con los países productores, en particular los de alto riesgo, y con otros países consumidores, con el fin de abordar las causas estructurales de la deforestación y la degradación forestal. Estas asociaciones, basadas en un marco estratégico común de la Unión, se centran en la conservación, la restauración y el uso sostenible de los bosques, apoyando procesos de reforma jurídica y de gobernanza inclusivos y participativos, en los que participen plenamente las comunidades locales, los pueblos indígenas, los pequeños propietarios de tierras, la sociedad civil y el sector privado. También pretenden fomentar la planificación integrada del uso del suelo, el desarrollo de instrumentos normativos, fiscales y comerciales para reforzar la protección de los bosques y la transparencia de las cadenas de suministro, así como el reconocimiento de los derechos sobre la tierra y el acceso a la información. Paralelamente, la Unión y los Estados miembros participan en foros internacionales bilaterales y multilaterales (como el CDB, la FAO, la CMNUCC, la OMC, el G7 y el G20) para promover la transición hacia prácticas agrícolas y forestales sostenibles y el establecimiento de normas comunes elevadas de protección del medio ambiente y los derechos humanos.

En cumplimiento de estas disposiciones, una comunicación de la Comisión publicada en noviembre de 2024[356] definió el marco estratégico al que se refiere la norma para orientar la acción exterior y la cooperación internacional, con el fin de acompañar la transición hacia cadenas de suministro más sostenibles, con el objetivo último de detener el problema mundial de la deforestación.

En continuidad con un documento anterior de 2019 titulado «Intensificar la acción de la UE para proteger y restaurar los bosques del planeta»[357], aquí se definen algunos principios fundamentales que deben guiar la acción de la Unión: el diálogo constante con terceros países; la promoción de la conservación, la restauración y el uso sostenible de los bosques; el intercambio de buenas prácticas; la plena inclusión de las partes interesadas, en particular las comunidades locales y los pueblos indígenas; el respeto de los derechos humanos; la transparencia y el acceso a los datos; la coherencia con otras políticas europeas en materia de sostenibilidad y el deber de

[356] Comunicación de la Comisión sobre el marco estratégico para el compromiso con la cooperación internacional en el contexto del Reglamento (UE) 2023/1115 relativo a la puesta a disposición en el mercado de la Unión y a la exportación desde la Unión de determinadas materias primas y productos asociados a la deforestación y la degradación forestal, 07.11.2024, C/2024/6604.

[357] Comunicación de la Comisión al Parlamento Europeo, al Consejo, al Comité Económico y Social Europeo y al Comité de las Regiones, *Intensificar la actuación de la UE para proteger y restaurar los bosques del mundo*, 23.07.2019, COM/2019/352 final.

diligencia; la coordinación con los socios para el desarrollo, con el fin de evitar solapamientos y maximizar las sinergias.

Junto a estos principios, se identifican cinco ejes prioritarios de intervención. En primer lugar, el apoyo a los pequeños propietarios y productores agrícolas, que constituyen un eslabón débil de las cadenas de valor mundiales y corren el riesgo de verse penalizados por las nuevas normas de sostenibilidad. Se les debería garantizar herramientas técnicas, acceso al mercado y formación adecuada. En segundo lugar, se hace hincapié en la creación de sistemas fiables de trazabilidad, complementados en su caso con sistemas de certificación independientes, para garantizar el cumplimiento a lo largo de toda la cadena de suministro. Un tercer eje se refiere a la promoción de prácticas agrícolas sostenibles, capaces de combinar la productividad y la protección del medio ambiente. El cuarto se refiere a la convergencia progresiva hacia normas y estándares compartidos a nivel mundial, con el fin de evitar el riesgo de fragmentación normativa entre los mercados. Por último, se destaca el papel de la investigación y la innovación, que pueden garantizar la recopilación y la difusión de datos transparentes y accesibles.

A nivel operativo, la Comisión anuncia el uso de diversos instrumentos, desde el refuerzo de la «diplomacia verde» en los foros multilaterales (G7, G20, CMNUCC, FAO, OMC) hasta la creación de asociaciones bilaterales y regionales con los principales países productores, así como el recurso a iniciativas específicas[358].

Más allá de las declaraciones de intenciones, tanto el EUDR como la comunicación antes mencionada parecen avanzar en la misma dirección y basarse en la premisa de que, en el contexto de la gobernanza forestal global y a falta de un documento internacional vinculante, existe una competencia entre diferentes «derechos forestales», en la que cada actor institucional trata de afirmar su propio marco[359], también con el fin de

---

358 Entre ellas destacan el programa SAFE, activo en Brasil, Indonesia, Zambia, Vietnam y la República Democrática del Congo, destinado a apoyar a los pequeños productores, y las asociaciones forestales ya iniciadas con países como Guyana, Honduras, Congo, Uganda y Zambia. A estos instrumentos se suman intervenciones financieras, también en colaboración con el Banco Europeo de Inversiones y el Banco Mundial, para apoyar proyectos de gestión sostenible de los recursos forestales en África, América Latina y los países de la Asociación Oriental.

359 La tesis se toma prestada de la idea expresada, en el sector alimentario, por A. IANNARELLI, *Il mercato agro-alimentare europeo*, en *Dir. agroalim.*, 2020, p. 309.

proteger mejor a sus propios operadores. Se trata de modelos reguladores que reflejan diferentes visiones sobre la relación entre la gestión de los recursos, la protección del medio ambiente y el desarrollo económico. En este escenario, la Unión Europea —y, en general, los países desarrollados— han construido su aparato regulador en torno al principio de la gestión forestal sostenible (GFS)[360]. Para difundir este modelo más allá de sus fronteras, en un contexto en el que siguen faltando instrumentos de derecho internacional vinculante, la Unión parece querer aprovechar los instrumentos del mercado, incidiendo directamente en las normas que regulan las importaciones. El objetivo es también consolidar su modelo de GFS no solo como instrumento de protección del medio ambiente, sino también como forma de protección de los silvicultores europeos.

De hecho, en comparación con otros contextos, estos últimos se encuentran compitiendo en un mercado global caracterizado por fuertes asimetrías, donde los costes de producción son significativamente más altos que los que deben soportar los operadores que trabajan en determinadas zonas en desarrollo, donde la protección del medio ambiente y los derechos humanos se tienen menos en cuenta. La madera procedente de prácticas de deforestación o que, en cualquier caso, no cumple las normas de sostenibilidad tiene un precio considerablemente inferior, lo que puede dar lugar a una competencia desleal que perjudique a la producción forestal europea.

Sobre la base de este dato factico, limitar el acceso al mercado interior de los productos no conformes y favorecer las preferencias de importación hacia producciones procedentes de países de bajo riesgo pueden interpretarse como instrumentos para orientar indirectamente las decisiones legislativas y productivas de los países exportadores hacia los mismos estándares, en particular los de los países en desarrollo, para los que el mercado europeo representa una salida estratégica y de alto valor añadido, reequilibrando al mismo tiempo la posición de fuerza comercial de los operadores del mercado. La perspectiva es estimular la adopción de nuevas políticas o la revisión de las normativas forestales y agrícolas existentes, ya que el incumplimiento de las normas europeas supondría la exclusión de mercados de importancia primordial.

---

360 Sobre el concepto de gestión forestal sostenible y sus desarrollos, véase M. Mauro, *La multifunzionalità dei boschi e la gestione forestale sostenibile nel quadro delle fonti europee ed internazionali*, en N. Ferrucci-M. Brocca (eds.), *Diritto forestale e transizione ambientale*, Turín, 2025, p. 3.

En definitiva, si todos los productores estuvieran obligados a cumplir las mismas normas, la UE lograría garantizar la protección de sus operadores forestales y, al mismo tiempo, promover cuestiones medioambientales de alcance global, contribuyendo así al establecimiento de un derecho forestal transnacional basado en la sostenibilidad.

Sin duda, se trata de un reto ambicioso, que se enfrenta a un contexto global en el que se está produciendo una profunda transformación de los actuales equilibrios geopolíticos y en el que aún predominan las incertidumbres sobre el futuro. No han faltado quienes han señalado el riesgo de que este enfoque pueda percibirse como una forma de neoproteccionismo medioambiental, que podría empujar a los países en desarrollo a mirar hacia otros mercados, con la consecuencia de que esto podría causar un daño significativo a todas las industrias de transformación europeas que operan en una cadena estratégica como la de la madera. Esta última observación explicaría también por qué la clasificación publicada en mayo de 2025 ha incluido varios países considerados «especiales» entre los que presentan un riesgo estándar.

6. REFLEXIONES FINALES

El sistema de clasificación de los países exportadores, previsto en el artículo 29 del Reglamento (UE) 2023/1115, encuentra su razón de ser precisamente en la competencia entre diferentes «derechos forestales», es decir, entre diferentes modelos normativos de gestión y explotación de los recursos forestales. A través de este mecanismo, la Unión Europea pretende no solo velar por la sostenibilidad medioambiental de las materias primas comercializadas en el mercado interior, sino también difundir al exterior su paradigma de gestión forestal sostenible, reforzando el carácter transnacional de sus normas.

La lógica subyacente a los instrumentos introducidos por el Reglamento (UE) 2023/1115 es subordinar el acceso al mercado al cumplimiento de normas jurídicas y productivas que reflejen el modelo de GFS propio de la UE. Si el objetivo es lograr la equiparación de las condiciones de competencia, para los terceros países, en particular los países en desarrollo, esta condicionalidad podría traducirse en una barrera comercial indirecta, con el efecto de obligarlos a adaptar sus sistemas legislativos y productivos a parámetros impuestos unilateralmente por la Unión.

En plena conformidad con el artículo 3 del TUE, el mecanismo de competencia se convierte en sí mismo en un instrumento de política medioambiental. La perspectiva de un acceso limitado al mercado europeo, que es uno de los más importantes del mundo por su valor y capacidad de atracción, ejerce una presión normativa que trasciende la lógica comercial en sentido estricto y debería traducirse en un incentivo para la realineación de las normativas forestales nacionales. Así, también en el sector forestal, la competencia se orienta hacia objetivos de sostenibilidad, lo que confirma el papel de la UE como actor regulador global, que pretende combinar la protección del medio ambiente, la protección de sus operadores y la influencia geopolítica[361] .

En esta perspectiva, y este es probablemente el reto más ambicioso, la legitimación efectiva del modelo europeo dependerá de la capacidad de la UE para demostrar que sus intervenciones no constituyen únicamente una restricción comercial impuesta desde arriba, sino más bien un mecanismo de cooperación equitativa e inclusiva, destinado a apoyar concretamente a los terceros países en la adopción de prácticas sostenibles en el sector forestal, reduciendo los riesgos de exclusión y garantizando un equilibrio entre la equidad económica, la protección medioambiental global y la protección de los derechos humanos.

7. REFERENCIAS BIBLIOGRÁFICAS

ALBISINNI, F. *Strumentario di diritto alimentare,* Milán, 2020, p. 200.

DILORETO, A.G. *Impacto del cambio climático y la deforestación en el comercio internacional y sus repercusiones en los derechos agrarios locales,* en G. De Miranda e T. Eloana (eds.), *Direito agrario. Comprensao Juridica a COP 30,* ABLJA, 2024, p. 503

FACCIANO, L. *Reglamento U.E. 2023/1115. ¿protección ambiental, medida paraarancelaria u oportunidad?* en G. De Miranda e T. Eloana (eds.), *Direito agrario. Comprensao Juridica a COP 30,* ABLJA, 2024, p. 465

FERRUCCI, N. *La trama giuridica della sostenibilità nel paradigma del bosco,* en *Dir. agroalim.,* 2022, p. 471.

FLICK, M. *Il regolamento "Deforestation free": tra possibili problemi di attuazione, "greenwashing" e criteri ESG,* en *Riv. giur. amb.,* 2023, p. 49.

GONZÁLEZ ACOSTA, G. *Regulación de materias primas y productos agrarios libres de deforestación y de degradación forestal en la Unión Europea,* en G. De Miranda e T. Eloana (eds.), *Direito agrario. Comprensao Juridica a COP 30,* ABLJA, 2024, p. 517.

---

[361] Sobre la relación entre competencia y sostenibilidad, cfr. A. IANNARELLI, *Mercato e concorrenza nella nuova PAC: un cantiere aperto su un futuro incerto,* en *Riv. dir. agr.,* 2021, I, p. 453.

IANNARELLI, A. *Il mercato agro-alimentare europeo,* en *Dir. agroalim.,* 2020, p. 309.

IANNARELLI, A. *Mercato e concorrenza nella nuova PAC: un cantiere aperto su un futuro incerto,* en *Riv. dir. agr.,* 2021, I, p. 453.

MAURO, M. *La multifunzionalità dei boschi e la gestione forestale sostenibile nel quadro delle fonti europee ed internazionali,* en N. Ferrucci-M. Brocca (eds.), *Diritto forestale e transizione ambientale,* Turín, 2025, p. 3.

MUÑIZ ESPADA, E. *Derecho forestal y montes de socios: por otro modelo de ordenación de la propiedad,* Madrid, 2025, p. 23 y ss.

PASTORINO, L.F. *Comercio internacional y responsabilidad ambiental y climática. A propósito del reglamento (UE) 2023/1115 contra la desforestación,* en *Eurojus.it,* 2024, p. 29.

TRENTINI, F. *O desafio ambiental do comércio internacional: o "Made in UE" para os produtos agrícolas entre a Diretiva Red (2001/2018) e o regulamento EURD (1115/2023),* en G. De Miranda e T. Eloana (eds.), *Direito agrario. Comprensao Juridica a COP 30,* ABLJA, 2024, p. 477.

Capítulo X.

El reglamento europeo de deforestación y su impacto en la ordenación del territorio

FERNANDA PAULA OLIVEIRA[362]

1. NOTA PREVIA

La relación entre la ordenación del territorio y el Reglamento europeo sobre la deforestación 2023/1115 no es evidente, en la medida en que este reglamento debe considerarse, sobre todo, como un instrumento de la Unión Europea en materia de política comercial o medioambiental relativa a la deforestación y la degradación forestal. Sin embargo, esta relación existe y es relevante por varios motivos, como pretendemos demostrar en el presente texto.

Para comprender plenamente esta relación, empezaremos tratando, aunque sea brevemente, qué es y cuáles son los instrumentos de la política de ordenación del territorio y, dentro de esta, de la política de ordenación del espacio rural, para analizar y comprobar, en un segundo momento, cómo el Reglamento europeo sobre la deforestación 2023/1115 afecta a esas políticas e instrumentos.

2. IMPLICACIONES DEL REGLAMENTO EUROPEO DE DEFORESTACIÓN 2023/1115 PARA LA ORDENACIÓN DEL TERRITORIO

I. Ordenación rural y ordenación del territorio.

a) Zonas rurales.

En el ámbito de la ordenación del territorio, los problemas relativos a las zonas urbanas siempre han sido más importantes que los relativos a las

362 Profesora Asociada en la Facultad de Derecho, Universidad de Coimbra, Instituto Jurídico de la Facultad de Derecho de la Universidad de Coimbra – FDUC (Portugal).

zonas rurales o de uso predominantemente rural (agricultura, ganadería, silvicultura o minería).

Sin embargo, el mundo ha ido cambiando radicalmente, alterando la forma de ver esta dicotomía entre lo urbano y lo rural. Si en los últimos años la característica distintiva de las zonas rurales, al menos en algunos países, ha sido su despoblación, más recientemente estas zonas se han visto sometidas a múltiples presiones, que ya no son sólo las tradicionales presiones urbanas (ya sea con fines de vivienda debido a la crisis inmobiliaria generalizada o con fines turísticos), sino de otro tipo: la realización de proyectos energéticos (por ejemplo, parques eólicos o solares), la entrada de activos medioambientales en los mercados financieros, la búsqueda y extracción de metales raros, etc. A ello se añade una revitalización de los sectores agrario y forestal, aunque de forma muy diferente a la tradicional, con especial énfasis en la vinculación de la planificación rural con el derecho agrario, el derecho forestal y el propio derecho medioambiental.

A pesar de que las cuestiones de planificación rural están adquiriendo cada vez más importancia — generando nuevos interrogantes y retos —, la respuesta de la política y del Derecho ha sido menos firme en la ordenación rural que en la ordenación de los espacios urbanos, y sigue existiendo una minoridad de la primera frente a la segunda: la regulación de las zonas rurales sigue siendo difusa, poco densa y muy limitada en comparación con la de las zonas urbanas[363].

En todo caso, sin perjuicio de ello, la propia doctrina se refiere ya a una nueva disciplina — ordenación rural — destinada a servir a los objetivos de su organización y desarrollo territorial armónico, ordenando para ello los instrumentos existentes y previendo subvenciones para el desarrollo o mejora de otros que puedan garantizar el cumplimiento de la correcta ordenación de estos espacios[364].

Esta disciplina forma parte de otra más amplia, que es la ordenación del territorio: ésta tiene por objeto conjugar todos los intereses públicos y privados que se manifiestan en el territorio, ponderándolos entre sí y, en su caso, optando por aquellos que mejor garanticen o persigan los objetivos de una adecuada ordenación del espacio y de las actividades que en él se desarrollan. La ordenación del medio rural forma parte, efectivamen-

---

363 Lopes, Dulce (2021) Ordenamento Rural: esboço de uma disciplina" *in*. *Direito Agrário e Sustentabilidade,* Cood. Rute Saraiva, AAFDL Editora, pp.187-206.

364 Lopes, Dulce (2021), Ordenamento Rural: esboço de uma disciplina", *cit*.

te, de la ordenación del territorio porque, en su ámbito y a través de sus instrumentos, considera, identifica, promueve y, en ocasiones, obliga a la adecuada utilización y desarrollo del suelo rural existente a través de las distintas políticas que se orientan a ello. Nos referimos, en particular, a las políticas forestales, las políticas agrícolas y las políticas ganaderas, que se desarrollan típicamente en el medio rural y que, por tanto, tienen una relación evidente con la política de ordenación del territorio (dada su función primordial de concreción de las distintas políticas públicas en el territorio con vistas a su articulación y coordinación).

De hecho, el éxito de las políticas forestales (las que aquí interesan) depende de un conjunto de variables muy diversas —el tipo y el tamaño de la propiedad, sus métodos de gestión, el tipo de ocupación forestal existente, la disponibilidad de suelo y la disponibilidad de recursos (financieros, humanos, organizativos)[365]— y a menudo es la movilización de los instrumentos de ordenación territorial la que garantiza las mejores condiciones para su aplicación. Es importante identificar aquí los más pertinentes.

b) Instrumentos de ordenación del espacio rural.

- Instrumentos de planificación.

Uno de los instrumentos de ordenación territorial más importantes son los planes territoriales, ya sean de carácter sectorial —por tanto, directamente dirigidos a la aplicación de políticas para los distintos sectores, como el forestal o el agrícola [366]— o planes territoriales globales (que contemplan el territorio en su conjunto): se trata de instrumentos que se centran en el territorio y proceden, tras una ponderación previa de los intereses públicos y privados en juego, a distribuir los distintos usos o actividades (zonificación) y a definir las reglas a las que deberá obedecer su ocupación, utilización o transformación.

---

365 Sobre estas cuestiones en España, véase Muñiz Espada, Esther (2025), *Derecho Forestal Y Montes de Socios: por otro Modelo de Ordenación de La Propiedad*, Editorial REUS.

366 En Portugal, los planes sectoriales en el ámbito forestal incluyen la Estrategia Forestal Nacional, los Planes de Ordenación, Gestión e Intervención Forestal (que tienen por objeto específico regular los términos de intervención espacial en áreas o aprovechamientos forestales, incluyendo los Planes Regionales de Ordenación Forestal, los Planes de Gestión Forestal y los Planes Específicos de Intervención Forestal), los programas/planes de gestión integrada de incendios rurales y los Programas de Reordenación y Gestión del Paisaje.

En este contexto, es frecuente encontrar planes territoriales a diversos niveles —nacional, regional, local o comunitario— en los distintos ordenamientos jurídicos. Naturalmente, aunque todos los planes pueden tener —y tienen— un claro impacto en la ocupación de las zonas rurales, hay algunos en los que esta influencia es más marcada (es el caso de los planes sectoriales en el ámbito forestal).

Los programas de ámbito regional, especialmente destinados a equilibrar las asimetrías regionales e indicar la especialización de las actividades y de las grandes inversiones públicas, sus prioridades y su programación, también contribuyen —cuando existen— a una mayor y mejor distribución de la ocupación territorial y de la localización de los espacios urbanos y rurales.

En particular, son los planes de ámbito local —dada la escala de su intervención— los que racionalizan la distribución de los usos. En Portugal, esto se ejemplifica en los planes directores municipales, que, de acuerdo con la ley, clasifican el suelo en urbano y rural (o, más apropiadamente, rústico[367]): en términos legales, el suelo urbano es el suelo total o parcialmente urbanizado y/o edificado —y, por tanto, tiende a abarcar sólo el suelo físicamente comprometido con infraestructuras o edificaciones que le confieren las características de suelo urbano—; el suelo rural/rústico es el resto del suelo[368]. Dadas las actuales exigencias a nivel mundial de contención y densificación de los espacios urbanos y de aprovechamiento de los existentes (a través de la rehabilitación urbana), las directrices legales apuntan a una mayor atención al suelo rural/rústico en la ordenación del territorio, que deja de ser una clase meramente residual, denotando una preocupación efectiva del legislador por su estructuración. De ello se desprende también la necesidad de dotar a los

367 Desde el punto de vista jurídico, en Portugal existen dos posibilidades para integrar las áreas tradicionalmente denominadas periurbanas o de transición urbano-rural: bien integrándolas en la clase de suelo urbano, en la categoría de espacios urbanos de baja densidad [artículo 25, apartado 1, letra a)]; bien integrándolos en la clase de suelo urbano, en la categoría de espacios urbanos de baja densidad [artículo 25.1.e) del Decreto regulador 15/2015, de 12 de agosto], bien en suelo rústico, en la categoría de aglomeraciones rurales [artículo 23.2.d), ídem] o en la categoría de áreas de edificación dispersa [artículo 23.2.e), *ibídem*]. En este sentido, cf. Carvalho, Jorge e Oliveira, Fernanda Paula (2016), *Classificação do solo no novo quadro legal,* Coimbra, Almedina, p. 32.

368 Es posible que el suelo rústico sea reclasificado como urbano, pero bajo condiciones muy estrictas prescritas por la ley

instrumentos de planificación (inter)local de mecanismos y previsiones que garanticen la ponderación y armonización de estos diversos usos concretos para perseguir una ordenación territorial adecuada, identificando categorías de espacios en función de su uso dominante (aunque sin excluir la posibilidad de usos complementarios y compatibles)[369].

De estas indicaciones se deriva la necesidad de que los planes (inter) locales sean cada vez más prescriptivos en cuanto a las condiciones de ocupación del suelo rural, identificando medidas que puedan facilitar, promover o incluso imponer determinados comportamientos en este suelo, o en áreas delimitadas del mismo, por ejemplo las señaladas como estructuras ecológicas, corredores ecológicos o áreas rurales necesitadas de intervención y transformación paisajística.

Además de que hoy los planes locales pueden (y deben) regular el suelo rústico, potenciando positivamente sus funciones dominantes (y no sólo definiendo criterios y límites a la edificación)[370], se requiere una fructífera interacción con otros instrumentos y entidades para establecer un conjunto de disposiciones que puedan estructurar adecuadamente el medio rural.

Naturalmente, es mucho más difícil definir normas aplicables a la planificación rural que a la urbana, porque esas normas dependen más de factores muy variables: condiciones edafológicas, climáticas y fitosanitarias de la zona; necesidades y tendencias de producción y consumo a

---

369 En Portugal, la legislación se refiere a las siguientes categorías de suelo rústico: espacios agrícolas; espacios forestales; espacios de explotación de recursos energéticos y geológicos; espacios de actividades industriales directamente relacionadas con los usos mencionados en los apartados anteriores; espacios naturales y paisajísticos; otras categorías de suelo rústico que abarcan los espacios culturales; los espacios de ocupación turística; el espacio destinado a equipamientos, infraestructuras y otras estructuras u ocupaciones; las aglomeraciones rurales; y las zonas de edificación dispersa.

370 En esta línea, Lopes, Dulce (2021), "Obrigações e Limites Resultantes das Obrigações da Regulamentação das Florestas em Portugal", coord. ANTUNES, Maria João. e LOPES, Dulce. (coord.), *Florestas e Legislação: Que Futuro?*, pp. 111-116, in. Florestas, que futuro.pdf. En el mismo sentido, Bingre, Pedro (2021) "Ordenamento Florestal ou Ordenamento Territorial", in Ferreira, P. C. (coord.), *Economia da Floresta*, p. 64; y Carvalho, Jorge e Oliveira, Fernanda Paula (2016), *Classificação do solo no novo quadro legal*, Coimbra, Almedina, p. 18, para quienes "*Importante seria uma regulamentação muito mais precisa dos usos agrícolas e florestais já que, também estes, podem ser fortemente delapidadores dos recursos naturais*".

escala nacional, europea e internacional; y medidas de apoyo e incentivación de la producción. Pero, como dice Dulce LOPES:

> (...) se podría pensar en empezar por regular los principales retos a los que se enfrenta el territorio municipal, empezando por regular usos difíciles de tipificar, como la instalación de invernaderos; definir criterios para la inserción de usos que puedan tener impacto en el paisaje, por ejemplo la producción de energía; identificar límites o restricciones para determinados usos forestales o agrícolas (como la plantación de especies no adaptadas edafoclimáticamente o los usos intensivos o superintensivos); y prever situaciones en las que no sea viable el cambio de usos (transformar el apoyo agrícola en turístico, por ejemplo).

- Instrumentos de reordenación fundiaria.

Igual relevancia tienen los instrumentos destinados a la reordenación fundiaria, destinados a reducir o eliminar las desventajas socioeconómicas de la propiedad fragmentada y dispersa. Por ejemplo, en Portugal, el marco jurídico para la estructuración de la tierra (Ley 111/2015, de 27 de agosto) establece una amplia gama de instrumentos de reorganización de la tierra con el objetivo de crear mejores condiciones para el desarrollo de las actividades agrícolas y forestales. Entre ellos se encuentran la concentración parcelaria rural[371]; la valoración de tierras; el sistema de división de fincas rústicas; los planes territoriales intermunicipales o municipales; y la bolsa nacional de tierras para uso agrícola, forestal o silvopastoral, conocida como "bolsa de tierras" (regulada por la Ley 62/2012, de 10 de diciembre[372]).

-

---

371 La reparcelación rural se divide en reparcelación integral (que requiere iniciativa pública y puede basarse en instrumentos impositivos y expropiatorios, siempre que exista oposición a la implantación de la nueva estructura de la propiedad por parte de los propietarios de parcelas y construcciones rústicas objeto del proyecto de reparcelación) y reparcelación simple, que es voluntaria y a iniciativa de los propietarios interesados y que, hoy en día, con el proyecto "emparcelar para ordenar" (Decreto-Ley n.º 29/2020, de 29 de junio), puede ser objeto de ayudas cuando se aplica en territorios vulnerables.

372 Véase, más recientemente, el Decreto-Ley n.º 15/2019, de 21 de enero, que reguló el procedimiento de identificación y reconocimiento de la situación de los edificios rústicos o mixtos sin propietario conocido, denominados edificios sin propietario, y su registro, así como el régimen de administración de los edificios registrados como edificios sin propietario conocido.

- Información territorial y cartografía.

Otra herramienta importante es la información territorial: dado que la ordenación del territorio se traduce en la especialización de diversas políticas públicas, es imprescindible conocer el territorio.

Sin embargo, uno de los problemas a los que a menudo se enfrenta la ordenación del territorio, especialmente en zonas muy dinámicas, es la falta de información adecuada para analizar críticamente la realidad y servir de base para la toma de decisiones. De hecho, no puede haber una buena planificación ni una buena toma de decisiones sobre el territorio sin un conocimiento adecuado del mismo que sea fiel a la realidad, es decir, sin una información territorial y geográfica detallada que, además, pueda estar permanentemente actualizada, es decir, recogida en intervalos cortos de tiempo, lo que permite un conocimiento de la realidad en tiempo real.

Por su parte, la información geográfica y territorial es un elemento esencial para la realización de los objetivos que deben perseguir los organismos públicos: sus decisiones deben tener en cuenta una amplia gama de fenómenos que pueden representarse y referenciarse espacialmente.

Los Sistemas de Información Geográfica (SIG) son especialmente importantes en este ámbito, sobre todo con el uso de imágenes de satélite: los SIG permiten integrar información espacial procedente de distintas fuentes (como teledetección, información estadística, mapas analógicos, imágenes de satélite, etc.), posibilitando la visualización de información geográfica relevante, así como potenciar las relaciones entre fenómenos con representación espacial (identificación y comprensión de la distribución de actividades, seguimiento de transformaciones urbanas, gestión inmobiliaria, producción de cartografía, etc.).

Por esta razón, desempeñan un papel clave en el apoyo a la toma de decisiones públicas, especialmente de planificación, proporcionando funcionalidades que desempeñan un papel central en las distintas etapas del proceso de planificación (desde el análisis y diagnóstico de la realidad existente, pasando por la formulación de propuestas de ocupación del territorio, hasta la discusión pública y la evaluación y seguimiento de las decisiones adoptadas).

En otras palabras, el uso de los SIG, especialmente cuando utilizan imágenes de satélite, permite una mayor precisión y veracidad en los datos recogidos, garantizando una toma de decisiones más eficaz sobre el territorio.

Además de recoger información y ayudar a la toma de decisiones, el uso de SIG y cartografía basada en datos recogidos de imágenes de satélite aumenta la proximidad entre la autoridad pública y el ciudadano, ya que permite a los interesados acceder a información a la que de otra forma no tendrían acceso, permitiéndoles tener un conocimiento más inmediato de la realidad existente y de las propuestas de la Administración para cambiarla.

En resumen, pude decirse que:

- Los modelos de ordenación del territorio, ya sea para zonas urbanas o rurales, requieren en la actualidad de sistemas de apoyo a la toma de decisiones que proporcionen un conocimiento fiable y en tiempo real del territorio, y que esta información sea compartida, permitiendo gestionar los recursos del suelo de forma sostenible y con pleno conocimiento de la realidad;
- Los SIG son una herramienta de excelencia, que pone la información a disposición de quienes la necesitan, especialmente los departamentos municipales de planificación, que se ocupan de la toma de decisiones estratégicas: además de crear información geográfica, también la utilizan en la forma final de mapas como zonificaciones medioambientales, tráfico, etc.;
- Uno de los factores que determinan la utilidad de la información geográfica como apoyo a la ordenación del territorio a escala local es la persecución de los objetivos y principios establecidos en la legislación territorial que regula la producción cartográfica: con la obligación de estructurar la información geográfica en SIG y de poner a disposición en Internet los elementos constitutivos de los planes locales, se intensifica la necesidad de producir y actualizar la información geográfica a escala municipal.

El uso de la información geográfica y de metodologías de análisis espacial permite comprender y explorar mejor las relaciones entre los diversos factores que conforman los territorios: la información geográfica (si es adecuada y está actualizada) proporciona un conocimiento sistemático del territorio y, en consecuencia, una percepción más precisa de la realidad, lo que permite tomar decisiones a tiempo. En este sentido, el uso de imágenes de satélite es cada vez más importante, ya que presenta diversas potencialidades para recopilar información adecuada que respalde una decisión debidamente meditada y participativa: (i) permite adquirir información de forma regular, debido a la existencia de un gran número de satélites en órbita con alta resolución temporal; (ii) permite cubrir grandes áreas con alta resolución espacial, a costos relativamente bajos en comparación con la fotografía aérea; (iii) permite utilizar técnicas de procesamiento digital y/o análisis visual, posibilitando la selección del método que mejor se aplique al estudio en cuestión y (iv) permite producir mapas con mayor rapidez, debido a la aplicación de técnicas de procesamiento más expeditas. Todo ello contribuye a la producción y actualización periódica de cartografía municipal que sirva de apoyo a las decisiones, ya que una decisión territorial sólo es buena si se basa en cartografía actualizada[373].

3. IMPLICACIONES DEL REGLAMENTO EUROPEO DE DEFORESTACIÓN 2023/1115 PARA LA ORDENACIÓN DEL ESPACIO RURAL

Teniendo en cuenta todo lo expuesto en las líneas anteriores, podemos afirmar de entrada que el Reglamento (UE) 2023/1115 va mucho más allá de una política comercial o medioambiental en materia de deforestación y degradación forestal; establece directrices que inciden directamente en la ordenación del territorio, con especial incidencia en la ordenación rural. Destacamos aquí, de forma tópica, las siguientes:

a) Clasificación de riesgo de países o regiones: la Comisión Europea debe clasificar los países o partes de países como de riesgo bajo, estándar o alto en relación con la deforestación. Esta clasificación puede afectar a las decisiones de ordenación del territorio de los Estados miembros, ya que las zonas clasificadas como de mayor riesgo pueden requerir medidas de protección más estrictas o restricciones en el uso del suelo.

---

373 La utilización de imágenes por satélite en el ámbito de la ordenación del territorio presenta ventajas evidentes: proporciona una visión detallada y actualizada de las zonas geográficas, permitiendo un análisis preciso del terreno, de las características naturales y del tipo de ocupación; posibilita el seguimiento de los cambios medioambientales a lo largo del tiempo, como la expansión urbana, la deforestación y la erosión costera; y puede utilizarse para identificar y controlar los recursos naturales, como los bosques, las tierras agrícolas y los recursos hídricos. Cfr. Oliveira, Fernanda Paula, (2024), "Aplicações Urbanísticas e de Ordenamento o Território de Imagens de Satélite: Notas Breves", in *Informação Geoespacial na Administração Publica. Fundamentos, Desafios e Oportunidades* (Coord. ARAGÃO, Alexandra / CARVALHO, Ana Celeste, INA Editora, p. 347-401.

b) Geolocalización y trazabilidad de las parcelas de producción: el reglamento exige a los operadores que faciliten la geolocalización exacta de las parcelas en las que se han producido las materias primas, junto con la fecha o el periodo de producción. Este requisito implica la necesidad de utilizar sistemas de información geográfica sólidos y actualizados, lo que influye directamente en la gestión y planificación territorial.

c) Definiciones de bosque y degradación forestal: el reglamento establece definiciones específicas para términos como "bosque", "bosque plantado" y "degradación forestal". Estas definiciones pueden influir en la categorización de áreas en la planificación del uso del suelo, determinando qué zonas se consideran bosque y, por tanto, están sujetas a ciertas restricciones o políticas de uso del suelo.

d) Necesidad de coordinación interinstitucional: la aplicación efectiva del reglamento requiere la colaboración entre distintos niveles de gobierno y sectores, incluidas las autoridades medioambientales, agrícolas y de ordenación del territorio. Esta coordinación es esencial para garantizar que las políticas de uso del suelo estén en consonancia con los objetivos de prevención de la deforestación.

e) Prohibición de productos asociados a la deforestación: se prohíbe la comercialización de productos básicos y derivados asociados a la deforestación o la degradación forestal. Esta medida podría conducir a una reevaluación de las prácticas de uso de la tierra, fomentando la preservación de las zonas forestales e influyendo en las decisiones de planificación del uso de la tierra para evitar la conversión de bosques en tierras agrícolas u otros usos.

Es más, el Reglamento (UE) 2023/1115 pretende garantizar que los productos comercializados en el mercado de la Unión Europea no estén asociados a la deforestación o la degradación forestal, lo que tiene implicaciones relevantes y polifacéticas para las prácticas de planificación local y regional y su articulación con políticas sectoriales como la agricultura, la silvicultura y el medio ambiente. De hecho, aunque el Reglamento (UE) 2023/1115 no se aplica directamente a la planificación territorial, condiciona fuertemente el contexto en el que esta planificación se lleva a cabo, obligando a las autoridades de planificación a repensar el uso y la transformación del suelo, a profundizar en los vínculos entre el medio ambiente, la economía y la planificación urbana y a promover un enfoque territorial que sea coherente con los objetivos de neutralidad de carbono, conservación de la biodiversidad y trazabilidad de las cadenas de suministro y protección de los bosques.

Así, los planes territoriales deberán tener más en cuenta la protección de las zonas forestales clasificadas como naturales o de alto valor ecológico. También desempeñarán un papel importante a la hora de evitar la conversión del uso del suelo de forestal a agrícola (especialmente la conversión de bosques en tierras agrícolas dedicadas a la producción de los productos a los que se aplica el Reglamento), a pastos y a zonas urbanas o industriales, cuando esta conversión pueda poner en peligro el cumplimiento de los objetivos europeos de lucha contra la deforestación[374].

A su vez, dado que el Reglamento exige la geolocalización exacta de las parcelas de producción de los productos contemplados (soja, café, cacao, ganado vacuno, aceite de palma, madera y caucho), se valora directamente la cartografía catastral y forestal en las decisiones de planificación. En consecuencia, es necesario mejorar el reconocimiento administrativo y técnico de las ocupaciones del suelo (bosque natural, bosque plantado, agricultura, pastos, etc.) y que los planes de ordenamiento incluyan sistemas de seguimiento territorial continuo, basados en SIG, imágenes satelitales y datos geoespaciales abiertos[375].

Los instrumentos de ordenación territorial también desempeñarán un papel más activo en la promoción de usos del suelo compatibles con la conservación de los bosques, a saber, el fomento de la agrosilvicultura y otros sistemas de producción integrados agrícolas y forestales, la concesión de incentivos (zonificación, beneficios fiscales, acceso a fondos) para las actividades económicas que mantengan una cubierta forestal permanente y la inclusión en la planificación urbanística y en la normativa medioambiental

---

374 Así, por ejemplo, una entidad local que desee ampliar su área industrial hacia zonas actualmente forestales puede ver condicionada esta opción si dicha ampliación interfiere con zonas de riesgo ecológico o no es compatible con los principios de la normativa.

375 Cabe señalar que los procedimientos de diligencia debida exigidos por el Reglamentos sobre deforestación, que deben permitir el acceso a la información sobre las fuentes y los proveedores de los productos básicos y los productos derivados comercializados, incluida la información que demuestre el cumplimiento de los requisitos de ausencia de deforestación y degradación forestal, pueden incluir las coordenadas de geolocalización de las parcelas en cuestión y, de conformidad con el Reglamento, pueden facilitarse utilizando datos y servicios espaciales proporcionados en el marco del programa espacial de la Unión (EGNOS/Galileo y Copernicus).

de criterios de sostenibilidad de la cadena de suministro, que pueden incluir restricciones a la instalación de agroindustrias que no sean compatibles con los principios de la normativa.

En virtud de este Reglamento, también aumenta la obligación de que los planes territoriales locales y regionales se articulen y compatibilicen con los instrumentos de planificación sectorial en el ámbito forestal (por ejemplo, en Portugal, con los Planes Regionales de Ordenación Forestal y los Planes de Gestión Forestal), así como con las normas de certificación de bosques sostenibles (FSC, PEFC[376]), con el fin de garantizar que los usos del suelo planificados localmente no entren en conflicto con los compromisos europeos de lucha contra la deforestación.

La aplicación del Reglamento también puede justificar la adopción de mecanismos preventivos en las decisiones urbanísticas, como la evaluación de los impactos acumulativos de los proyectos de urbanización o agrícolas en zonas limítrofes con zonas forestales, la imposición de condiciones en las licencias urbanísticas o agrícolas en zonas susceptibles de conversión forestal para otros usos y el acceso preferente a infraestructuras y ayudas para proyectos instalados en zonas ya antropizadas, evitando la presión sobre la cubierta forestal.

También hay que tener en cuenta que las zonas con cubierta forestal continua que abarcan varios municipios (o países) requieren una coordinación multiescalar. En estos casos, la planificación local debe incluir estrategias intermunicipales para la preservación y mejora de las masas forestales compartidas y la participación en la definición de estrategias regionales o transfronterizas para la potenciación de cadenas de valor sostenibles.

En resumen, podemos sintetizar y esquematizar de la siguiente manera el impacto del Reglamento europeo sobre deforestación 2023/1115 en lo planeamiento local:

---

376 Los sistemas FSC (*Forest Stewardship Council*) y PEF (*Programme for the Endorsement of Forest Certification*) se crearon para responder a la creciente globalización y a la consiguiente necesidad de adoptar buenas prácticas de gestión forestal basadas en principios de sostenibilidad. Estos sistemas son procesos voluntarios gestionados por organismos certificadores que garantizan la calidad de la gestión y la producción forestal de acuerdo con los requisitos establecidos por las organizaciones públicas o privadas que acompañan el proceso.

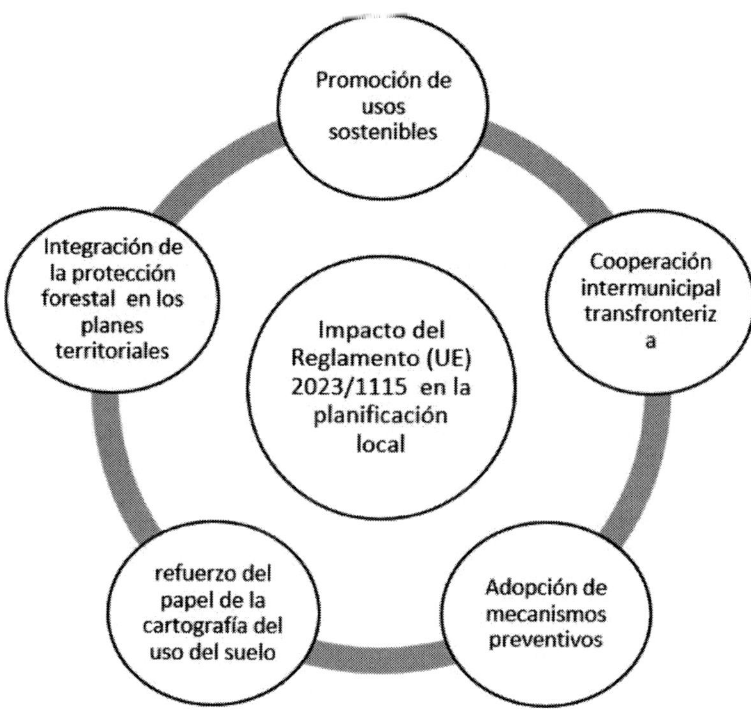

Dadas las evidentes implicaciones del Reglamento sobre deforestación 2023/1115 en materia de ordenación del territorio y, en particular, de planificación territorial, identificamos, para terminar, algunos ejemplos de medidas que deben incorporarse a los planes territoriales (en particular, a los planes directores municipales), que concretan cada uno de los temas identificados en el esquema anterior con el objetivo de alinear la actuación local con el Reglamento (UE) 2023/1115 y que tienen por objeto promover la protección forestal y la sostenibilidad en el uso del suelo.

Así, los planes pueden incorporar medidas de protección de los terrenos forestales, como la clasificación como suelo rústico de protección forestal de todas las áreas con cubierta forestal natural o reconocido valor ecológico, la prohibición del cambio de uso de suelo forestal a agrícola o urbano, salvo en situaciones excepcionalmente justificadas y sujetas a evaluación de impacto ambiental o la creación de zonas de contención de la conversión forestal, específicamente junto a áreas protegidas o corredores ecológicos.

En cuanto al requisito de compatibilidad con los instrumentos de gestión forestal, los planes territoriales pueden imponer la obligación de presentar un Plan de Gestión Forestal o adherirse a un sistema de certificación (por ejemplo, FSC, PEFC) como condición para las autorizaciones de tala, reconversión o plantación de nuevas especies forestales, u obligar a utilizar la cartografía forestal oficial para definir los usos permitidos en las zonas forestales.

Los planes territoriales también pueden incorporar normas urbanísticas basadas en criterios ambientales, por ejemplo, imponiendo que los proyectos de urbanización y edificación en zonas de transición urbano-rural mantengan o restauren la continuidad ecológica con las áreas forestales próximas, o incluyendo límites máximos de sellado del suelo y exigiendo medidas de compensación ecológica para las intervenciones que afecten a la biodiversidad forestal.

Pueden, a su vez, imponer limitaciones a la instalación de actividades económicas intensivas (como la instalación de unidades agroindustriales o ganaderas intensivas) en zonas forestales o en su entorno inmediato o condicionar la instalación de cultivos con alta presión sobre el suelo y el agua (por ejemplo, soja, eucalipto, aguacate) mediante evaluaciones específicas de sostenibilidad y trazabilidad[377]. Y pueden, con vistas a un mayor control de las actuaciones generadoras de deforestación o degradación forestal, imponer la obligación de presentar las solicitudes de licencia con identificación geográfica exacta de la parcela (coordenadas GPS o polígono GIS) o cruce automático con mapas nacionales de usos del suelo, forestales y de riesgo de deforestación, como criterios para verificar la conformidad de los proyectos.

Desde el punto de vista de los incentivos a la utilización sostenible del suelo, los planes territoriales pueden prever la creación de zonas agroforestales y silvopastorales como usos preferentes en las zonas de interfaz entre la silvicultura y la agricultura y conceder ventajas urbanísticas (por ejemplo, exención o reducción de tasas) a los proyectos de construcción sostenible situados en terrenos ya artificializados, que eviten la presión sobre las zonas forestales.

---

[377] Sobre la legitimidad de un plan territorial local que establezca prohibiciones genéricas de actividades económicas en el territorio que abarca, siempre que estén claramente basadas en motivos territoriales Oliveira, Fernanda Paula/ Lopes, Dulce (2025), "Florestas e Ordenamento do Território: um encontro necessário, mas complexo", in *Journal of Rural Law,* (21).

Las entidades responsables de la planificación también pueden instituir prácticas de participación y gobernanza territorial más exigentes, como la apertura de procedimientos ampliados de consulta pública para los cambios de planes que impliquen la reclasificación de terrenos forestales.

4. CONCLUSIÓN

El Reglamento (UE) 2023/1115 sobre deforestación constituye un hito esencial en la vinculación de la política medioambiental, el comercio internacional y la ordenación del territorio.

Aunque formalmente se presenta como un instrumento para regular las cadenas de suministro y el comercio, sus efectos sobre la ordenación del territorio son evidentes y polifacéticos. Al exigir la trazabilidad, la georreferenciación y el cumplimiento de las normas medioambientales, el Reglamento transfiere una responsabilidad añadida a los sistemas de ordenación del territorio: la de garantizar que la gestión del suelo y la transformación de los usos no entren en conflicto con los compromisos europeos y mundiales de lucha contra la deforestación. Se trata no sólo de reforzar los instrumentos de planificación rural y forestal, sino también de acercarlos a la política agraria, la gestión urbana y la protección del medio ambiente, en un marco de gobernanza territorial integrada.

De este modo, la aplicación efectiva del Reglamento Europeo de Deforestación podría representar una oportunidad para superar la tradicional falta de atención prestada a la planificación rural, dotándola de densidad normativa y relevancia estratégica. Al integrar la conservación de los bosques en la lógica de la planificación local y regional, el Reglamento contribuye a una visión más holística de la sostenibilidad territorial, en la que el medio ambiente, la economía y la sociedad se alinean en torno a un objetivo común: garantizar que el desarrollo territorial se lleve a cabo respetando los límites ecológicos y las responsabilidades globales de conservación de los bosques.

5. REFERENCIAS BIBLIOGRÁFICAS

Bingre, Pedro (2021) "Ordenamento Florestal ou Ordenamento Territorial", in Ferreira, P. C. (coord.), *Economia da Floresta.*

Carvalho, Jorge e Oliveira, Fernanda Paula (2016), Classificação do solo no novo quadro legal, Coimbra, Almedina.

Lopes, Dulce (2021) "Rural Development: outline of a discipline / Ordenamento Rural: esboço de uma disciplina" in. Direito Agrário e Sustentabilidade, Cood. Rute Saraiva, AAFDL Editora.

Lopes, Dulce (2021), "Obrigações e Limites Resultantes das Obrigações da Regulamentação das Florestas em Portugal", coord. Antunes, Maria João. e Lopes, Dulce. (coord.), *Florestas e Legislação: Que Futuro?,*pp. 111-116, in. Florestas, que futuro.pdf.

Muñiz Espada, Esther (2025), Derecho Forestal y Montes de Socios: por otro Modelo de Ordenación de La Propiedad, Editorial REUS.

Oliveira, Fernanda Paula, (2024), "Aplicações Urbanísticas e de Ordenamento o Território de Imagens de Satélite: Notas Breves", in Informação Geoespacial na Administração Publica. Fundamentos, Desafios e Oportunidades (Coord. ARAGÃO, Alexandra / CARVALHO, Ana Celeste, INA Editora, p. 347-401.

Oliveira, Fernanda Paula/ Lopes, Dulce (2025), "Florestas e Ordenamento do Território: um encontro necessário, mas complexo", in *Journal of Rural Law,* (21).